개정판

파이썬과 함께하는

자료구조의 이해

Data Structures with PYTHON

양성봉 지음

생능출판

저자 소개

양성봉

연세대학교 공과대학, 학사

University of Oklahoma, 컴퓨터과학, 석사

University of Oklahoma, 컴퓨터과학, 박사

연세대학교 컴퓨터과학과 교수

현재 연세대학교 컴퓨터과학과 명예교수

파이썬과 함께하는 **자료구조의 이해**

초판발행 2018년 1월 9일

제2판1쇄 2022년 11월 10일

지은이 양성봉

펴낸이 김승기

펴낸곳 (주)생능출판사 / **주소** 경기도 파주시 광인사길 143

출판사 등록일 2005년 1월 21일 / **신고번호** 제406-2005-000002호

대표전화 (031)955-0761 / **팩스** (031)955-0768

홈페이지 www.booksr.co.kr

책임편집 신성민 / **편집** 이종무, 김민보, 유제훈 / **디자인** 유준범, 표혜린

마케팅 최복락, 김민수, 심수경, 차종필, 백수정, 송성환, 최태웅, 명하나, 김민정

인쇄 천일문화사 / **제본** 일진제책사

ISBN 978-89-7050-559-6 93000

정가 28,000원

머리말

파이썬은 누구나 쉽게 접근할 수 있는 프로그래밍 언어이다. 파이썬은 다른 언어에 비해 간단하여 읽기 쉽고, 수많은 응용 패키지들이 이미 개발되어 있으므로 파이썬 기본 라이브러리 혹은 외부 라이브러리에 포함된 패키지나 모듈을 불러서 사용할 수 있는 언어이다. 파이썬이 가진 이런 장점은 파이썬을 다른 프로그래밍 언어들을 제치고 과학, 공학, 의학은 물론 경제, 경영, 사회학 등의 다양한 분야에서 사용될 수 있도록 기여했으며 이러한 현상은 한층 더 가속화될 것으로 전망된다.

일반적으로 컴퓨터 교과과정의 자료구조를 교육할 때는 C-언어, C++ 언어, 혹은 자바 언어로 기본적인 자료구조들을 구현하도록 하여 그 자료구조들의 이해를 돕고 있다. 그러나 C-언어는 운영체제를 위한 시스템 프로그래밍에 적합한 언어이고, C++ 언어는 C-언어에 객체지향 개념을 추가한 언어이다. 따라서 이 언어들에 익숙해지려면 컴퓨터 하드웨어에 대한 기본 지식이 필수적이다. 자바 언어는 객체지향언어로서 한번 작성한 자바 프로그램은 어느 시스템에서나 수행시킬 수 있는 장점이 있으며 그래픽 사용자 인터페이스, 데이터베이스, 다중 스레드, 네트워크, 모바일(안드로이드 포함) 프로그래밍 등을 위한 시스템 라이브러리가 갖추어져 있어 다양한 응용 소프트웨어 개발에 매우 중요한 언어로 자리 잡고 있다.

이러한 언어들은 컴퓨터 분야 전공자들에게 있어 반드시 익혀야 할 언어이지만 오히려 언어 자체가 장벽이 되어 자료구조의 이해를 어렵게 만드는 경우가 종종 발생한다. 하지만 파이썬은 다른 언어들과는 달리 컴퓨터의 기본 지식 없이도 쉽게 프로그래밍을 할 수 있고 이러한 파이썬의 쉬운 접근성은 자료구조에 대한 이해를 더 쉽게 도와준다.

컴퓨터 전공 교과과정에서 자료구조는 아무리 강조해도 지나치지 않을 만큼 중요한 필수과목이다. 여러 프로그래밍 언어를 잘 이해하고 구사할 수 있더라도 자료구조에 대한 기본지식 없이 실제 응용을 위한 효율적인 소프트웨어를 작성하는 데는 한계가 있기 때문이다. 본서는 필자가 다년간의 강의 경험을 바탕으로 자료구조의 이해에 있어 가장 기본적이고 공통된 부분을 발췌, 정리된 주제와 동시에 비교적 최신 주제인 좌편향(Left-Leaning) 레드 블랙 트리, Tim Sort와 이중 피벗 퀵 정렬(Dual Pivot Quick Sort)을 포함하고 있으며, 대부분의 자료구조에 대해 파이썬으로 구현된 프로그램을 제공한다. 본서는 연결 리스트, 스택, 큐, 트리 앞부분은 기본적인 개념 위주로 설명하고, 자료구조의 핵심이라 할 수 있는 탐색 트리, 해시 테이블, 정렬, 그래프에 대해 보다 상세히 다루며, 새로운 자료구조를 추가로 소개한다.

독자들의 쉬운 이해를 위해 본서는 대부분의 자료구조를 다음의 다섯 단계에 따라 설명한다.

1. 주어진 자료구조에 대한 이해
2. 핵심 아이디어 소개
3. 예제
4. 파이썬 프로그램
5. 수행 시간 분석

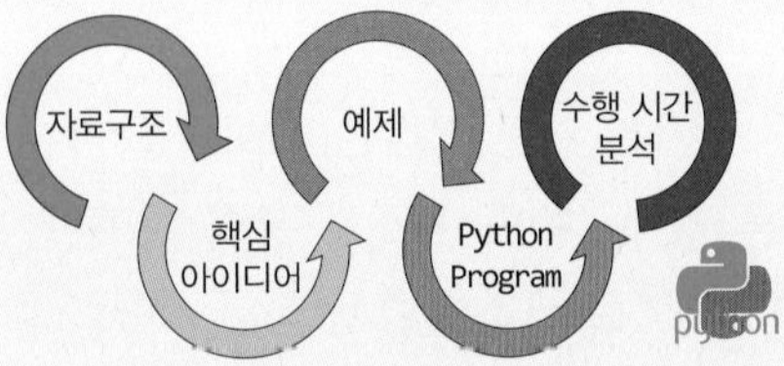

본서는 기본적으로 각 자료구조의 필요성을 소개하고, 자료구조를 이해하는데 도움이 되는 핵심 아이디어를 살펴본다. 또한 자료구조에 대한 예제를 통해 이해를 도우며, 파이썬(Python 3) 프로그램으로 구현한 자료구조를 제시하고, 수행 시간을 분석한다. 아울러 자료구조의 응용 및 활용 분야를 살펴보고, 대부분의 파이썬 프로그램을 PyCharm 통합 개발 환경에서 실제로 실행시킨 결과 화면 또한 보여준다. 단, 몇몇 자료구조들에 대한 프로그램은 너무 길어 생략하였고 개념 위주로 서술하였다.

본서 각 Part의 내용을 간략히 나열해보면 다음과 같다.

Part 1 자료구조를 배우기 위한 준비

자료구조와 추상 데이터 타입, 수행 시간의 분석, 수행 시간의 점근 표기법, 파이썬 언어의 기본 지식, 그리고 순환에 대해 살펴본다. 단, 본서에서 다루는 파이썬 언어의 기본 지식은 본서에 제공된 파이썬 프로그램을 이해하기 위해 필요한 파이썬의 일부 구문, 함수 등만을 포함하고 있다.

Part 2 리스트

단순 연결 리스트, 이중 연결 리스트, 원형 연결 리스트를 설명한다. 또한 메모리 효율적인 이중 연결 리스트를 소개한다.

Part 3 스택과 큐

스택, 큐, 데크 자료구조를 다룬다.

Part 4 트리

일반적인 트리, 이진 트리, 이진 트리에서의 순회 및 기타 기본적인 연산, 이진 힙을 각각 소개한다.

Part 5 탐색 트리

이진 탐색 트리, AVL 트리, 2-3 트리, 레드 블랙 트리, B-트리를 소개하며, 특히 이진 탐색 트리, AVL 트리는 파이썬 프로그램을 통하여 상세히 설명한다.

Part 6 해시 테이블

해시 함수, 충돌 해결 방법으로 선형 조사, 이차 조사, 랜덤 조사, 이중 해싱, 체이닝을 배우고, 새로운 충돌 해결 방식인 2-방향 체이닝(Two-Way Chaining), 뻐꾸기 해싱(Cuckoo Hashing)을 소개하며, 재해싱과 동적 해싱을 각각 살펴본다.

Part 7 정렬

기본적인 정렬 알고리즘인 선택 정렬, 삽입 정렬을 다루고, 이보다 효율적인 쉘 정렬, 합병 정렬, 퀵 정렬, 힙 정렬을 살펴보며, 특정 환경에서 사용되는 기수 정렬과 외부 정렬을 소개한다. 또한 비교적 최근에 소개되었고 자바의 시스템 정렬로 활용되는 이중 피벗 퀵 정렬(Dual Pivot Quick Sort)과 파이썬, 자바 SE 7 이후 버전, 안드로이드의 시스템 정렬로 채택된 Tim Sort는 부록에서 소개한다.

Part 8 그래프

깊이 우선 탐색, 너비 우선 탐색을 공부하고, 기본적인 그래프 알고리즘인 연결 성분 찾기와 위상 정렬에 대해 살펴본다. 또한 Kruskal, Prim, Sollin의 최소 신장 트리 알고리즘을 소개하고, Dijkstra와 Floyd-Warshall 최단 경로 알고리즘을 소개한다.

부록

파이썬 메모리를 살펴보며, 이중 피벗 퀵 정렬(Dual Pivot Quick Sort)과 Tim Sort를 살펴보며, 정렬 문제의 하한을 알아보고, 최소 신장 트리 알고리즘들이 항상 정확한 해를 찾는 지를 Cut Property의 증명을 통하여 알아본다.

본서는 파이썬 언어에 대한 기본 개념을 갖춘 학부 2학년 학생들을 위하여 집필되었으나, 변리사 및 기술고시의 준비를 위한 기본서로서도 역할을 할 것이며, 올림피아드와 같은 경시대회를 준비하는 학생들에게도 도움이 될 것이다. 또한 데이터 사이언스, 인공지능, 수학, 생명공학, 경영경제학, 사회학, 전자공학을 전공하는 학생들에게는 자료구조를 스스로 배우고 익힐 수 있는 좋은 입문서가 되리라 생각한다. 독자들이 자료구조의 기본 개념을 이해함으로써 궁극적으로는 실세계에서 어떤 문제와 마주하더라도 효율적으로 문제를 해결하는 프로그램을 작성할 수 있게 되기를 바란다.

특히 개정판에는 230여 개의 객관식과 주관식 연습문제가 추가되었고, 대부분 각 Part의 내용에 대한 정확한 이해를 확인할 수 있도록 출제되었다. 적지 않은 수의 문제는 IT 기업의 입사 인터뷰 문제로도 손색없고, 또 기출 문제들도 포함되어 있다.

책이 완성되는 과정에서 많은 분의 도움을 받았다. 풍부한 저작 활동 경험으로 지속적인 조언을 아끼지 않으신 같은 학과 최윤철 교수님의 성원에 깊은 감사를 드린다. 아울러 이 책의 시작과 완성의 전 과정을 이끌어 주신 생능출판사 김승기 사장님과 출판 과정에서 여러 가지로 애써 주신 출판사 직원들과 관계자분들께도 진심으로 감사드린다.

2022년 10월

저자 양성봉

강의계획안

본서를 14주 동안 강의한다고 가정했을 때, 기본적인 강의 스케줄과 도전적인 강의 스케줄 중 알맞은 스케줄을 선택하여 강의할 수 있다. 기본적인 강의 스케줄은 자료구조의 기본 개념 위주의 안정된 페이스로 강의가 이루어지도록 수립하였고, 프로그램에 대한 이해는 학생들의 복습으로 남기는 것을 추천한다.

주차	주제
1	Part 1 자료구조를 배우기 위한 준비
2	Part 2 연결 리스트
3	Part 3 스택과 큐(스택의 응용을 선택적으로 소개)
4	Part 4 트리(4.1~4.3)(트리 개념, 이진 트리 및 관련 연산)
5	Part 4 트리(4.4)(이진 힙)
6	Part 5 탐색 트리(5.1)(이진 탐색 트리)
7	Part 5 탐색 트리(5.2)(AVL 트리) (삭제 연산 제외)
8	중간시험
9	Part 5 탐색 트리(5.3~5.4)(2-3 트리, 레드 블랙 트리, B-트리)
10	Part 6 해시 테이블(6.1~6.3)(해시 함수, 개방 주소 방식)
11	Part 6 해시 테이블(6.4~6.6)(체이닝, 기타 해싱-선택)
12	Part 7 정렬(7.1~7.5)(개념만 소개)
13	Part 7 정렬(7.6~7.8)(퀵 정렬, 기수 정렬, 외부 정렬)
14	Part 8 그래프(8.1~8.3)(DFS, BFS, 연결 성분, 위상 정렬)
15	Part 8 그래프(8.4~8.5)(최소 신장 트리, 최단 경로 알고리즘)
16	기말시험

도전적인 강의 스케줄의 경우, Part 1에서 Part 4까지는 개념 위주로 소개하고, Part 5 이후는 정상적인 페이스로 강의를 진행하는 스케줄이다. 또한 부록의 이중 피벗 퀵 정렬, Tim Sort를 소개하는 것도 수강생들에게 매우 유익하리라 생각된다.

주차	주제
1	Part 1 자료구조를 배우기 위한 준비
2	Part 2 연결 리스트
3	Part 3 스택과 큐
4	Part 4 트리(4.1~4.3)(트리 개념, 이진 트리 및 관련 연산)
5	Part 4 트리(4.4)(이진 힙)
6	Part 5 탐색 트리(5.1)(이진 탐색 트리)
7	Part 5 탐색 트리(5.2)(AVL 트리)
8	중간시험
9	Part 5 탐색 트리(5.3~5.4)(2-3 트리, 레드 블랙 트리, B-트리)
10	Part 6 해시 테이블(6.1~6.3)(해시 함수, 개방 주소 방식)
11	Part 6 해시 테이블(6.4~6.6)(체이닝, 기타 해싱)
12	Part 7 정렬(7.1~7.6)(정렬 알고리즘)
13	Part 7 정렬(7.8, 부록)(기수 정렬, 외부 정렬, 이중 피벗 퀵 정렬, Time Sort)
14	Part 8 그래프(8.1~8.3)(DFS, BFS, 연결 성분, 위상 정렬)
15	Part 8 그래프(8.4~8.5)(최소 신장 트리, 최단 경로 알고리즘)
16	기말시험

차례

PART 01

자료구조를 배우기 위한 준비

contents

01 자료구조를 배우기 위한 준비

Part 1에서는 자료구조와 추상 데이터 타입을 정의하고, 그 관계를 살펴보며, 자료구조의 효율성을 분석하기 위해 알고리즘의 수행 시간 분석 방법과 점근 표기법에 대해 알아본다. 또한 본서에 제공되는 파이썬 프로그램의 이해를 돕기 위한 파이썬 언어에 대한 기본적인 지식과 순환(Recursion)을 살펴본다.

1.1 자료구조와 추상 데이터 타입

자료구조(Data Structure)는 일련의 동일한 타입의 데이터를 정돈하여 저장한 구성체이다.

데이터를 정돈하는 목적은 프로그램에서 저장하는 데이터에 대해 탐색, 삽입, 삭제 등의 연산을 효율적으로 수행하기 위해서이다. 따라서 자료구조를 설계할 때는 데이터와 데이터에 관련된 연산을 함께 고려하여 설계해야 한다.

자료구조를 프로그램으로 구현할 때는 데이터를 저장할 구조를 생성한 이후, 실제 저장되는 데이터를 처리하기 위한 연산을 정의해야 하는데, 추상 데이터 타입[1]은 이러한 관계를 정형화시킨 개념이다.

추상 데이터 타입(Abstract Data Type, ADT)은 데이터와 그 데이터에 대한 추상적인 연산들로써 구성된다.

1) 추상 데이터 타입은 Liskov와 Zilles에 의해 1974년에 처음 제안되었다.

여기서 '추상'의 의미는 연산을 구체적으로 어떻게 구현하여야 한다는 세부 명세를 포함하고 있지 않다는 의미이다.

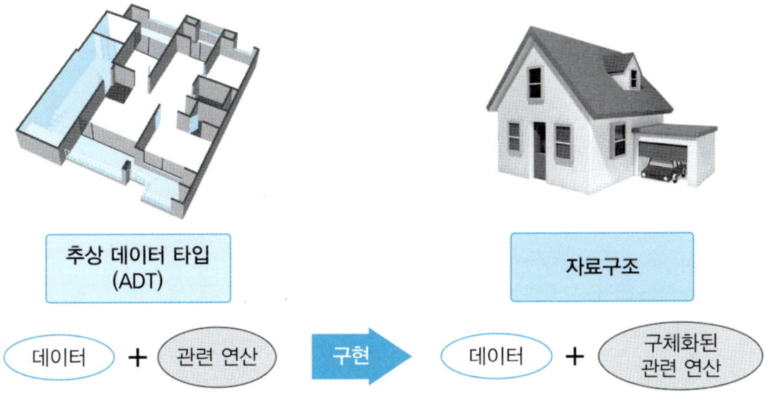

[그림 1-1] ADT와 자료구조의 관계

자료구조는 ADT를 구체적(실제 프로그램)으로 구현한 것을 의미한다. 자료구조와 ADT의 관계는 [그림 1-1]의 건축 설계도와 건물의 관계와 유사하다. 건축 설계도는 건물의 용도에 따라 건물의 구조 및 형상을 그린 도면으로 ADT에 해당하고, 건축 시공자가 건축 설계도에 따라 건축 재료를 사용하여 실제로 건축한 건물은 자료구조에 해당한다.

실제로 자주 사용되는 자료구조로는 파이썬의 리스트(다른 언어의 배열과 유사), 연결 리스트, 스택과 큐, 다양한 트리, 해시 테이블, 그래프 등을 들 수 있다. 이러한 자료구조를 사용하여 특정 문제를 해결하기 위한 알고리즘을 설계할 수 있는데, 이를 위해선 데이터와 관련된 연산의 관계를 개념적으로 정립하는 ADT에 기반하여 효율적인 자료구조를 만들어야만 효율적인 알고리즘의 설계가 가능하다.

본서에서 다루는 대부분의 자료구조들은 탐색, 삽입, 삭제 연산을 기본적인 연산으로 지원하며, 자료구조에 따라 추가적인 보조 연산들이 제공된다. 이러한 연산들에 대한 정의는 간단 명료하므로 특별히 ADT를 선언하여 그 명세를 정의하지 않아도 자료구조들을 프로그램으로 구현하는 데 크게 지장이 없으므로, 본서에서는 각 자료구조에 대한 ADT의 선언을 생략한다.

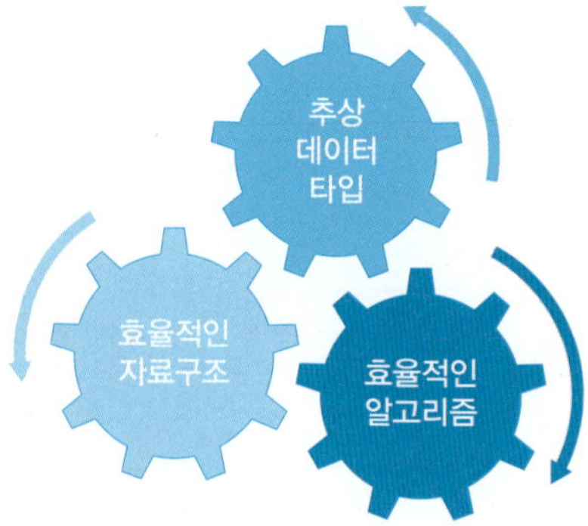

[그림 1-2] ADT, 자료구조, 알고리즘의 관계

1.2 수행 시간의 분석

자료구조의 효율성은 자료구조에 대해 수행되는 연산의 수행 시간으로 측정할 수 있다. 자료구조에 대한 연산 수행 시간 측정 방식은 알고리즘의 성능을 측정하는 방식과 동일하다. 알고리즘의 성능은 수행 시간을 나타내는 시간 복잡도(Time Complexity)와 알고리즘이 수행되는 동안 사용되는 메모리 공간의 크기를 나타내는 공간 복잡도(Space Complexity)에 기반하여 분석한다. 대부분의 경우 시간 복잡도만을 사용하여 알고리즘의 성능을 분석하는데, 주어진 문제를 해결하기 위한 대부분의 알고리즘이 비슷한 크기의 메모리 공간을 사용하기 때문이다.

알고리즘의 성능은 알고리즘을 구현한 프로그램을 실제로 컴퓨터에서 실행시킨 후 실행 완료까지 소요된 시간으로 측정할 수도 있다. 하지만 실제 측정된 시간으로 알고리즘의 성능을 객관적으로 평가하는 데는 한계가 존재한다. 왜냐하면 프로그래머의 숙련도, 구현에 사용된 프로그래밍 언어의 종류 그리고 알고리즘을 실행한 컴퓨터의 하드웨어 성능에 따라서 수행 시간은 얼마든지 달라질 수 있기 때문이다.

따라서 알고리즘의 시간 복잡도는 알고리즘이 실행되는 동안에 사용된 기본적인 연산 횟수를 입력 크기의 함수로 나타낸다.

> 기본 연산(Elementary Operation)이란 데이터간 크기 비교, 데이터 읽기 및 갱신, 숫자 계산 등과 같은 단순한 연산을 의미한다.

본서에서는 시간 복잡도를 수행 시간(Run Time)이라 부르고, 알고리즘의 수행 시간은 다음 3가지 방법으로 분석한다.

- 최악 경우 분석(Worst-case Analysis)
- 평균 경우 분석(Average-case Analysis)
- 최선 경우 분석(Best-case Analysis)

일반적으로 알고리즘의 수행 시간은 최악 경우 분석으로 표현한다. 최악 경우 분석은 '어떤 입력이 주어지더라도 알고리즘의 수행 시간이 얼마 이상은 넘지 않는다'라는 상한(Upper Bound)의 의미를 갖는다. 평균 경우 분석은 입력의 확률 분포를 가정하여 분석하는데, 일반적으로 균등 분포(Uniform Distribution)를 가정한다. 즉, 입력이 무작위로 주어진다고 가정한다. 최선 경우 분석은 가장 빠른 수행 시간을 분석하는 것이다. 최선 경우 분석은 거의 사용되지 않으나, 최적(Optimal) 알고리즘[2]을 찾는데 활용되기도 한다.

각각의 분석 방법을 등교하는데 걸리는 시간에 적용해보자. 집을 나와서 지하철역까지는 5분, 지하철을 타면 학교까지 20분, 강의실까지는 걸어서 10분 걸린다고 가정하자.

이때 최선 경우는 집을 나와서 5분 후 지하철역에 도착하고, 운이 좋게 바로 열차를 탄 경우이다. 따라서 최선 경우의 등교 시간은 5 + 20 + 10 = 35분이다. 그러나 최악 경우는 열차에 승차하려는 순간, 열차의 문이 닫혀서 다음 열차를 기다려야 하는 경우이다. 그리고 다음 열차가 10분 후에 도착한다면, 최악 경우는 5 + 10 + 20 + 10 = 45분이다. 평균 시간은 대략 최악과 최선의 중간이라고 가정했을 때, 40분[3]이다.

(a) 최선 경우 (b) 최악 경우 (c) 평균 경우

[그림 1-3] 3가지 경우의 학교 가는 시간

2) 최적 알고리즘이란 어떤 입력에 대해서도 가장 빠른 수행 시간(시간 복잡도)을 가진 알고리즘을 일컫는다.

3) 보다 정확히 계산하기 위해 균등 분포를 가정하면, 1분 후에 도착할 확률, 2분 후에 도착할 확률, …, 10분 후에 도착할 확률이 각각 동일하다고 가정하여 기댓값을 계산하면 5.5분이다. 그러므로 정확한 평균 시간은 35 + 5.5 = 40.5분이다.

따라서 "늦어도 45분이면 학교에 간다."라고 말하면, 이는 최악 경우를 뜻한다. 이처럼 알고리즘의 수행 시간도 입력에 따라 수행 시간에 차이가 있으므로 대부분 최악 경우로 표현한다.

1.3 수행 시간의 점근 표기법

수행 시간은 알고리즘이 수행하는 기본 연산 횟수를 입력 크기에 대한 함수로 표현한다. 이러한 함수는 주로 여러 개의 항을 가지는 다항식으로 표현되므로 이를 입력의 크기에 대한 함수로 표현하기 위해 점근 표기법(Asymptotic Notation)을 사용한다.

다음은 3가지의 대표적인 점근 표기법이다.

- O(Big-Oh)-표기
- Ω(Big-Omega)-표기
- Θ(Theta)-표기

[O-표기의 정의]

모든 $n \geq n_0$에 대해서 $f(n) \leq cg(n)$이 성립하는 양의 상수 c와 n_0이 존재하면, $f(n) = O(g(n))$이다.

O-표기의 의미는 n_0과 같거나 큰 모든 n(즉, n_0 이후의 모든 n)에 대해서 f(n)이 cg(n)보다 크지 않다는 것이다. 여기서 g(n)을 f(n)의 상한(Upper Bound)이라고 한다.

예를 들어 어떤 알고리즘의 수행 시간이 $2n^2 + 3n + 5$라면, 양의 상수 c를 최고 차항의 계수인 2보다 큰 4를 택하고[4] $g(n) = n^2$으로 정하면, 3보다 큰 모든 n에 대해 $2n^2 + 3n + 5 < 4n^2$이 성립한다. 따라서 $2n^2 + 3n + 5 = O(n^2)$이다. 물론 $2n^2 + 3n + 5 = O(n^3)$도 성립하고, $2n^2 + 3n + 5 = O(2^n)$도 성립한다. 그러나 g(n)을 선택할 때는 정의를 만족하는 가장 차수가 낮은 함수를 선택하는 것이 원칙이다.

이렇게 가장 낮은 차수를 선택하는 이유는 과장된 표현을 피하기 위해서이다. 예를 들어

4) $f(n) \leq cg(n)$을 만족하는 가장 작은 c를 찾지 않아도 된다. 왜냐하면 $f(n) \leq cg(n)$을 만족하는 양의 상수 c와 n_0이 존재하면 되기 때문이다.

등교 시간이 최대 45분 소요되는데 이를 시간 단위로 표현할 때 "100시간 넘게는 안 걸린다"해도 맞는 말이고, "10시간 넘게는 안 걸린다"는 말도 틀린 말이 아니지만, "1시간 넘게는 안 걸린다"가 더욱 정확한 표현이기 때문이다.

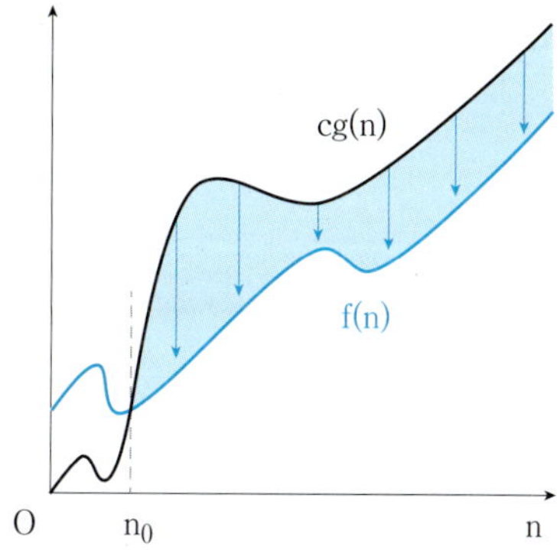

[그림 1-4] f(n) = O(g(n))

[그림 1-4]는 n이 증가함에 따라 cg(n)이 n_0 이후의 모든 n에 대해서 f(n)과 같거나 큰 것을 보여준다.

주어진 수행 시간의 다항식에 대해 O-표기를 찾기 위해 직접 양의 상수 c와 n_0을 계산해서 g(n)을 찾을 수도 있다. 하지만 훨씬 간단한 방법은 다항식에서 최고 차수 항만을 취한 뒤, 그 항의 계수를 제거하여 g(n)을 정하는 방법이다. 예를 들어 $2n^2 + 3n + 5$에서 최고 차수 항은 $2n^2$이고, 여기서 계수인 2를 제거하면 n^2이 남고, 이 n^2이 바로 g(n)이다. 따라서 $2n^2 + 3n + 5 = O(n^2)$이다.

[Ω-표기의 정의]

모든 $n \geq n_0$에 대해서 $f(n) \geq cg(n)$이 성립하는 양의 상수 c와 n_0이 존재하면, $f(n) = \Omega(g(n))$이다.

Ω-표기는 n_0보다 큰 모든 n에 대해서 f(n)이 cg(n)보다 작지 않다는 의미이다. 즉, $f(n) = \Omega(g(n))$은 양의 상수를 곱한 g(n)이 f(n)에 미치지 못한다는 뜻이다. 여기서 g(n)을 f(n)의 하한(Lower Bound)이라고 한다.

예를 들어 어떤 알고리즘의 수행 시간이 $2n^2 + 3n + 5$일 때, 양의 상수 c를 1로 택하고[5)]$g(n) = n^2$으로 정하면, 1보다 큰 모든 n에 대해 $2n^2 + 3n + 5 > n^2$이 성립한다. 따라서 $2n^2 + 3n + 5 = \Omega(n^2)$이다. 물론 $2n^2 + 3n + 5 = \Omega(n)$도 성립하고, $2n^2 + 3n + 5 = \Omega(\log n)$도 성립한다. 그러나 g(n)을 선택할 때에는 정의를 만족하는 가장 높은 차수의 함수를 선택하는 것이 원칙이다. [그림 1-5]는 n이 증가함에 따라 f(n)이 n_0 이후의 모든 n에 대해서 cg(n)과 같거나 크다는 것을 보여준다.

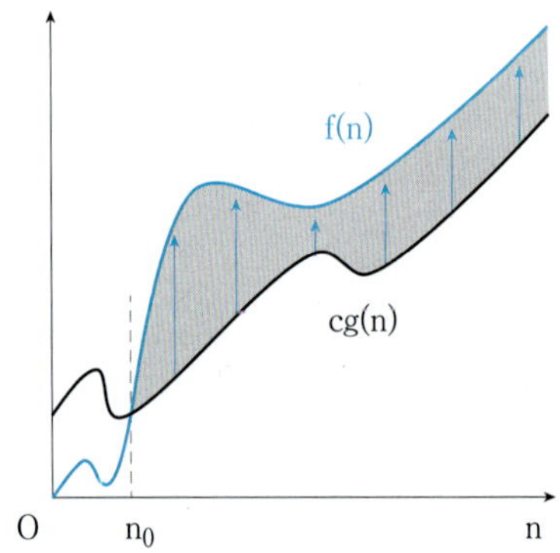

[그림 1-5] $f(n) = \Omega(g(n))$

주어진 수행 시간의 다항식에 대해 Ω-표기를 찾는 방법은 양의 상수 c와 n_0을 찾아내어 g(n)을 구할 수 있으나, O-표기를 찾을 때와 같이 다항식에서 최고 차항만을 취하고 그 항의 계수를 제거하여 g(n)을 찾는다. 예를 들어 $2n^2 + 3n + 5$에서 최고 차항은 $2n^2$이고, 여기서 계수인 2를 제거하면 n^2이 되므로, $2n^2 + 3n + 5 = \Omega(n^2)$이다.

[Θ-표기의 정의]

모든 $n \ge n_0$에 대해서 $c_1 g(n) \ge f(n) \ge c_2 g(n)$이 성립하는 양의 상수 c_1, c_2, n_0이 존재하면, $f(n) = \Theta(g(n))$이다.

Θ-표기는 수행 시간의 O-표기와 Ω-표기가 동일한 경우에 사용한다. 따라서 $2n^2 + 3n + 5 = O(n^2)$과 동시에 $2n^2 + 3n + 5 = \Omega(n^2)$이므로, $2n^2 + 3n + 5 = \Theta(n^2)$이다. $\Theta(n^2)$은 n^2과 $(2n^2 + 3n + 5)$가 유사한 증가율을 가지고 있다는 뜻이다. 따라서 $2n^2 + 3n +$

5) O-표기와 마찬가지로 $f(n) \ge cg(n)$을 만족하는 가장 작은 양의 c를 찾아야 하는 것은 아니다. 왜냐하면 $f(n) \ge cg(n)$을 만족하는 양의 상수 c와 n_0이 존재하기만 하면 되기 때문이다.

$5 \neq \Theta(n^3)$이고, $2n^2 + 3n + 5 \neq \Theta(n)$이다.

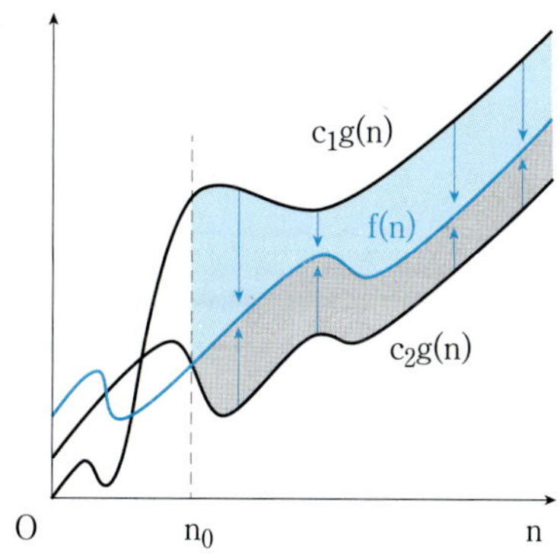

[그림 1-6] $f(n) = \Theta(g(n))$

[그림 1-6]은 n이 증가함에 따라 f(n)이 n_0보다 큰 모든 n에 대해서 $c_1g(n)$보다 크지 않고 $c_2g(n)$보다 작지 않은 것을 보여준다.

알고리즘의 수행 시간은 주로 O-표기를 사용하며, 보다 정확히 표현하기 위해 Θ-표기를 사용하기도 한다. 다음은 컴퓨터 분야에서 수행 시간을 위해 자주 사용되는 함수의 O-표기와 이름이다.

- O(1) 상수 시간(Constant Time)
- O(logn) 로그(대수) 시간(Logarithmic Time)
- O(n) 선형 시간(Linear Time)
- O(nlogn) 로그 선형 시간(Log-linear Time)
- $O(n^2)$ 이차 시간(Quadratic Time)
- $O(n^3)$ 3차 시간(Cubic Time)
- $O(2^n)$ 지수 시간(Exponential Time)

상수 시간 O(1)은 입력 크기 n이 변하더라도 항상 변하지 않는 (일정한) 시간이 소요된다는 뜻이다. 그리고 k가 상수일 때, $O(n^k)$을 다항식 시간(Polynomial Time)이라고 일컫는다. [그림 1-7]은 자주 사용되는 O-표기의 포함 관계의 예를 보여준다.

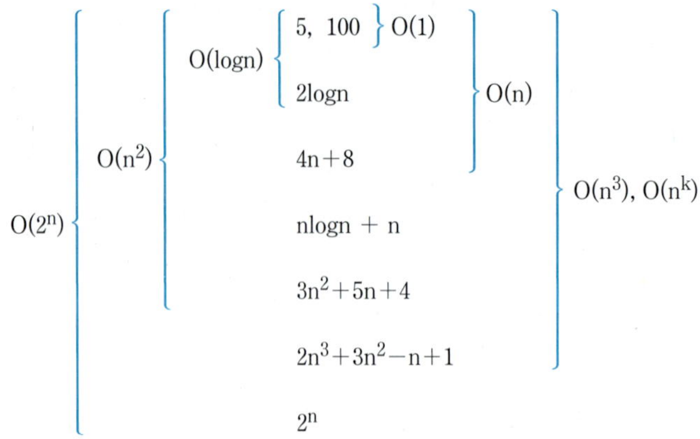

[그림 1-7] O-표기의 포함 관계

[그림 1-8]은 n이 증가함에 따라 logn부터 n!까지 각각을 그래프로 그린 것이다. logn은 거의 증가하지 않으나 n!이나 2^n은 n이 커짐에 따라 폭발적으로 증가하는 것을 볼 수 있다.

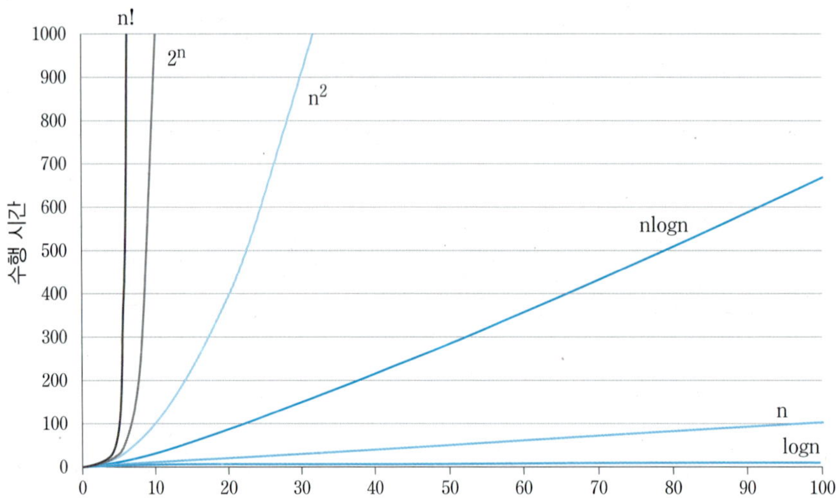

[그림 1-8] 함수의 증가율 비교

종이 반으로 접기

A4 용지 1장을 반으로 접고, 반의 반으로 접고, 계속 반으로 접어간다면 과연 몇 번까지 접을 수 있을까? 일반적으로 6번 정도 접을 수 있는데, 8번 이상 접기는 매우 힘들다. 종이를 반으로 접기에 대한 세계 기록은 13번이다. 아직 기네스 북에는 종이 반으로 접기 종목이 없으나 인터넷에 올려진 기록으로는 13번이다. 아래의 공식은 n번을 접는 데 필요한 종이의 길이를 계산하는 식이다. 여기서 t는 종이의 두께이다.

$$L = \pi t/6(2^n + 4)(2^n - 1)$$

이 공식을 이용해서 종이를 13번 접는 데 필요한 종이의 총 길이 L을 계산하면, 즉, n = 13, t = 0.000058(A4 용지의 두께)일 때의 L 값은 2038.75 m이다. 즉, 종이를 13번 접기 위해선 적어도 2 km 길이의 종이가 필요하다. 종이를 22번 접기 위해선 지구와 달 사이의 거리만큼 긴 종이가 필요하고 26번 접으려면 지구와 태양 사이의 거리만큼 긴 종이가 필요하다.

출처: http://www.npr.org/sections/thetwo-way/2011/12/05/143150449/record-folders-54-000-feet-of-paper-13-folds-one-new-standard

import antigravity

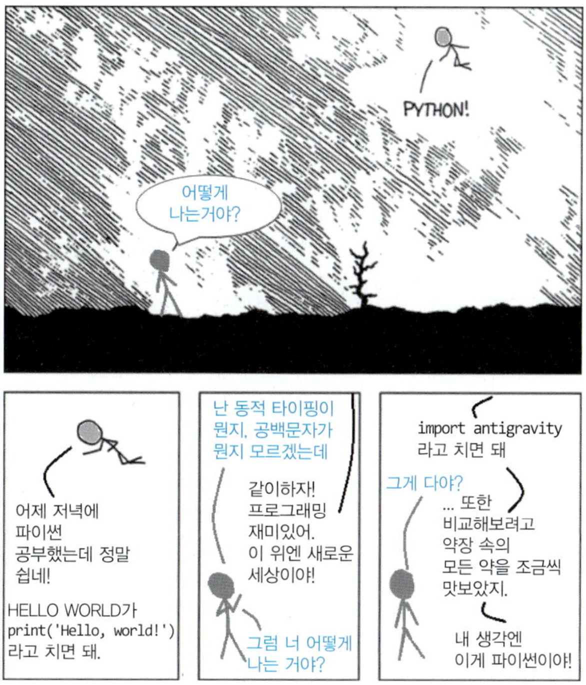

마지막 장면에서 "약장 속의 모든 약을 조금씩 맛보았다" 는 것은 마치 하늘을 자유롭게 나는 듯한 기분을 준다는 뜻이고, 약장 속의 약들은 파이썬에서 사용할 수 있는 많은 패키지와 모듈들을 간접적으로 의미하고 있다.

antigravity.py 파일은 실제로 존재하는 파이썬 모듈이며 import antigravity를 실제로 실행시키면 위의 만화가 실린 웹 페이지가 나타난다.

출처: https://xkcd.com/353/

1.4 파이썬 언어에 대한 기본 지식

이 Part에서는 앞으로 소개할 자료구조들을 프로그램으로 구현하는데 사용된 파이썬 언어의 기본적인 내용에 대해 간단하게 살펴본다. 파이썬 언어는 객체지향 프로그래밍 언어로서 클래스(Class)를 선언하여 객체에 데이터를 저장하고 메소드(Method)[6]를 선언하여 객체들에 대한 연산을 구현한다. 파이썬 언어에서 클래스는 다음과 같은 구조를 가진다.

```
class 클래스 이름:
   def __init__(self, 인자1, ...): # 객체 생성자
       self.인스턴스 변수1 = 인자1
   ...
   def ┐
   ... ├── 객체에 대한 메소드
   def ┘
```

인스턴스 변수(Instance Variable)는 객체에 정보를 저장하기 위해 선언한다. 객체를 생성하기 위한 객체 생성자(Constructor)는 클래스 내부에 선언하며, 객체 혹은 객체 내부 인스턴스 변수에 대한 연산을 수행하는 메소드도 클래스 내부에 정의한다. 예를 들어 학생을 객체로 표현하기 위해 Student 클래스를 다음과 같이 선언할 수 있으며 각 Student 객체는 이름과 학번을 각각 저장하는 인스턴스 변수 name과 id를 갖는다.

6) 파이썬에서는 클래스 밖에서 def를 선언하면 이를 함수(Function)라 하고, 클래스 안에 def를 선언하면 메소드라고 일컫는다.

프로그램 1-1 클래스 예제

```
class Student:
    def _init_(self, name, id);
        self.name = name
        self.id = id
    def get_name(self):
        return self.name
    def get_id(self):
        return self.id

best = Student('Lee', 101)
print(best.get_name())
print(best.get_id())
```

Student 객체 생성자

인스턴스 변수

객체의 name을 반환하는 메소드

객체의 id를 반환하는 메소드

best 학생의 name과 id 출력

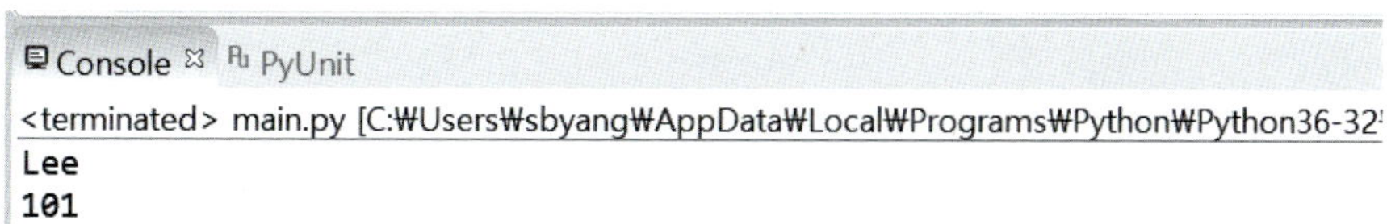

[그림 1-9] [프로그램 1-1]의 수행 결과

파이썬의 클래스에서는 메소드의 첫 번째 인자로 'self'를 사용하고, 인스턴스 변수 앞에 'self'를 사용하는데, 이는 클래스의 생성자로 만들어진 객체의 이름을 self가 있는 자리에 대체시키기 위한 것이다. 그러므로 best.get_name()은 def get_name(best)를 수행하며, 따라서 return best.name을 수행하여 'Lee'를 출력하며, best.get_id()는 def get_id(best)를 수행하며 return best.id를 수행하여 101을 출력한다. 참고로 self 대신에 다른 이름을 사용해도 무방하나 파이썬 사용자들은 관례로서 self를 사용한다. 다음은 본서에 제공되는 파이썬 프로그램의 이해를 돕기 위한 파이썬 구문들을 살펴본다.

❖ 리스트(List)는 C나 자바 언어의 배열과 유사하다. 배열은 동일한 타입의 항목을 저장하는 반면에 리스트는 서로 다른 타입의 항목을 저장할 수 있다. 그러나 본서에서는 리스트를 배열과 같이 사용한다.

프로그램 1-2 리스트 선언 및 관련 연산 수행

```
01  a = []                  # 비어있는 리스트 a 선언
02  b = [None] * 10         # 크기가 10이고 각 원소가 None으로 초기화된 리스트
03  c = [40, 10, 70, 60]    # 크기가 4이고 4개의 정수로 초기화된 리스트
04  print(c[0])             # 40 출력
05  print(c[-1])            # 60 출력
06  c.pop()                 # 리스트 마지막 항목인 60 제거
07  c.pop(0)                # 리스트 첫 항목인 40 제거
08  c.append(90)            # 리스트 맨 뒤에 90 추가
09  print(len(c))           # 내장 함수인 len()은 리스트의 크기 반환
```

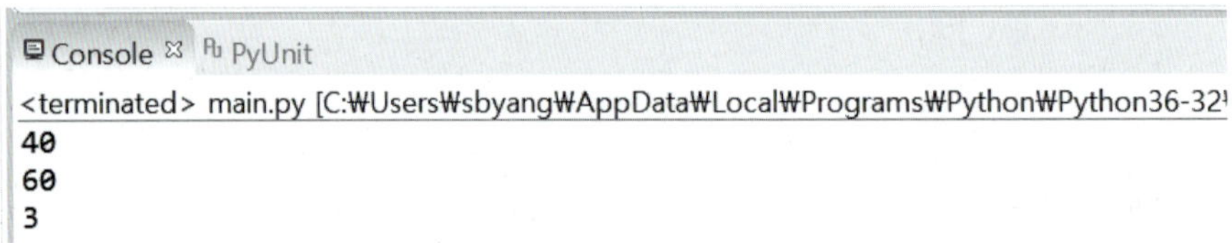

[그림 1-10] [프로그램 1-2]의 수행 결과

파이썬의 리스트는 동적 배열(Dynamic Array) 개념으로 구현되어 있다. 즉, 프로그램이 수행되는 도중에 리스트에 새 항목들이 추가되면 리스트의 크기를 확장하고 항목들의 삭제가 거듭되어 리스트의 항목 수가 줄어들면 리스트의 크기를 축소시킨다. 이러한 리스트의 크기 조절은 파이썬이 알아서 수행한다.

[프로그램 1-2] line 03에서 c = [40, 10, 70, 60]이 수행되면, 4개의 정수가 [그림 1-11] (a)와 같이 저장되는 것이 아니라 실제로 (b)와 같이 메모리에 저장된다.

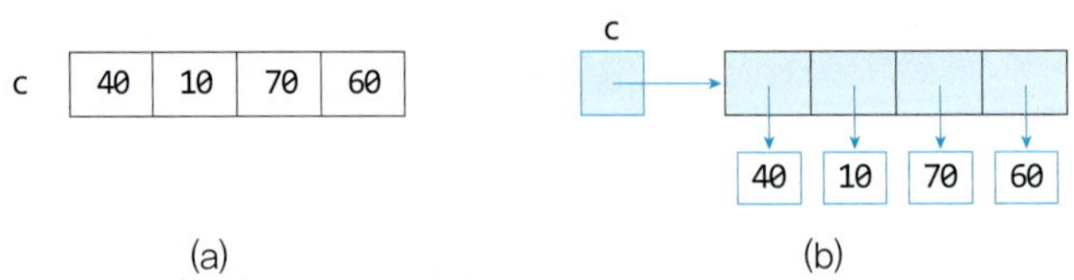

[그림 1-11] 리스트의 메모리 저장

즉, c[0]에는 40이라는 정수 객체의 레퍼런스가 저장된다. 여기서 만일 c[1] = 40이 수행되면 리스트 c는 [그림 1-12]와 같이 된다.

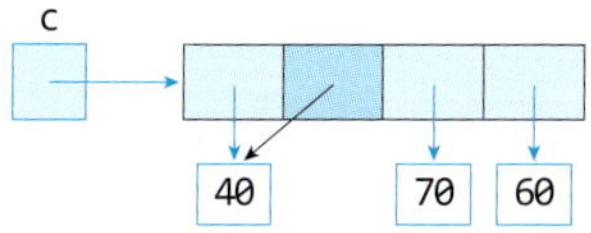

[그림 1-12] c[1] = 40 수행 후

❖ if-문은 조건문으로서 다음과 같이 하나 또는 여러가지 조건을 검사하도록 선언할 수 있다. 조건식이 True이면 해당 명령문을 수행하고, False이면 else의 명령문을 수행한다. 또한 여러 조건으로 세분화시켜야 하는 경우에는 if - elif - … - else 문을 사용한다.

```
if 조건식:
    명령문
else:
    명령문
```

```
if 조건식:
    명령문
elif 조건식:
    명령문
...
else:
    명령문
```

❖ 반복문에는 for-문과 while-문이 있다. for-문은 리스트, 튜플, 스트링 등의 순서형 자료의 항목들을 차례로 읽으며 명령문을 처리하는 방식과 내장 함수인 range()를 사용하는 방식이 있다. while-문은 조건식이 만족된 동안에만 반복 수행된다.

```
for 조건식 in 리스트:
    명령문

for 변수 in range(N):
    명령문
```

```
while 조건식:
    명령문
```

❖ range() 함수는 다음과 같은 형식을 갖는다.

```
range(N)
range(시작, N)
range(시작, N, 증감)
```

예제

```
range(10)            # 0, 1, 2, …, 9 반환
range(1, 11)         # 1, 2, …, 10 반환
range(10, 20, 2)     # 10, 12, 14, 16, 18 반환
range(10, 1, -1)     # 10, 9, 8, …, 2 반환
range(len(리스트))    # 0부터 (리스트의 크기-1)까지 반환
```

❖ 의사 난수(Pseudo-random Number) 생성을 이용해 리스트 만들기와 프로그램의 실행 시간을 측정하기

프로그램 1-3

```
import random
import time
random.seed(time.time())
a = [ ]
for i in range(100):
    a.append(random.randint(1, 1000))

start_time = time.time()
.
.
.
print("--- %s seconds ---" % (time.time() - start_time))
```

- random, time 모듈 불러오기
- 난수 생성을 위한 초깃값을 현재 시각으로
- 1과 1,000 사이의 난수 1개를 생성하여 a에 추가
- 현재 시각을 시작 시각으로 지정
- 실행 시간을 측정할 부분
- 현재 시각(종료 시각)
- 시작 시각

참고로 time.time()은 1970년 1월 1일 0시 0분 0초로부터 현재 시각이 몇 초인지를 반환한다.

❖ 내장 함수

- ord('문자') # 문자의 Unicode 값을 반환. 예, ord('A')는 65를 반환한다.
- list(reversed(리스트)) # 역순으로 된 리스트를 반환한다.

• 리스트.reverse() # 리스트를 역순으로 만든다. 예, a.reverse()는 리스트 a를 역순으로 만든다.

❖ lambda 함수는 함수의 이름도 return도 없이 수행되는 함수이다.

```
lambda 인자(arguments): 식(expression)
```

lambda 함수는 filter() 또는 map() 함수의 인자로 많이 사용된다.

• filter(expression, sequence)
• map(expression, sequence)

또한 lambda 함수는 일반적으로 간단한 함수를 대신할 수 있어 매우 유용하다. [프로그램 1-4]에서는 filter()와 map()에 사용된 경우와 Part 8의 [프로그램 8-5]에서 사용되는 리스트 정렬의 예를 보여준다. Line 08에서는 리스트 b를 각 원소(리스트)의 마지막 숫자를 기준으로 lambda 함수를 이용하여 정렬한다.

프로그램 1-4

```
01  a = [1, 5, 4, 6, 8, 11, 3, 12]
02  even = list(filter(lambda x: (x%2 == 0), a))
03  print(even)
04  ten_times = list(map(lamba x: x * 10, a))
05  print(ten_times)
06
07  b = [[0, 1, 8], [7, 2, 2], [5, 3, 10], [1, 4, 5]]
08  b.sort(key = lambda x: x[2])
09  print(b)
```

- 02: a에서 짝수만 선택하여 리스트로 반환
- 04: a의 각 숫자를 10 배로 만들어 리스트로 반환
- 08: b의 각 원소(리스트)의 마지막 숫자를 기준으로 정렬

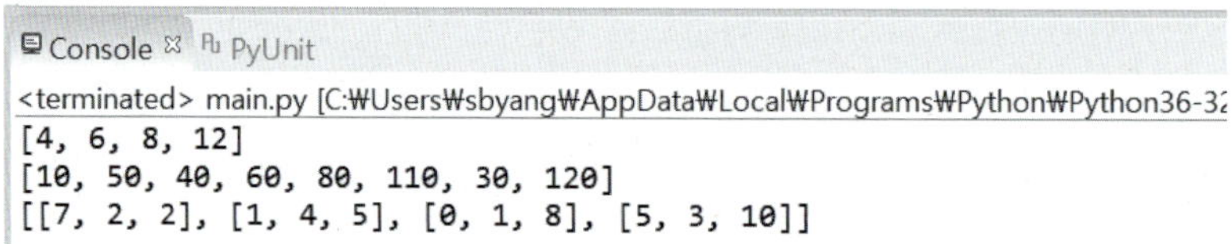

[그림 1-13] [프로그램 1-4]의 수행 결과

1.5 순환

순환(Recursion)은 함수가 스스로를 호출하는 것이다.

순환[7]은 팩토리얼, 조합을 계산하기 위한 식의 표현, 무한한 길이의 숫자 스트림 만들기, 분기하여 자라나는 트리 자료구조를 만드는 데 사용되며, 프랙털(Fractal) 등의 기본 개념으로도 사용된다.

$$n! = n \cdot (n-1)!$$

$$\binom{n}{k} = \binom{n-1}{k-1} + \binom{n-1}{k}$$

$$F_n = F_{n-1} + F_{n-2},\ F_0 = 0,\ F_1 = 1$$

$$X_n = (aX_{n-1} + c)\%m,\ X_0 = seed$$

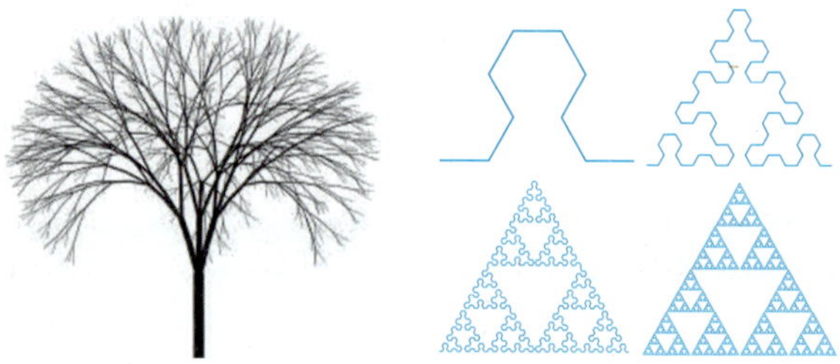

[그림 1-14] 순환의 개념

함수(또는 메소드)가 자기 자신을 호출하도록 프로그래밍 할 때는 무한 호출을 방지해야 한다. 다음의 파이썬 프로그램을 실행시켜보면 RecursionError가 발생하는데, 그 이유는 순환 호출을 중단시킬 수 있는 조건문이 없기 때문이다.

7) 순환은 재귀 호출이라고도 부른다.

```python
def recurse():
    print(' *')
    recurse()

recurse()
```

```
Console ⌧ PyUnit
<terminated> main.py [C:\Users\sbyang\AppData\Local\Programs\Python\Python36-32\python.exe]
    recurse()
  File "C:\Users\sbyang\Desktop\pyworkspace\test\main.py", line 3, in recurse
    recurse()
  File "C:\Users\sbyang\Desktop\pyworkspace\test\main.py", line 3, in recurse
    recurse()
  [Previous line repeated 993 more times]
  File "C:\Users\sbyang\Desktop\pyworkspace\test\main.py", line 2, in recurse
    print(' *')
RecursionError: maximum recursion depth exceeded while calling a Python object
```

이러한 무한 호출을 방지하기 위해 함수에 count 매개변수를 전달하고, 자신을 호출할 때마다 count를 1 감소시키며, 함수 내부의 if-문으로 count가 0과 같거나 작은지 검사하여 True이면 더 이상 함수를 호출하지 않도록 제어한다.

```python
def recurse(count):
    if count <= 0:
        print('.')
    else:
        print(count, ' *')
        recurse(count-1)

recurse(5)
```

```
Console ⌧ PyUnit
<terminated> main.py [C:\Users
5  *
4  *
3  *
2  *
1  *
.
```

순환으로 구현된 함수는 두 부분으로 구성된다. 하나는 기본(Base) case이고, 다른 하나는 순환 case이다. 기본 case는 스스로를 더 이상 호출하지 않는 부분이고, 순환 case는 스스로를 호출하는 부분이다. 따라서 무한 호출을 방지하기 위해 선언한 변수 또는 수식의 값이 호출이 일어날 때마다 순환 case에서 감소되어[8] 최종적으로 if-문의 조건식에서 기본 case를 실행하도록 제어해야 한다.

8) 물론 한 번 호출할 때마다 증가하더라도 if의 조건식으로 기본 경우가 실행되도록 조절할 수 있다.

예제 다음은 팩토리얼을 순환으로 계산하는 파이썬 프로그램이다. Line 07에서 factorial(4)로 함수를 호출하며 [그림 1-15]의 번호 순서대로 수행되어 24를 출력한다.

```
01  def factorial(n):
02      if n <= 1:
03          return 1
04      else:
05          return n*factorial(n-1)
06
07  print(factorial(4))
```

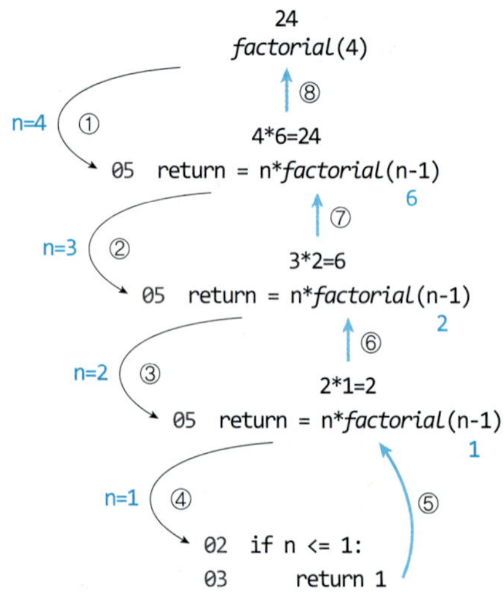

[그림 1-15] 4!의 계산 수행 순서

사실 팩토리얼은 반복문을 사용하여 순환을 사용한 경우보다 쉽게 계산할 수 있다. 다음의 파이썬 프로그램은 반복문으로 팩토리얼을 계산하는 프로그램이다. 반복문을 이용한 계산은 함수 호출로 인해 시스템 스택[9]을 사용하지 않으므로 순환을 이용한 계산보다 매우 간단하며 메모리도 적게 사용한다.

```
factorial = 1
for i in range(1, 5):
    factorial *= i

print(factorial)
```

함수의 마지막 부분에서 순환하되 호출 후 되돌아왔을 때 수행할 연산이 없는 경우를 꼬리 순환(Tail Recursion)이라 한다. 앞에서 설명한 순환으로 팩토리얼을 계산하는 함수는

9) 시스템 스택은 부록 I에 설명되어 있다.

함수의 마지막에서 순환 호출을 하지만 호출 후 되돌아왔을 때 line 05에서 n과 반환된 값을 곱해야 하므로 꼬리 순환이 아니다. 그러나 꼬리 순환은 최적화되면 반복문으로 변환되어 수행되므로 메모리 사용 측면에서 효율적이다. 꼬리 순환에 관한 예제는 연습문제에서 다룬다.

예제 남태평양에 있는 어느 나라에 11개의 섬이 [그림 1-16]과 같이 다리로 연결되어 있다. 이 섬나라의 관광청에서는 관광객들이 11개의 섬을 모두 방문할 수 있는, 순서가 다른 3개의 관광코스를 만들었다. 각 코스의 관광은 섬 H에서 시작한다. 관광청에서는 각 관광 코스의 방문 순서를 다음과 같은 규칙에 따라 만들었다.

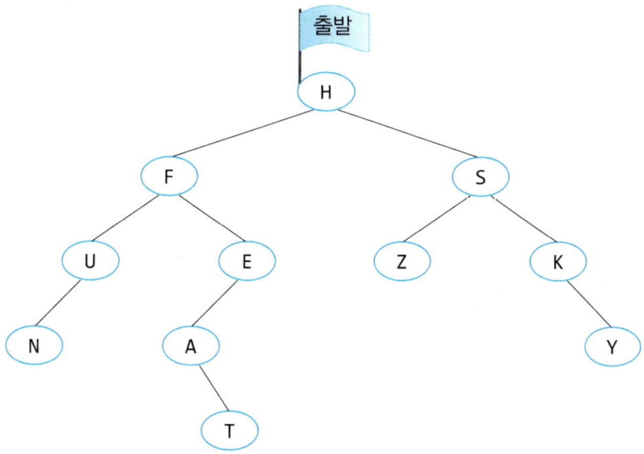

[그림 1-16] 섬나라 관광

- A-코스: 섬에 도착하면 항상 도착한 섬을 먼저 관광하고, 그다음엔 왼쪽 섬으로 관광을 진행한다. 왼쪽 방향의 모든 섬을 방문한 후에는 오른쪽 섬으로 관광을 진행한다.

```
def A_course(n):                          # A-코스
    if n != None:
        print(n.name, '->', end=' ')     # 섬 n 방문
        A_course(n.left)                  # n의 왼쪽으로 진행
        A_course(n.right)                 # n의 오른쪽으로 진행
```

A-코스의 관광 순서는 H → F → U → N → E → A → T → S → Z → K → Y 이다.

- B-코스: 섬에 도착하면 도착한 섬의 관광을 미루고, 먼저 왼쪽 섬으로 관광을 진행하고 왼쪽 방향의 모든 섬을 방문한 후에 돌아와서 섬을 관광한다. 그다음엔 오른쪽 섬으로 관광을 진행한다. 예를 들어 섬 H는 왼쪽 방향의 섬 F, U, N, E, A, T를 모두 관광한 다음에 관광한다.

```
def B_course(n):                          # B-코스
    if n != None:
        B_course(n.left)                  # n의 왼쪽으로 진행
        print(n.name, '-> ', end=' ')     # 섬 n 방문
        B_course(n.right)                 # n의 오른쪽으로 진행
```

B-코스의 관광 순서는 N → U → F → A → T → E → H → Z → S → K → Y 이다.

- C-코스: 섬에 도착하면 도착한 섬의 관광을 미루고, 먼저 왼쪽 섬으로 관광을 진행하고 왼쪽 방향의 모든 섬을 관광한 후에 돌아와서, 오른쪽 섬으로 관광을 진행한다. 오른쪽 방향의 모든 섬을 관광한 후에 돌아와서, 관광을 미루었던 섬을 관광한다. 예를 들어 섬 H는 왼쪽 방향의 섬 F, U, N, E, A, T를 모두 관광하고 오른쪽 방향의 모든 섬 S, Z, K, Y를 관광한 다음에 마지막으로 관광한다.

```
def C_course(n):                          # C-코스
    if n != None:
        C_course(n.left)                  # n의 왼쪽으로 진행
        C_course(n.right)                 # n의 오른쪽으로 진행
        print(n.name, '-> ', end=' ')     # 섬 n 방문
```

C-코스 관광 순서는 N → U → T → A → E → F → Z → Y → K → S → H 이다.

이 섬나라의 3개의 관광 코스 순서를 계산하는 파이썬 프로그램은 다음과 같다.

프로그램 1-5 섬 관광 프로그램

```python
class Node:
    def __init__(self, name, left=None, right=None):  # 섬 생성자
        self.name = name
        self.left = left
        self.right = right

def map(): # 지도 만들기
    n1  = Node('H')
    n2  = Node('F')
    n3  = Node('S')
    n4  = Node('U')
    n5  = Node('E')
    n6  = Node('Z')
    n7  = Node('K')
    n8  = Node('N')
    n9  = Node('A')
    n10 = Node('Y')
    n11 = Node('T')
    n1.left = n2
    n1.right =n3
    n2.left = n4
    n2.right =n5
    n3.left = n6
    n3.right =n7
    n4.left = n8
    n5.left = n9
    n7.right = n10
    n9.right = n11
    return n1       # 시작섬 반환

def A_course(n):  # A-코스
    if n != None:
        print(n.name, '-> ', end='') # 섬 n 방문
        A_course(n.left)       # n의 왼쪽으로 진행
        A_course(n.right)      # n의 오른쪽으로 진행
```

11개의 섬 만들기

11개의 섬 교량을 잇기

```
def B_course(n): # B-코스
    if n != None:
        B_course(n.left)      # n의 왼쪽으로 진행
        print(n.name, '-> ', end='') # 섬 n 방문
        B_course(n.right)     # n의 오른쪽으로 진행

def C_course(n): # C-코스
    if n != None:
        C_course(n.left)       # n의 왼쪽으로 진행
        C_course(n.right)      # n의 오른쪽으로 진행
        print(n.name, '-> ', end='')  # 섬 n 방문

start = map()             # 시작섬을 n1로
print('A-코스:\t', end='')
A_course(start)
print('\nB-코스:\t', end='')
B_course(start)
print('\nC-코스:\t', end='')
C_course(start)
```

섬나라 관광 예제의 3가지 관광 코스는 Part 4에서 이진 트리의 순회(트리의 노드를 방문하는 방식)를 소개할 때 다시 상세히 다룬다. [그림 1-17]은 3개의 관광 코스 순서를 출력한 결과이다.

```
Console ⌧ PyUnit
<terminated> travel.py [C:₩Users₩sbyang₩AppData₩Local₩Programs₩Python₩Python36-32₩python.exe]
A-코스:   H -> F -> U -> N -> E -> A -> T -> S -> Z -> K -> Y ->
B-코스:   N -> U -> F -> A -> T -> E -> H -> Z -> S -> K -> Y ->
C-코스:   N -> U -> T -> A -> E -> F -> Z -> Y -> K -> S -> H ->
```

[그림 1-17] [프로그램 1-5]의 수행 결과

일반적으로 순환은 프로그램(알고리즘)의 가독성을 높일 수 있지만 시스템 스택을 사용하기 때문에 메모리 사용 측면에서 비효율적이다. 그러나 반복문으로 변환하기 어려운 순환

도 존재하며, 억지로 반복문으로 변환하는 경우 프로그래머가 시스템 스택의 수행을 처리해야 하므로 프로그램이 매우 복잡해질 수밖에 없다. 또한 엄밀하게 따져보았을 때 반복문으로 변환된 프로그램의 수행 속도가 순환으로 구현된 프로그램보다 항상 빠르다는 보장도 없다.

요약

- 자료구조는 일련의 동일한 타입의 데이터를 정돈하여 저장한 구성체이다.
- 추상 데이터 타입은 데이터와 그 데이터에 관련된 추상적인 연산들로서 구성된다. 추상적이란 연산을 구체적으로 어떻게 구현하여야 한다는 상세를 포함하고 있지 않다는 뜻이다. 자료구조는 추상 데이터 타입을 구체적으로 구현한 것이다.
- 수행 시간은 알고리즘이 수행하는 기본적인 연산 횟수를 입력 크기에 대한 함수로 표현한다.
- 알고리즘의 수행 시간 분석 방법: 최악 경우, 평균 경우, 최선 경우 분석
- 점근 표기법: 입력 크기가 증가함에 따른 수행 시간의 간단한 표기법
  - O(Big-Oh)-표기: 점근적 상한
  - Ω(Big-Omega)-표기: 점근적 하한
  - Θ(Theta)-표기: 동일한 증가율
- 파이썬 언어는 객체 지향 프로그래밍 언어로서 클래스를 선언하여 데이터를 객체에 저장하고 메소드를 선언하여 객체들에 대한 연산을 구현한다.
- 순환(Recursion)은 함수/메소드가 스스로를 호출하는 것이다.
- 순환으로 구현된 함수는 두 부분으로 구성된다.
  - 기본(Base) case: 스스로를 더 이상 호출하지 않는 부분
  - 순환 case: 스스로를 호출하는 부분
- 무한 호출을 방지하기 위해 선언한 변수 또는 수식의 값이 호출이 일어날 때마다 순환 case에서 감소되어 최종적으로 if-문의 조건식에서 기본 case를 실행하도록 제어해야 한다.
- 꼬리 순환(Tail Recursion): 함수의 마지막 부분에서 순환하는 것으로서 호출이 끝난 뒤 메소드에서 수행할 것이 남아있지 않는 경우의 순환 호출을 뜻한다. 꼬리 순환은 최적화되면 반복문으로 변환되어 수행되므로 메모리 사용 측면에서 효율적이다.
- 일반적으로 순환은 프로그램(알고리즘)의 가독성을 높일 수 있지만, 시스템 스택을 사용하기 때문에 메모리 사용 측면에서는 비효율적일 수도 있다.
- 순환으로 표현된 프로그램을 억지로 반복문으로 변환하는 경우 프로그래머가 시스템 스택의 수행을 처리해야 하므로 프로그램이 매우 복잡해지고, 반복문으로 변환된 프로그램의 수행 속도가 순환으로 구현된 프로그램보다 항상 빠르다는 보장도 없다.

연습문제

1.1 다음의 괄호 안에 알맞은 말을 채워 넣어라.

a) 일련의 동일한 타입의 데이터를 정돈하여 저장한 구성체를 [ ]라고 한다.

b) 알고리즘의 성능은 [ ] 복잡도와 [ ] 복잡도에 기반하여 분석한다.

c) 알고리즘의 시간 복잡도는 알고리즘이 실행되는 동안에 사용된 [ ] 횟수를 입력 크기의 [ ]로 나타낸다.

1.2 다음 중 자료구조의 설명으로 거리가 가장 먼 것은?

① 데이터에 관련된 연산을 효율적으로 수행할 수 있도록 데이터를 메모리에 저장하는 것이 바람직하다.

② 서로 다른 타입의 객체를 효율적으로 저장한다.

③ 저장된 데이터에 관련된 대표적인 연산은 탐색, 접근, 삽입, 삭제, 갱신 연산이다.

④ 효율적인 자료구조는 효율적인 알고리즘의 필수 조건이다.

⑤ 답 없음

1.3 다음 중 자료구조가 아닌 것은?

① 연결 리스트 ② 트리

③ 스택 ④ 정렬

⑤ 답 없음

1.4 다음 중 추상 데이터 타입(ADT)에 대한 설명으로 가장 거리가 먼 것은?

① 프로그래머는 추상 데이터 타입을 import하여 사용한다.

② ADT를 선언할 때 여러 개의 데이터 타입이 사용될 수도 있다.

③ 데이터와 데이터에 관련된 연산의 정의이다.

④ 데이터 타입을 위한 수학적 모델이라고 할 수 있다.

⑤ 답 없음

1.5 다음 중 알고리즘의 수행 시간 분석이 아닌 것은?

① 최선 경우 분석 ② 최악 경우 분석
③ 평균 경우 분석 ④ 감가 상각 분석
⑤ 답 없음

1.6 다음 중 알고리즘의 수행 시간을 분석하기 위한 기본 연산이 아닌 것은?

① 탐색 연산 ② 데이터의 크기 비교
③ 단순한 계산 ④ 1개의 항목 읽기 또는 삭제
⑤ 답 없음

1.7 다음 중 수행 시간 분석에 관한 설명 중 옳지 않은 것은?

① 최선 경우 분석은 최적해를 찾는 데 사용되기도 한다.
② 최악 경우 분석은 상한의 의미가 있다.
③ 평균 경우 분석은 모든 입력에 대한 수행 시간을 입력 수로 나누어 계산한다.
④ 상각 분석은 일련의 연산을 수행하는 데 걸리는 총 시간을 연산 수로 나누어 계산한다.
⑤ 답 없음

1.8 다음 중 입력의 크기가 증가해도 수행 시간이 변하지 않는 시간은?

① 상수 시간 ② 선형 시간 ③ 이차 시간
④ 지수 시간 ⑤ 답 없음

1.9 다음 중 입력 크기가 증가함에 따라 비례하여 증가하는 시간은?

① 상수 시간 ② 선형 시간 ③ 이차 시간
④ 지수 시간 ⑤ 답 없음

1.10 다음 중 입력 크기가 증가함에 따라 가장 폭발적으로 증가하는 시간은?

① 상수 시간 ② 선형 시간 ③ 로그 시간
④ 지수 시간 ⑤ 답 없음

1.11 다음 중 점근 표기법을 옳게 설명한 것은?

① O-표기는 수행 시간의 하한 개념을 나타낸다.

② Ω-표기는 수행 시간의 상한 개념을 나타낸다.

③ Θ-표기는 수행 시간의 상한과 하한이 일치할 때 사용하는 표기이다.

④ 답 없음

1.12 다음 중 f(n) = O(g(n))에서 g(n)을 찾는 방법에 대한 설명 중 옳은 것은?

① f(n)에서 최고 차수 항만을 선택한 후 계수를 삭제한다.

② 최저 차수 항의 계수를 선택하여 g(n)을 계산한다.

③ f(n)을 미분하여 g(n)을 얻는다.

④ f(n)의 상수 항도 g(n)을 얻는 데 항상 사용된다.

⑤ 답 없음

1.13 다음 중 점근 표기법을 옳게 표현한 것은?

① $2n^2 + 3n^3 = O(n^2)$

② $2n^2 + 3n^3 = \Omega(n^2)$

③ $2n^2 + 3n^3 = \Theta(n^2)$

④ $2n^2 + 3n^2 \log n^3 = \Theta(n^2)$

⑤ 답 없음

1.14 다음 중 n이 증가함에 따라 가장 빠르게 증가하는 함수는?

① $4n^{10} + 2^n$

② $4n^{10} \cdot 2^n$

③ $3n^8 \cdot 3^n$

④ $2n^5 \cdot 5^n$

⑤ $n^3 \cdot 2^{2n}$

1.15 $f(n) = n^2\log n$이고, $g(n) = n\log^5 n$일 때 다음 중 옳은 것은?

① f(n) = O(g(n)) and g(n) ≠ O(f(n))

② g(n) = O(f(n)) and f(n) ≠ O(g(n))

③ f(n) ≠ O(g(n)) and g(n) ≠ O(f(n))

④ f(n) = O(g(n)) and g(n) = O(f(n))

⑤ 답 없음

1.16 순환에서 기본(base) 경우가 없으면 어떤 일이 일어나는지를 가장 적절하게 설명한 것은?

① 무한 루프로 인해 영원히 계속해서 수행된다.

② 수행하다가 시스템 스택 오버플로 에러가 발생한다.

③ 300,000회를 순환 호출한 후에 중단된다.

④ 인터럽트 에러가 발생한다.

⑤ 답 없음

1.17 다음 중 순환에서 기본(base) 경우가 없으면 발생하는 에러는?

① System Stack underflow
② System Stack overflow
③ I/O 에러
④ OutOfMemory 에러
⑤ 답 없음

1.18 다음 중 순환과 반복문으로 구현된 프로그램에 관한 설명으로 옳은 것은?

① 순환으로 구현된 것이 반복문으로 구현된 것보다 항상 빨리 수행된다.

② 반복문으로 구현하는 것이 순환으로 구현하는 것보다 간단하다.

③ 순환으로 구현한 것을 반복문으로 바꿀 수 없는 경우도 있다.

④ 순환으로 구현하는 것이 반복문으로 구현한 것보다 메모리를 더 사용한다.

⑤ 답 없음

1.19 순환 호출은 최대 몇 회까지 가능한가?

① 64
② 1024
③ 2048
④ 4096
⑤ 답 없음

1.20 다음 중 순환으로 해결할 수 없는 문제는?

① 하노이 탑

② 피보나치 수

③ 팩토리얼

④ 의사 난수(Pseudo Random Number) 생성

⑤ 답 없음

1.21 다음 함수에 대해 f(4)를 호출한 결과는?

```
def f(n):
    if n <= 0:
        return 0
    else:
        return n + f(n-1)
```

① 0 ② 1 ③ 10

④ 24 ⑤ 답 없음

1.22 다음 함수에 대해 f(3, 8)을 호출한 결과는?

```
def f(a, b):
    if b == 0:
        return 0
    if b == 1:
        return a
    return a + f(a, b-1)
```

① 10 ② 15 ③ 20

④ 24 ⑤ 답 없음

1.23 다음 함수에 대해 f(12)를 호출했을 때 함수 내에서의 출력 결과는?

```
def f(n):
    if n == 0:
        return
    print(n%2, end='')  # 작은따옴표 사이에 공백 없음
    f(n//2)
```

① 0011 ② 1000 ③ 1001

④ 1100 ⑤ 답 없음

1.24 다음 함수에 대해 f(4)를 호출한 결과는?

```
def f(n):
    if n == 0:
        return n
    else:
        return n - f(n-1)
```

① –1 ② 0 ③ 2

④ 4 ⑤ 답 없음

1.25 다음 함수에 대해 f(2, 3)을 호출한 결과는?

```
def f(a, b):
    if b == 1:
        return a
    else:
        return a * f(a, b-1)
```

① 3 ② 4 ③ 6

④ 8 ⑤ 답 없음

1.26 다음 함수에 대해 f(5)를 호출한 결과는?

```
def f(n):
    if n == 0:
        return 0
    s = n + f(n-1)
    return s
```

① 5 ② 6 ③ 10

④ 15 ⑤ 무한 루프

1.27 다음의 두 함수 func_f와 func_g에 대해 순환인지 아닌지 판단하라.

```
def func_f():
    func_g()

def func_g():
    func_f()
```

① 순환이다. ② 순환이 아니다. ③ 답 없음

1.28 등교 시간을 분석하는 예제에서 정확한 평균 등교 시간이 40.5분임을 보이라. 단, 열차 도착 간격이 10분일 때 열차는 분 단위로 도착하고, 즉 1분 후, 2분 후, … 에만 도착하고 각각의 경우에 열차가 도착할 확률은 같다.

1.29 일반적인 수행 시간 분석 방법 3가지 외에도 또 다른 분석 방법인 상각 분석(Amortized Analysis)이 있다. 상각 분석을 조사해보고 최악 경우 분석과 비교하라.

1.30 파이썬 리스트 a에 대해 삽입, 삭제, 전체 삭제의 3가지 연산을 다음과 같이 정의하고자 한다.

- 삽입 연산은 가장 마지막에 저장된 항목 다음에 새 항목을 추가한다. 단, 삽입되는 항목은 a[0]부터 차례로 저장된다.
- 삭제 연산은 가장 마지막에 저장된 항목을 삭제한다.
- 전체 삭제 연산은 리스트에 저장된 모든 항목을 삭제한다.

위의 3종류의 연산들이 뒤섞여 m번 수행되고 그중 삽입 연산이 n회 수행되었을 때 상각 분석을 통해 1회 평균 수행 시간을 계산하라. 단, $m > n$이며, 삽입과 삭제 연산의 수행 시간은 각각 1이고, 전체 삭제 연산의 수행 시간은 삭제할 항목의 수와 같다. 또한 리스트에 저장된 항목이 없을 때는 삭제나 전체 삭제 연산을 수행하지 않는다.

1.31 다음의 함수를 각각 O(Big-Oh)-표기로 표현하라.

a) $10n^2 - 3n + 9$

b) $2n^2 + nlogn + 5n$

c) $8n^3 + 3n + 5$

d) $2^n + n^3 + 5$

1.32 Part 1.3에서 설명된 3가지 점근 표기법 외에도 o(small-oh)-표기와 ω(small-omega)-표기가 있다. 이 표기법들의 조사하고, 설명된 표기법들과 차이점을 설명하라.

1.33 다음 루프의 수행 시간을 Θ-표기로 표현하라.

```
s = 0
for i in range(n):
    for j in range(n):
        s += n
```

1.34 다음 루프의 수행 시간을 Θ-표기로 표현하라.

```
s = 0
for i in range(n):
    for j in range(i):
        s += j
```

1.35 다음 루프의 수행 시간을 Θ-표기로 표현하라.

```
r = 0
for i in range(n):
    for j in range(i+1, n+1):
        for k in range(j+1):
            r += 1
```

1.36 다음 루프의 수행 시간을 Θ-표기로 표현하라.

```
s = 0
for i in range(n*n+1):
    for j in range(i):
        s += j
```

1.37 다음 함수의 수행 시간을 Θ-표기로 표현하라.

```
def abc(n):
    if n <= 0:
        return 1
    return abc(n-1) + abc(n-2)
```

1.38 다음의 함수들을 증가율 순으로 나열하라.

$n^{1/2}$, $5n\log n$, $n\log\log n$, $3n$, 2^n, n^3, $n!$, 100, $n\log n^3$, n^2

1.39 다음 함수들을 점근적 크기 순서로 옳게 나열한 것을 모두 고르라. 단, O-표기는 생략되어 있다.

① $\sqrt{n} < \log n < n^2 < n\log n < 2^n < n!$

② $\log\log n < \log n < n < n^2 < n\log n < 2^n$

③ $\log n < \sqrt{n} < n < n\log n < n^2 < 2^n < n!$

④ $\sqrt{n} < \log n < n < n^2 < (\log n!) < n! < 2^n$

⑤ $(\log n)^2 < \sqrt{n} < n < n\log n < n^2 < 2^n < n!$

단, $n! \approx \sqrt{2\pi}\, n^{(n+1/2)} e^{-n}$

1.40 어느 알고리즘이 두 개의 단계로 수행되는데, 1단계는 $O(n)$ 시간이 걸리고 2단계는 $O(n^2)$이 소요된다. 이 알고리즘의 총 수행 시간을 O(Big-Oh)로 표현하라.

1.41 어느 알고리즘이 다음과 같은 5개의 단계로 차례로 수행된다. 이 알고리즘의 총 수행 시간을 O-표기로 표현하라.

1단계 O(n) 시간
2단계 $O(n^2)$ 시간
3단계 $O(n^2)$ 시간
4단계 $O(n^3)$ 시간
5단계 O(n) 시간

1.42 X가 다음과 같이 정의될 때, X(3)의 값을 계산하라.

```
X(1) = 1
X(n) = X(n-1) + 2n - 1
```

1.43 다음의 함수에 대해 f(4)를 호출한 출력 결과는?

```
def f(n):
    print(n, end='')  # 작은따옴표 사이에 공백 없음
    if n >0:
        f(n-1)
```

1.44 다음의 함수에 대해 g(4)를 호출한 결과는?

```
def g(n):
    if n >0:
        g(n-1)
    print(n, end='')  # 작은따옴표 사이에 공백 없음
```

1.45 다음의 함수에 대해 h(4)를 호출한 결과는?

```
def h(n):
    print(n)
    if n >0:
        h(n-2)
    print(n, end='')  # 작은따옴표 사이에 공백 없음
```

1.46 다음의 함수에 대해 h(4)를 호출한 결과는?

```
def h(n):
    if n >0:
        h(n-1)
        print(n, end='')   # 작은따옴표 사이에 공백 없음
```

1.47 다음의 함수에 대해 abc(78)을 호출한 결과는?

```
def abc(n):
    r = n % 2
    print('*', end='')   # 작은따옴표 사이에 공백 없음
    if n >= 2:
        abc(n // 2)
    print('%d' % r, end='')   # 작은따옴표 사이에 공백 없음
    return
```

1.48 다음의 함수에 대해 test('101001', 4)가 반환하는 값은?

```
def test(s, last):
    x = s[-1]        # s의 마지막 문자
    s = s[:-1]       # 마지막 문자 삭제
    if last < 0:
        return 0
    if x == '0':
        return 2 * test(s, last-1)
    return 1 + 2 * test(s, last-1)
```

1.49 다음의 함수가 무엇을 계산하는지 설명하라.

```
def t(n):
    if n > 0:
        t(n//2)
        print(n % 2, end='')   # 작은따옴표 사이에 공백 없음
```

1.50 다음의 파이썬 프로그램은 팩토리얼을 순환으로 계산하는 프로그램을 꼬리 순환(tail recursion) 형태로 변형시킨 프로그램이다. 팩토리얼 값이 정확히 출력되도록 다음의 빈칸을 채우라.

```
def factorial(n, fact):
    if n == 1:
        return fact
    return factorial( _____ , ___________ )

print(factorial(4, 1))
```

1.51 다음의 파이썬 프로그램은 피보나치 숫자를 꼬리 순환으로 계산하는 프로그램이다. 피보나치 숫자 F_{10}이 출력되도록 다음의 빈칸을 채우라.

```
def fib(n, a, b):
    if n == 0:
        return a
    if n == 1:
        return b
    return fib(       ,        ,        )

n = 10
print("fib(", n, ") = ", fib(n, 0, 1))
```

1.52 양수와 음수가 뒤섞여 저장된 파이썬 리스트(배열)에서 모든 음수를 배열의 앞부분으로 이동시키려고 한다. 이때 최악 경우에 필요한 최소의 자리바꿈 횟수는? 단, 배열엔 n개의 정수가 저장되어 있고, 배열 크기도 n이다. 여기서 자리바꿈이란 배열의 2개의 원소를 서로 바꾸는 것을 의미한다.

1.53 1에서 20까지의 정수를 <u>순환을 이용하여</u> 출력하는 파이썬 프로그램을 작성하라.

```
출력: 1 2 3 4 5 6 7 8 9 10 11 12 13 14 15 16 17 18 19 20
```

1.54 순환을 이용하여 1에서 n까지의 정수의 합을 계산하는 파이썬 프로그램을 작성하라. n = 10이면 1 + 2 + ⋯ + 10 = 55이므로 55를 출력한다.

1.55 입력에 주어지는 정수 n의 자릿수를 순환을 이용하여 출력하는 파이썬 프로그램을 작성하라. n = 1234500이면 7을 출력한다. 또한 입력 n은 앞자리에 0을 가지지 않는다. 즉, 0123, 000123과 같은 입력은 고려하지 않는다.

1.56 입력에 주어지는 정수 n의 각 자릿수의 합을 순환을 이용하여 출력하는 파이썬 프로그램을 작성하라. n = 123456789012이면 1 + 2 + 3 + ⋯ + 9 + 0 + 1 + 2 = 48이므로 48을 출력한다. 또한 입력 n은 앞자리에 0을 가지지 않는다. 즉, 0123, 000123과 같은 입력은 고려하지 않는다.

1.57 입력으로 주어진 두 양의 정수의 최대 공약수(gcd)를 순환을 이용하여 출력하는 파이썬 프로그램을 작성하라. 예를 들어 24와 15의 gcd(24, 15) = 3이므로 3을 출력한다.

1.58 x^m을 순환을 이용하여 계산하는 파이썬 함수를 작성하라. 단, x와 m은 각각 양의 정수이고, 오버플로가 발생하지 않는 값을 가진다고 가정하라. 예를 들어 2^{10}이면 1024를 출력한다.

1.59 하노이의 탑 문제는 3개의 기둥(A, B, C)과 크기가 서로 다른 n개의 원판이 있고, 초기에 기둥 A에 n개의 원판이 크기 순서로 쌓여 있는 상태에서 다음의 2가지 조건을 모두 만족시키면서 기둥 A에 있는 원판들을 보조 기둥 B를 이용하여 기둥 C로 옮기는 것이다.

- 한 번에 1개의 원판만 이동할 수 있다.
- 큰 원판이 작은 원판 위에 있어서는 안 된다.

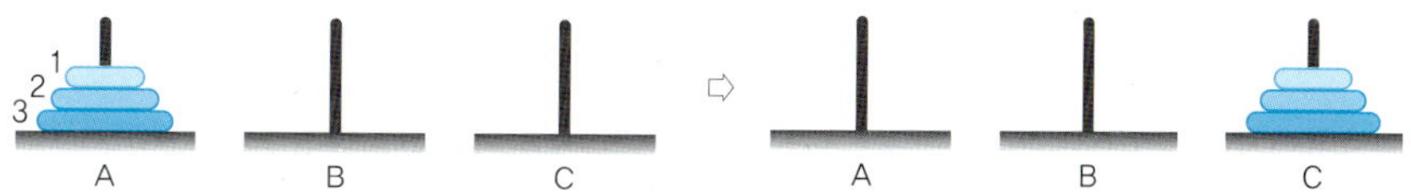

하노이 탑 문제를 해결하기 위해 순환을 이용한 파이썬 프로그램을 작성하라. 초기에 기둥 A에 있는 원판 수는 최대 20이고, 출력은 n = 3일 때 다음과 같다.

```
Move disk 1 from A to C
Move disk 2 from A to B
Move disk 1 from C to B
Move disk 3 from A to C
Move disk 1 from B to A
Move disk 2 from B to C
Move disk 1 from A to C
```

PART 02

연결 리스트

contents

02 연결 리스트

일반적인 리스트[1]는 일련의 동일한 타입의 항목들을 의미한다. 실생활에서 볼 수 있는 리스트로는 학교의 학생 명단이나 시험 성적, 서점의 신간 서적, 상점의 판매 품목, 넷플릭스 순위, 버킷 리스트 등의 다양한 예를 들 수 있다. 또한 Part 3에서 소개할 스택과 큐 자료구조도 리스트의 일종이다. 리스트에 관련된 기본 연산에는 항목을 찾는 탐색, 새 항목을 추가하는 삽입, 항목을 제거하는 삭제 연산이 있다. Part 2에서는 일반적인 리스트를 다양한 연결 리스트(Linked List)로 구현해보고 그 장단점을 살펴본다.

2.1 단순 연결 리스트

단순 연결 리스트(Singly Linked List)는 동적 메모리 할당을 이용해 노드들을 한 방향으로 연결하여 리스트를 구현하는 자료구조이다.

동적 메모리 할당을 받아 노드(Node)를 저장하고, 노드는 레퍼런스를 이용하여 다음 노드를 가리키도록 만들어 노드들을 한 줄로 연결시킨다. [그림 2-1]은 4개의 노드를 가진 단순 연결 리스트를 보여준다. 화살표는 레퍼런스[2]이고, 각 노드는 항목과 레퍼런스를 가진다.

1) 파이썬의 리스트를 지칭하는 것이 아니라 실생활의 일반적인 목록을 의미한다.

2) 레퍼런스(Reference)는 자바 언어의 레퍼런스나 C, C++ 언어의 포인터(Pointer)와 기본적으로 같다. 즉, 레퍼런스는 메모리 주소를 의미한다.

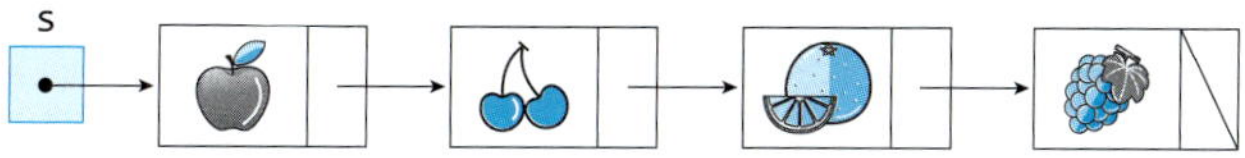

[그림 2-1] 단순 연결 리스트

단순 연결 리스트에서는 삽입이나 삭제 시 항목들의 이동이 필요 없다. 반면에 단순 연결 리스트에서는 항목을 탐색하려면 항상 첫 노드부터 원하는 노드를 찾을 때까지 차례로 방문하는 순차 탐색(Sequential Search)을 해야만 한다.

다음은 단순 연결 리스트를 파이썬으로 구현한 프로그램이다. 이 프로그램은 단순 연결 리스트를 클래스로 선언한 slist.py와 main.py로 구성된다.

프로그램 2-1 slist.py

```
class SList:
    class Node:
        def __init__(self, item, link):
            self.item = item
            self.next = link

    def __init__(self):
        self.head = None
        self.size = 0

    def size(self): return self.size
    def is_empty(self): return self.size == 0

    def insert_front(self, item):
        if self.is_empty():
            self.head = self.Node(item, None)
        else:
            self.head = self.Node(item, self.head)
        self.size += 1

    def insert_after(self, item, p):
```

노드 생성자
항목과 다음 노드 레퍼런스

단순 연결 리스트 생성자
head와 항목 수(size)로 구성

empty인 경우

head가 새 노드 참조

```python
        p.next = self.Node(item, p.next)
        self.size += 1

    def delete_front(self):
        if self.is_empty():
            raise EmptyError('Underflow')
        else:
            self.head = self.head.next
            self.size -= 1

    def delete_after(self, p):
        if self.is_empty():
            raise EmptyError('Underflow')
        t = p.next
        p.next = t.next
        self.size -= 1

    def search(self, target):
        p = self.head
        for k in range(self.size):
            if target == p.item: return k
            p = p.next
        return None

    def print_list(self):
        p = self.head
        while p:
            if p.next != None:
                print(p.item, ' -> ', end='')
            else:
                print(p.item)
            p = p.next

class EmptyError(Exception):
    pass
```

새 노드가 p 다음 노드가 됨

empty인 경우 에러 처리

head가 둘째 노드를 참조

empty인 경우 에러 처리

p 다음 노드를 건너뛰어 연결

head로부터 순차 탐색

탐색 성공

탐색 실패

노드들을 순차 탐색

underflow 시 에러 처리

다음은 [프로그램 2-1]의 각 메소드를 그림으로 이해하여 보자. 삽입 연산은 새 노드를 단순 연결 리스트의 맨 앞에 삽입하는 경우와 p가 가리키는 노드의 다음에 삽입하는 두 종류의 메소드로 구현한다. 삽입 후 각각 항목 수인 size를 1 증가시킨다. 먼저 insert_front()는 단순 연결 리스트의 맨 앞에 새 노드를 삽입하는데, 연결 리스트가 empty가 아닌 경우 [그림 2-2]와 같이 번호 순서에 따라 새 노드가 연결된다.

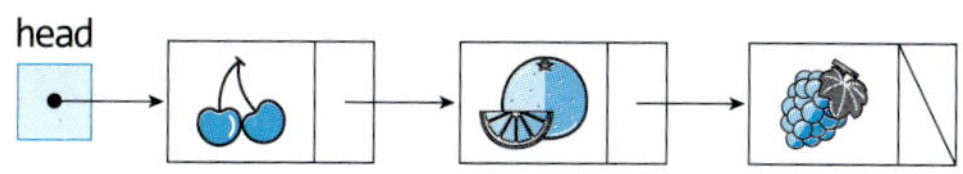

(a) 새 노드('apple') 삽입 전

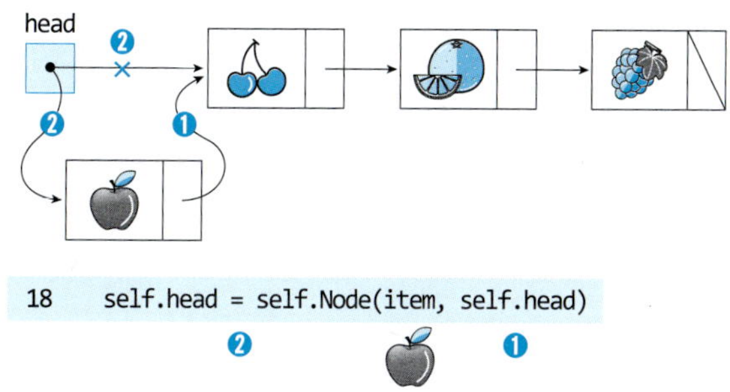

(b) 새 노드('apple') 삽입 후

[그림 2-2] insert_front()의 삽입 수행

insert_after()는 p가 가리키는 노드의 다음에 새 노드를 [그림 2-3](a)에서 (b)로 번호 순서에 따라 레퍼런스를 갱신한다.

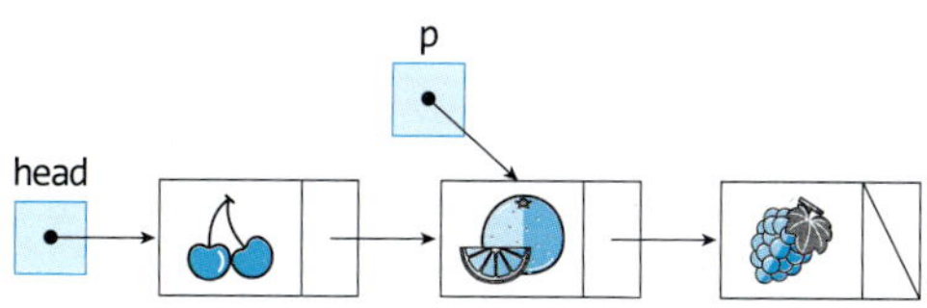

(a) 새 노드('apple') 삽입 전

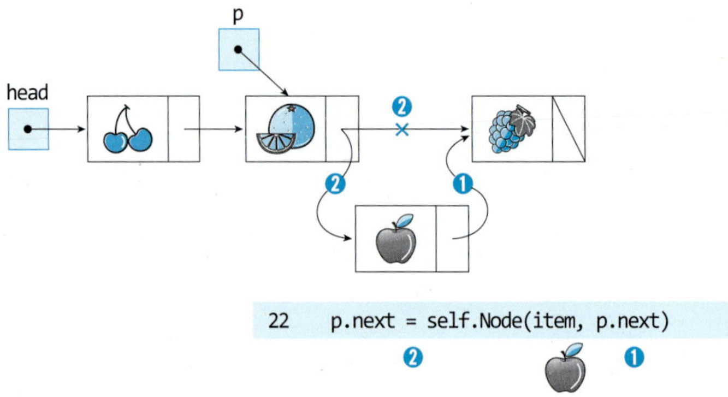

(b) 새 노드('apple') 삽입 후

[그림 2-3] insert-after()의 삽입 수행

삭제 연산은 단순 연결 리스트의 첫 노드를 삭제하는 경우와 p가 가리키는 노드의 다음 노드를 삭제하는 두 종류의 메소드로 구현한다. 각 메소드는 삭제를 수행하기 전에 반드시 연결 리스트가 empty인지 확인한다. 만일 연결 리스트가 empty인 상황에서 삭제 메소드가 호출되면 underflow가 발생하였다고 한다. 이 경우를 위해 Exception 클래스로부터 상속받은 EmptyError를 수행하여 프로그램을 종료시킨다. 에러 없이 삭제가 된 후에는 각각 항목 수인 size를 1 감소시킨다. delete_front()는 리스트가 empty가 아닐 때, [그림 2-4]와 같이 리스트의 첫 노드를 건너뛰어 삭제한다.

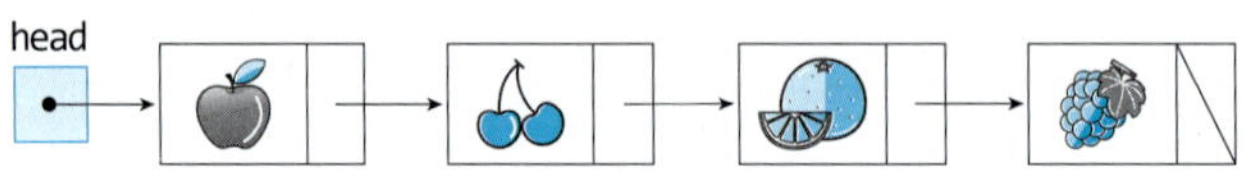

(a) 첫 노드('apple') 삭제 전

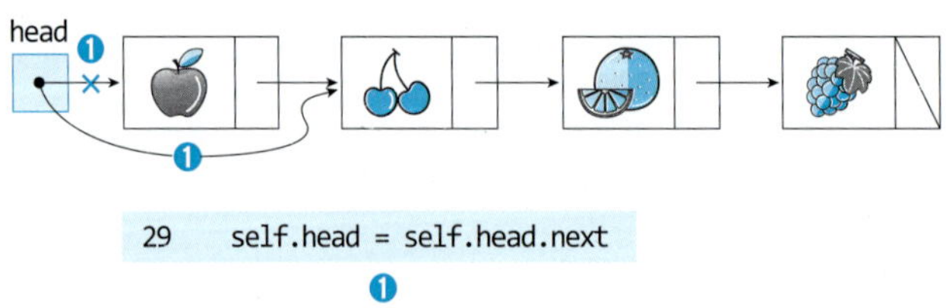

(b) 첫 노드('apple') 삭제 후

[그림 2-4] delete_front()의 삭제

delete_after()는 p가 가리키는 노드의 다음 노드를 [그림 2-5](b)와 같이 레퍼런스를 차례로 갱신하여 삭제한다.

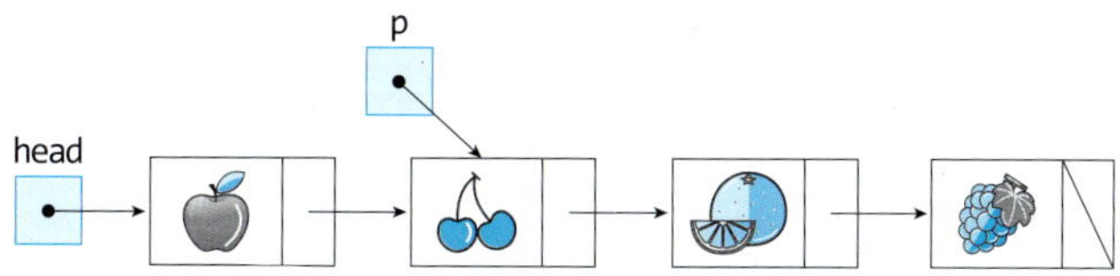

(a) 노드('orange') 삭제 전

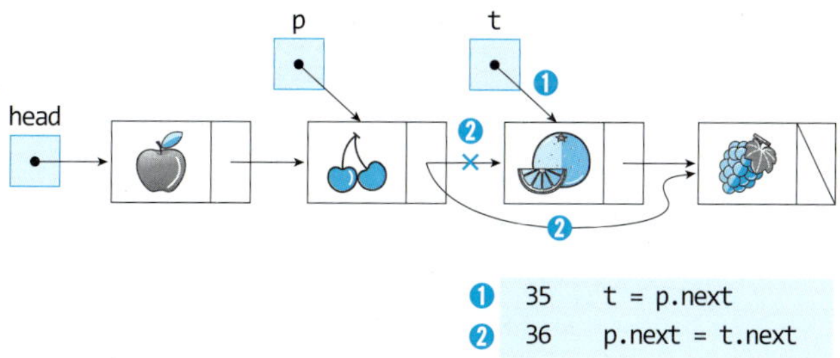

(b) 노드('orange') 삭제 후

[그림 2-5] delete_after()의 삭제

다음은 SList 클래스를 [프로그램 2-1]에서 import하여 단순 연결 리스트를 생성하고 일련의 삽입, 삭제, 탐색 연산을 수행하는 main.py 프로그램이다.

프로그램 2-2 main.py

```
from slist import SList
if __name__ == '__main__':
    s = SList()
    s.insert_front('orange')
    s.insert_front('apple')
    s.insert_after('cherry', s.head.next)
    s.insert_front('pear')
    s.print_list()
    print('cherry는  %d번째' % s.search('cherry'))
```

slist.py에서 SList를 import

이 파이썬 파일(모듈)이 메인이면

단순 연결 리스트 생성

```
    print('kiwi는', s.search('kiwi'))
    print('배 다음 노드 삭제 후:\t\t', end='')
    s.delete_after(s.head)
    s.print_list()
    print('첫 노드 삭제 후:\t\t', end='')
    s.delete_front()
    s.print_list()
    print('첫 노드로 망고,딸기 삽입 후:\t', end='')
    s.insert_front('mango')
    s.insert_front('strawberry')
    s.print_list()
    s.delete_after(s.head.next.next)
    print('오렌지 다음 노드 삭제 후:\t', end='')
    s.print_list()
```

일련의 삽입 삭제 탐색 연산 수행

[그림 2-6]은 [프로그램 2-1, 2]가 수행된 결과이다.

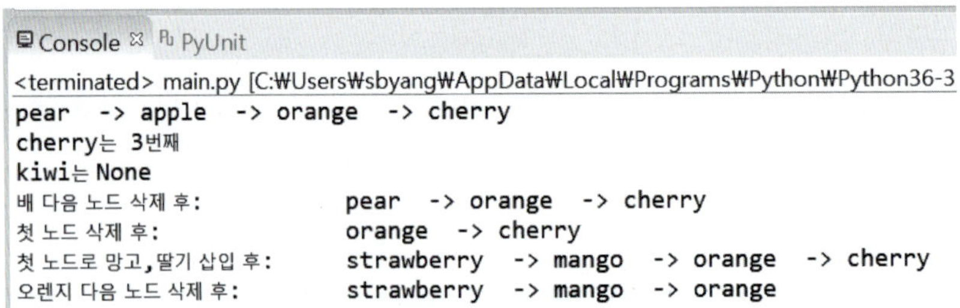

```
Console  PyUnit
<terminated> main.py [C:₩Users₩sbyang₩AppData₩Local₩Programs₩Python₩Python36-3
pear  -> apple  -> orange  -> cherry
cherry는 3번째
kiwi는 None
배 다음 노드 삭제 후:            pear  -> orange  -> cherry
첫 노드 삭제 후:                 orange  -> cherry
첫 노드로 망고,딸기 삽입 후:     strawberry  -> mango  -> orange  -> cherry
오렌지 다음 노드 삭제 후:        strawberry  -> mango  -> orange
```

[그림 2-6] [프로그램 2-1, 2]의 수행 결과

| 수행 시간 |

단순 연결 리스트로 구현된 리스트의 각 연산의 수행 시간을 살펴보자. 먼저 search()는 탐색을 위해 연결 리스트의 노드들을 첫 노드부터 순차적으로 방문해야 하므로 O(n) 시간이 소요된다. 여기서 n은 노드 수이다. 그러나 삽입이나 삭제 연산은 각각 O(1)개의 레퍼런스만을 갱신하므로 O(1) 시간이 소요된다. 단, insert_after()나 delete_after()의 경우에 특정 노드 p의 레퍼런스가 주어지지 않으면 head로부터 p를 찾기 위해 search()를 수행해야 하므로 O(n) 시간이 소요될 수 있다.

응용

단순 연결 리스트는 매우 광범위하게 활용되는데, 그중에 Part 3의 스택과 큐 자료구조 및 Part 6 해싱의 체이닝(Chaining)에 사용되며, Part 4의 트리도 단순 연결 리스트의 개념을 확장시킨 자료구조이다. 또한 비트코인의 블록체인도 단순 연결 리스트를 응용한 것이다.

2.2 이중 연결 리스트

이중 연결 리스트(Doubly Linked List)는 각 노드가 두 개의 레퍼런스를 가지고 각각 이전 노드와 다음 노드를 가리키는 연결 리스트이다.

단순 연결 리스트는 다음 노드의 레퍼런스만으로 노드들이 연결되어, 삽입이나 삭제할 때 반드시 이전 노드를 가리키는 레퍼런스를 추가로 알아야 하고, 역방향으로 노드들을 탐색할 수 없다. 이중 연결 리스트는 단순 연결 리스트의 이러한 단점을 보완했으나, 노드마다 1개의 레퍼런스를 추가로 저장해야 한다는 단점을 가진다.

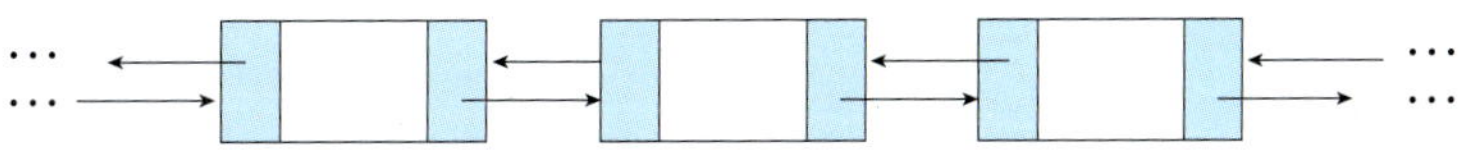

[그림 2-7] 이중 연결 리스트

다음은 이중 연결 리스트를 파이썬으로 구현한 프로그램이다. 이 프로그램은 이중 연결 리스트를 클래스로 선언한 dlist.py와 main.py로 구성된다.

프로그램 2-3 dlist.py

```
class DList:
    class Node:
        def __init__(self, item, prev, link):
            self.item = item
            self.prev = prev
            self.next = link
```

노드 생성자
항목과 앞뒤 노드 레퍼런스

```python

    def __init__(self):
        self.head = self.Node(None, None, None)
        self.tail = self.Node(None, self.head, None)
        self.head.next = self.tail
        self.size = 0

    def size(self): return self.size
    def is_empty(self): return self.size == 0

    def insert_before(self, p, item):
        t = p.prev
        n = self.Node(item, t, p)
        p.prev = n
        t.next = n
        self.size += 1

    def insert_after(self, p, item):
        t = p.next
        n = self.Node(item, p, t)
        t.prev = n
        p.next = n
        self.size += 1

    def delete(self, x):
        f = x.prev
        r = x.next
        f.next = r
        r.prev = f
        self.size -= 1
        return x.item

    def print_list(self):
        if self.is_empty():
            print('리스트 비어있음')
```

이중 연결 리스트 생성자
head와 tail, 항목 수(size)로 구성

새 노드 생성하여
n이 참조

새 노드와 앞뒤
노드 연결

x를 건너뛰고 x의 앞뒤 노드를 직접 연결

```python
        else:
            p = self.head.next
            while p != self.tail:
                if p.next != self.tail:
                    print(p.item, ' <=> ', end='')
                else:
                    print(p.item)
                p = p.next

class EmptyError(Exception):
    pass
```

노드들을 차례로 방문하기 위해

underflow 시 에러 처리

[프로그램 2-3]에서 DList 객체를 생성하면 [그림 2-8]과 같이 2개의 'dummy' 노드[3]를 생성하고 이 두 노드에는 실제 항목을 저장하지 않는다.

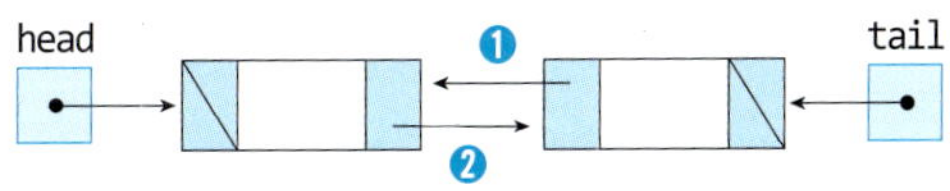


```python
self.head = self.Node(None, None, None)
self.tail = self.Node(None, self.head, None)   ❶
self.head.next = self.tail   ❷
```

[그림 2-8] DList 객체 생성

DList의 기본 연산인 삽입과 삭제 연산을 차례로 살펴보자. 삽입 연산은 p가 가리키는 노드 앞에 그리고 뒤에 삽입하는 두 가지로 구현한다. insert_before()는 새 노드를 인자로 주어지는 노드 p 앞에 삽입하며, [그림 2-9]의 번호순으로 노드들이 (b)와 같이 연결된다.

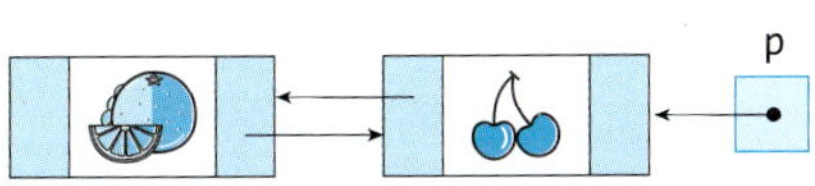

(a) 노드('apple') 삽입 전

3) dummy(더미) 노드는 실제 항목을 저장하지 않는다.

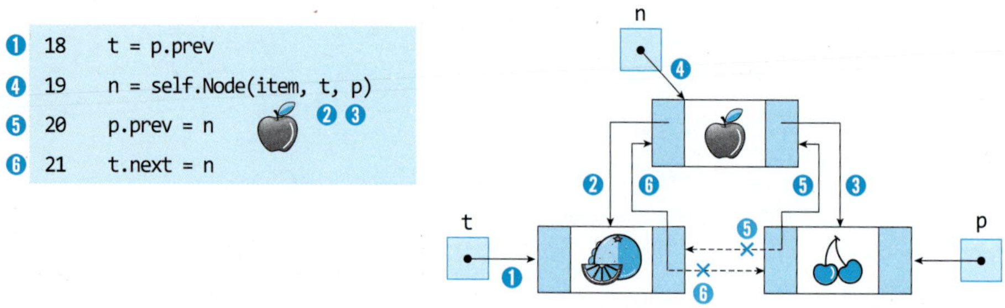

(b) 노드('apple') 삽입 후

[그림 2-9] insert_before()의 노드 삽입

다음은 insert_after()로서 새 노드를 인자로 주어지는 노드 p 다음에 삽입하는 메소드이며, [그림 2-10]의 번호순으로 노드들이 (b)와 같이 연결된다.

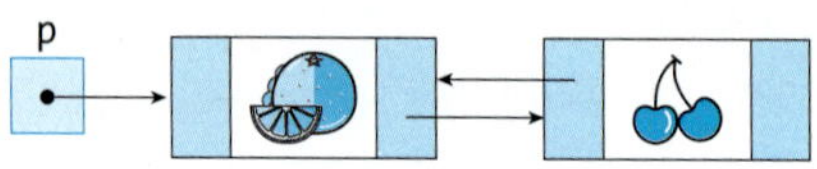

(a) 노드('apple') 삽입 전

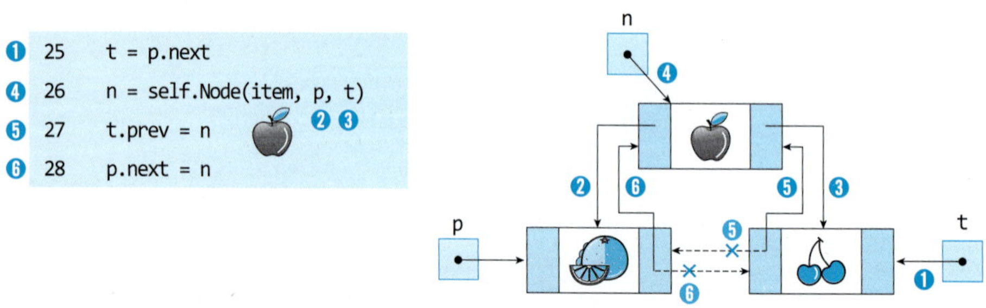

(b) 노드('apple') 삽입 후

[그림 2-10] insert_after()의 노드 삽입

삭제 연산을 위한 delete()는 인자로 주어지는 노드 x를 삭제하며, [그림 2-11]의 번호순으로 (a)에서 (b)와 같이 노드들이 연결되고, x가 참조하는 노드는 연결 리스트에서 분리되어 가비지 컬렉터에 의해 처리된다.

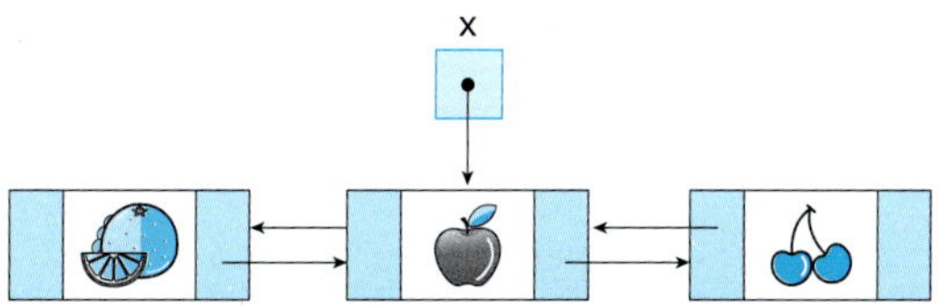

(a) 노드('apple') 삭제 전

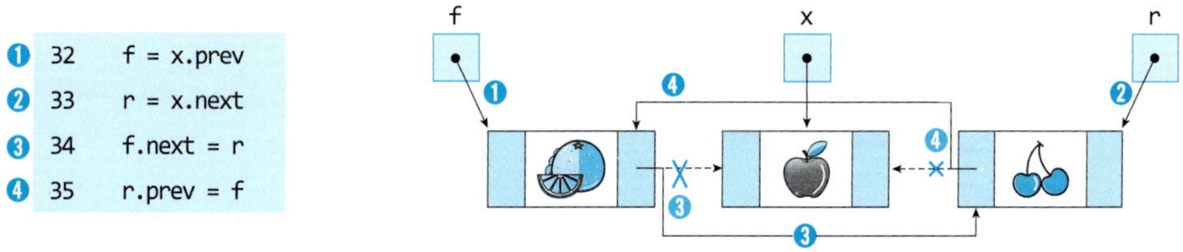

(b) 노드('apple') 삭제 후

[그림 2-11] delete()의 노드 삭제

다음은 DList 클래스를 [프로그램 2-3]에서 import하여 이중 연결 리스트를 생성하고 일련의 삽입, 삭제, 탐색 연산을 수행하는 main.py 프로그램이다.

프로그램 2-4 main.py

```
from dlist import DList
if __name__ == '__main__':
    s = DList()
    s.insert_after(s.head, 'apple')
    s.insert_before(s.tail, 'orange')
    s.insert_before(s.tail, 'cherry')
    s.insert_after(s.head.next, 'pear')
    s.print_list()
    print('마지막 노드 삭제 후:\t', end='')
    s.delete(s._tail._prev)
    s.print_list()
    print('맨 끝에 포도 삽입 후:\t', end='')
    s.insert_before(s._tail, 'grape')
    s.print_list()
```

dlist.py에서 DList를 import

이 파이썬 파일(모듈)이 메인이면

이중 연결 리스트 생성

일련의 삽입 삭제 탐색 연산 수행

```
    print('첫 노드 삭제 후:\t', end='')
    s.delete(s._head._next)
    s.print_list()
    print('첫 노드 삭제 후:\t', end='')
    s.delete(s._head._next)
    s.print_list()
    print('첫 노드 삭제 후:\t', end='')
    s.delete(s._head._next)
    s.print_list()
    print('첫 노드 삭제 후:\t', end='')
    s.delete(s._head._next)
    s.print_list()
```

[그림 2-12]는 [프로그램 2-3, 4]가 수행된 결과이다. 프로그램에서 4개의 항목을 insert_after()와 insert-before()를 이용하여 이중 연결 리스트에 삽입하여 연결 리스트를 출력해보고, delete()로 마지막 노드를 삭제하고, 연결 리스트를 출력한다. 또한 1개의 새 항목을 삽입한 후 연속적으로 삭제 연산을 수행해본다.

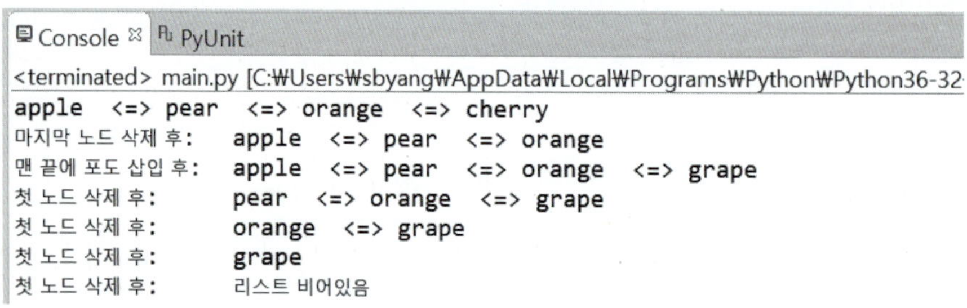

[그림 2-12] [프로그램 2-3, 4]의 수행 결과

| 메모리 효율적인 이중 연결 리스트 |

이중 연결 리스트에서는 각 노드에 2개의 레퍼런스(포인터)를 가지고 각각 이전 노드와 다음 노드를 가리키어 양방향 탐색이 가능하다. 반면에 한 방향으로만 탐색하는 단순 연결 리스트는 각 노드에 1개의 포인터만을 사용한다. 그러나 이중 연결 리스트의 각 노드에 1개의 포인터 필드만을 사용하면서 양방향 탐색이 가능한 방법이 있다. 이러한 리스트를 메

모리 효율적인(Memory Efficient) 이중 연결 리스트 또는 XOR 이중 연결 리스트라고 한다. 이 리스트는 양방향 탐색을 위해 각 노드에 노드를 가리키는 포인터 대신에 이전 노드의 주소와 다음 노드의 주소를 XOR하여 저장한다.

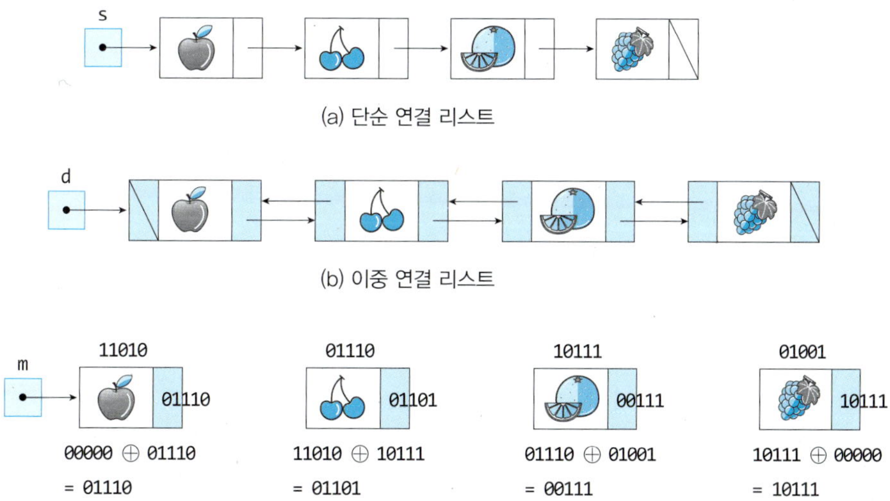

(a) 단순 연결 리스트

(b) 이중 연결 리스트

(c) XOR 이중 연결 리스트

[그림 2-13] XOR 이중 연결 리스트

[그림 2-13]은 단순 연결 리스트, 이중 연결 리스트와 이에 대응되는 XOR 이중 연결 리스트를 보여준다. (c)에서 첫 노드의 포인터 필드는 00000과 두 번째 노드의 주소인 01110의 XOR 값을 가진다. 여기서 00000은 첫 노드의 이전 노드가 없는 것을 의미한다. 두 번째 노드의 포인터 필드는 첫 번째 노드의 주소인 11010과 세 번째 노드의 주소인 10111의 XOR 값인 01101을 가진다. 이처럼 이전 노드의 주소와 다음 노드의 주소를 XOR하여 포인터 필드에 저장하면 [그림 2-14]에서처럼 양방향 탐색이 가능해진다.

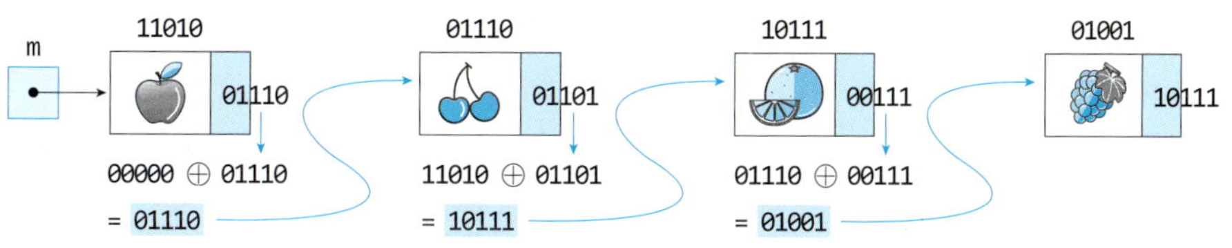

(a) 순방향 탐색

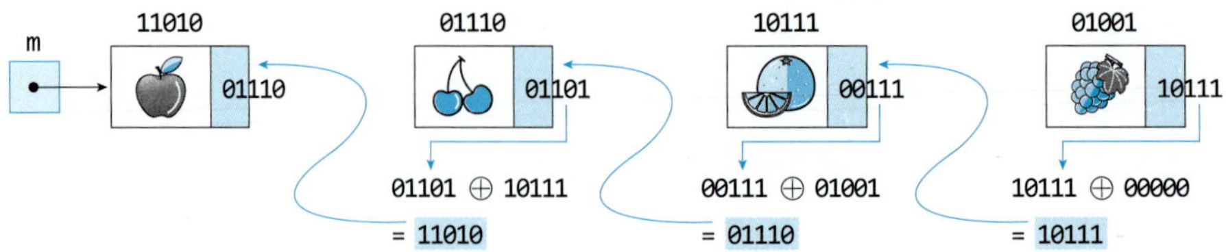

(b) 역방향 탐색

[그림 2-14] XOR 이중 연결 리스트에서 양방향 탐색

| 수행 시간 |

이중 연결 리스트에서 수행되는 삽입이나 삭제 연산은 단순 연결 리스트의 삽입이나 삭제 연산보다 복잡하기는 하나 각각 O(1)개의 레퍼런스만을 갱신하므로 O(1) 시간에 수행된다. 탐색 연산은 단순 연결 리스트의 탐색과 같이 head 또는 tail로부터 노드들을 순차적으로 탐색해야 하므로 O(n) 시간이 소요된다. 여기서 n은 실제 항목들을 저장하고 있는 노드 수이다.

응용

이중 연결 리스트는 Part 3의 데크(Deque) 자료구조를 구현하는 데 사용되며, 이항 힙(Binomial Heap)이나 피보나치 힙(Fibonacci Heap)과 같은 우선순위 큐를 구현하는 데에도 이중 연결 리스트가 부분적으로 사용된다.

2.3 원형 연결 리스트

원형 연결 리스트(Circular Linked List)는 마지막 노드가 첫 노드와 연결된 단순 연결 리스트이다.

원형 연결 리스트에서는 [그림 2-15]와 같이 마지막 노드를 참조하는 last가 단순 연결 리스트의 head의 역할을 한다. 따라서 마지막 노드와 첫 노드를 O(1) 시간에 접근할 수 있는 장점을 가진다. 또한 리스트가 empty가 아니면 어떤 노드도 None을 가지고 있지 않으므로 프로그램에서 None 조건을 검사하지 않아도 된다.

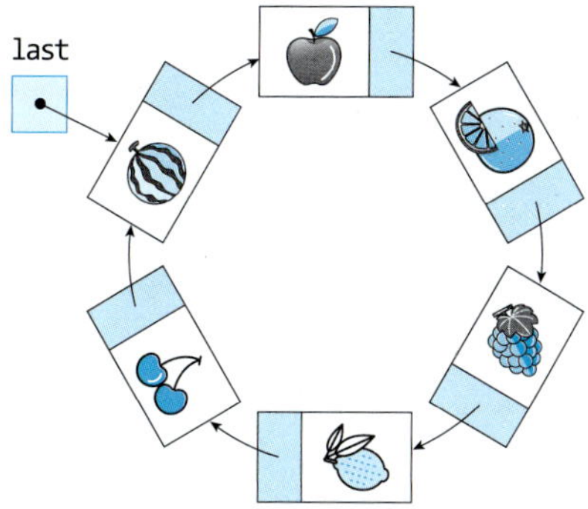

[그림 2-15] 원형 연결 리스트

반면에 원형 연결 리스트에서는 반대 방향으로 노드들을 방문하기 쉽지 않으며, 무한 루프 발생에 유의해야 한다.

다음은 원형 연결 리스트를 파이썬으로 구현한 프로그램이다. 이 프로그램은 원형 연결 리스트를 클래스로 선언한 clist.py와 main.py로 구성된다. CList 객체는 연결 리스트의 마지막 노드를 가리키는 last와 항목 수를 저장할 size를 갖는다.

프로그램 2-5 clist.py

```
class CList:
    class Node:
        def __init__(self, item, link):
            self.item = item
            self.next = link

    def __init__(self):
        self.last = None
        self.size = 0

    def no_items(self):  return self.size
    def is_empty(self):  return self.size == 0

    def insert(self, item):
        n = self.Node(item, None)
        if self.is_empty():
```

노드 생성자
항목과 다음 노드 레퍼런스

원형 연결 리스트 생성자
last와 항목 수(size)로 구성

새 노드 생성하여 n이 참조

```python
            n.next = n
            self.last = n
        else:
            n.next = self.last.next
            self.last.next = n
        self.size += 1

    def first(self):
        if self.is_empty():
            raise EmptyError('Underflow')
        f = self.last.next
        return f.item

    def delete(self):
        if self.is_empty():
            raise EmptyError('Underflow')
        x = self.last.next
        if self.size == 1:
            self.last = None
        else:
            self.last.next = x.next
        self.size -= 1
        return x.item

    def print_list(self):
        if self.is_empty():
            print('리스트 비어있음')
        else:
            f = self.last.next
            p = f
            while p.next != f:
                print(p.item, ' -> ', end='')
                p = p.next
            print(p.item)

class EmptyError(Exception):
    pass
```

새 노드는 자신을 참조하고 last가 새 노드 참조

새 노드는 첫 노드를 참조하고 last가 참조하는 노드와 새 노드 연결

empty 리스트 됨

last가 참조하는 노드가 두 번째 노드를 연결

첫 노드가 다시 방문되면 루프 중단

노드들을 차례로 방문하기 위해

underflow 시 에러 처리

CList의 기본 연산으로 삽입과 삭제 연산을 차례로 살펴보자. 삽입 연산은 새 항목을 리스트의 첫 노드로 삽입하는 insert()로 구현한다. 새 항목을 저장할 노드를 생성한 후, 연결 리스트가 empty인 경우와 그렇지 않은 경우를 분리하여 삽입 연산을 수행한다. [그림 2-16](a)(b)는 empty 리스트인 경우 새 노드가 삽입되는 과정을 나타내고 [그림 2-16](c)(d)는 empty가 아닌 경우 새 노드가 삽입되는 과정을 나타낸다.

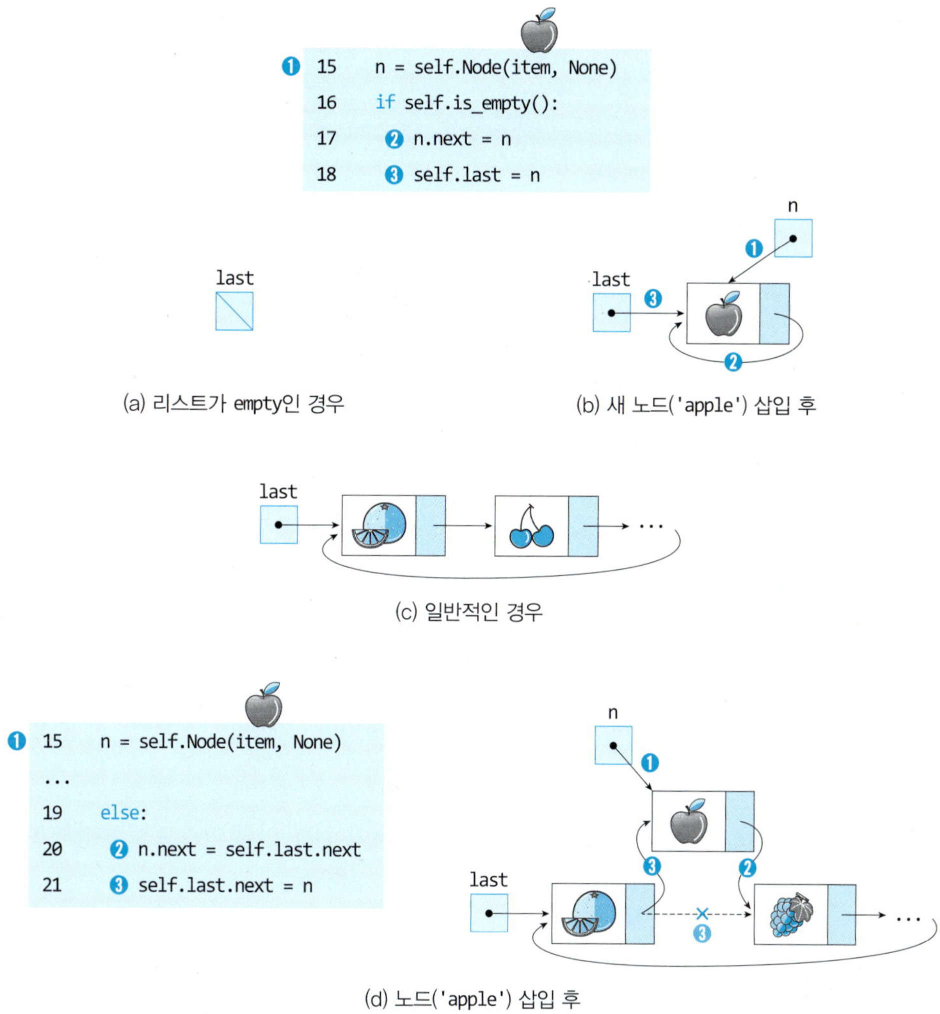

[그림 2-16] insert()의 노드 삽입

삭제 연산은 리스트의 첫 노드를 삭제하는 delete()로 구현하며, [그림 2-17](a)와 같이 연결 리스트에 노드가 1개인 경우 last를 None으로 만들며 그 결과는 (b)와 같다. 연결 리스트에 노드가 2개 이상 있는 일반적인 경우는 (c)인 상태를 (d)와 같이 x가 가리키는 노드를 연결 리스트에서 분리한다.

```
❶ x = self.last.next
  if self.size == 1:
    ❷ self.last = None
```

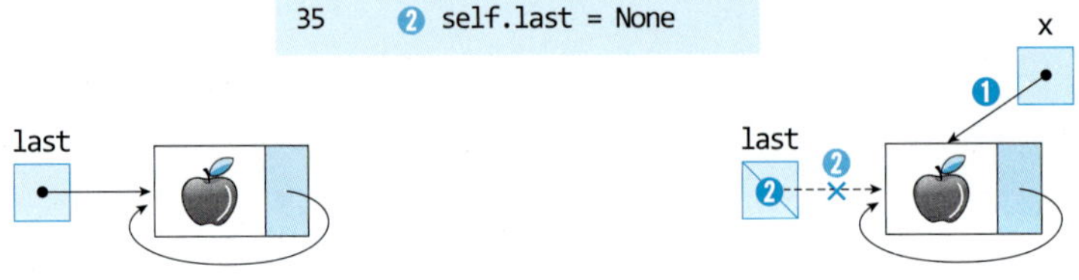

(a) 한 개의 노드만 있는 경우 (b) 노드('apple') 삭제 후

(c) 일반적인 경우

```
❶ x = self.last.next
  if self.size == 1:
      self.last = None
  else:
    ❷ self.last.next = x.next
```

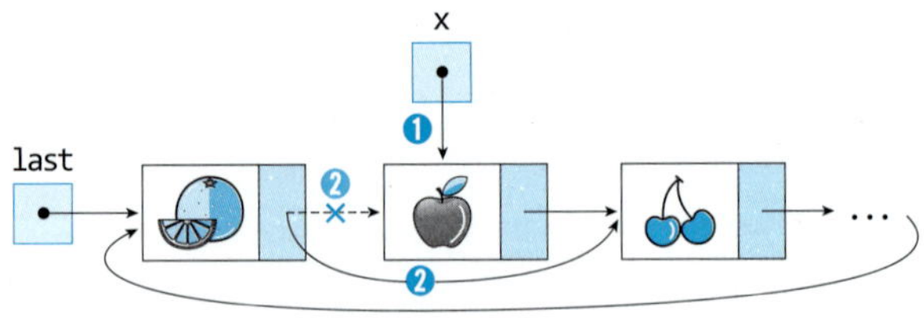

(d) 노드('apple') 삭제 후

[그림 2-17] delete()의 노드 삭제

다음은 CList 클래스를 [프로그램 2-5]에서 import하여 원형 연결 리스트를 생성하고 일련의 삽입, 삭제, 탐색 연산을 수행하는 main.py 프로그램이다.

프로그램 2-6 main.py

```
from clist import CList
if __name__ == '__main__':
    s = CList()
    s.insert('pear')
```

- clist.py에서 CList를 import
- 이 파이썬 파일(모듈)이 메인이면
- 원형 연결 리스트 생성

```
    s.insert('cherry')
    s.insert('orange')
    s.insert('apple')
    s.print_list()
    print('s의 길이 =', s.no_items())
    print('s의 첫 항목 :', s.first())
    s.delete()
    print('첫 노드 삭제 후: ', end='')
    s.print_list()
    print('s의 길이 =', s.no_items())
    print('s의 첫 항목 :', s.first())
    s.delete()
    print('첫 노드 삭제 후: ', end='')
    s.print_list()
    s.delete()
    print('첫 노드 삭제 후: ', end='')
    s.print_list()
    s.delete()
    print('첫 노드 삭제 후: ', end='')
    s.print_list()
```

일련의 삽입 삭제 탐색 연산 수행

[그림 2-18]은 [프로그램 2-5, 6]이 수행된 결과이다. 프로그램에서 4개의 항목을 삽입한 후, 연결 리스트를 출력하고, 연결 리스트의 길이를 출력한다. 그리고 연결 리스트가 empty가 될 때까지 연속하여 항목들을 삭제한다.

```
Console ☒ PyUnit
<terminated> main.py [C:₩Users₩sbyang₩AppData₩Local₩Programs₩Python₩Python36-32
apple  -> orange  -> cherry  -> pear
s의 길이 = 4
s의 첫 항목 : apple
첫 노드 삭제 후: orange  -> cherry  -> pear
s의 길이 = 3
s의 첫 항목 : orange
첫 노드 삭제 후: cherry  -> pear
첫 노드 삭제 후: pear
첫 노드 삭제 후: 리스트 비어있음
```

[그림 2-18] [프로그램 2-5, 6]의 수행 결과

| 수행 시간 |

원형 연결 리스트에서 삽입이나 삭제 연산 각각 O(1)개의 레퍼런스를 갱신하므로 O(1) 시간에 수행된다. 탐색 연산은 단순 연결 리스트의 탐색과 같이 last로부터 노드들을 순차적으로 탐색해야 하므로 O(n) 시간이 소요된다.

응용

원형 연결 리스트는 여러 사람이 차례로 돌아가며 플레이하는 게임을 구현하는데 적합한 자료구조이며, 많은 사용자가 동시에 사용하는 컴퓨터에서 CPU 시간을 분할하여 작업에 할당하는 운영체제에도 쓰인다. 또한 이항 힙(Binomial Heap)이나 피보나치 힙(Fibonacci Heap)과 같은 우선순위 큐를 구현하는 데에도 원형 연결 리스트가 부분적으로 사용된다.

요약

- 일반적인 리스트는 일련의 동일한 타입의 항목들이다.
- 단순 연결 리스트는 동적 메모리 할당을 이용해 리스트를 구현하는 가장 간단한 형태의 자료구조이다.
- 단순 연결 리스트에서는 삽입이나 삭제 시 항목들을 이동시킬 필요가 없다.
- 단순 연결 리스트는 항목을 접근하기 위해서 순차 탐색을 해야만 하고, 삽입이나 삭제할 때는 이전 노드를 가리키는 레퍼런스가 필요하다.
- 이중 연결 리스트는 각 노드에 2개의 레퍼런스를 가지며 각각 이전과 다음 노드를 가리키는 방식의 연결 리스트이다.
- 원형 연결 리스트는 마지막 노드가 첫 노드와 연결된 단순 연결 리스트이다.
- 원형 연결 리스트는 마지막 노드와 첫 노드를 O(1) 시간에 방문할 수 있다는 장점이 있다. 또한 연결 리스트가 empty가 아닐 때, 어떤 노드도 None 레퍼런스를 갖지 않으므로 프로그램에서 None 조건을 검사하지 않아도 된다.
- 연결 리스트들의 연산에 대한 최악 경우 수행 시간 비교

자료구조	탐색	삽입	삭제	비고
단순 연결 리스트 이중 연결 리스트 원형 연결 리스트	O(n)	O(1)†	O(1)†	†이전 노드의 레퍼런스가 주어진 경우 또는 첫 노드의 경우

연습문제

2.1 다음 중 일반적인 리스트와 가장 거리가 먼 것은?

① 학생 명단 ② 월간 인기 도서 ③ 버스 노선의 정류장들
④ 넷플릭스 순위 ⑤ 답 없음

2.2 파이썬 리스트의 임의의 원소에 접근하는 방식으로 가장 적절한 것은?

① 랜덤하게 ② 순차적으로 ③ 역으로
④ 반으로 나누어 ⑤ 답 없음

2.3 파이썬 리스트에서 첫 번째 원소부터 차례로 검사하며 특정한 항목을 찾는 연산은?

① 접근 ② 탐색 ③ 삽입
④ 삭제 ⑤ 답 없음

2.4 k번째 항목을 O(1) 시간에 읽는 기능을 가진 리스트를 구현하기에 적합한 자료구조는?

① 단순 연결 리스트 ② 이중 연결 리스트
③ 원형 연결 리스트 ④ 파이썬 리스트
⑤ 답 없음

2.5 다음의 괄호 안에 알맞은 말을 채워 넣어라.

(a) 동적 메모리 할당을 받아 노드를 생성하고, 노드는 레퍼런스를 이용하여 다음 노드를 가리키도록 만들어 노드들을 한 줄로 연결시킨 자료구조를 [ ]라고 한다.
(b) 각 노드가 2개의 레퍼런스를 가지고 각각 이전 노드와 다음 노드를 가리키어 양방향으로 노드들을 방문할 수 있는 자료구조를 [ ]라고 한다.
(c) 마지막 노드가 첫 노드와 연결된 단순 연결 리스트를 [ ]라고 한다.
(d) [ ] 연결 리스트는 다음 노드의 레퍼런스만으로 노드들이 연결되어, 삽입이나 삭제할 때 이전 노드를 가리키는 레퍼런스가 필요하고, 역방향으로 노드들을 탐색할 수 없다.
(e) 마지막 노드와 첫 노드를 O(1) 시간에 접근할 수 있는 자료구조는 [ ]이다.

2.6 다음 중 노드들을 레퍼런스(포인터)로 연결한 자료구조는?

① 노드 리스트 ② 동적 할당 리스트
③ 포인터 리스트 ④ 연결 리스트
⑤ 답 없음

2.7 다음 중 연결 리스트에 관한 설명으로 옳지 않은 것은?

① 연결 리스트의 삽입 또는 삭제는 항목 이동 측면에서 배열보다 효율적이다.
② 연결 리스트에서는 랜덤 접근을 허용하지 않는다.
③ 연결 리스트는 노드 수를 미리 선언하지 않는다.
④ 연결 리스트는 배열보다 메모리를 덜 사용한다.
⑤ 답 없음

2.8 다음 중 단순 연결 리스트의 응용이 아닌 것은?

① 스택 또는 큐 자료구조 ② 운영체제의 파일 시스템
③ 해싱의 체이닝 ④ 그래프의 인접 리스트
⑤ 답 없음

2.9 단순 연결 리스트에 있는 노드 수를 계산하기 위한 수행 시간은? 단, 단순 연결 리스트의 클래스에서 연결 리스트의 노드 수를 위한 인스턴스 변수가 없다고 가정하라.

① O(1) ② O(logn) ③ O(n)
④ O(1) 또는 O(n) ⑤ 답 없음

2.10 다음 정렬 안 된 단순 연결 리스트에서 O(1) 시간에 수행할 수 없는 연산을 모두 고르라. 단, 단순 연결 리스트는 첫 노드를 가리키는 head 레퍼런스만 가진다.

① 새 항목을 연결 리스트의 첫 노드로 삽입
② 새 항목을 연결 리스트의 마지막 노드로 삽입
③ 새 항목을 연결 리스트의 첫 노드 삭제
④ 새 항목을 연결 리스트의 마지막 노드 삭제
⑤ 답 없음

2.11 다음 정렬 안 된 단순 연결 리스트에서 O(1) 시간에 수행할 수 없는 연산은? 단, 단순 연결 리스트는 첫 노드를 가리키는 head 레퍼런스와 마지막 노드를 가리키는 tail 레퍼런스를 가진다.

① 새 항목을 연결 리스트의 맨 앞에 첫 노드로 삽입

② 새 항목을 연결 리스트의 맨 뒤에 마지막 노드로 삽입

③ 연결 리스트의 첫 노드 삭제

④ 연결 리스트의 마지막 노드 삭제

⑤ 답 없음

2.12 다음 중 이중 연결 리스트에 관한 설명으로 옳지 않은 것은?

① 양방향으로 탐색할 수 있다.

② 단순 연결 리스트보다 메모리가 더 필요하다.

③ 노드를 삽입하거나 삭제할 때 단순 연결 리스트보다 더 많은 레퍼런스를 변경한다.

④ 임의 노드를 O(1) 시간에 접근할 수 있다.

⑤ 답 없음

2.13 다음 중 단순 연결 리스트보다 이중 연결 리스트에서 더 효율적으로 수행되는 연산은?

① 정렬 안 된 리스트에서 임의의 항목 탐색

② 리스트의 모든 노드 방문하기

③ 레퍼런스가 주어진 노드의 삭제

④ 새 노드를 연결 리스트 맨 앞에 삽입

⑤ 답 없음

2.14 이중 연결 리스트에서 새 노드를 삽입할 때 변경(갱신)해야 하는 레퍼런스 필드 수는?

① 2 ② 4 ③ 6

④ 8 ⑤ 답 없음

2.15 이중 연결 리스트에서 삭제할 노드의 레퍼런스가 주어질 때 갱신해야 하는 레퍼런스 필드 수는?

① 2 ② 4 ③ 6

④ 8 ⑤ 답 없음

2.16 이중 연결 리스트 임의의 위치에 새 노드를 삽입하는 최악 경우 수행 시간은? 단, 연결 리스트에 n개의 노드가 있고, $n > 0$이다.

① O(1) ② O(logn) ③ O(n)
④ O(nlogn) ⑤ 답 없음

2.17 이중 연결 리스트에서 중간에 있는 노드를 삭제하는 최악 경우 수행 시간은? 단, 연결 리스트에 n개의 노드가 있고, $n > 0$이다.

① O(1) ② O(logn) ③ O(n)
④ O(nlogn) ⑤ 답 없음

2.18 다음 중 메모리 효율적인 이중 연결 리스트에 관한 설명으로 옳지 <u>않은</u> 것은?

① 각 노드에 1개의 레퍼런스 필드만 사용한다.
② 현재 노드에서 앞으로 또는 뒤로 갈 노드의 레퍼런스를 항상 계산해야 한다.
③ 레퍼런스가 주어진 노드의 삭제는 이중 연결 리스트에서처럼 O(1) 시간에 수행할 수 있다.
④ 단순 연결 리스트의 메모리를 사용하면서 이중 연결 리스트에서처럼 양방향 탐색이 가능하다.
⑤ 답 없음

2.19 다음 XOR 이중 연결 리스트의 (a)와 (b)는 어떤 값이 저장되어야 하는가?

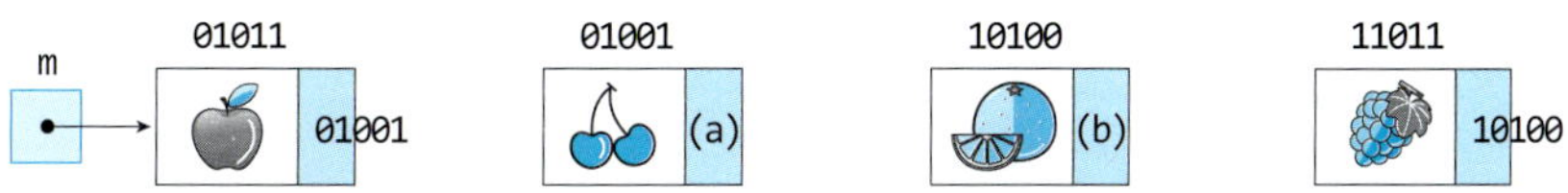

① (a) 0000, (b) 01110 ② (a) 1010, (b) 00111
③ (a) 0111, (b) 10110 ④ (a) 1111, (b) 10010
⑤ 답 없음

2.20 다음 중 이중 연결 리스트의 응용이 <u>아닌</u> 것은?

① 텍스트 편집기 undo/redo ② 웹페이지 이동
③ 운영체제의 스레드 스케줄러 ④ 사진 슬라이드 쇼
⑤ 답 없음

2.21 다음 중 원형 연결 리스트에 관한 설명으로 옳지 않은 것은?

① 연결 리스트의 맨 뒤에 새 노드를 삽입할 수 있다.

② 사실상 노드들이 순차적으로 연결되어 있다.

③ 각 노드에는 None 레퍼런스가 없다.

④ 마지막 노드의 레퍼런스가 None이 아니라서 연결 리스트를 순회하기가 어렵다.

⑤ 답 없음

2.22 다음 연산 중 원형 연결 리스트에서 O(1) 시간에 수행할 수 없는 것은? 단, last는 연결 리스트의 마지막 노드를 가리킨다.

① 새 노드를 연결 리스트의 맨 앞에 삽입하기

② 새 노드를 연결 리스트의 맨 뒤에 삽입하기

③ 연결 리스트의 첫 노드 삭제하기

④ 연결 리스트의 마지막 노드 삭제하기

⑤ 답 없음

2.23 다음 연산 중 원형 연결 리스트에서 O(1) 시간에 수행할 수 있는 것은? 단, last가 마지막 노드를 가리키는 것 대신에 head가 연결 리스트의 첫 노드를 가리킨다.

① 새 노드를 연결 리스트의 맨 앞에 삽입하기

② 새 노드를 연결 리스트의 맨 뒤에 삽입하기

③ 연결 리스트의 첫 노드 삭제하기

④ 연결 리스트의 마지막 노드 삭제하기

⑤ 답 없음

2.24 원형 연결 리스트의 노드에 있는 None 레퍼런스 수는? 단, 연결 리스트는 n개의 노드를 가지고 있고, n 〉 0이다.

① 0 ② 1 ③ n−1

④ n ⑤ 답 없음

2.25 원형 연결 리스트에서 삽입할 때 갱신되는 레퍼런스 필드 수는? 단, 연결 리스트는 1개 이상의 노드를 가지고 있다.

① 0 ② 1 ③ 2

④ 4 ⑤ 답 없음

2.26 다음 중 원형 연결 리스트의 응용이 아닌 것은?

① 운영체제의 CPU 스케줄러
② 큐 자료구조
③ Josephus 문제
④ 정렬
⑤ 답 없음

2.27 웹브라우저에서 이전 방문했던 웹페이지를 다시 방문하거나 앞서 방문했던 웹페이지를 다시 방문하는 것을 효율적으로 처리할 수 있는 자료구조는?

① 단순 연결 리스트
② 이중 연결 리스트
③ 원형 연결 리스트
④ 답 없음

2.28 리스트에서 새 항목의 삽입은 항상 리스트의 가장 뒤에서 일어나고, 항목의 삭제는 항상 리스트의 가장 앞에서 일어날 때, 어떤 자료구조를 사용하는 것이 가장 효율적인가?

① 단순 연결 리스트
② 이중 연결 리스트
③ 원형 연결 리스트
④ 답 없음

2.29 리스트에 대해 새 항목을 앞 또는 뒤에서 삽입하고, 가장 앞 또는 가장 뒤에 있는 항목을 삭제하는 경우 어떤 자료구조를 사용하는 것이 가장 적절한가?

① 단순 연결 리스트
② 이중 연결 리스트
③ 원형 연결 리스트
④ 답 없음

2.30 교차로의 신호처리를 위해서는 어떤 자료구조가 가장 적절한가?

① 단순 연결 리스트
② 이중 연결 리스트
③ 원형 연결 리스트
④ 1차원 배열
⑤ 답 없음

2.31 여러 사람이 플레이하는 카드 게임을 구현하는 데에는 어떤 자료구조가 가장 적절한가?

① 단순 연결 리스트
② 이중 연결 리스트
③ 원형 연결 리스트
④ 답 없음

※ 문제 2.32~44를 위해 Part 2.1에서 선언한 SList 클래스를 사용하라. 단, 문제 2.38은 제외한다.

2.32 정렬된 단순 연결 리스트에 새 항목을 삽입하는 insert(target) 메소드를 작성하라. 단, 메소드는 아무것도 반환하지 않는다. target을 가진 노드를 삽입한 후 연결 리스트는 정렬된 상태를 유지해야 한다.

2.33 단순 연결 리스트에서 특정 항목을 삭제하는 delete(target) 메소드를 작성하라. 단, 메소드는 아무것도 반환하지 않는다. 2개의 레퍼런스 변수를 이용하여 구현하라. target이 연결 리스트에 없으면 "target이 연결 리스트에 없다."라고 출력하라.

2.34 단순 연결 리스트에서 임의의 노드를 삭제하려면 문제 2.33에서처럼 2개의 레퍼런스 변수를 사용하여 노드를 삭제할 수 있다. 그러나 단 1개의 레퍼런스 변수만을 사용하여 노드를 삭제하는 방법이 있다. 즉, 삭제할 노드의 직전 노드의 레퍼런스를 몰라도 단순 연결 리스트에서 노드를 삭제할 수 있다. 이를 위한 target을 가진 노드를 삭제하는 delete2(target) 메소드를 작성하라. 단, 마지막 노드는 삭제하지 않는다.

2.35 새 노드를 단순 연결 리스트의 맨 뒤에 마지막 노드로 삽입하는 insert_last(new_item) 메소드를 작성하라. 단, 메소드의 매개 변수는 new_item으로 주어지며, 메소드 내에서 Node를 생성하고, 메소드는 아무것도 반환하지 않는다.

2.36 단순 연결 리스트의 마지막 노드를 삭제하는 delete_last() 메소드를 작성하라. 단, 메소드는 삭제된 노드의 레퍼런스를 반환하며, 연결 리스트가 empty이면 None을 반환한다.

2.37 각각 정렬된 2개의 단순 연결 리스트를 하나의 정렬된 단순 연결 리스트로 만드는 메소드를 작성하라. 각 노드에는 1개의 정수가 저장되어 있다.

2.38 단순 연결 리스트는 순차 탐색으로 관련 연산을 처리한다. 만약 단순 연결 리스트의 숫자들이 정렬되어 있다면 이진 탐색을 사용하여 관련 연산, 즉 탐색, 삽입, 삭제 등의 연산을 수행하는 데 어떠한 문제점이 발생하는지를 설명하라.

2.39 주어진 단순 연결 리스트를 역방향 단순 연결 리스트로 만드는 메소드를 작성하라.

2.40 각 노드에 1개의 정수가 저장된 단순 연결 리스트와 정수 k가 주어질 때, 이 단순 연결 리스트를 하나는 k와 같거나 작은 정수를 가진 연결 리스트로, 다른 하나는 k보다 큰 정수를 가진 노드로 구성된 연결 리스트로 분리하는 메소드를 작성하라.

2.41 정렬된 2개의 단순 연결 리스트가 가지고 있는 공통된 숫자의 합을 계산하는 메소드를 작성하라. 단, 각 단순 연결 리스트에는 중복된 숫자는 없다. 두 연결 리스트 head1 → [60] → [20] → [15] → [10] → [80]과 head2 → [90] → [60] → [70] → [10] → [35] → [20]의 공통된 숫자의 합은 60 + 20 + 10 = 90이다.

2.42 단순 연결 리스트의 전체 노드를 1번씩만 방문하는 시간에 연결 리스트의 중간 노드를 찾는 메소드를 작성하라. 단, 연결 리스트의 노드 수는 양의 짝수이다.

2.43 단순 연결 리스트에서 노드를 삽입하고 삭제하는 연산을 수행하다 보면 잘못하여 사이클이 만들어지는 경우가 발생할 수도 있다. 주어진 단순 연결 리스트에 사이클이 있는지를 검사하는 메소드를 작성하라.

2.44 단순 연결 리스트에 있는 항목을 노드의 역순으로 출력하는 메소드를 작성하라. 메소드는 반드시 순환으로 구현하라. 예를 들어 단순 연결 리스트가 [A] → [B] → [C] → [D] → [E]라면 "E D C B A"를 출력한다. [주의: 연결 리스트 자체는 변형시키지 말 것]

※ 문제 2.45~46을 위해 Part 2.2에 선언된 DList 클래스를 사용하라.

2.45 이중 연결 리스트의 k번째 항목을 반환하는 find_k_th(k) 메소드를 작성하라. k = 0, 1, 2, … 이다.

2.46 이중 연결 리스트에서 특정 항목을 삭제하는 delete(target) 메소드를 작성하라. 단 메소드는 아무것도 반환하지 않는다. 만일 target이 연결 리스트에 없으면 "target이 연결 리스트에 없다."라고 출력하라.

※ 문제 2.47~52를 위해 Part 2.3에 선언된 CList 클래스를 사용하라.

2.47 원형 연결 리스트의 k번째 항목을 반환하는 find_k_th(k) 메소드를 작성하라. k = 0, 1, 2, … 이다.

2.48 원형 연결 리스트에서 특정 항목 target을 삭제하는 delete(target) 메소드를 작성하라. 단, 메소드는 아무것도 반환하지 않는다. 만일 target이 연결 리스트에 없으면 "target이 연결 리스트에 없다."라고 출력하라.

2.49 원형 연결 리스트에서 마지막 항목을 삭제하는 delete_last() 메소드를 작성하라. 단, 메소드는 삭제된 노드의 항목을 반환한다.

2.50 원형 연결 리스트의 맨 뒤에 새 노드를 삽입하는 insert_last(new_item) 메소드를 작성하라. 단, 새 노드의 항목은 메소드의 매개 변수 new_item으로 주어지며, 메소드 내에서 Node를 생성하고, 메소드는 아무것도 반환하지 않는다. [주의: 메소드의 마지막 부분에서는 last는 새 노드를 가리켜야 한다.]

2.51 원형 연결 리스트의 항목을 순환을 이용하여 역으로 출력하는 reverse_print() 메소드를 작성하라. 그리고 reverse_print(첫_노드)로 메소드를 호출한다. [주의: 연결 리스트 자체는 변형시키지 말 것]

2.52 원형 연결 리스트를 역방향 원형 연결 리스트로 만드는 reverse_list(first_node) 메소드를 작성하라. 단, 메소드는 원형 연결 리스트의 last를 반환한다.

2.53 파이썬 Integer로 정수를 선언하여 저장할 수 있는 최대 정수보다도 더 큰 정수의 계산하기 위해 단순 연결 리스트를 사용하려고 한다. 이를 위해 먼저 각 노드에는 2자리 숫자만 저장 가능하다고 가정하자. 즉, 각 노드에는 0~99가 저장된다. 따라서 123,004,009는 head → [1] → [23] → [0] → [40] → [9]의 5개의 노드에 저장된다. 이와 같은 방식으로 정수가 저장될 때 덧셈, 뺄셈 연산을 수행하는 파이썬 프로그램을 작성하라.

2.54 n명의 사람에게 1, 2, …, n으로 번호를 부여하고, 번호순으로 원형 테이블에 앉게 하였다. 1번부터 순서를 세어서 m번째에 앉아 있는 사람을 테이블에서 떠나게 한다. 남은 n−1명에서 다시 다음 사람부터 순서를 세어서 m번째에 앉아 있는 사람을 테이블에서 떠나게 한다. 이 과정을 반복하여 마지막으로 남은 사람의 번호를 찾는 문제를 Josephus 문제라고 한다. 단, n과 m은 자연수이다. Josephus 문제를 해결하기 위해 원형 연결 리스트를 구현한 파이썬 프로그램을 작성하라.

m=2, n	1	2	3	4	5	6
마지막 남은 사람	1	1	3	1	3	5

※ 다음은 파이썬의 리스트에 대응되는 배열에 관한 관련된 문제들이다.

2.55 n개의 정수를 가진 배열 a의 원소들을 k와 같거나 작은 원소들은 왼쪽으로, 즉 a[0]부터 모아놓고, k보다 큰 원소들을 오른쪽으로 분리 저장하는 O(n) 시간 방법을 설명하라.

2.56 n개의 서로 다른 정수가 정렬된 배열 a에서 두 원소의 합이 s가 되는 두 원소를 찾는 O(n) 시간 방법을 설명하라. 단, 해가 여러 개인 경우 임의의 하나를 찾아도 된다.

2.57 크기가 n인 파이썬 리스트에 1에서 n−1까지의 정수가 저장되어 있다. 그런데 이 중에 1개의 숫자만 2개의 원소에 중복 저장되어 있다. 이 중복된 숫자를 찾는 O(n) 시간 방법을 설명하라. 단, O(1) 크기의 메모리만 사용하여야 하며, n 〉 3이다.

2.58 크기가 n−1인 배열 a에 1부터 n까지의 정수 중에 1개가 빠진 채로 뒤섞여서 저장되어 있다. a에서 어떤 숫자가 빠진 숫자인지를 찾아내려고 한다. a를 정렬하지 않고, 별도의 배열을 사용하지 않으며, 즉 O(1) 크기의 메모리 공간만 사용하면서, O(n) 시간에 빠진 숫자를 찾는 방법을 설명하라.

2.59 크기가 n−2인 배열 a에 1부터 n까지의 정수 중에 2개가 빠진 채로 뒤섞여서 저장되어 있다. 정렬하지 않고, O(1) 크기의 메모리 공간만 사용하면서, a에서 O(n) 시간에 빠진 숫자들을 찾는 방법을 설명하라.

2.60 양의 정수가 저장된 배열에 다른 숫자들은 k개씩 있는데 오직 하나의 숫자는 1개만 있다. 1개만 있는 숫자를 O(n) 메모리를 사용하여 $O(n^2)$ 시간에 찾는 방법을 설명하라. 단, 배열 크기 n은 ik+1이고, k > 1, i ≥ 1인 양의 정수이다. 또한 배열에 저장된 각 정수를 이진수로 표현하면 n비트를 넘지 않는다. 예를 들어 [4, 9, 5, 4, 5, 4, 5]에서는 i = 2, k = 3이며, 답은 9이다. [5, 5, 4, 8, 4, 5, 8, 1, 4, 8]에서는 i = 3, k = 3이며, 답은 1이다.

2.61 n개의 정수가 저장된 배열에서 과반이 넘는 숫자를 찾는 O(n) 시간 방법을 설명하라. 예를 들어 [3, 1, 3, 2, 3]에서는 3이 과반을 넘는 숫자이다. 그러나 [3, 1, 3, 2]에서는 3이 과반을 넘지 않는다.

2.62 (a) n개의 정수가 있는 배열에서 연속된 항목들의 최대 합을 계산하는 방법을 설명하라. (b) 리스트의 마지막 항목 a[n−1]과 첫 항목 a[0]이 이웃한다고 가정하였을 때, 연속된 항목의 최대 합을 계산하는 파이썬 프로그램을 작성하라. 예를 들어 (a)의 경우 다음의 리스트에서 연속된 항목들의 최대 합은 1 + 1 + 3 = 5이고, (b)의 경우 연속된 항목들의 최대 합은 4 + 2 + 1 = 7이다.

(a)

2	1	-3	1	-4	1	1	3	-5	4

(b)

2	1	-3	1	-4	1	1	3	-5	4

PART 03

스택과 큐

contents

03 스택과 큐

스택(Stack)과 큐(Queue)는 우리의 일상에서 쉽게 접할 수 있는 자료구조이다. 스택 자료구조의 예를 들면, 인터넷 브라우저에서 웹을 탐색하다가 바로 이전 웹 페이지로 돌아가기 위해 화면 좌측 상단의 ◐ 버튼을 클릭하는 경우를 들 수 있다. 다시 ◐ 버튼을 클릭하면 그전에 방문한 페이지로 돌아갈 수 있다. 또한 워드 프로세서를 사용하여 문서를 수정하다가 수정 이전의 상태로 되돌리기 위해 CTRL-Z를 누르는 경우 역시 스택 자료구조를 이용한 것이다. 큐는 대기열을 의미하며 관공서, 은행, 우체국, 병원 등에서 번호표를 받아 자신의 순서를 기다리는 경우를 생각하면 쉽게 이해할 수 있다.

3.1 스택

[정의]

스택은 한쪽 끝에서만 항목(item)을 삭제하거나 새로운 항목을 저장하는 자료구조이다.

스택에서 새로운 항목을 저장하는 연산을 push라고 하고, 항목을 삭제하는 연산을 pop이라고 한다. [그림 3-1]은 보조 선로를 이용하여 열차의 순서를 바꾸는 것을 보여준다. 왼쪽에서 3량의 열차가 진입하고 있으며 열차의 순서는 [2, 1, 3]이다. 단, 열차는 그림의 화살표 방향으로만 진행 가능하다.

미로 찾기

미로 찾기 문제는 그리스 신화에서 유래된 것으로 알려지고 있다. 신화에 따르면 당시 지중해의 크레타 섬을 통치하던 폭군 미노스(Minos) 왕이 있었다. 미노스 왕은 황소 머리에 하반신이 사람인 무서운 짐승 미노타우로스(Minotauros)에게 바칠 제물로 젊은 남녀들을 아테네에 조공으로 요구하였다. 조공으로 바쳐진 젊은이들은 지하에 있는 매우 광대하고 복잡한 미로에 갇혔고, 미로를 탈출하지 못하여 미노타우로스에게 잡아 먹히었다. 이러한 비극을 전해 듣게 된 아테네의 한 젊은 청년 테세우스(Theseus)는 자발적으로 제물이 되기로 결심하였다. 그는 미노스 왕의 딸 아리아드네(Ariadne)의 충고를 귀담아 듣고 검과 함께 실타래를 챙긴 뒤, 미로의 입구에서부터 실을 풀면서 미로 안쪽으로 들어갔다. 이후 테세우스는 미노타우로스를 검으로 죽이고, 풀어둔 실을 되감아 미로를 빠져나왔다. 이 그리스 신화에서 알려주는 미로 찾기 문제의 해결 방법은 바로 실타래이다.

하지만 보통의 경우, 미로 찾기 문제와 마주했을 때 실타래를 사용하거나 도와주는 사람을 찾기란 쉽지 않다. 이런 상황에서는 어떻게 미로를 빠져나올 수 있을까? 일반적인 방법은 현 위치에서 한 방향을 선택하여 이동하고, 길이 막혀 있으면 다시 되돌아 나온 뒤, 다른 방향으로 다시 이동해 보는 것이다. 또한 가능하다면 지나갔던 곳을 표시해 놓은 뒤 다시 지나가지 않도록 하는 방법을 사용할 수 도 있다. 하지만 이 방법은 그리스 신화 속의 미로에서는 통하지 않는데, 지하의 미로에서는 빛이 없어서 표시해둔 곳을 식별할 수 없기 때문이다. 그러나 이렇게 어려운 상황에서도 답은 존재한다. 바로 오른손 법칙이다.

오른손 법칙은 현 위치에서 한 방향을 선택하고, 벽에 오른손을 댄 뒤, 출구가 나올 때까지 계속 오른손을 벽에서 떼지 않고 걸어가는 방법이다. 이 방법은 실타래나 특별한 표시가 없더라도 항상 출구를 찾게 해준다.

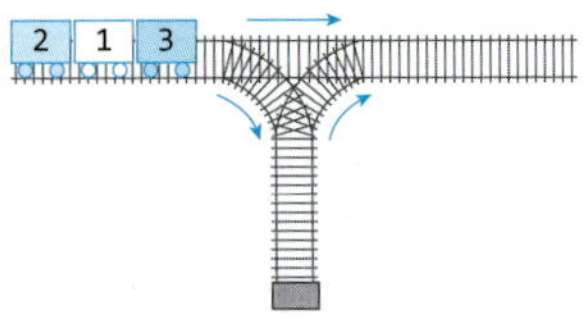

(a)

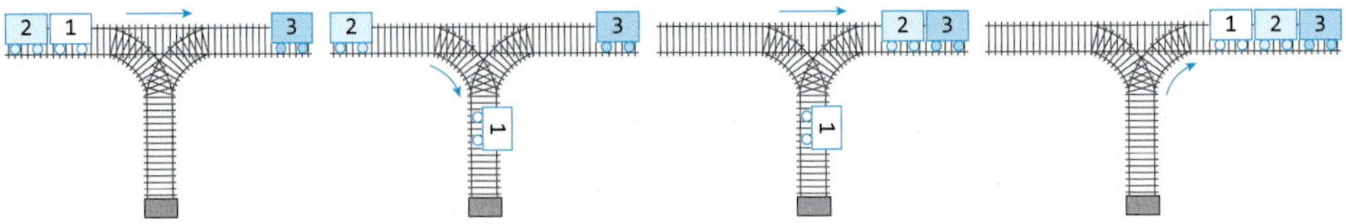

(b) [2, 1, 3]을 [1, 2, 3]으로

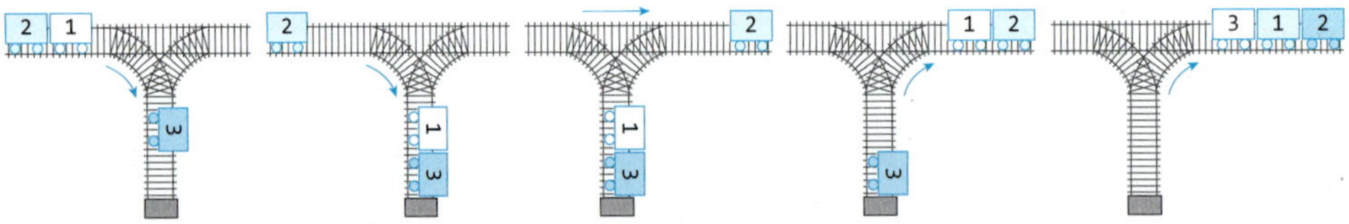

(c) [2, 1, 3]을 [3, 1, 2]로

[그림 3-1] 열차 순서 바꾸기

[그림 3-1](b)와 (c)는 각각 [1, 2, 3]과 [3, 1, 2]로 열차 순서를 바꾸는 과정을 나타낸다. 이 과정에서 보조 선로는 스택 역할을 한다. 열차가 [2, 1, 3] 순으로 왼쪽에서 진입하면 [1, 3, 2]를 제외하고 모든 다른 조합의 순서를 얻을 수 있다.

[그림 3-2]는 초기에 empty인 스택에서 일련의 push와 pop 연산이 수행되는 과정을 보여준다.

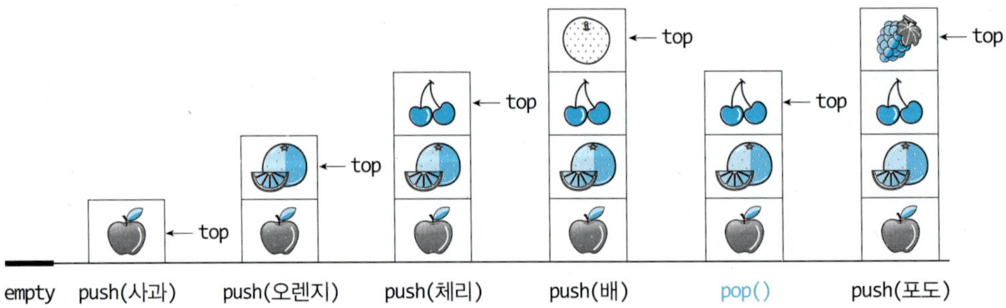

[그림 3-2] 스택의 push와 pop 연산

[그림 3-3](b)는 파이썬의 리스트로 표현된 스택을 나타낸다. 그러나 각 항목이 마치 리스트의 원소에 저장된 것으로 (c)와 같이 각 항목이 저장되어 있다고 생각해도 무방하다.

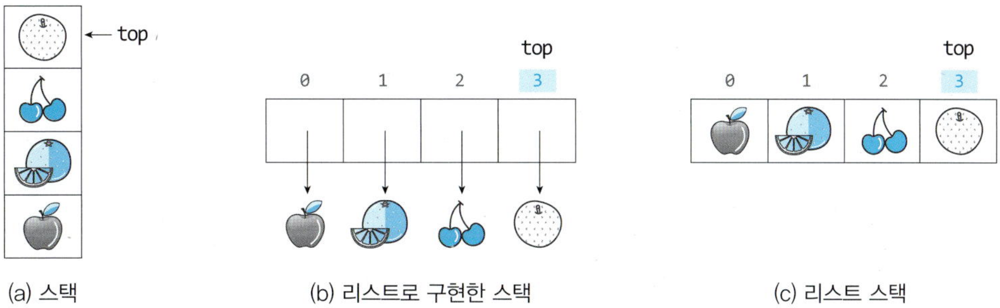

[그림 3-3] 리스트로 구현한 스택

만일 스택을 단순 연결 리스트로 구현하면, top은 스택의 가장 위에 있는 항목을 참조하는 레퍼런스이고, 스택이 empty일 때 top = None이다. [그림 3-4](b)는 단순 연결 리스트로 구현한 스택을 나타낸다.

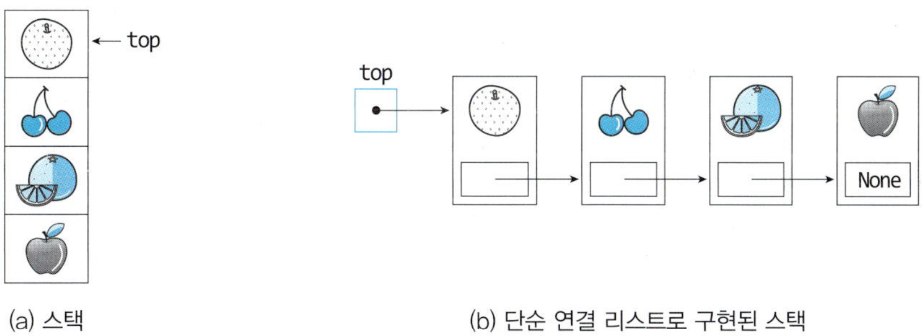

[그림 3-4] 단순 연결 리스트로 구현한 스택

[프로그램 3-1]은 리스트의 맨 마지막 항목이 top 항목인 스택을 구현한 파이썬 프로그램이다. push 연산은 파이썬 리스트의 append()로 새 항목을 리스트의 맨 뒤에 추가하고, pop 연산은 파이썬 리스트의 pop()으로 리스트의 가장 마지막 항목을 삭제한다.

프로그램 3-1 파이썬 리스트로 구현한 스택

```python
def push(item): # 삽입 연산
    stack.append(item)

def peek(): # top 항목 접근
    if len(stack) != 0:
        return stack[-1]

def pop(): # 삭제 연산
    if len(stack) != 0:
        item = stack.pop(-1)
        return item
stack = []
push('apple')
push('orange')
push('cherry')
print('사과, 오렌지, 체리  push 후:\t', end='')
print(stack, '\t<- top')
print('top 항목: ', end='')
print(peek())
push('pear')
print('배 push 후:\t\t', end='')
print(stack, '\t<- top')
pop()
push('grape')
print('pop(), 포도 push 후:\t', end='')
print(stack, '\t<- top')
```

push() = append()
리스트의 맨 뒤에 item 추가

top 항목
= 리스트의 맨 뒤 항목 반환

pop()
리스트의 맨 뒤에 있는 항목 제거

리스트 선언

일련의 스택 연산과 출력

[그림 3-5]는 [프로그램 3-1]이 수행된 결과를 보여준다.

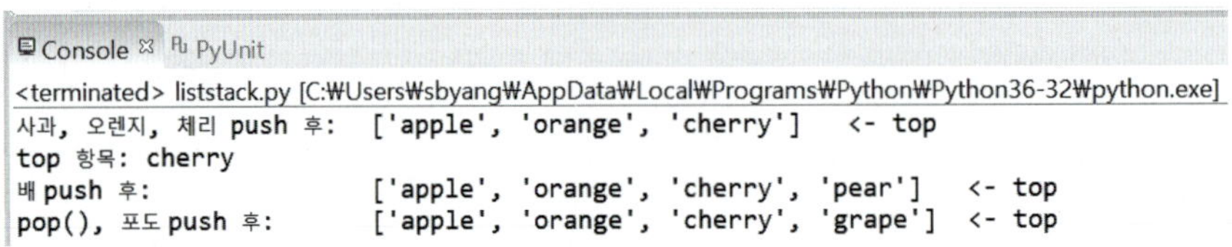

```
Console ✕  PyUnit
<terminated> liststack.py [C:₩Users₩sbyang₩AppData₩Local₩Programs₩Python₩Python36-32₩python.exe]
사과, 오렌지, 체리 push 후:   ['apple', 'orange', 'cherry']   <- top
top 항목: cherry
배 push 후:                   ['apple', 'orange', 'cherry', 'pear']   <- top
pop(), 포도 push 후:          ['apple', 'orange', 'cherry', 'grape']   <- top
```

[그림 3-5] [프로그램 3-1]의 수행 결과

다음은 스택을 단순 연결 리스트로 구현한 파이썬 프로그램이다. 단순 연결 리스트의 노드를 위해 Node 클래스를 선언하고, push 연산은 새 항목을 저장한 노드를 연결 리스트의 맨 앞에 삽입하며, pop 연산은 연결 리스트의 첫 노드를 삭제한다.

프로그램 3-2 단순 연결 리스트로 구현한 스택

```
class Node: # Node 클래스
    def __init__(self, item, link): # Node 생성자
        self.item = item
        self.next = link

def push(item): # push 연산
    global top
    global size
    top = Node(item, top)
    size += 1

def peek(): # peek 연산
    if size != 0:
        return top.item

def pop(): # pop 연산
    global top
    global size
    if size != 0:
        top_item = top.item
        top = top.next
        size -= 1
        return top_item
def print_stack(): # 스택 출력
    print('top ->\t', end='')
    p = top
    while p:
        if p.next != None:
            print(p.item, '-> ', end='')
```

- 노드 생성자: 항목과 다음 노드 레퍼런스
- 전역 변수 (global top, global size)
- top = Node(item, top): 새 노드 객체를 생성하여 연결 리스트의 첫 노드로 삽입
- return top.item: top 항목만 반환
- 전역 변수 (global top, global size)
- top = top.next: 연결 리스트에서 top이 참조하던 노드 분리시킴
- return top_item: 제거된 top 항목 반환

```python
        else:
            print(p.item, end='')
        p = p.next
    print()
top = None
size = 0
push('apple')
push('orange')
push('cherry')
print('사과, 오렌지, 체리  push 후:\t', end='')
print_stack()
print('top 항목: ', end='')
print(peek())
push('pear')
print('배 push 후:\t\t', end='')
print_stack()
pop()
push('grape')
print('pop(), 포도 push 후:\t', end='')
print_stack()
```

단순 연결 리스트(스택)의 항목을 차례로 방문

초기화

프로그램 3-1과 동일함

[그림 3-6]은 [프로그램 3-2]를 실행한 결과이다.

```
Console  PyUnit
<terminated> linkedstack.py [C:\Users\sbyang\AppData\Local\Programs\Python\Python36-32\python.exe]
사과, 오렌지, 체리 push 후:   top ->  cherry -> orange -> apple
top 항목: cherry
배 push 후:                   top ->  pear -> cherry -> orange -> apple
pop(), 포도 push 후:          top ->  grape -> cherry -> orange -> apple
```

[그림 3-6] [프로그램 3-2]의 수행 결과

| 수행 시간 |

파이썬의 리스트로 구현한 스택의 push와 pop 연산은 각각 O(1) 시간이 소요된다. 그러나 파이썬의 리스트는 크기가 동적으로 확대 또는 축소되며, 이러한 크기 조절은 사용자도 모르게 수행된다. 이러한 동적 크기 조절은 스택(리스트)의 모든 항목을 새 리스트로 복사해야 하므로 O(n) 시간이 소요된다. 단순 연결 리스트로 구현한 스택의 push와 pop 연산은 각각 O(1) 시간이 걸리는데, 연결 리스트의 맨 앞부분에서 노드를 삽입하거나 삭제하기 때문이다.

3.2 스택의 응용

스택 자료구조의 대표적인 응용으로써 컴파일러의 괄호 짝 맞추기와 회문(Palindrome) 검사하기를 차례로 살펴본다.

| 괄호 짝 맞추기 문제 |

일반적으로 컴파일러는 프로그램에 작성된 괄호들이 짝이 맞는가를 검사한다. 이러한 괄호 짝 맞추기는 스택을 이용하여 좌에서 우로 괄호를 읽어가며 다음과 같이 괄호들을 검사한다.

[핵심 아이디어]

왼쪽 괄호는 스택에 push한다. 오른쪽 괄호를 읽으면 pop을 수행한다.

pop된 왼쪽 괄호와 바로 읽었던 오른쪽 괄호가 다른 종류이면 에러 처리하고, 같은 종류이면 다음 괄호를 읽는다. 모든 괄호를 읽은 뒤 에러가 없고 스택이 empty이면, 괄호들이 정상적으로 사용된 것이고, 만일 모든 괄호를 처리한 후 스택이 empty가 아니면, 짝이 맞지 않는 괄호가 스택에 남아있으므로 에러 처리한다.

예제 다음의 입력에 대해 괄호 짝 맞추기를 스택을 이용하여 검사하면, 입력의 모든 괄호를 에러 없이 처리한 후에 스택이 empty가 된다. 따라서 입력의 괄호들은 모두 정상적으로 짝이 맞는다.

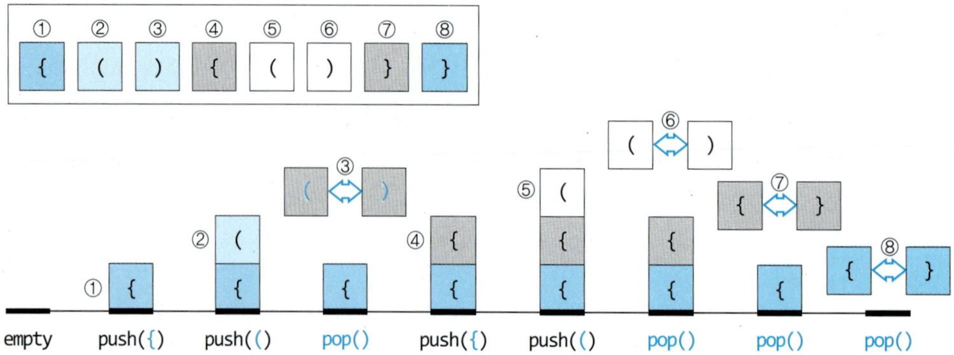

[그림 3-7]

| 회문 검사하기 |

회문(Palindrome)이란 앞으로부터 읽으나 뒤로부터 읽으나 같은 스트링을 말한다.

[핵심 아이디어]

전반부의 문자들을 스택에 push한 후, 후반부의 각 문자를 차례로 pop한 문자와 비교한다.

회문 검사하기는 주어진 스트링의 앞부분 반을 차례대로 읽어 스택에 push한 후, 문자열의 길이가 짝수이면 뒷부분의 문자 1개를 읽을 때마다 pop하여 읽어 들인 문자와 pop된 문자를 비교하는 과정을 반복 수행한다. 만약 마지막 비교까지 두 문자가 동일하고 스택이 empty가 되면 입력 문자열은 회문이다. 단, 문자열의 길이가 홀수인 경우, 주어진 스트링의 앞부분 반을 차례로 읽어 스택에 push한 후, 중간 문자를 읽고 버린다. 이후 짝수 경우와 동일하게 비교를 수행한다.

예제 'RACECAR'에 대해, 맨 왼쪽 문자부터 'R', 'A', 'C'를 읽고 차례로 push한다. 네 번째 문자가 중간 문자이므로 'E'를 읽고 버린다. 이후는 다섯 번째 문자인 'C'를 읽고 pop한 문자인 'C'와 비교하고, 다음 문자인 'A'를 읽고 pop한 문자인 'A'와 비교하고, 마지막으로 'R'을 읽고 pop한 문자인 'R'과 비교한 후에 스택이 empty가 된다. 따라서 주어진 스트링은 회문이다.

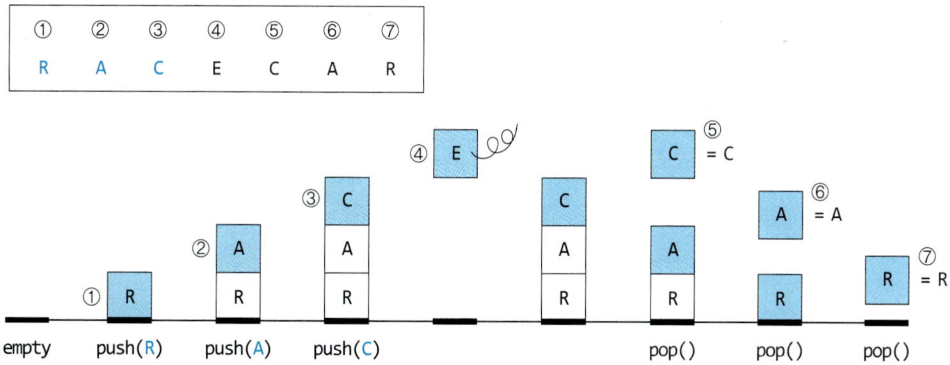

[그림 3-8]

응용

스택 자료구조는 앞서 살펴본 응용 외에도 미로 찾기, 트리의 순회, 그래프의 깊이 우선 탐색을 수행하는데 기본이 되는 자료구조이다. 또한 프로그래밍에서 매우 중요한 함수 호출도 스택 자료구조를 바탕으로 구현된다.

3.3 큐

[정의]

큐(Queue)는 삽입과 삭제가 양 끝에서 각각 수행되는 자료구조이다.

일상생활의 관공서, 은행, 우체국, 병원 등에서 번호표를 이용한 줄서기가 대표적인 큐의 예시이다. 즉, 큐 자료구조는 선입 선출(First-In First-Out, FIFO) 원칙 하에 항목의 삽입과 삭제를 수행한다.

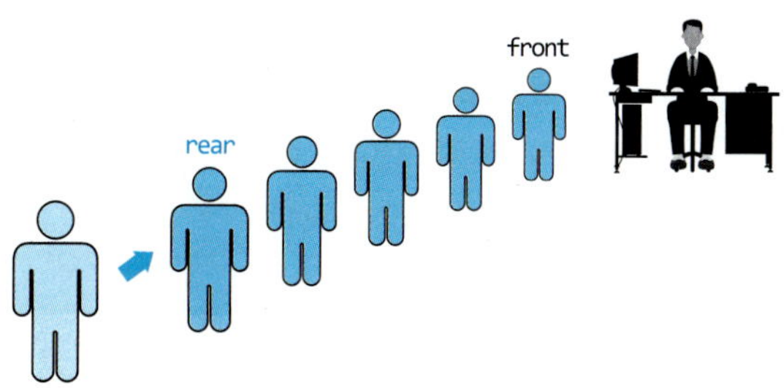

[그림 3-9] 줄서기

[그림 3-9]는 5명이 도착 순서대로 줄을 서서 기다리고 있는 상황을 나타내고 있다. 또한 다음 차례는 front의 사람이고, rear의 사람은 5명 중에서 가장 늦게 도착했으며, 또 한 사람이 줄을 서기 위해 다가오고 있는 것을 나타내고 있다.

큐에서는 뒤(rear)에서 삽입하고, 앞(front)에서 삭제 연산을 수행하므로, 큐의 맨 앞의 항목을 가리키는 변수인 front와 맨 뒤에 있는 항목을 가리키는 변수인 rear가 필요하다. 큐는 선형 자료구조이므로 파이썬의 리스트 또는 단순 연결 리스트로 구현할 수 있다.

다음은 파이썬의 리스트를 활용하여 큐 자료구조를 구현한 프로그램이다.

프로그램 3-3 파이썬 리스트로 구현한 큐

```python
def add(item): # 삽입 연산
    q.append(item)

def remove(): # 삭제 연산
    if len(q) != 0:
        item = q.pop(0)
        return item

def print_q(): # 큐 출력
    print('front ->  ', end='')
    for i in range(len(q)):
        print('{!s:<8}'.format(q[i]), end='')
    print('  <- rear')
q = []
add('apple')
add('orange')
add('cherry')
add('pear')
print('사과, 오렌지, 체리, 배 삽입 후: \t', end='')
print_q()
remove()
print('remove한 후:\t\t', end='')
print_q()
```

맨 뒤에 새 항목 삽입

맨 앞의 항목 삭제

맨 앞부터 항목들을 차례로 출력

리스트 선언

일련의 큐 연산과 출력

```python
remove()
print('remove한 후:\t\t', end='')
print_q()
add('grape')
print('포도 삽입 후:\t\t', end='')
print_q()
```

[그림 3-10]은 [프로그램3-3]에서 일련의 add()와 remove()를 수행한 결과이다.

```
Console ☒  PyUnit
<terminated> listqueue.py [C:\Users\sbyang\AppData\Local\Programs\Python\Python36-32\pyt
사과, 오렌지, 체리, 배 삽입 후: front -> apple  orange  cherry  pear   <- rear
remove한 후:              front -> orange cherry  pear   <- rear
remove한 후:              front -> cherry pear   <- rear
포도 삽입 후:              front -> cherry pear   grape  <- rear
```

[그림 3-10] [프로그램 3-3]의 수행 결과

다음은 큐 자료구조를 단순 연결 리스트로 구현한 파이썬 프로그램이다.

프로그램 3-4 단순 연결 리스트로 구현한 큐

```python
class Node:
    def __init__(self, item, n): # Node 생성자
        self.item = item
        self.next = n
def add(item): # 삽입 연산
    global size
    global front
    global rear
    new_node = Node(item, None)
    if size == 0:
        front = new_node
    else:
        rear.next = new_node
```

- 노드 생성자 항목과 다음 노드 레퍼런스
- 전역 변수
- 새 노드 객체 생성
- 연결 리스트의 맨 뒤에 삽입

```python
        rear = new_node
        size += 1
def remove(): # 삭제 연산
        global size
        global front
        global rear
        if size != 0:
                fitem = front.item
                front = front.next
                size -= 1
                if size == 0:
                        rear = None
                return fitem
def print_q(): # 큐 출력
        p = front
        print('front: ', end='')
        while p:
                if p.next != None:
                        print(p.item, '->   ', end='')
                else:
                        print(p.item, end = '')
                p = p.next
        print('   : rear')
front = None
rear = None
size = 0
⋮
```

전역 변수

연결 리스트에서 front가 참조하던 노드 분리시킴

제거된 맨 앞의 항목 반환

연결 리스트(스택)의 항목을 차례로 출력

초기화

[프로그램 3-3]의 line 15~29와 동일

[그림 3-11]은 [프로그램 3-4]를 수행한 결과를 나타낸다.

```
Console ✕  PyUnit
<terminated> linkedqueue.py [C:\Users\sbyang\AppData\Local\Programs\Python\Python36-32\pyth
사과, 오렌지, 체리, 배 삽입 후:  front: apple ->  orange ->  cherry ->  pear  : rear
remove한 후:                    front: orange ->  cherry ->  pear  : rear
remove한 후:                    front: cherry ->  pear  : rear
포도 삽입 후:                   front: cherry ->  pear ->  grape  : rear
```

[그림 3-11] [프로그램 3-4]의 수행 결과

응용

큐 자료구조는 CPU의 태스크 스케줄링(Task Scheduling), 네트워크 프린터, 실시간(Real-time) 시스템의 인터럽트(Interrupt) 처리, 다양한 이벤트 구동 방식(Event-driven) 컴퓨터 시뮬레이션, 콜 센터의 전화 서비스 처리 등에 사용되며, 이진 트리의 레벨 순회(Level-order Traversal)와 그래프의 너비 우선 탐색(Breath-First Search)에 사용된다.

| 수행 시간 |

리스트로 구현한 큐의 add와 remove 연산은 각각 O(1) 시간이 소요된다. 하지만 리스트 크기를 확대 또는 축소시키는 경우에 큐의 모든 항목을 새 리스트로 복사해야 하므로 O(n) 시간이 소요된다. 단순 연결 리스트로 구현한 큐의 add와 remove 연산은 각각 O(1) 시간이 걸리는데, 삽입 또는 삭제 연산이 rear와 front로 인해 연결 리스트의 다른 노드들을 일일이 방문할 필요 없이 각 연산이 수행되기 때문이다.

3.4 데크(Deque)

[정의]

데크(Double-ended Queue, Deque)는 양쪽 끝에서 삽입과 삭제를 허용하는 자료구조이다.

데크는 스택과 큐 자료구조를 혼합한 자료구조라고 할 수 있다. 따라서 데크는 스택과 큐를 동시에 구현하는 데 사용된다.

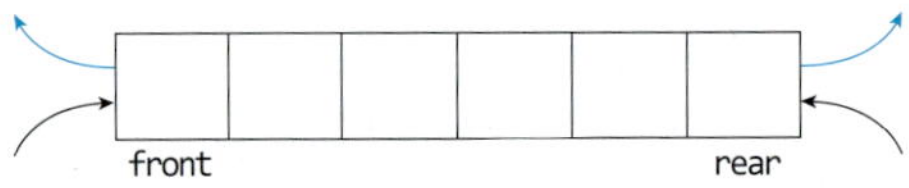

[그림 3-12] 데크 자료구조

예를 들어 스크롤(Scroll), 문서 편집기 등의 undo 연산, 웹 브라우저의 방문 기록 등에 사용된다. 웹 브라우저 방문 기록의 경우, 최근 방문된 웹 페이지 주소는 앞에 삽입하고, 일정 수 이상의 새 주소들이 앞쪽에서 삽입되면 뒤에서 삭제가 수행된다.

데크는 파이썬의 리스트나 이중 연결 리스트로 구현할 수 있다. [그림 3-13]은 데크를 이중 연결 리스트로 구현한 것이다. 단, 데크를 구현하는 경우에는 단순 연결 리스트보다는 이중 연결 리스트가 더 적합한데, rear가 가리키는 노드의 이전 노드의 레퍼런스를 알아야 삭제가 가능하기 때문이다.

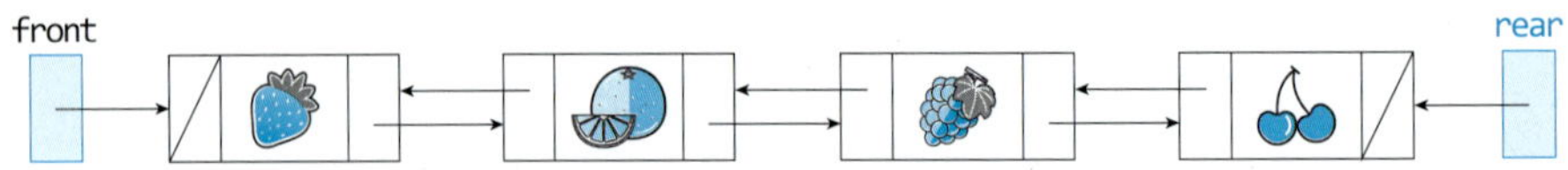

[그림 3-13] 이중 연결 리스트로 구현한 데크

파이썬에는 데크가 Collections 패키지에 정의되어 있으며, 삽입, 삭제 등의 연산은 파이썬 리스트의 연산들과 매우 유사하다. 다음은 파이썬의 데크를 선언하고 관련된 연산을 수행한 파이썬 프로그램이다.

프로그램 3-5 데크 프로그램

```
from collections import deque
dq = deque('data')
for elem in dq:
    print(elem.upper(), end='')
print()
dq.append('r')
dq.appendleft('k')
print(dq)
dq.pop()
dq.popleft()
```

- 02행: 새 데크 객체를 생성
- 06–07행: 맨 뒤와 맨 앞에 항목 삽입
- 09–10행: 맨 뒤와 맨 앞에 항목 삭제

```python
print(dq[-1])                        # 맨 뒤의 항목 출력
print('x' in dq)
dq.extend('structure')               # 맨 뒤와 맨 앞에 여러 항목 삽입
dq.extendleft(reversed('python'))
print(dq)
```

[그림 3-14]는 [프로그램 3-5]를 수행한 결과를 나타낸다.

```
Console ⨯ PyUnit
<terminated> deque.py [C:₩Users₩sbyang₩AppData₩Local₩Programs₩Python₩Python36-32₩python.exe]
DATA
deque(['k', 'd', 'a', 't', 'a', 'r'])
a
False
deque(['p', 'y', 't', 'h', 'o', 'n', 'd', 'a', 't', 'a', 's', 't', 'r', 'u', 'c', 't', 'u', 'r', 'e'])
```

[그림 3-14] [프로그램 3-5]의 수행 결과

| 수행 시간 |

데크를 리스트나 이중 연결 리스트로 구현한 경우, 스택과 큐의 각 연산의 수행 시간과 같다. 하지만 양 끝에서 삽입과 삭제가 가능하므로 프로그램이 다소 복잡하며, 이중 연결 리스트로 구현한 경우는 더 복잡해진다.

요약

- 스택은 한쪽 끝에서만 항목을 삭제하거나 새로운 항목을 저장하는 후입 선출(LIFO) 자료구조이다.
- 스택은 컴파일러의 괄호 짝 맞추기, 회문 검사하기, 미로 찾기, 트리의 순회, 그래프의 깊이 우선 탐색에 사용된다. 또한 프로그래밍에서 매우 중요한 함수 호출도 스택 자료구조를 바탕으로 구현된다.
- 큐는 삽입과 삭제가 양 끝에서 각각 수행되는 선입 선출(FIFO) 자료구조이다.
- 큐는 CPU의 태스크 스케줄링, 네트워크 프린터, 실시간 시스템의 인터럽트 처리, 다양한 이벤트 구동 방식 컴퓨터 시뮬레이션, 콜 센터의 전화 서비스 처리 등에 사용되며, 이진 트리의 레벨 순회와 그래프의 너비 우선 탐색에 사용된다.
- 데크는 양쪽 끝에서 삽입과 삭제를 허용하는 자료구조로서 스택과 큐 자료구조를 혼합한 자료구조이다.
- 데크는 스크롤, 문서 편집기의 undo 연산, 웹 브라우저의 방문 기록 등에 사용된다.
- 스택, 큐, 데크 자료구조의 연산 수행 시간 비교

자료구조	구현	삽입	삭제	비고
스택 큐 데크	파이썬 리스트	O(n)	O(n)	타 언어의 배열과 동일, 동적 크기 조절
	연결 리스트 †	O(1)	O(1)	† 데크는 이중 연결 리스트로 구현

연습문제

3.1 다음의 괄호 안에 알맞은 단어를 채워라.

> ⓐ 한쪽 끝에서만 항목을 삭제하거나 새로운 항목을 삽입하는 자료구조를 [ ](이)라고 한다.
> ⓑ 단순 연결 리스트로 구현된 스택에서 삽입과 삭제 연산의 수행 시간은 각각 [ ]이다.
> ⓒ 삽입과 삭제가 양 끝에서 각각 수행되는 자료구조를 [ ](이)라고 한다.
> ⓓ 단순 연결 리스트로 구현된 큐에서 삽입과 삭제 연산의 수행 시간은 각각 [ ]이다.
> ⓔ 양쪽 끝에서 삽입과 삭제를 허용하는 자료구조를 [ ](이)라고 하며, 이는 [ ]과(와) [ ](을)를 혼합한 자료구조이다.
> ⓕ 데크는 [ ] 연결 리스트로 구현하는 것이 효율적이며, 이때의 삽입과 삭제 연산의 수행 시간은 각각 [ ]이다.

※ 다음의 배열이 언급된 문제에 대해, 일반적인 배열은 사용 전에 그 크기를 선언해야 하고 새 항목을 저장할 수 없으면, 즉 오버플로가 발생하면 1) 프로그램을 정지하거나, 2) 동적으로 새 배열을 할당받아 이전 배열의 모든 항목을 새 배열에 복사하고 새 항목을 저장해야 한다. 참고로 파이썬 리스트는 사용자를 위해 그 크기를 조절한다.

3.2 다음 중 스택에 관한 설명으로 옳지 <u>않은</u> 것은?

① 항상 한쪽 끝에서만 삽입이나 삭제 연산이 수행된다.
② 선입 선출 자료구조이다.
③ 배열이나 파이썬 리스트로 구현할 수 있다.
④ 단순 연결 리스트로 구현할 수 있다.
⑤ 답 없음

3.3 스택에 있는 항목들은 어떤 순서로 저장되어 있는가?

① 임의의 순서

② 항목의 크기를 기준으로 정렬된 순서

③ 항목의 크기를 기준으로 역으로 정렬된 순서

④ 스택에 push된 시각 순서

⑤ 답 없음

3.4 다음 중 스택을 배열로 구현한 것에 대해 옳게 설명한 것은?

① 배열의 크기가 정해져 있으므로 push할 수 없는 경우도 발생한다.

② underflow를 발생시키지 않는다.

③ 배열 인덱스를 이용해 임의의 원소에 새 항목을 삽입할 수 있다.

④ 중간에 있는 항목을 삭제하면 뒤따르는 항목들을 1칸씩 앞으로 이동해야 한다.

⑤ 답 없음

3.5 다음 중 스택의 삽입(push)과 삭제(pop)를 O(1) 시간에 수행할 수 있도록 단순 연결 리스트로 구현한 것에 대해 옳게 설명한 것은?

① 연결 리스트의 맨 앞쪽에 새 노드를 삽입하면 삭제는 연결 리스트의 맨 뒤쪽에서 수행한다.

② 연결 리스트의 맨 앞쪽에서 노드를 삭제하면 삽입은 연결 리스트의 맨 뒤쪽에서 수행한다.

③ 연결 리스트의 맨 앞쪽에 새 노드를 삽입하면 삭제도 연결 리스트의 맨 앞쪽에서 수행한다.

④ 연결 리스트의 맨 뒤쪽에 새 노드를 삽입하면 삭제도 연결 리스트의 맨 뒤쪽에서 수행한다.

⑤ 답 없음

3.6 다음 중 스택 오버플로(overflow)에 관한 설명으로 옳은 것은?

① 단순 연결 리스트로 구현할 때 발생한다.

② 스택이 empty일 때 발생한다.

③ 스택을 배열로 구현했을 때 새 항목 push를 실패한 경우를 일컫는다.

④ 스택 자료구조의 오작동으로 임의의 항목이 삭제된 상황을 뜻한다.

⑤ 답 없음

3.7 다음 중 스택의 삽입(push)과 삭제(pop)를 O(1) 시간에 수행할 수 있도록 단순 연결 리스트로 구현했을 때 스택의 top이 가리키는 노드는?

① 첫 번째 노드 ② 마지막 노드
③ 중간 노드 ④ 임의의 노드
⑤ 답 없음

3.8 배열로 구현한 스택의 연산 중 O(n) 시간이 걸릴 수 있는 연산은? 단, 스택에 n개의 항목이 저장되어 있다.

① push ② pop ③ peek
④ 언더플로 검사 ⑤ 답 없음

3.9 다음 중 스택의 응용과 가장 거리가 먼 것은?

① 괄호 짝 맞추기 ② 회문 검사
③ 이벤트 구동 시뮬레이션 ④ 미로 찾기
⑤ 답 없음

3.10 순환으로 구현된 함수를 비순환으로 변환하기 위해 사용되는 자료구조 중 가장 적절한 것은?

① 스택 ② 큐 ③ 이진 힙
④ 탐색 트리 ⑤ 답 없음

3.11 초기에 empty인 스택에서 push(1), push(2), pop(), push(1), push(2), pop(), pop(), pop(), push(2), pop() 연산을 차례로 수행하였다. 다음 중 이 연산들을 수행하는 과정에서 5회의 pop 연산이 출력한 결과는?

① 2, 2, 1, 1, 2 ② 2, 2, 1, 2, 2 ③ 2, 1, 2, 2, 1
④ 2, 1, 2, 2, 2 ⑤ 답 없음

3.12 초기에 empty인 스택에서 push(A), push(B), pop(), push(C), push(D), pop(), pop(), push(E), pop() 연산을 차례로 수행한 후에 스택의 top에 있는 것은?

① A ② B ③ C
④ D ⑤ E

3.13 스택에 1, 2, 3, 4, 5의 순서로 입력이 주어질 때 push와 pop 연산을 수행하여 얻을 수 있는 출력은? 단, pop 연산은 pop된 숫자를 출력한다.

① 1, 5, 2, 3, 4　　② 3, 4, 5, 1, 2　　③ 5, 4, 3, 1, 2
④ 3, 4, 5, 2, 1　　⑤ 답 없음

3.14 크기가 3인 스택에 1, 2, 3, 4, 5의 순으로 입력이 주어질 때 push와 pop 연산을 수행하여 얻을 수 있는 출력은? 단, pop 연산은 pop된 숫자를 출력한다. 그리고 각 숫자는 반드시 스택에 한번은 push되어야 한다.

① 3, 2, 1, 5, 4　　② 5, 4, 3, 2, 1　　③ 3, 5, 4, 2, 1
④ 3, 4, 5, 1, 2　　⑤ 답 없음

3.15 다음과 같이 3개의 스택이 있다.

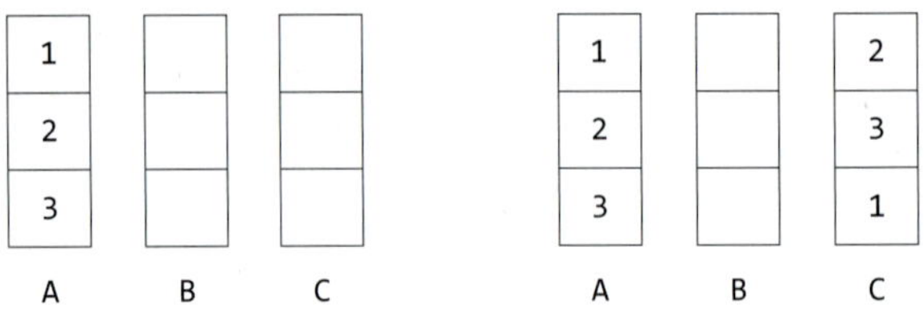

스택 A에 있는 '1', '2', '3'을 스택 B를 보조 스택으로 이용하여 스택 C로 이동하려고 한다. 예를 들어 스택 A에 있는 '1', '2', '3'을 오른쪽 그림과 같이 스택 C가 '2', '3', '1'이 되도록 하려면, pop A, push(1) into C, pop A, push(2) into B, pop A, push(3) into C, pop B, push(2) into C의 스택 연산을 차례로 수행하면 된다. 이와 유사하게 스택 A에 있는 '1', '2', '3'을 일련의 스택 연산을 통해 스택 C에 '3', '2', '1'로 저장할 수도 있다. 스택 A에 있는 '1', '2', '3'에 대해 보조 스택을 활용한 일련의 스택 연산을 수행했을 때 다음 중 스택 C에 저장할 수 없는 순서는 어떤 것인가? 단, 스택 A에 대해선 push 연산을 사용할 수 없으며, 스택 C에 대해선 pop 연산을 사용할 수 없다.

① 1 2 3　　② 1 3 2　　③ 2 1 3
④ 2 3 1　　⑤ 답 없음

※ 다음의 일련의 문제는 수식을 표현하기 위한 연산자 표기 방식에 관한 것이다. 프로그램을 작성할 때 수식에서 +, −, ∗, /와 같은 이항 연산자는 2개의 피연산자 사이에 위치한다. 이러한 방식의 수식 표현을 중위 표기(Infix notation)라고 한다. 컴파일러는 중위 표기법 수식을 후위 표기(Postfix notation)로 바꾼다. 그 이유는 후위 표기 수식은 괄호 없이 중위 표기 수식을 표현할 수 있기 때문이다. 전위 표기(Prefix notation)는 연산자를 피연산자들 앞에 두는 표기이다. 다음은 중위 표기 수식의 예와 그에 대응되는 후위 표기, 전위 표기 수식이다.

중위 표기법	후위 표기법	전위 표기법
A + B	A B +	+ A B
A + B − C	A B + C −	+ A − B C
A + B ∗ C − D	A B C ∗ + D −	−+ A ∗ B C D
(A + B)/(C − D)	A B + C D −/	/+ A B − C D

3.16 후위 표기로 표현된 식의 결괏값을 계산하는데 적절한 자료구조는?

① 단순 연결 리스트　② 스택　③ 큐
④ 데크　⑤ 답 없음

3.17 다음 중 전위 표기로 된 식 ∗ + A B − C D를 후위 표기로 표현한 식은?

① A B + C D ∗ −　② A B C D + − ∗
③ A B + − C D ∗　④ A B + C D − ∗
⑤ 답 없음

3.18 다음 중 후기 표기로 된 식 10 2 − 3 ∗ 30 4 6 + / −를 계산한 결괏값은?

① −35　② 0　③ 12
④ 21　⑤ 답 없음

3.19 다음 중 후기 표기로 된 식 4 1 8 2 / − ∗를 계산한 결괏값은?

① 4　② 6　③ 0
④ −12　⑤ 답 없음

3.20 다음 중 (A + B) / (C * D + E) * F * G를 후위 표기로 변환한 것은?

① A B / C D * E + F / G *　　② A B * C D / E + F * G *

③ A + B / C * D + E * F * G　　④ A B + C D * E + / F * G *

⑤ 답 없음

3.21 다음 중 A + B * C − (D * E + F) / G를 후위 표기로 변환한 것은?

① A B + C * D E * F + * G /

② A B C * + D E * F + G / −

③ A B C * + D E * F − G + /

④ A B C + * D E * / F * G *

⑤ 답 없음

3.22 다음의 입력에 대해 괄호의 짝이 맞는지를 검사하기 위해 스택을 사용했을 때 짝 맞추기 검사가 끝날 때까지 스택에 저장된 최대 괄호 수는?

[( ) { ( ) } { ( ) }]

① 1　　② 2　　③ 3

④ 4　　⑤ 답 없음

3.23 다음 중 큐 자료구조에 대한 설명으로 옳지 <u>않은</u> 것은?

① 한쪽 끝에서 새 항목을 삽입하고 다른 쪽 끝에서 항목을 삭제한다.

② 단순 연결 리스트로 구현할 수 있다.

③ 파이썬 리스트/배열로 구현할 수 있다.

④ 후입 선출 자료구조이다.

⑤ 답 없음

3.24 큐 자료구조를 단순 연결 리스트로 구현했을 때 삽입과 삭제 연산의 수행 시간은? 단, 큐에 n개의 항목이 저장되어 있고, n 〉 0이다.

① O(1)　　② O(logn)　　③ O(n)

④ O(nlogn)　　⑤ 답 없음

3.25 큐 자료구조를 단순 연결 리스트로 구현하여 1개의 레퍼런스 변수인 head만으로 첫 번째 노드를 가리키고 있다면 어떤 문제가 발생하는가? 단, 연결 리스트에는 n개의 노드가 있고, n 〉 0이다.

① 연결 리스트 맨 앞에서 삽입을 O(1) 시간에 수행할 수 있으나 삭제는 O(n) 시간이 필요하다.

② 연결 리스트 맨 앞에서 삭제를 O(1) 시간에 수행할 수 있으나 삽입은 O(n) 시간이 필요하다.

③ ①과 ② 둘 다 맞는 답이다.

④ ①과 ② 둘 다 틀린 답이다.

⑤ 답 없음

3.26 큐 자료구조를 단순 연결 리스트로 구현했을 때 새 항목을 삽입하면 다음 중 어떤 레퍼런스 변수가 갱신되는가?

① front ② rear ③ front와 rear

④ size ⑤ 답 없음

3.27 단순 연결 리스트로 구현한 큐가 empty일 때 새 항목을 삽입하면 다음 중 어떤 레퍼런스 변수가 갱신되는가?

① front ② rear ③ front와 rear

④ size ⑤ 답 없음

3.28 초기에 empty인 큐에 A B C D가 순서대로 큐에 삽입되었다. 큐에 D C B A가 저장되게 하도록 수행해야 할 최소한의 삽입과 삭제 연산의 수는? 단, 삭제된 숫자들을 임의로 선택하여 삽입을 수행할 수 있다.

① 삭제 2회, 삽입 3회 ② 삭제 3회, 삽입 2회 ③ 삭제 3회, 삽입 3회

④ 삭제 3회, 삽입 4회 ⑤ 답 없음

3.29 초기에 n개의 항목을 저장하고 있는 큐를 보조 큐를 이용하여 역순으로 만들려고 한다. 이때 필요한 삽입과 삭제 연산의 총횟수는? 단, 큐에서 삭제된 항목은 다른 큐에 반드시 삽입하여야 하고, n 〉 2이다.

① n ② 2n ③ 3n

④ 4n ⑤ 수행 불가능하다.

3.30 큐 자료구조를 Part 2.3에서 설명한 하나의 노드만을 참조하는 ptr을 가진 원형 연결 리스트로 구현하였을 때 다음 중 옳은 것은?

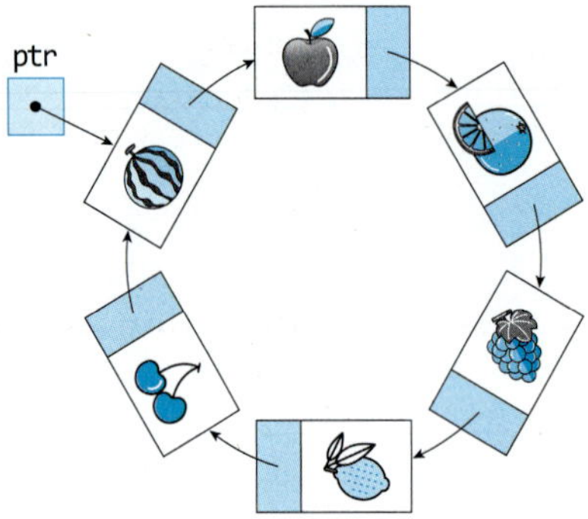

① 만일 ptr이 큐의 front 항목을 가리키면, 삭제와 삽입 연산을 각각 O(1) 시간에 수행할 수 있다.

② 만일 ptr이 큐의 rear 항목을 가리키면, 삭제와 삽입 연산을 각각 O(1) 시간에 수행할 수 있다.

③ ptr이 큐의 rear 또는 front 항목 중 아무거나 가리켜도, 삭제와 삽입 연산을 각각 O(1) 시간에 수행할 수 있다.

④ ptr이 큐의 rear 또는 front 항목 중 아무거나 가리켜도, 삽입 연산 또는 삭제 연산을 O(logn) 시간에 수행할 수 있다.

⑤ 답 없음

3.31 다음 큐 자료구조의 응용과 거리가 먼 것은?

① CPU 태스크 스케줄링

② 실시간 시스템 인터럽트 처리

③ 콜 센터의 전화 서비스 처리

④ 순환 호출 처리

⑤ 답 없음

3.32 다음 중 데크 자료구조에 관한 설명으로 옳지 않은 것은?

① 스택과 큐가 혼합된 자료구조이다.

② 배열로 구현할 수 없다.

③ 양쪽 끝에서 삽입과 삭제할 수 있다.

④ 단순 연결 리스트로 구현할 수 있다.

⑤ 답 없음

3.33 데크에 있는 항목들은 어떤 순서로 저장되어 있는가?

① 항목의 크기를 기준으로 정렬된 순서
② 항목의 크기를 기준으로 역으로 정렬된 순서
③ 데크에 push된 시각 순서
④ 데크에 push된 시각의 역순서
⑤ 답 없음

3.34 초기에 empty인 데크에 다음의 연산이 차례로 수행된 후에 데크에 있는 항목들을 front로부터 차례로 출력한 것은?

```
add_front(10), add_front(30), add_rear(20), remove_front(), add_rear(30),
add_rear(50),  remove_rear(), add_rear(40), add_rear(50)
```

① 10 30 20 50 40　　② 20 10 30 40 50
③ 10 20 30 40 50　　④ 50 40 30 20 10
⑤ 답 없음

3.35 다음 중 데크를 이중 연결 리스트로 구현했을 때 연산의 수행 시간은? 단, 데크에 $n > 0$개의 항목이 저장되어 있다.

① 삽입은 O(1) 시간이 걸리나 삭제는 O(n) 시간 걸린다.
② 삽입은 O(n) 시간이 걸리고 삭제는 O(1) 시간 걸린다.
③ 삽입과 삭제 둘 다 O(1) 시간이 걸린다.
④ 삽입과 삭제 둘 다 O(n) 시간 걸린다.
⑤ 답 없음

3.36 다음 데크 자료구조의 응용과 거리가 먼 것은?

① 화면 스크롤　　② 문서 편집기의 Undo, Redo
③ 웹 브라우저의 방문 기록　　④ 딥러닝
⑤ 답 없음

3.37 어느 음식점에서는 채소를 대형 냉장고에 저장한다. 새로 구매한 채소를 냉장고에 저장하고, 요리를 만들기 위해 냉장고에서 예전에 구매해 둔 채소를 꺼낸다. 냉장고는 어떤 자료구조의 기능을 하는가?

① 스택 ② 큐 ③ 데크
④ 탐색 트리 ⑤ 답 없음

3.38 책들을 박스 속에 넣어서 다른 곳으로 옮긴 후, 박스에서 꺼내어 책꽂이에 비치할 때, 박스는 어떤 자료구조의 기능을 하는가?

① 스택 ② 큐 ③ 데크
④ 탐색 트리 ⑤ 답 없음

3.39 콘서트나 영화표를 인터넷에서 구매하였다. 구매한 표를 내고 입장하는 과정은 어떤 자료구조의 기능을 하는가?

① 스택 ② 큐 ③ 데크
④ 탐색 트리 ⑤ 답 없음

3.40 컴퓨터나 핸드폰의 화면을 위로 올리거나 아래로 내리는 스크롤(Scroll) 동작은 어떤 자료구조의 기능을 하는가?

① 스택 ② 큐 ③ 데크
④ 탐색 트리 ⑤ 답 없음

3.41 다음의 각 데이터구조에 숫자들이 정렬되어 저장되어 있다. 가장 쉽게 저장된 숫자들을 역순으로 출력할 수 있는 데이터구조는?

① 단순 연결 리스트 ② 원형 연결 리스트 ③ 스택
④ 큐 ⑤ 답 없음

3.42 초기에 empty인 스택과 큐에 대해 스택에 G, F, E, D, C, B, A 순으로 push한 후에 pop을 5회 수행하며 pop한 문자는 차례로 큐에 삽입한다. 그 후에 큐에서 2회 delete 연산을 수행하여 삭제된 문자를 즉시 스택에 각각 push한다. 이때 스택 top에 있는 것은?

① A ② B ③ C
④ F ⑤ 답 없음

3.43 다음은 수식 (A + B) * (C - D) / (E + F)를 트리로 만든 것이다. 이 트리의 이파리 노드에는 피연산자가 있고, 내부 노드에는 연산자가 있다. 이러한 트리를 수식 트리(Expression tree)라고 한다.

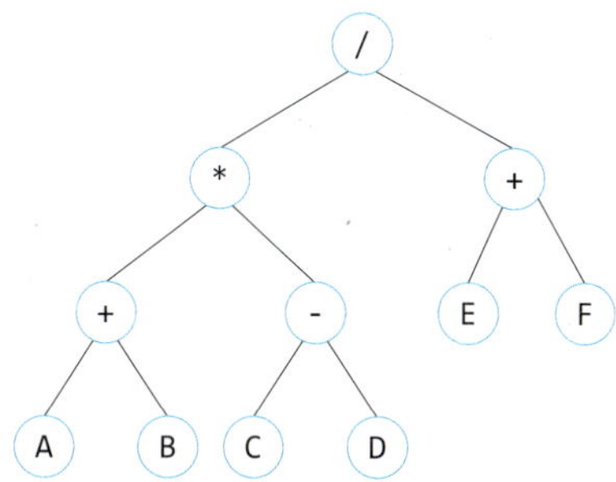

a) 주어진 수식을 각각 전위 표기법과 후위 표기로 각각 변환하라.

b) 주어진 수식 트리에서 전위 순회와 후위 순회의 결과를 각각 출력하라.

c) a)와 b)의 결과를 비교하라.

3.44 스택은 프로그램의 함수 호출을 구현하는 데 사용되며, 이를 특별히 시스템 스택이라고 한다. 함수를 호출할 때 시스템 스택에 어떤 정보가 push되는가?

3.45 다음의 입력에 대해 괄호들의 짝이 맞는지를 스택을 이용하여 검사하라.

(a) { { ( ) { ( ) } } }

(b) { { ( ) { ( ) }) ( ) }

3.46 괄호 짝 맞추기를 위한 파이썬 프로그램을 작성하라. 단, 입력은 중괄호와 소괄호만 입력 스트링으로 주어진다고 가정하라. 그리고 입력은 리스트에 주어진다.

3.47 입력 스트링이 회문(Palindrome)인지를 검사하는 파이썬 프로그램을 작성하라. 단, 입력은 리스트에 주어진다.

3.48 후위 표기로 된 식의 값을 계산하는 파이썬 프로그램을 작성하라. 단, 입력의 피연산자는 1에서 9 사이의 자연수이고, 수식의 연산자는 4개의 이항 연산자(+, −, *, /)만 사용된다고 가정하라. 그리고 입력은 리스트에 주어진다.

3.49 후위 표기로 된 수식을 계산할 때 어떤 형태의 수식이 최대 스택 크기를 만드는지 예를 들어 설명하라.

3.50 다음의 중위 표기로 된 수식을 각각 후위 표기로 변환하라.

(a) A - B + C / D

(b) A / B - C * D

(c) A - B * C + D / E - F

(d) (A - B) * C - (D / (E + F))

(e) A * (B - (C / D)) + (E + (F * G)) / H

3.51 중위 표기로 된 식을 후위 표기로 변환하는 파이썬 함수를 작성하라. 단, 수식에는 소괄호만 사용된다고 가정하라. 그리고 입력은 리스트에 주어진다.

3.52 스택을 이용하여 주어진 스택의 항목들을 역순으로 만드는 파이썬 함수를 작성하라. 단, 주어진 스택은 단순 연결 리스트로 구현되어 있다고 가정하라.

3.53 스택 내의 최솟값을 반환하는 get_min 연산을 스택에 추가하고자 한다. 스택의 push, pop, get_min 연산이 각각 O(1) 시간이 소요되도록 각 연산을 위한 알고리즘을 설명하라.

3.54 n×n 2차원 리스트 a에서 a[0][0]에서 a[n-1][n-1]까지 경로를 찾기 위해 스택을 이용한 파이썬 프로그램을 작성하라. 단, 리스트 a의 원소는 0 또는 1을 가지며, 0은 통과 가능한 열린 공간이고, 1은 통과할 수 없는 블록이다. 또한 리스트의 한 원소에서는 상하좌우 방향으로만 진행할 수 있다. 그리고 n은 5와 50 사이의 양수이다.

3.55 처음에 empty인 큐에 대해 n번의 삽입과 삭제 연산들이 수행될 때 총 수행 시간이 O(n)이 되도록, 큐를 2개의 스택으로 구현하는 방법을 설명하라.

3.56 C, C++, 자바 언어는 배열을 지원한다. 이 언어들로 1차원 배열을 사용하여 큐 자료구조를 구현할 때 발생하는 문제점을 알아보고 이에 대한 해결 방안을 조사하라.

3.57 초기에 데크 dq가 [A, B, C, X, Y, Z]를 가지고 있다. 단, 'A'가 front이고, 'Z'가 rear이다. dq에 저장된 6개의 항목을 초기에 empty인 큐 q를 사용하여 데크가 [A, B, X, C, Y, Z]를 가지도록 항목들을 이동시키는 삽입, 삭제 연산을 차례로 써라. 단, 어떠한 변수도 사용하지 마라.

PART 04

트리

contents

04 트리

파이썬 리스트나 연결 리스트는 데이터를 일렬로 저장하기 때문에 탐색 연산이 순차적으로 수행해야 하는 단점을 가진다. 파이썬 리스트는 미리 정렬해 놓으면 이진 탐색[1]을 통해 효율적인 탐색이 가능하지만, 삽입이나 삭제 후에도 정렬 상태를 유지해야 하므로 삽입이나 삭제하는데 O(n) 시간이 소요된다. Part 4에서는 이러한 문제점을 보완한 계층적(Hierarchical) 자료구조인 트리(Tree) 자료구조에 대해 살펴본다.

일상에서 볼 수 있는 트리의 대표적인 예로 조직이나 기관의 계층구조, 컴퓨터 운영체제의 파일 시스템 등을 들 수 있다. 트리는 일반적인 트리와 이진 트리(Binary Tree)로 구분되며, 특히 이진 트리는 다양한 탐색 트리(Search Tree), 힙(Heap) 자료구조, 컴파일러의 수식을 위한 구문 트리(Syntax Tree) 등의 기본이 되는 자료구조로서 광범위하게 응용된다.

4.1 트리

일반적인 트리(Tree)는 실제 트리를 거꾸로 세워 놓은 형태의 자료구조이며, 일반적인 트리의 정의는 다음과 같다.

[정의]

트리는 empty이거나, empty가 아니면 루트 r과 트리의 집합으로 구성되는데 각 트리의 루트는 r의 자식이다. 단, 트리의 집합은 공집합일 수도 있다.

1) 이진 탐색(Binary Search)은 Part 5.1에 상세히 설명된다.

[용어]

- 루트(Root) – 트리의 최상위에 있는 노드
- 자식(Child) – 노드 하위에 연결된 노드
- 차수(Degree) – 자식 수
- 부모(Parent) – 노드의 상위에 연결된 노드
- 이파리(Leaf) – 자식이 없는 노드
- 형제(Sibling) – 동일한 부모를 가지는 노드
- 조상(Ancestor) – 루트까지의 경로상에 있는 모든 노드의 집합
- 후손(Descendant) – 노드 아래로 매달린 모든 노드의 집합
- 서브트리(Subtree) – 노드 자신과 후손으로 구성된 트리
- 레벨(Level) – 루트가 레벨 1에 있고, 아래층으로 내려가며 레벨이 1씩 증가한다. 레벨은 깊이(Depth)와 같다.
- 높이(Height) – 트리의 최대 레벨
- 키(Key) – 탐색에 사용되는 정보

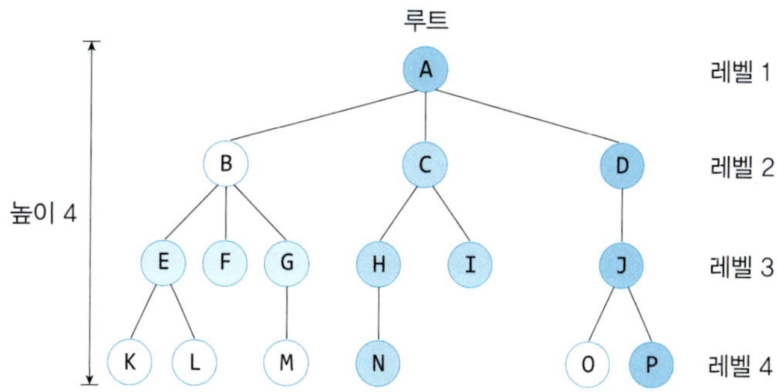

[그림 4-1] 일반적인 트리

[그림 4-1]의 트리에서 A는 트리의 루트이고, B, C, D는 각각 A의 자식이다. 따라서 A의 차수는 3이다. B, C, D의 부모는 A이다. 그리고 K, L, F, M, N, I, O, P는 이파리들이다. E, F, G의 부모가 B로 모두 같으므로 이들은 서로 형제이다. 또한 {B, C, D}, {H, I}, {K, L}, {O, P}도 각각 서로 형제들이다. C의 후손은 {H, I, N}이고, C를 루트로 하는 서브트리는 C와 C의 후손으로 구성된 트리이다. P의 조상은 {J, D, A}이다. [그림 4-1]의 트리 높이는 4이다.

이파리는 단말(Terminal) 노드 또는 외부(External) 노드라고도 하며, 이파리가 아닌 노드를 내부(Internal) 노드 또는 비 단말(Non-Terminal) 노드라고도 일컫는다.

일반적인 트리를 메모리에 저장하려면 각 노드에 키와 자식 수만큼의 레퍼런스를 저장해야 한다. 따라서 트리 노드의 최대 차수가 k라면, k개의 레퍼런스 필드를 [그림 4-2]와 같이 선언해야 한다.

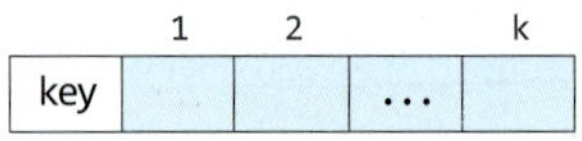

[그림 4-2] 최대 차수 k인 트리 노드

최대 차수가 k인 트리에 n개의 노드가 있다면, None 레퍼런스 수는 nk – (n–1) = n(k–1) + 1이다. 여기서 nk는 총 레퍼런스의 수이고, (n–1)은 트리에서 실제 부모 자식을 연결하는 레퍼런스 수이다. 따라서 k가 클수록 메모리의 낭비가 심해지는 것은 물론 트리를 탐색하는 과정에서 None 레퍼런스를 일일이 확인해야 하므로 시간적으로도 매우 비효율적이다.

왼쪽 자식-오른쪽 형제(Left Child-Right Sibling) 표현은 이러한 단점을 보완해주는 자료구조이다. 이 자료구조는 노드의 왼쪽 자식과 왼쪽 자식의 오른쪽 형제를 가리키는 2개의 레퍼런스만을 사용하여 노드를 [그림 4-3]과 같이 표현한다.

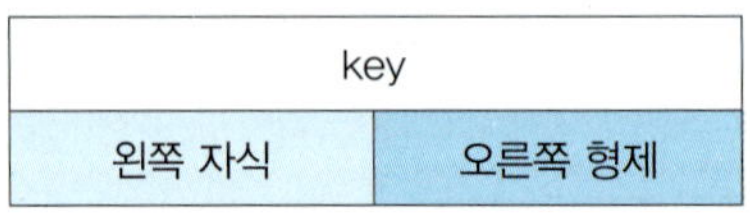

[그림 4-3] 왼쪽 자식 - 오른쪽 형제로 표현한 트리 노드

예제 [그림 4-4](a)의 트리를 왼쪽 자식-오른쪽 형제 표현으로 변환하면, (b)의 트리를 얻으며, (c)는 (b)의 트리를 45° 시계 방향으로 회전시킨 것이다.

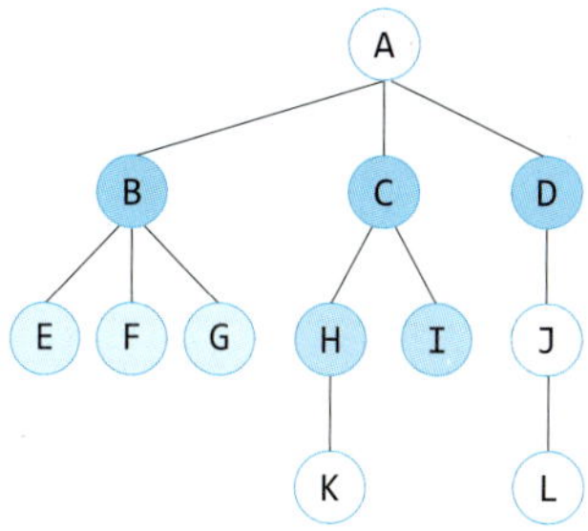

(a) 일반적인 트리

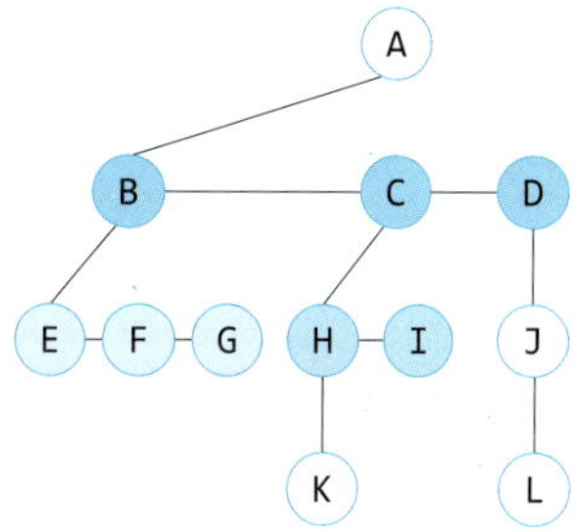

(b) 왼쪽 자식-오른쪽 형제 표현 트리

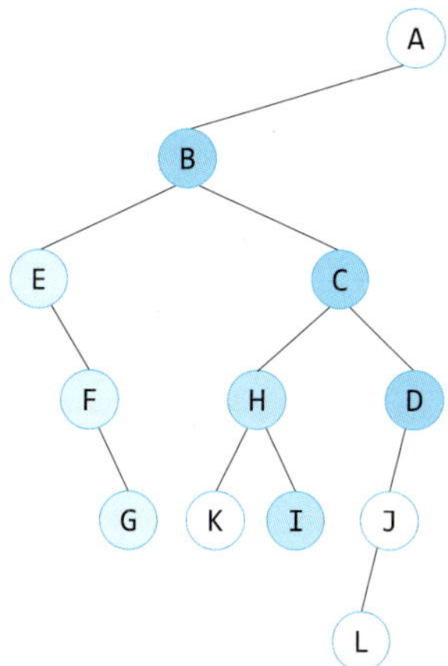

(c) 45° 회전시킨 트리

[그림 4-4] 왼쪽 자식 - 오른쪽 형제로 표현한 트리

응용

왼쪽 자식 - 오른쪽 형제 표현은 노드의 차수가 일정하지 않은 일반적인 트리를 구현하는 매우 효율적인 자료구조로서 HTML과 XML의 문서 트리, 운영체제의 파일 시스템, 탐색 트리, 이항(Binomial) 힙, 피보나치(Fibonacci) 힙과 같은 우선순위 큐에서 사용된다.

실제 이진 트리

출처: http://ww4.sinaimg.cn/large/6ec8ccd0jw1dyfawwe8e3j.jpg

4.2 이진 트리

이진 트리(Binary Tree)는 각 노드의 자식 수가 2 이하인 트리이다. 이진 트리는 컴퓨터 분야에서 널리 활용되는 기본적인 자료구조이다. 그 이유는 이진 트리가 데이터의 구조적인 관계를 잘 반영하고, 효율적인 삽입과 탐색을 가능하게 하며, 이진 트리의 서브트리를 다른 이진 트리의 서브트리와 교환하기가 쉽기 때문이다. 이진 트리에 대한 용어는 일반적인 트리에 대한 용어와 동일하다.

[정의]

이진 트리는 empty이거나, empty가 아니면, 루트와 2개의 이진 트리인 왼쪽 서브트리와 오른쪽 서브트리로 구성된다.

[그림 4-5]는 이진 트리의 예를 보여준다. (a)는 empty 트리도 이진 트리임을 나타낸다. (b)는 루트만 있는 이진 트리이다. (c)는 루트의 오른쪽 서브트리가 없는(empty) 이진 트리이고, (d)는 루트의 왼쪽 서브트리가 없는 이진 트리이다.

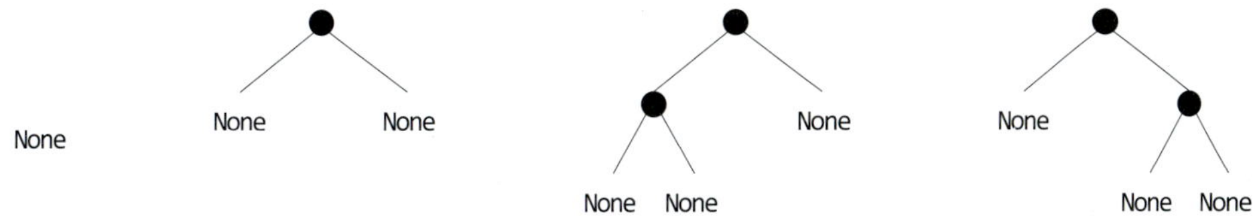

(a) (b) (c) (d)

[그림 4-5] 이진 트리의 예

이진 트리에는 두 종류의 특별한 형태를 가진 트리가 존재한다. 하나는 포화 이진 트리(Perfect Binary Tree)이고 다른 하나는 완전 이진 트리(Complete Binary Tree)이다. 포화 이진 트리는 모든 이파리의 깊이가 같고 각 내부 노드가 2개의 자식을 가지는 트리이다. 완전 이진 트리는 마지막 레벨을 제외한 각 레벨이 노드들로 꽉 차 있고, 마지막 레벨에는 노드들이 왼쪽부터 빠짐없이 채워진 트리이다. 따라서 포화 이진 트리는 완전 이진 트리이기도 하다.

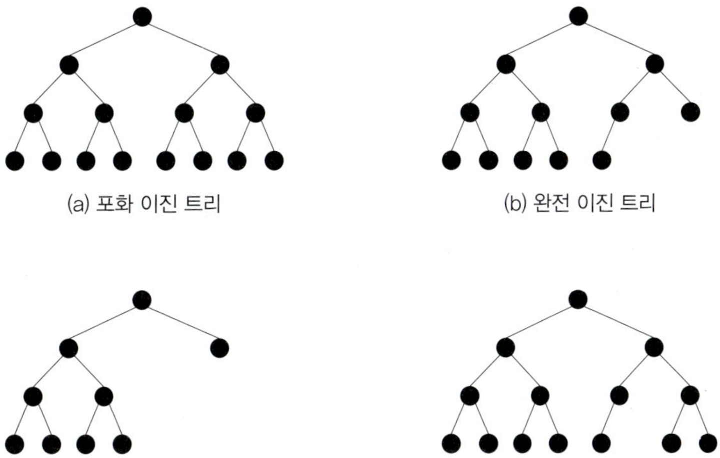

(a) 포화 이진 트리 (b) 완전 이진 트리

(c) 불완전한 이진 트리 (d) 불완전한 이진 트리

[그림 4-6] 포화/완전 이진 트리 형태

[그림 4-6](a)는 포화 이진 트리이며, 완전 이진 트리이기도 하다. (b)는 완전 이진 트리이다. 그러나 (c)는 레벨 3에 노드들이 채워져 있지 않고, (d)는 마지막 레벨에 노드들이 왼쪽부터 꽉 채워져 있지 않기 때문에 둘 다 완전 이진 트리가 아니다.

다음은 이진 트리 연산들의 수행 시간을 분석하는 데 필요한 이진 트리의 속성들이다.

- 레벨 k에 있는 최대 노드 수는 2^{k-1}이다. 단, k = 1, 2, 3, … 이다.
- 높이가 h인 포화 이진 트리에 있는 노드 수는 $2^h - 1$이다.
- n개의 노드를 가진 완전 이진 트리의 높이는 $\lceil \log_2(n+1) \rceil$이다.

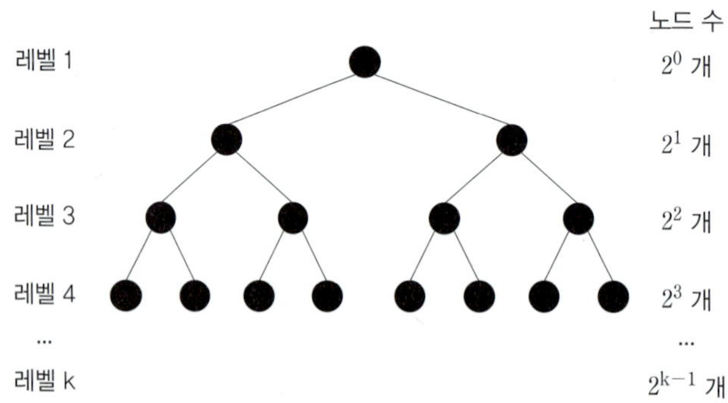

[그림 4-7] 이진 트리의 레벨과 노드 수의 관계

[그림 4-7]의 트리를 보면, 레벨 1에는 2^0 = 1개의 노드, 즉 루트가 있고, 레벨 2에는 2^1 = 2개, …, 그리고 레벨 k에는 최대 2^{k-1}개의 노드가 있는 것을 보여준다. 즉, 한 층에 존재할 수 있는 최대 노드 수는 이전 층에 있는 최대 노드 수의 2배인데, 이는 이전 층에 있는 각 노드가 최대 2개의 자식을 가질 수 있기 때문이다. 따라서 높이가 h인 포화 이진 트리에 있는 노드 수는 $2^0 + 2^1 + 2^2 + \cdots + 2^{h-1} = 2^h - 1$이다. 이때 노드 수를 n이라고 하면, $h = \log_2(n+1)$이다.

높이가 h인 완전 이진 트리에 존재할 수 있는 노드 수는 $2^{h-1} \sim 2^h-1$이다. 즉, 노드 수가 2^{h-1}보다 작으면 높이가 (h - 1)이 되고, 2^h-1보다 크면 높이가 (h + 1)이 된다. 예를 들어 노드 수가 4, 5, 6, 7인 경우에는 h = 3이며, 8~15이면 h = 4이다. 따라서 노드 수가 n인 완전 이진 트리의 높이 h는 n에 1을 더해 log를 취하여 얻은 수를 올림 한 정수이다. 즉, $h = \lceil \log_2(n+1) \rceil$이다.

이진 트리는 파이썬 리스트나 단순 연결 리스트를 확장하여 각 노드에 2개의 레퍼런스를 사용하여 저장할 수 있다. 파이썬 리스트를 사용할 때에는 [그림 4-8]과 같이 a[0]은 사용하지 않고, 트리의 레벨 1부터 내려가며 각 레벨에서는 좌에서 우로 트리의 노드들을 a[1]부터 차례로 저장한다.

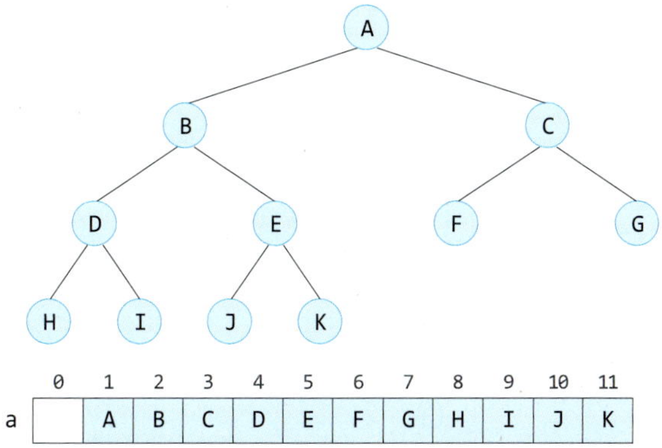

[그림 4-8] 파이썬 리스트에 저장된 이진 트리

[그림 4-8]과 같이 이진 트리를 리스트에 저장하면 노드의 부모와 자식이 리스트의 어디에 저장되어 있는지를 다음과 같은 규칙을 통해 쉽게 알 수 있다. 단, 트리에 n개의 노드가 있다고 가정한다.

- a[i]의 부모는 a[i//2]에 있다. 단, i > 1이다.
- a[i]의 왼쪽 자식은 a[2i]에 있다. 단, 2i ≤ n이다.
- a[i]의 오른쪽 자식은 a[2i+1]에 있다. 단, 2i + 1 ≤ n이다.

[그림 4-8]에서 E는 a[5]에 저장되어 있고, E의 부모는 a[5//2] = a[2]에 있는 B이고, E의 왼쪽과 오른쪽 자식은 각각 a[2×5] = a[10]과 a[2×5+1] = a[11]에 저장된 J와 K이다.

완전 이진 트리를 저장하기 위해 리스트를 사용하는 경우, 자식들을 참조할 레퍼런스를 저장할 메모리 공간이 필요 없으므로 매우 효율적이다. 하지만 [그림 4-9]와 같이 편향(Skewed) 이진 트리[2]를 리스트에 저장하는 경우, 트리의 높이가 커질수록 메모리 낭비가 매우 심각해진다.

2) 경사 이진 트리로도 불린다.

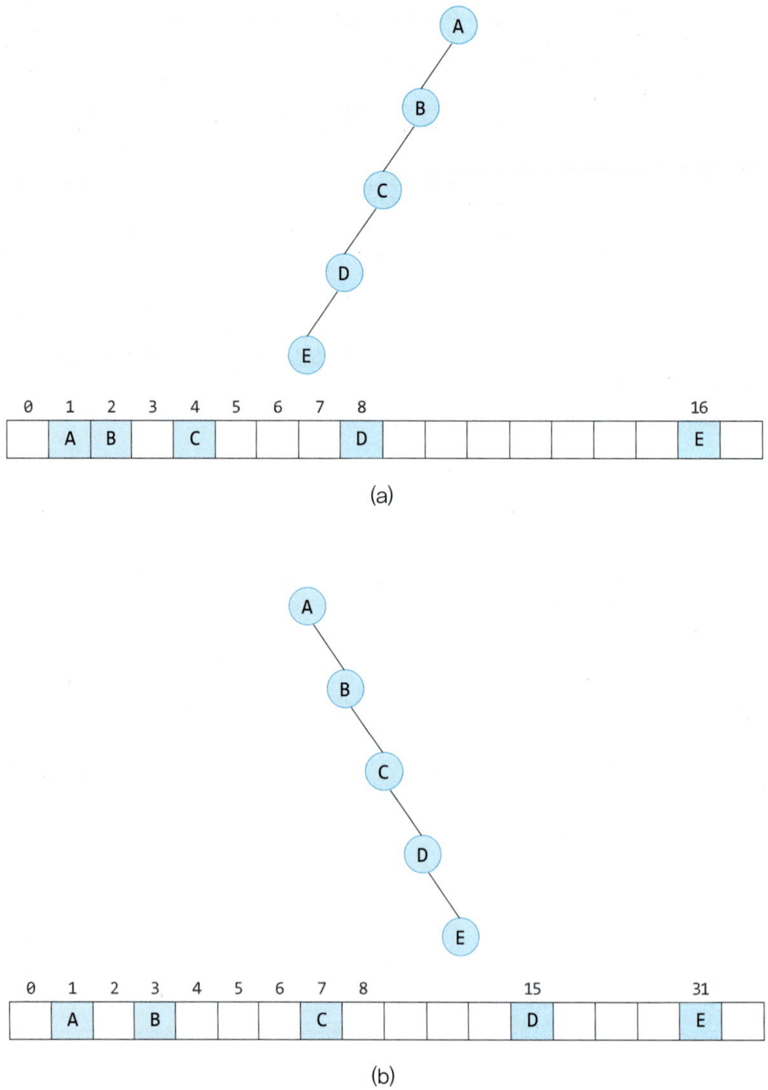

[그림 4-9] 1차원 리스트에 저장된 좌 · 우로 편향된 이진 트리

일반적인 경우의 이진 트리의 노드는 [그림 4-10]과 같이 키와 2개의 레퍼런스 필드, 즉 left와 right를 가진다. 키와 관련된 정보도 필요에 따라 노드에 저장될 수 있으나 생략하기로 한다.

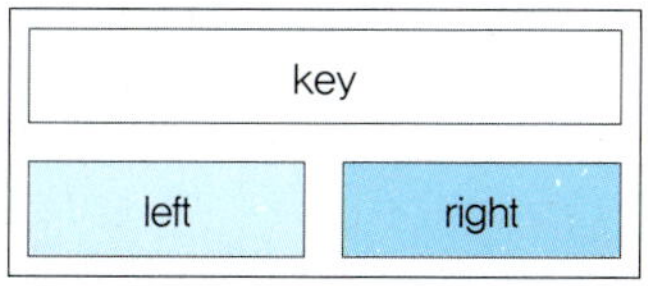

[그림 4-10] 이진 트리의 노드 정의

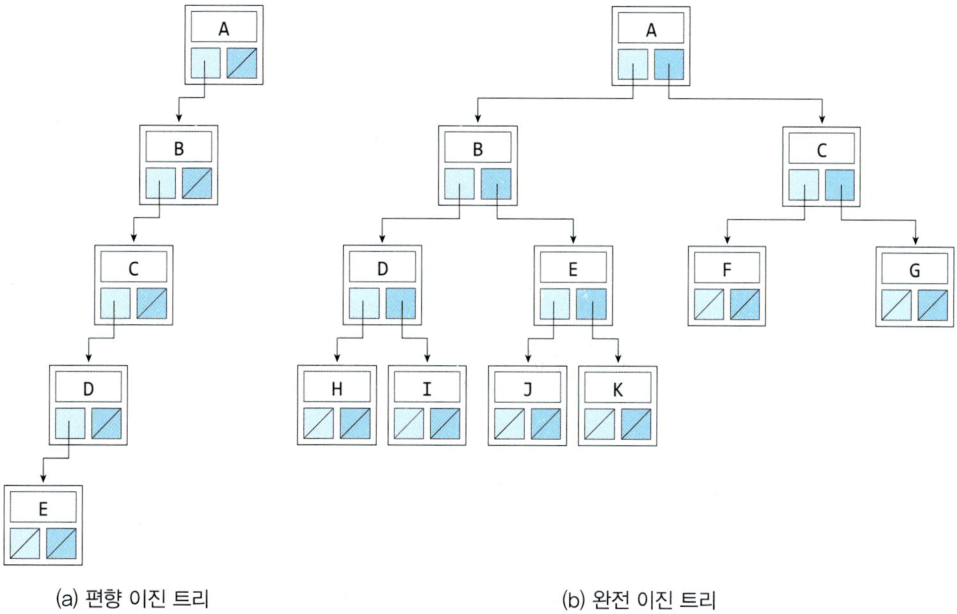

[그림 4-11] 레퍼런스를 이용한 이진 트리 표현

[그림 4-11](a)는 [그림 4-9](a)의 편향된 트리를 레퍼런스를 사용하여 표현한 것이고, (b)는 [그림 4-8]의 완전 이진 트리를 같은 방법으로 표현한 것이다.

다음은 이진 트리를 구현하기 위한 파이썬 프로그램이다. 프로그램은 binary_tree.py와 main.py로 구성된다. binary_tree.py에서는 BinaryTree 클래스를 선언하며, 이를 위해 Node 클래스와 이진 트리의 4종류의 순회를 위한 메소드, 그리고 트리의 높이를 계산하는 메소드를 선언한다.

프로그램 4-1 binary_tree.py

```python
class Node:
    def __init__(self, item, left=None, right=None):
        self.item  = item
        self.left  = left
        self.right = right

class BinaryTree:
    def __init__(self): # 트리 생성자
        self.root = None

    def preorder(self, n): # 전위 순회
        if n != None:
            print(str(n.item),' ', end='')
            if n.left:
                self.preorder(n.left)
            if n.right:
                self.preorder(n.right)

    def inorder(self, n): # 중위 순회
        if n != None:
            if n.left:
                self.inorder(n.left)
            print(str(n.item),' ', end='')
            if n.right:
                self.inorder(n.right)

    def postorder(self, n): # 후위 순회
        if n != None:
            if n.left:
                self.postorder(n.left)
            if n.right:
                self.postorder(n.right)
            print(str(n.item),' ', end='')

    def levelorder(self, root): # 레벨 순회
```

노드 생성자
항목과 왼쪽, 오른쪽 자식 레퍼런스

트리의 루트

맨 먼저 노드 방문

왼쪽 서브트리 방문 후
오른쪽 서브트리 방문

왼쪽 서브트리 방문 후 노드 방문

왼쪽과 오른쪽 서브트리
모두 방문 후 노드 방문

```
        q = []
        q.append(root)
        while len(q) != 0:
            t = q.pop(0)
            print(str(t.item), ' ', end='')
            if t.left != None:
                q.append(t.left)
            if t.right != None:
                q.append(t.right)

    def height(self, root): # 트리 높이 계산
        if root == None:
            return 0
        return max(self.height(root.left), self.height(root.right))+ 1
```

리스트로 큐 자료구조 구현

큐에서 첫 항목 삭제

삭제된 노드 방문

왼쪽 자식, 오른쪽 자식 큐에 삽입

두 자식노드의 높이 중 큰 높이 + 1

main.py에서는 binary_tree.py의 BinaryTree 클래스를 import하여, 이진 트리 객체를 생성하고, 8개의 노드를 가진 이진 트리를 만든 후, 트리 높이의 계산과 4종류의 이진 트리 순회를 수행해본다.

프로그램 4-2 main.py

```
from binary_tree import BinaryTree, Node
if __name__ == '__main__':
    t = BinaryTree()
    n1 = Node(100)
    n2 = Node(200)
    n3 = Node(300)
    n4 = Node(400)
    n5 = Node(500)
    n6 = Node(600)
    n7 = Node(700)
    n8 = Node(800)
```

이진 트리 객체 생성

8개의 노드 생성

```python
    n1.left  = n2
    n1.right = n3
    n2.left  = n4
    n2.right = n5
    n3.left  = n6
    n3.right = n7
    n4.left  = n8
    t.root = n1
    print('트리 높이 =', t.height(t.root))
    print('전위 순회:\t', end='')
    t.preorder(t.root)
    print('\n중위 순회:\t', end='')
    t.inorder(t.root)
    print('\n후위 순회:\t', end='')
    t.postorder(t.root)
    print('\n레벨 순회:\t', end='')
    t.levelorder(t.root)
```

트리 만들기 (12~19행)

트리 높이 및 4종류 트리 순회 (20~28행)

[그림 4-12]는 [프로그램 4-1, 2]가 수행된 결과를 보여준다.

```
Run:  프로그램4-1 and 2 binary_tree
C:\Users\user\venv\Scripts\python.exe "C:/Users/user/Desktop/
트리 높이 = 4
전위 순회:   100  200  400  800  500  300  600  700
중위 순회:   800  400  200  500  100  600  300  700
후위 순회:   800  400  500  200  600  700  300  100
레벨 순회:   100  200  300  400  500  600  700  800
Process finished with exit code 0
```

[그림 4-12] [프로그램 4-1, 2]의 수행 결과

4.3 이진 트리의 연산

[프로그램 4-1]에서 선언된 4종류의 트리 순회(Traversal) 방식을 살펴보며, 이진 트리의 높이를 계산하는 연산을 알아보자. 먼저 이진 트리를 순회하는 방식은 다음과 같이 4종류로 나뉜다. 방식은 각각 다르지만 순회는 항상 트리의 루트부터 시작한다.

- 전위 순회(Preorder Traversal)
- 중위 순회(Inorder Traversal)
- 후위 순회(Postorder Traversal)
- 레벨 순회(Level-order Traversal)

전위, 중위, 후위 순회는 트리를 순회하는 중에 노드를 방문하는 시점에 따라 구분된다. 전위, 중위, 후위 순회는 모두 루트로부터 동일한 순서로 이진 트리의 노드들을 지나가는데, 특정 노드에 도착하자마자 그 노드를 방문하는지, 일단 지나치고 나중에 방문하는지에 따라 구분된다. Part 1.5 순환의 섬 관광 예제에서 A-코스, B-코스, C-코스가 각각 전위 순회, 중위 순회, 후위 순회이다.

[그림 4-13] 노드 방문의 의미

[그림 4-13]에서 집을 노드라고 하면, 노드를 방문한다는 것은 문을 열고 집안에 들어가는 것을 의미한다. 그리고 사람이 노드(집)에는 도착했으나 집을 방문하는 것을 나중으로 미루고 왼쪽이나 오른쪽 길로 다른 집을 찾아 나설 수도 있다. 모든 순회 방식은 루트로부터 순회를 시작하여 트리의 각 노드를 반드시 1번씩 방문하여 순회를 종료한다.

| 전위 순회 |

> **[정의]**
>
> 전위 순회는 노드 n에 도착했을 때 n을 먼저 방문한다. 그다음에 n의 왼쪽 자식노드로 순회를 계속한다. n의 왼쪽 서브트리의 모든 노드를 방문한 후에는 n의 오른쪽 서브트리의 모든 후손 노드를 방문한다.

[그림 4-14](a)가 전위 순회의 방문 규칙을 보여준다. 각 서브트리의 방문은 동일한 방식으로 이루어진다. 전위 순회 순서를 NLR로 표현하기도 한다. 여기서 N은 노드(Node)를 방문한다는 뜻이고, L은 왼쪽, R은 오른쪽 서브트리로 순회를 진행한다는 뜻이다.

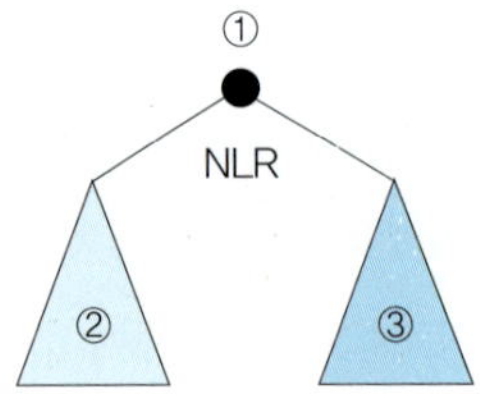

(a) 방문 규칙

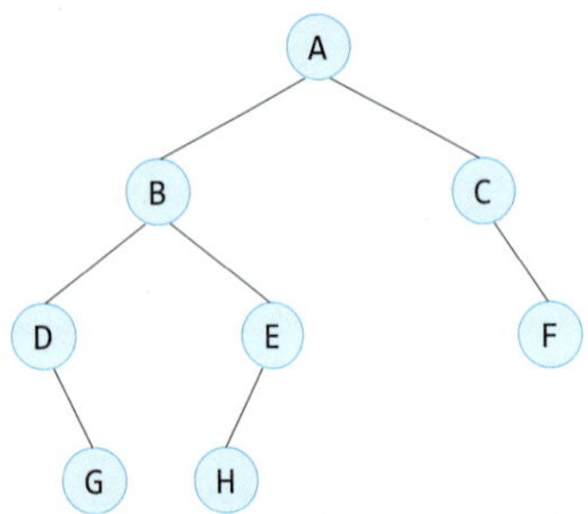

(b) 이진 트리

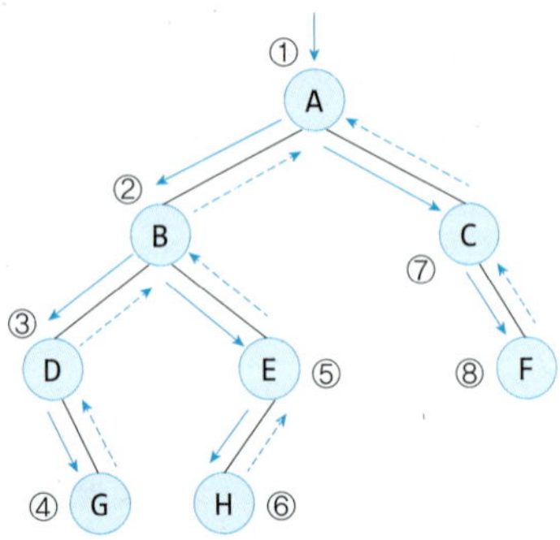

(c) 전위 순회 방문 순서

[그림 4-14] 전위 순회

[그림 4-13](b)에서 전위 순회를 수행하면 (c)의 노드 옆 번호순으로 A, B, D, G, E, H, C, F 순으로 방문이 이루어진다. 점선 화살표는 노드의 서브트리에 있는 모든 노드를 지나간 후에 부모로 복귀하는 것을 나타낸다. 참고로 복귀하는 것은 프로그램에서 메소드 호출이 완료된 후에 리턴하는 것과 같은 맥락이다. 단, 노드를 방문하는 것은 노드의 key를 출력한다고 가정한다. 다음은 전위 순회를 구현한 preorder()이다.

```
def preorder(self, n):   # 전위 순회
    if n != None:
        print(str(n.item), ' ', end=' ')
        if n.left:
            self.preorder(n.left)
        if n.right:
            self.preorder(n.right)
```

맨 먼저 노드 방문

왼쪽 서브트리 방문 후 오른쪽 서브트리 방문

| 중위 순회 |

[정의]

중위 순회는 노드 n에 도착하면 n의 방문을 보류하고 n의 왼쪽 서브트리로 순회를 진행한다. 그리고 왼쪽 서브트리의 모든 노드를 방문한 후에 n을 방문한다. n을 방문한 후에는 n의 오른쪽 서브트리를 같은 방식으로 방문한다.

중위 순회 순서는 LNR로 표현하고 [그림 4-15](a)는 중위 순회의 방문 규칙을 보여준다.

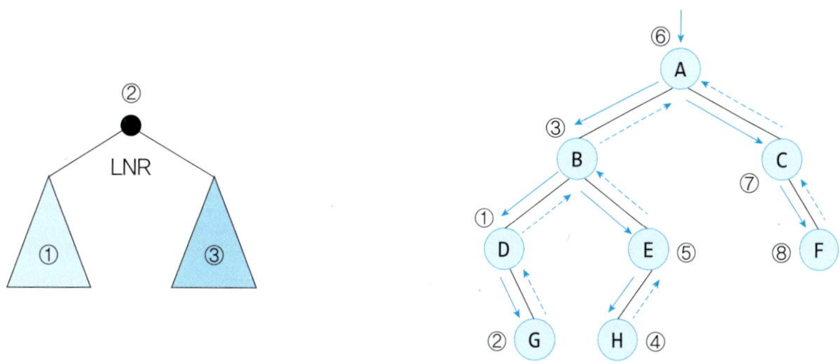

(a) 방문 규칙

(b) 중위 순회 방문 순서

[그림 4-15] 중위 순회

[그림 4-15](b)의 트리에서 중위 순회를 수행하면 (b)와 같이 D, G, B, H, E, A, C, F 순으로 방문이 이루어진다. 다음은 중위 순회를 구현한 inorder()이다.

```python
def inorder(self, n):    # 중위 순회
    if n != None:
        if n.left:
            self.inorder(n.left)
        print(str(n.item), ' ', end== ' ')
        if n.right:
            self.inorder(n.right)
```

왼쪽 서브트리 방문 후 노드 방문

| 후위 순회 |

[정의]

후위 순회는 노드 n에 도착하면 n의 방문을 보류하고 n의 왼쪽 서브트리로 순회를 진행한다. n의 왼쪽 서브트리를 방문한 후에는 n의 오른쪽 서브트리를 같은 방식으로 방문한다. 그리고 마지막에 n을 방문한다.

후위 순회 순서를 LRN으로 표현하며 [그림 4-16](a)가 방문 규칙을 보여준다.

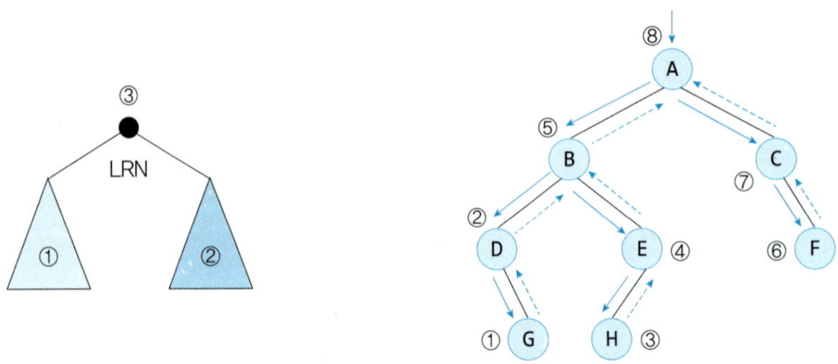

(a) 방문 규칙　　　(b) 후위 순회 방문 순서

[그림 4-16] 후위 순회

[그림 4-16](b)의 이진 트리에서 후위 순회를 수행하면 (b)와 같이 G, D, H, E, B, F, C, A 순으로 방문이 이루어진다. 다음은 후위 순회를 구현한 postorder()이다.

```python
def postorder(self, n): # 후위 순회
    if n != None:
        if n.left:
            self.postorder(n.left)
        if n.right:
            self.postorder(n.right)
        print(str(n.item), ' ', end= ' ')
```

왼쪽과 오른쪽 서브트리 모두 방문 후 노드 방문

| 레벨 순회 |

[정의]

레벨 순회는 루트가 있는 최상위 레벨부터 시작하여 각 레벨에서 좌에서 우로 노드들을 방문한다.

레벨 순회를 그림으로 나타내면 [그림 4-17]과 같다.

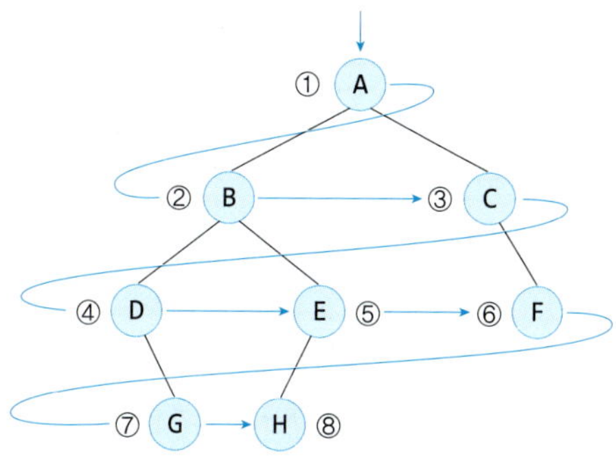

[그림 4-17] 레벨 순회 방문 순서

[그림 4-17]에서 레벨 순회에 따른 노드 방문 순서는 A, B, C, D, E, F, G, H 순으로 이루어진다. levelorder()는 큐 자료구조를 활용하며, 이는 파이썬의 리스트로 구현한다.

```
def levelorder(self, root):    # 레벨 순회
    q = []                                  # 리스트로 큐 자료구조 구현
    q.append(root)
    while len(q) != 0:
        t = q.pop(0)                        # 큐에서 첫 항목 삭제
        print(str(t.item), ' ', end=' ')    # 삭제된 노드 방문
        if t.left != None:
            q.append(t.left)
        if t.right != None:
            q.append(t.right)               # 왼쪽 자식, 오른쪽 자식 큐에 삽입
```

순회 연산 이외에도 이진 트리에 관련된 연산들은 일반적으로 전위 또는 후위 순회 방식에 기반하여 수행된다. 이진 트리에 데이터를 삽입, 삭제, 갱신하는 연산들도 있으나 이들은 Part 5.2의 이진 탐색 트리에서 소개한다. 다음은 이진 트리의 높이를 계산하는 height()를 알아본다.

| 이진 트리의 높이 |

트리의 높이 = 1 + max(루트의 왼쪽 서브트리의 높이, 루트의 오른쪽 서브트리의 높이)이다. 여기서 1은 루트 자신을 계산에 반영한 것이다

[그림 4-18]은 트리 높이를 계산하는 방법을 설명한다. 왼쪽과 오른쪽 서브트리의 높이는 같은 방식으로 계산한다.

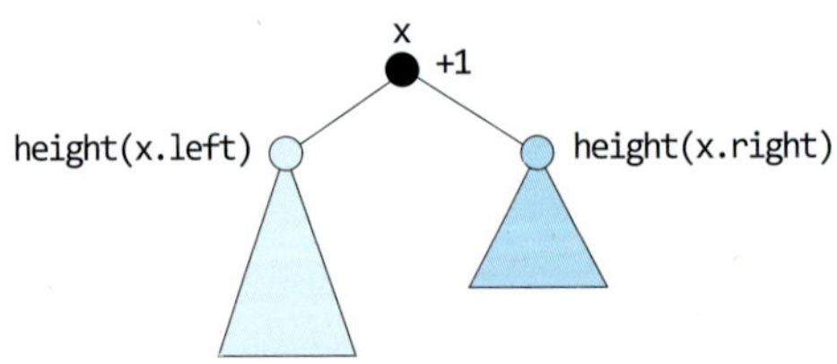

[그림 4-18] 노드 x의 높이 계산

height()는 루트를 인자로 전달하여 호출한다. 노드가 None이면, 0을 반환하고, None이 아니면 왼쪽 자식을 루트로 하는 서브트리 높이와 오른쪽 자식을 루트로 하는 서브트리의 높이 중에서 더 큰 높이에 1을 더한 값을 반환하는 것으로 최종적으로 트리의 높이를 반환한다.

```
def height(self, root): # 트리 높이 계산
    if root == None:
        return 0
    return max(self.height(root.left), self.height(root.right))+1
```

두 자식의 높이 중 큰 높이 + 1

| 수행 시간 |

앞서 설명된 각 연산은 트리의 각 노드를 1번씩만 방문하므로 O(n) 시간이 소요된다.

| 스레드 이진 트리 |

앞서 살펴본 이진 트리의 기본 연산들은 레벨 순회를 제외하고 모두 스택 자료구조를 사용한다. 함수의 순환 호출은 시스템 스택을 사용하므로 스택 자료구조를 사용한 것으로 간주한다. 스택에 사용되는 메모리 공간의 크기는 트리의 높이에 비례한다.

스택 없이 이진 트리의 연산을 구현하는 방법에는 두 가지가 있다. 하나는 Node에 부모를 가리키는 레퍼런스 필드를 추가로 선언하여 순회에 사용하는 방법이고, 다른 하나는 노드의 None 레퍼런스들을 활용하는 것이다. 즉, None 레퍼런스 공간에 다음에 방문할 노드의 레퍼런스를 저장하는 것이다. 이렇게 만든 이진 트리를 스레드 이진 트리(Threaded Binary Tree)[3]라고 한다.

[정의]

스레드 이진 트리는 각 노드의 오른쪽 None 레퍼런스를 다음 방문할 노드를 참조하게 하고, 각 노드의 왼쪽 None 레퍼런스를 직전 방문한 노드를 참조하게 한 이진 트리이다.

3) 운영체제에서 스케줄러가 운영하는 독립적인 수행 단위인 스레드와는 전혀 관계없는 단어이다.

n개의 노드가 있는 이진 트리에는 n+1개의 None 레퍼런스 필드가 있는데, 노드마다 2개의 레퍼런스 필드(left와 right)가 있으므로 총 2n개의 레퍼런스 필드가 존재하고, 이 중에서 부모-자식을 연결하는 레퍼런스는 n-1개이기 때문이다. 부모-자식을 연결하는 레퍼런스가 n-1개인 이유는 루트를 제외한 각 노드가 1개의 부모를 갖기 때문이다. 스레드 이진 트리는 n+1개의 None 레퍼런스를 활용하여, 이전에 방문한 노드와 다음에 방문할 노드를 가리키도록 만들어 순회 연산을 스택 없이 수행할 수 있도록 만든 트리이다.

스레드 이진 트리는 대부분의 경우 중위 순회에 기반하여 구현되나, 전위 순회이나 후위 순회에 기반하여 스레드 트리를 구현할 수도 있다. 스레드 이진 트리는 스택을 사용하는 순회보다 빠르고 메모리 공간도 적게 차지한다는 장점이 있지만 데이터의 삽입과 삭제가 빈번한 경우 그 구현이 비교적 복잡한 편이므로 좋은 성능을 보여주지 못한다는 문제점을 갖는다.

또한 Node 객체에 2개의 Boolean 필드를 사용하여 레퍼런스가 스레드(다음 방문할 노드를 가리키는)로 사용되는 것인지 아니면 left나 right가 트리의 부모 자식 사이의 레퍼런스인지를 각각 True와 False로 표시해주어야 한다. [그림 4-19]는 중위 순회 스레드 이진 트리의 예시이다. 점선 화살표는 직전 방문 노드를 가리키는 스레드이고, 실선 화살표는 다음에 방문 노드를 가리키는 스레드이다.

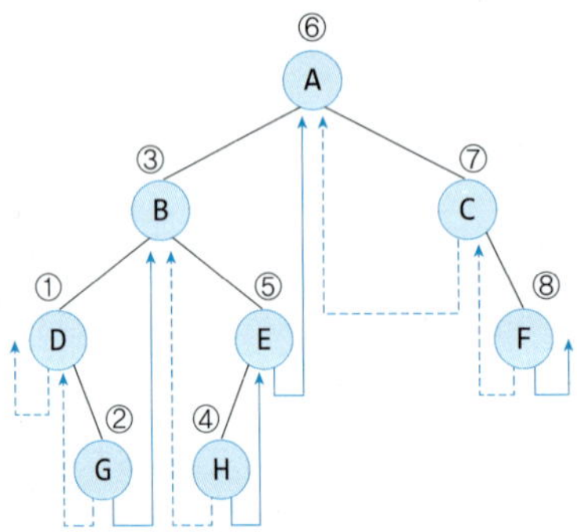

[그림 4-19] 스레드 이진 트리

Avianca Flight 052

1990년 1월 25일, 158명을 태우고 콜롬비아 보고타를 출발하여 뉴욕 JFK 공항에 도착할 예정이던 콜롬비아 Avianca 052편 보잉 707 비행기가 저녁 9시 반경에 공항에서 약 32 km 떨어진 뉴욕 롱아일랜드 북쪽 언덕에 추락하는 사고가 일어났다. 생존자는 85명이었고 사망자는 73명이었다. 공항 관제사는 당시 기상 악화로 Avianca 052편을 오후 7시경부터 2시간이 넘는 시간 동안 두 차례나 선회시켰고, 결국 기장이 공항 관제사에게 "ah well, I think we need priority we' re passing [unintelligible]." 라며 긴급 요청을 보낸다. 연료가 거의 바닥난 비행기는 마지막 착륙을 시도했는데 비구름이 낮게 깔려 있어 활주로를 볼 수 없었고, 게다가 갑작스러운 돌풍(Wind Shear)까지 불어와 착륙에 실패하고 말았다. 착륙에 실패한 비행기는 다시 최고 속력으로 상승했지만, 결국 비행기는 연료 부족으로 공항 근처 언덕에 추락하고 말았다.

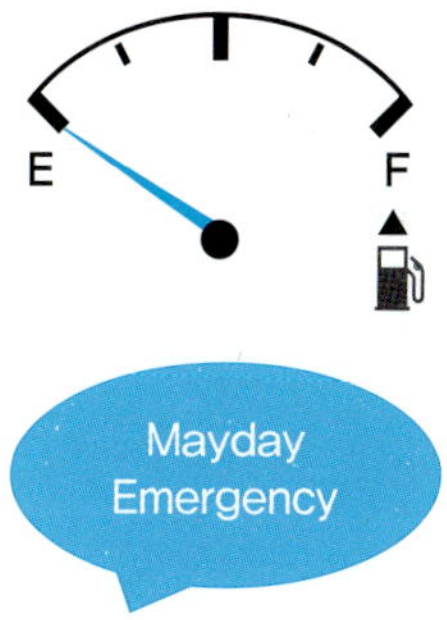

이 사건에 대한 미국의 교통안전국(NTSB)의 조사 결과, 사고의 원인은 두 가지로 좁혀졌는데, 하나는 조종사가 연료 부족의 의미로 사용한 "priority" 가 관제사들에게는 "Mayday, pan-pan(무선 통신에서 배, 비행기, 자동차 등의 긴급상황 요청에 사용), Emergency" 와 같은 의미로 전달되지 못했다는 의사소통 문제였고, 다른 하나는 비행기를 착륙시키기에는 조종사의 능력이 부족하였었다는 것을 꼽았다.

출처: https://en.wikipedia.org/wiki/Avianca_Flight_52

4.4 이진 힙

이진 힙(Binary Heap)은 우선순위 큐(Priority Queue)를 구현하는 가장 기본적인 자료구조이다. 우선순위 큐란 가장 높은 우선순위를 가진 항목에 접근하거나 해당 항목을 삭제하는 연산과 임의의 우선순위를 가진 항목을 삽입하는 연산을 지원하는 자료구조이다. Part 3에서 소개한 스택이나 큐도 일종의 우선순위 큐로, 스택의 경우 가장 마지막으로 삽입된 항목이 가장 높은 우선순위를 가지며, 최근 시간일수록 높은 우선순위를 부여하는 우선순위 큐이다. 큐의 경우는 먼저 삽입된 항목이 우선순위가 더 높다. 따라서 이른 시간일수록 더 높은 우선순위를 부여하는 우선순위 큐이다.

그렇다면 스택과 큐와 같은 우선순위 큐가 있는데, 왜 또 다른 우선순위 큐 자료구조가 필요할까? 스택에 새로이 삽입되는 항목의 우선순위는 스택에 저장된 모든 항목의 우선순위보다 높고, 큐에 새롭게 삽입되는 항목의 우선순위는 큐에 저장된 모든 항목의 우선순위보다 낮다. 그러나 새롭게 삽입되는 항목이 임의의 우선순위를 가진다면 스택이나 큐는 새 항목이 삽입될 때마다 항목들을 우선순위에 따라 정렬된 상태를 유지해야 하는 문제점을 갖는다.

이러한 문제를 극복하기 위해 새 항목 삽입 시 정렬된 상태를 유지할 필요 없고, O(1) 시간에 가장 높은 우선순위를 가진 항목에 접근할 수 있으며, 가장 높은 우선순위를 가진 항목을 삭제하는 연산을 지원하는 효율적인 자료구조인 이진 힙을 살펴본다.

[정의]

이진 힙(Binary Heap)은 완전 이진 트리로서 부모의 우선순위가 자식의 우선순위보다 높은 자료구조이다.

각 노드에 대해 부모의 우선순위가 자식의 우선순위보다 높은 것을 힙 속성(Heap Property)이라 한다. 키가 작을수록 더 높은 우선순위를 갖도록 한다면 [그림 4-20]의 트리 중, 어떤 트리가 이진 힙일까?

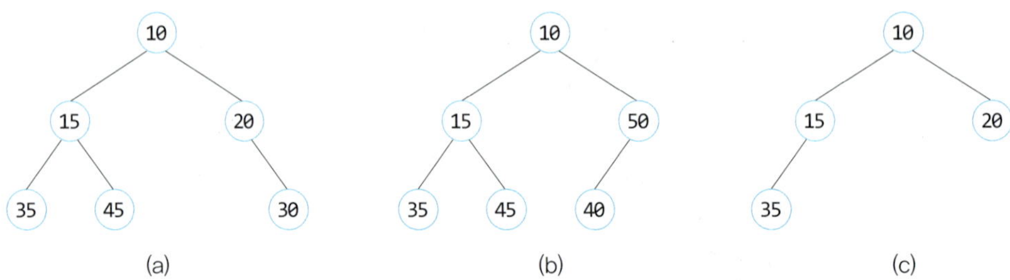

[그림 4-20] 어느 트리가 이진 힙일까?

[그림 4-20]의 트리 중 (c)만이 이진 힙이다. (a)는 모든 노드가 힙 속성을 만족하지만 완전 이진 트리가 아니다. (b)는 루트의 오른쪽 자식인 50이 40을 자식으로 가지고 있으므로 힙 속성에 어긋난다.

완전 이진 트리는 1차원 리스트로 구현하며, 리스트의 두 번째 원소부터 사용한다. 즉, 리스트 a에서 a[0]은 사용하지 않고, 완전 이진 트리의 노드들을 레벨 순회(Level-order Traversal) 순서에 따라 a[1]부터 차례로 저장한다. [그림 4-21]은 완전 이진 트리의 노드들이 리스트에 저장된 것을 나타낸다.

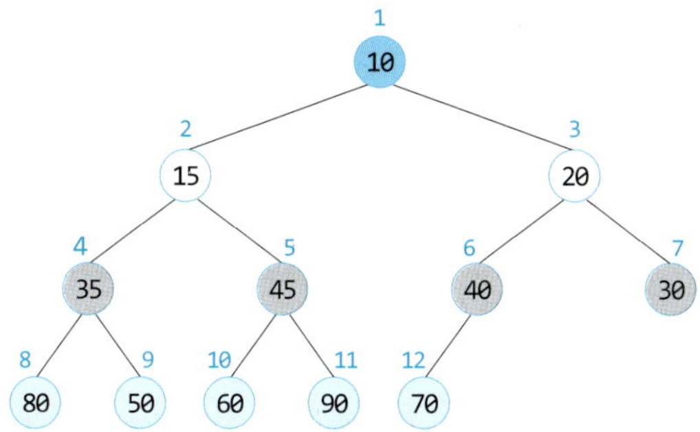

0	1	2	3	4	5	6	7	8	9	10	11	12
-	10	15	20	35	45	40	30	80	50	60	90	70

[그림 4-21] 완전 이진 트리의 노드들이 저장된 리스트

[그림 4-21]의 각 노드 위의 숫자는 노드가 저장된 리스트 원소의 인덱스와 같다. 노드들을 리스트에 이처럼 저장했을 때, 힙에서 부모와 자식 관계를 다음과 같이 표현할 수 있다.

> a[i]의 자식은 a[2i]와 a[2i+1]에 있고,
> a[j]의 부모는 a[j//2]에 있다. 단, j 〉 1이다.

예를 들어 [그림 4-21]의 힙에서 노드 35의 자식은 a[2×4] = a[8]과 a[2×4+1] = a[9]에 있고, 즉 80과 50이고, 노드 90의 부모는 a[11//2] = a[5]에 있는 노드 45가 된다.

이진 힙에는 키가 작을수록 높은 우선순위를 가지는 최소 힙(Minimum Heap)과 클수록 더 높은 우선순위를 가지는 최대 힙(Maximum Heap)이 있다. [그림 4-21]의 힙은 최소 힙이다. 이 Part에서는 최소 힙으로 이진 힙을 설명하며, 힙에 저장되는 우선순위(키)들은 서로 다르다고 가정한다.

최소 힙의 루트에는 항상 가장 작은 키가 저장되는데, 최소 힙의 노드에 저장된 키가 자식 노드의 키보다 작다는 규칙을 따르기 때문이다. 또한 루트는 a[1]에 저장되어 있으므로, 최

소 힙에서는 O(1) 시간에 가장 작은 키를 가진 노드에 접근할 수 있다. 최소 힙에서 수행되는 기본 연산인 최솟값 삭제와 삽입 연산을 각각 살펴보자.

최솟값 삭제(delete_min)는 루트의 키를 삭제한다. 이를 위해 힙의 가장 마지막 노드, 즉 리스트의 가장 마지막 항목을 루트로 옮기고, 힙 크기를 1 감소시킨다. 그다음 루트로부터 자식 중에서 작은 값을 가진 자식(두 자식 사이의 승자)과 키를 비교하여 힙 속성을 만족할 때까지 키를 교환하며 이파리 방향으로 진행한다. 이 과정은 루트로부터 아래로 내려가며 진행되므로 일반적으로 downheap이라 부르자. [그림 4-22]는 [그림 4-21]의 최소 힙에서 최솟값인 10을 삭제하고 힙 속성을 회복하는 downheap 과정을 나타낸다.

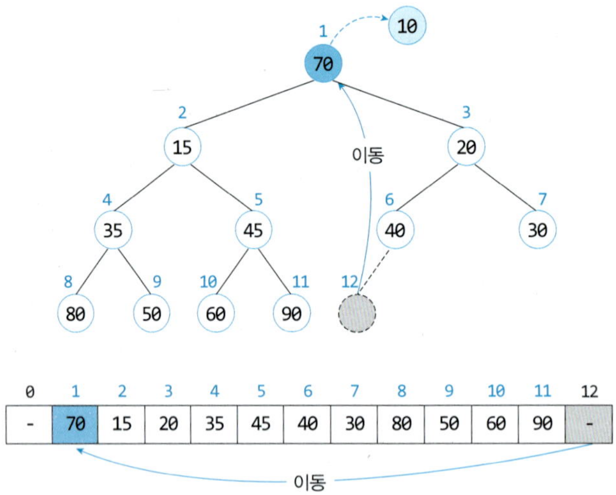

(a) 마지막 노드를 루트로 이동

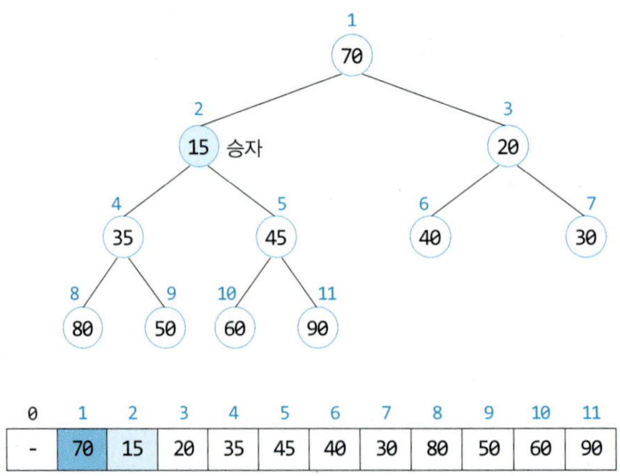

(b) 15와 20 중에 15가 승자

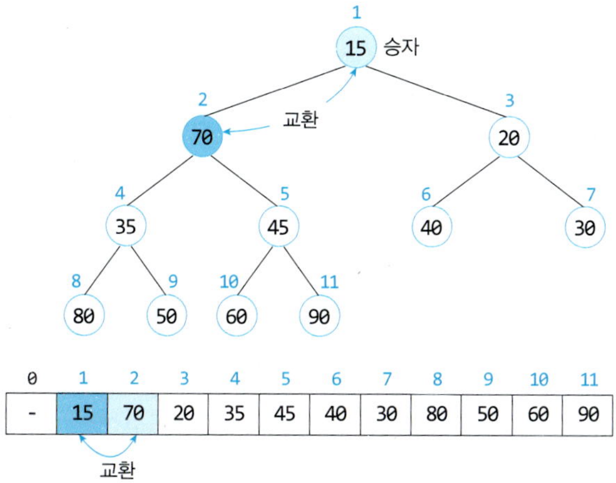

(c) 승자인 15와 루트를 교환

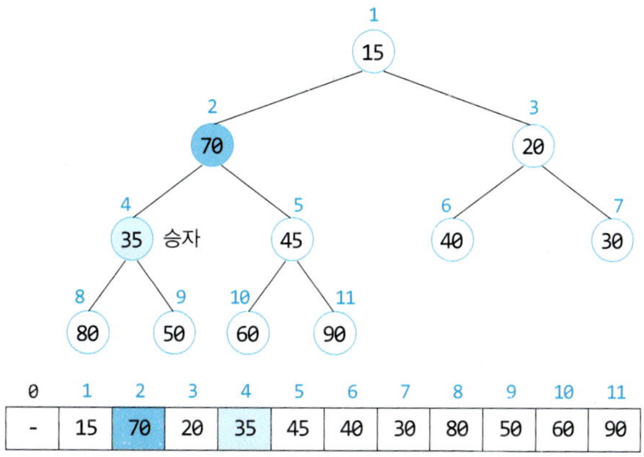

(d) 35와 45 중에 35가 승자

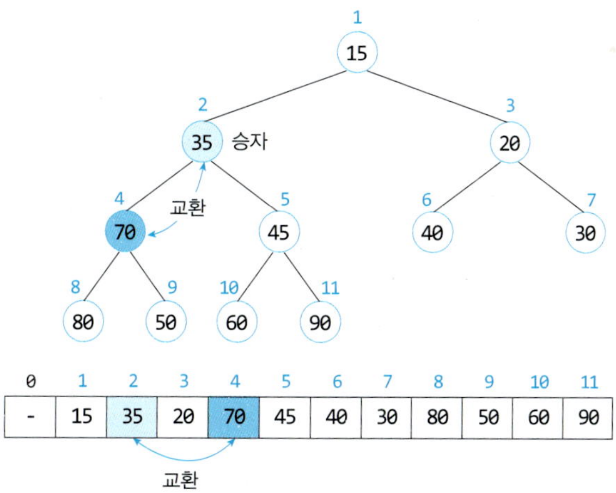

(e) 승자인 35와 70을 교환

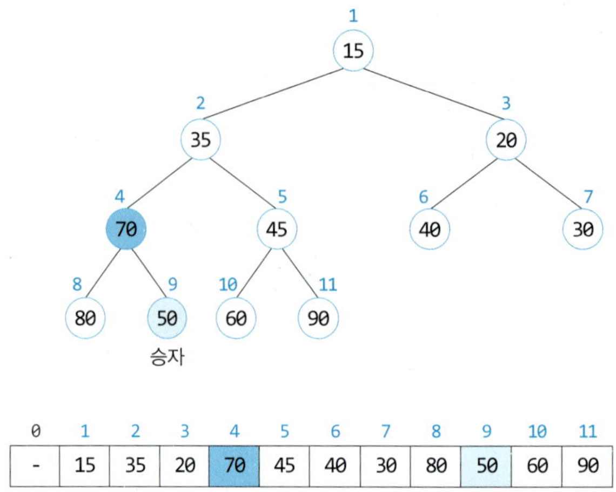

(f) 80과 50 중에 50이 승자

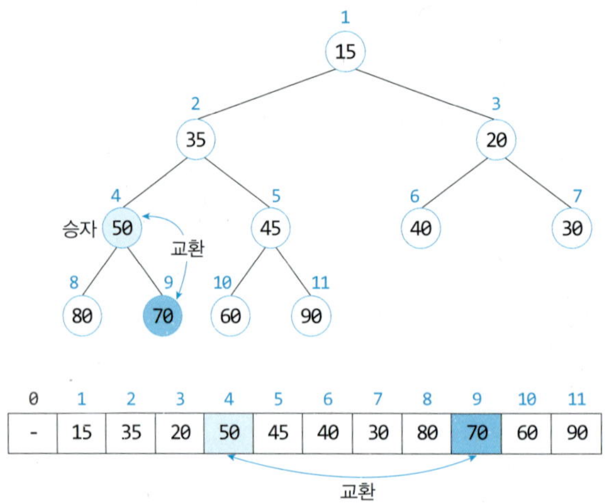

(g) 승자인 50과 70을 교환

[그림 4-22] 최솟값 삭제 후 수행되는 downheap 과정

[그림 4-22](a)는 루트의 10을 삭제하고, 힙의 가장 마지막 노드가 있는 a[12]의 70을 a[1]로 이동하는 과정을 나타낸다. 그리고 루트의 자식인 a[2]와 a[3]의 승자(작은 키를 가진 노드)와 루트를 교환하면 (c)가 된다. 이제 a[2]의 70을 자식 a[4]와 a[5]의 승자와 비교하여, a[2]와 a[4]를 교환하여 (e)가 되고, (g)에서는 a[4]의 70을 자식 a[8]과 a[9]의 사이의 승자인 50과 교환하여 삭제 연산을 마친다.

삽입 연산(insert)은 힙의 마지막 노드(즉, 데이터를 가진 리스트의 마지막 항목)의 뒤에 새로운 항목을 추가시킨 후, 루트 방향으로 올라가면서 부모의 키와 비교하여 힙 속성을 만족할 때까지 노드를 교환하는 연산이다.

이 과정은 이파리로부터 위로 올라가며 진행되므로 upheap이라 부르자. [그림 4-23]은 [그림 4-22](g)의 최소 힙에 5를 삽입하는 upheap 과정을 단계적으로 보여준다.

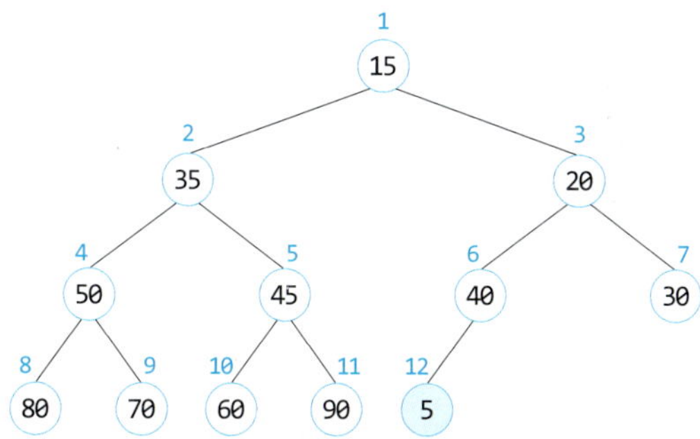

0	1	2	3	4	5	6	7	8	9	10	11	12
-	15	35	20	50	45	40	30	80	70	60	90	5

(a) 5를 리스트의 마지막 항목(90) 다음에 저장

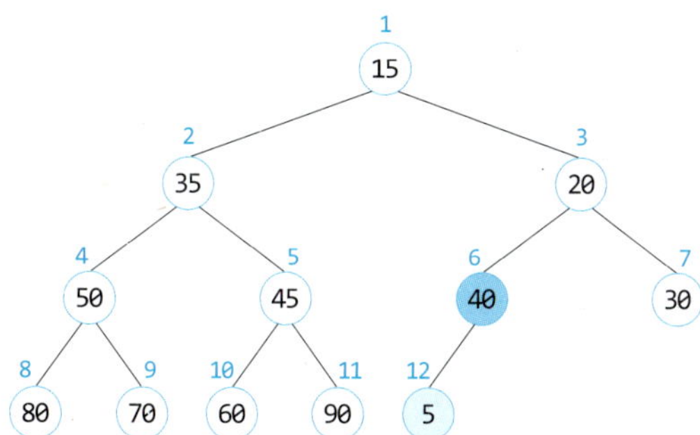

0	1	2	3	4	5	6	7	8	9	10	11	12
-	15	35	20	50	45	40	30	80	70	60	90	5

(b) a[12]의 5와 부모 a[6]의 40 비교

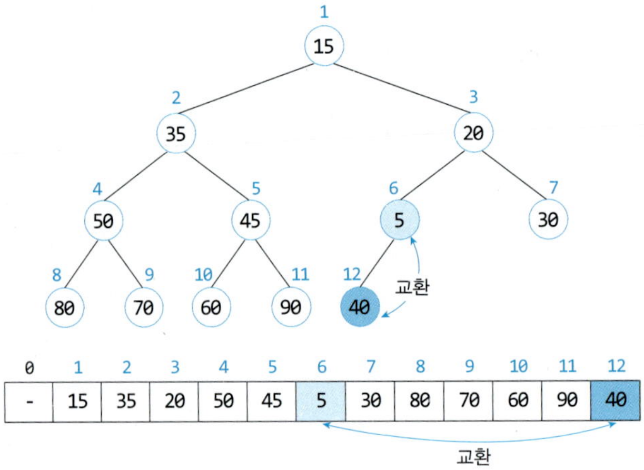

(c) 5와 40을 교환

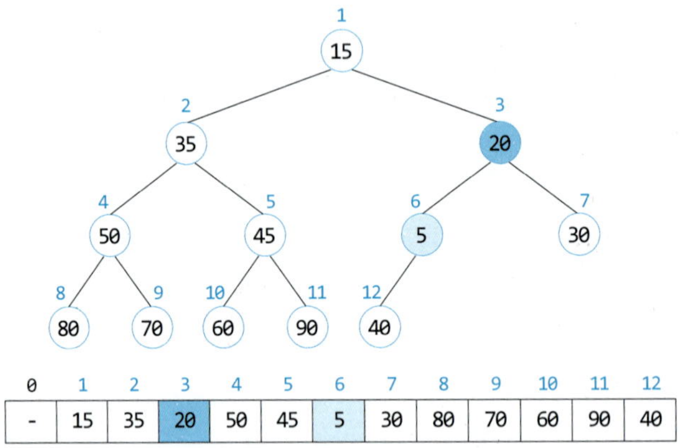

(d) a[6]의 5와 부모 a[3]의 20 비교

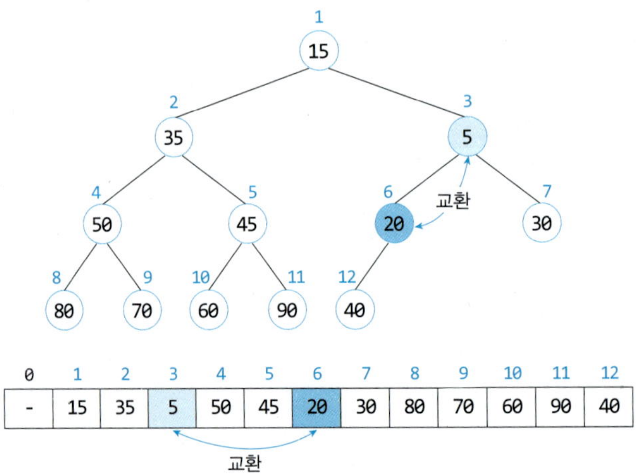

(e) 5와 20을 교환

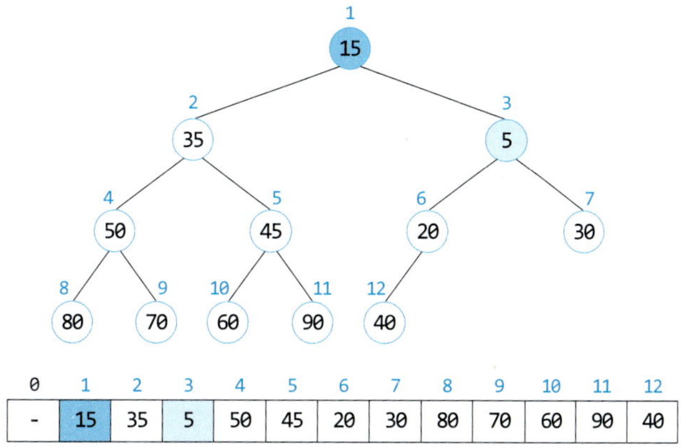

(f) a[3]의 5와 부모 a[1]의 15 비교

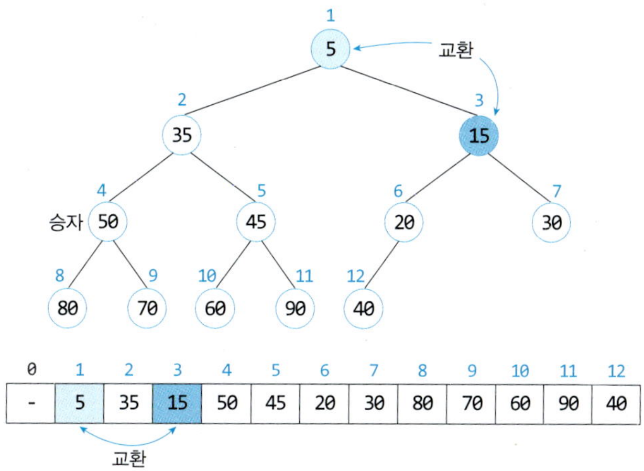

(g) 5와 15를 교환

[그림 4-23] 최소 힙에 5를 삽입하는 upheap 과정

[그림 4-23](a)는 힙의 마지막 항목인 90 다음에 5가 일시적으로 저장된 상태이다. 즉, a[12] = 5가 된다. 그다음엔 a[12]의 부모인 a[12//2] = a[6]의 40과 5의 관계가 힙 속성에 어긋나므로 40과 5를 교환하여 (c)가 된다. 이후 동일한 과정을 거쳐 (e)에서 20과 5를 교환하고, (g)에서 15와 5를 교환한 후에 삽입 연산을 마친다.

다음은 최소 힙을 위한 파이썬 프로그램 binary_heap.py이다.

프로그램 4-3 binary_heap.py

```
class BHeap:
    def __init__(self, a):
        self.a = a
        self.N = len(a) - 1

    def create_heap(self):   # 초기 힙 만들기
        for i in range(self.N//2, 0, -1):
            self.downheap(i)

    def insert(self, key_value):   # 삽입 연산
        self.N += 1
        self.a.append(key_value)
        self.upheap(self.N)

    def delete_min(self):   # 최솟값 삭제
        if self.N == 0:
            print('힙이 비어 있음')
            return None
        minimum = self.a[1]
        self.a[1], self.a[-1] = self.a[-1], self.a[1]
        del self.a[-1]
        self.N -= 1
        self.downheap(1)
        return minimum

    def downheap(self, i):   # 힙 내려가며 힙 속성 회복
        while 2*i <= self.N:
            k = 2*i
            if k < self.N and self.a[k][0] > self.a[k+1][0]:
                k += 1
            if self.a[i][0] < self.a[k][0]:
                break
            self.a[i], self.a[k] = self.a[k], self.a[i]
            i = k

```

- 이진 힙 생성자 리스트 a 항목 수 N
- heapq.heapify()와 동일함
- heapq.push()와 동일함
- 새 항목을 힙 마지막에 추가
- 힙 속성 회복시키기 위해
- heapq.pop()과 동일함
- a[1]과 a[N] 교환
- 힙 속성 회복시키기 위해
- 왼쪽, 오른쪽 자식 중에서 승자 결정
- 힙 속성 만족하면 루프 나가기
- 자식 승자와 현재 노드 교환

```python
36      def upheap(self, j):  # 힙 올라가며 힙 속성 회복
37          while j > 1 and self.a[j//2][0] > self.a[j][0]:
38              self.a[j], self.a[j//2] = self.a[j//2], self.a[j]
39              j = j//2
40
41      def print_heap(self):  # 힙 출력
42          for i in range(1, self.N+1):
43              print('[%2d' % self.a[i][0], self.a[i][1], ']', end='')
44          print('\n힙 크기 = ', self.N)
```

부모와 자식 교환

현재 노드가 한 층 올라감

create_heap() 메소드는 초기에 임의의 순서로 키가 저장된 리스트 a[1]~a[N]의 항목들을 최소 힙으로 만든다. Line 07의 for-루프는 i가 N//2부터 시작하는데, 이는 a[N//2]부터 downheap을 수행하며, 끝으로 a[1]을 downheap하여 최소 힙을 만드는 것을 의미한다. downheap() 메소드는 다음과 같은 아이디어에 기반한 것이다.

> 상향식(Bottom-up) 방식으로 각 노드에 대해 힙 속성을 만족하도록 부모와 자식을 서로 바꾼다. 힙을 만들기 위해선 a[N//2]부터 a[1]까지 차례로 downheap을 각각 수행하여 힙 속성을 충족시킨다.

이때 a[N//2+1]~a[N]에 대하여 downheap을 수행하지 않는 이유는 이 노드들이 이파리이므로 각각의 노드가 힙 크기가 1인 독립적인 최소 힙이기 때문이다. 따라서 [그림 4-24]와 같이 최하단의 바로 위층의 마지막 노드인 a[N//2]으로부터 자식 승자와 비교하여 힙 속성에 어긋나면 부모와 자식 승자를 교환하는 downheap을 수행한다. 마지막으로 a[1]에 대해 downheap을 수행하면 힙이 완성된다. 이러한 힙 만들기 방식을 상향식 힙 만들기(Bottom-up Heap Construction)라고 한다.

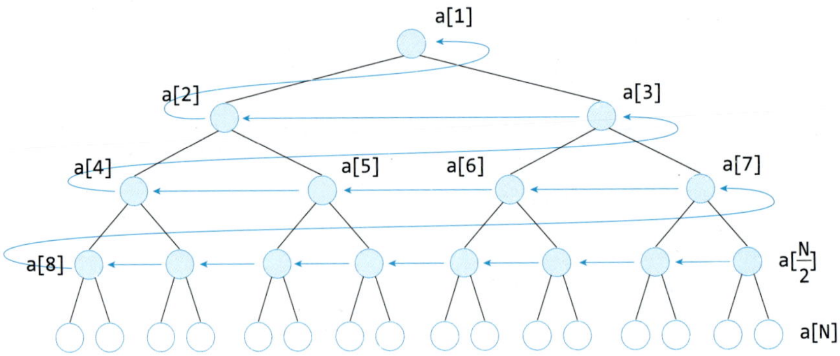

[그림 4-24] 상향식 힙 만드는 순서

다음은 [프로그램 4-3]의 BHeap을 import하고 이진 힙 객체를 생성하여 12개의 항목을 가진 리스트를 이진 힙으로 만들고, delete_min()과 insert()를 수행하는 main.py이다.

프로그램 4-4 main.py

```
from binary_heap import BHeap
if __name__ == '__main__':
    a = [None] * 1
    a.append([90, 'watermelon'])
    a.append([80, 'pear'])
    a.append([70, 'melon'])
    a.append([50, 'lime'])
    a.append([60, 'mango'])
    a.append([20, 'cherry'])
    a.append([30, 'grape'])
    a.append([35, 'orange'])
    a.append([10, 'apricot'])
    a.append([15, 'banana'])
    a.append([45, 'lemon'])
    a.append([40, 'kiwi'])
    b = BHeap(a)
    print('힙 만들기 전:')
    b.print_heap()
    b.create_heap()
```

a[0]은 사용 안 함

12개 항목의 리스트 생성

```python
print('최소 힙:')
b.print_heap()
print('최솟값 삭제 후')
print(b.delete_min())
b.print_heap()
b.insert([5,'apple'])
print('5 삽입 후')
b.print_heap()
```

힙 만들기, 삭제 삽입 연산

[그림 4-25]는 [프로그램 4-3, 4]가 수행된 결과를 나타낸다.

```
Console ✕  PyUnit
<terminated> main.py [C:₩Users₩sbyang₩AppData₩Local₩Programs₩Python₩Python36-32₩python.exe]
힙 만들기 전:
[90 watermelon][80 pear][70 melon][50 lime][60 mango][20 cherry][30 grape][35 orange][10 apricot][15 banana][45 lemon][40 kiwi]
힙 크기 =  12
최소힙:
[10 apricot][15 banana][20 cherry][35 orange][45 lemon][40 kiwi][30 grape][80 pear][50 lime][60 mango][90 watermelon][70 melon]
힙 크기 =  12
최솟값 삭제 후
[10, 'apricot']
[15 banana][35 orange][20 cherry][50 lime][45 lemon][40 kiwi][30 grape][80 pear][70 melon][60 mango][90 watermelon]
힙 크기 =  11
5 삽입 후
[ 5 apple][35 orange][15 banana][50 lime][45 lemon][20 cherry][30 grape][80 pear][70 melon][60 mango][90 watermelon][40 kiwi]
힙 크기 =  12
```

[그림 4-25] [프로그램 4-3, 4]의 수행 결과

| 수행 시간 |

Insert 연산을 위한 upheap은 삽입된 노드로부터 최대 루트까지 올라가며 부모와 자식 노드를 교환한다. 또한 delete_min 연산에서는 힙의 마지막 노드를 루트로 이동한 후, downheap을 최하위층의 노드까지 교환해야 하는 경우가 발생한다. 따라서 힙에서 각 연산의 수행 시간은 힙의 높이에 비례한다. 그런데 힙은 완전 이진 트리이므로 힙에 n개의 노드가 있으면 그 높이는 $\lceil \log(n+1) \rceil$이다. 결론적으로 각 힙 연산의 수행 시간은 O(logn)이다.

상향식 힙 만들기의 수행 시간 분석을 위해 노드 수가 n인 힙의 각 층에 있는 노드 수를 살펴보자. 단, 간단한 계산을 위하여 $n = 2^k - 1$로 가정하며, k는 양의 상수이다. 최하위층, 즉 h = 0인 경우에는 $\lceil \frac{n}{2} \rceil \approx \frac{n}{2}$개의 이파리들이 있고, 바로 위층(h=1)에는 $\lceil \frac{n}{4} \rceil \approx \frac{n}{2^2}$

개의 노드가 있다. 또한 h=2에는 $\left\lceil \frac{n}{8} \right\rceil \approx \frac{n}{2^3}$ 개의 노드가 있다. 즉, h층에 $\frac{n}{2^{h+1}}$ 개의 노드가 있다. 그런데 힙 만들기는 h=1인 경우부터 시작하여 최상위층의 루트까지 각 노드에 대해 downheap을 수행하므로 힙 만들기의 수행 시간 T(n)은 다음의 계산을 통해 O(n)임을 알 수 있다.

$$
\begin{aligned}
T(n) &= 1 \cdot \frac{n}{2^2} + 2 \cdot \frac{n}{2^3} + 3 \cdot \frac{n}{2^4} + \cdots + (\log n - 1) \cdot \frac{n}{2^{\log n}} \\
&\leq \sum_{h=1}^{\log n} h \cdot \frac{n}{2^{h+1}} = \frac{n}{2} \sum_{h=1}^{\log n} \frac{h}{2^h} \leq \frac{n}{2} \cdot 2, \quad \sum_{x=0}^{\infty} \frac{x}{2^x} = 2\text{이므로} \\
&= O(n)
\end{aligned}
$$

| 파이썬 heapq |

파이썬은 우선순위 큐를 위한 heapq를 라이브러리로 제공한다. 다음은 heapq에 선언된 메소드들이다.

- heapq.heappush(heap, item) # insert() 메소드와 동일
- heapq.heappop(heap) # delete_min() 메소드와 동일
- heapq.heappushpop(heap, item) # item을 삽입한 후 delete_min() 수행
- heapq.heapify(x) # create_heap() 메소드와 동일
- heapq.heapreplace(heap, item) # delete_min() 먼저 수행 후, item 삽입

이외에도 다른 메소드가 있으나 힙의 항목 수가 많아지면 이 연산들은 매우 비효율적이서 사용하지 말 것을 권고하므로 소개하지 않는다.

응용

이진 힙은 우선순위를 가진 데이터를 처리하는 자료구조로서, 관공서, 은행, 병원, 우체국, 대형 마켓, 공항 등에서 이루어지는 업무와 관련된 이벤트 처리, 컴퓨터 운영체제의 프로세스 처리, 네트워크 라우터에서의 패킷 처리 등에 적합한 자료구조이고, 데이터 스트림에서 Top k 항목 제공을 위한 적절한 자료구조이다. 또한 파일 압축에 사용되는 허프만 코딩, Part 7의 힙 정렬, Part 8의 Prim의 최소 신장 트리 알고리즘과 Dijkstra의 최단 경로 알고리즘에도 활용된다.

요약

- 트리는 계층적 자료구조로서 파이썬 리스트(또는 다른 언어의 배열)나 연결 리스트의 단점을 보완하는 자료구조이다.
- 왼쪽 자식-오른쪽 형제 표현은 노드의 차수가 일정하지 않은 일반적인 트리를 구현하는 매우 효율적인 자료구조이다.
- 포화 이진 트리는 모든 이파리의 깊이가 같고 각 내부 노드가 2개의 자식을 가지는 트리이다. 완전 이진 트리는 마지막 레벨을 제외한 각 레벨이 노드들로 꽉 차 있고, 마지막 레벨에는 노드들이 왼쪽부터 빠짐없이 채워진 트리이다. 포화 이진 트리는 완전 이진 트리이기도 하다.
- 이진 트리의 순회 방법은 전위 순회(NLR), 중위 순회(LNR), 후위 순회(LRN), 그리고 레벨 순회가 있다. 레벨 순회는 큐 자료구조를 사용해서 구현된다.
- 이진 트리의 높이는 후위 순회 방식으로 계산한다.
- 스택 없이 이진 트리를 순회하기 위해 노드의 None 레퍼런스 대신 다음에 방문할 노드의 레퍼런스를 저장한 이진 트리를 스레드 이진 트리라고 한다.
- 이진 트리의 높이 계산, 트리의 각 순회 방식은 트리의 모든 노드를 방문해야 하므로 각각 O(n) 시간이 소요된다.
- 우선순위 큐는 가장 높은 우선순위를 가진 항목을 접근, 삭제, 삽입 연산을 지원하는 자료구조이다.
- 이진 힙은 완전 이진 트리로서 부모의 우선순위가 자식의 우선순위보다 높은 우선순위 큐 자료구조이다. 이진 힙은 키가 작을수록 높은 순위를 가지는 최소 힙과 클수록 더 높은 우선순위를 가지는 최대 힙이 있다.
- 파이썬은 우선순위 큐를 위해 heapq를 라이브러리로 제공한다.

연습문제

4.1 다음의 이진 트리에 대해 답하라.

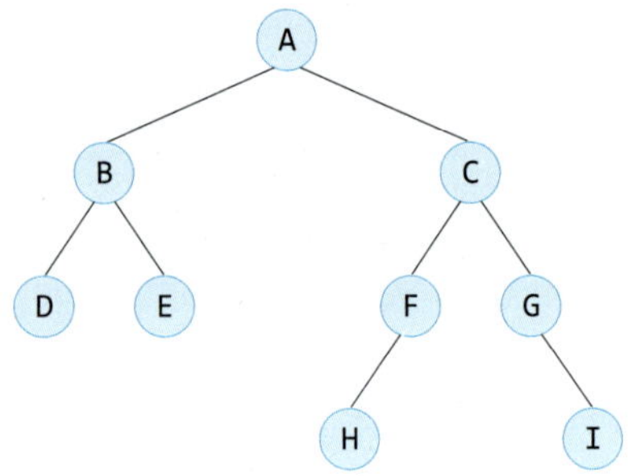

(a) 루트는 어떤 노드인가?

(b) 자식이 하나인 노드 수는 몇 개인가?

(c) 이파리 수는 몇 개인가?

(d) 내부 노드 수는 몇 개인가?

(e) 노드 C의 후손 수는 몇 개인가?

(f) 노드 F의 형제는?

(g) 트리의 높이는?

(h) 노드 D의 레벨은?

(i) 노드 H의 조상은?

(j) 노드 C의 서브트리에 있는 노드 수는 몇 개인가?

4.2 다음 중 일반적인 트리에 관한 설명으로 옳지 <u>않은</u> 것은?

① 트리에 노드가 없을 수도 있다.

② 트리에 노드가 있으면 트리에는 루트는 1개이다.

③ 노드들의 자식 수는 같다.

④ 트리는 왼쪽 자식-오른쪽 형제 표현으로 항상 변환할 수 있다.

⑤ 답 없음

4.3 다음 중 트리 자료구조의 장점이 <u>아닌</u> 것은?

① 계층적 구조이다.

② Undo/Redo 연산 처리가 쉽다.

③ 삽입, 삭제 연산을 효율적으로 구현할 수 있다.

④ 효율적인 탐색을 구현할 수 있다.

⑤ 답 없음

4.4 다음 중 트리 용어에 관한 설명으로 옳지 않은 것은?

① 루트는 트리의 최상위에 있는 노드이다.

② 루트까지 경로상에 있는 모두가 조상이다.

③ 노드부터 이파리까지 경로상에 있는 모든 노드가 후손이다.

④ 이파리는 단말 노드 또는 외부 노드라고도 한다.

⑤ 답 없음

4.5 노드의 최대 차수가 10인 트리에 100개의 노드가 있다. 이 트리를 프로그래밍 언어로 구현할 때 트리 노드에 있는 총 None 레퍼런스 수는?

① 10　　② 99　　③ 100

④ 901　　⑤ 답 없음

4.6 다음 중 이진 트리에 관한 설명으로 옳지 않은 것은?

① 이진 트리는 적어도 1개의 노드를 가진다.

② 노드가 있는 이진 트리는 오직 1개의 루트를 가진다.

③ 노드는 최대 2개의 자식을 갖는다.

④ 루트가 아닌 노드는 1개의 부모를 가진다.

⑤ 답 없음

4.7 다음 중 이진 트리에 관한 설명으로 옳은 것은?

① 이진 트리는 포화 이진 트리이거나 완전 이진 트리이다.

② 포화 이진 트리는 완전 이진 트리이다.

③ 완전 이진 트리는 포화 이진 트리이다.

④ 편향 이진 트리는 이진 트리라고 하기 어렵다.

⑤ 답 없음

4.8 세 개의 노드로 만들어질 수 있는 이진 트리의 개수는?

① 3　　② 4　　③ 5

④ 6　　⑤ 답 없음

4.9 13개의 노드를 가진 이진 트리의 최소 높이는?

① 3　② 4　③ 5
④ 12　⑤ 답 없음

4.10 다음 중 이진 트리의 높이를 루트를 기준으로 할 때 옳게 정의한 것은?

① max(왼쪽 서브트리의 높이, 오른쪽 서브트리의 높이) + 1
② max(왼쪽 서브트리의 높이, 오른쪽 서브트리의 높이)
③ max(왼쪽 서브트리의 높이, 오른쪽 서브트리의 높이) − 1
④ min(왼쪽 서브트리의 높이, 오른쪽 서브트리의 높이) + 1
⑤ 답 없음

4.11 다음 중 포화 이진 트리에 관한 설명으로 옳은 것은?

① 내부 노드는 2개의 자식을 가지고 이파리는 같은 층에 있다.
② 노드는 정확히 2개의 자식을 가진다.
③ 노드는 1개 또는 2개의 자식을 가진다.
④ 이파리 수와 내부 노드 수가 같다.
⑤ 답 없음

4.12 높이가 4인 포화 이진 트리의 노드 수는?

① 10　② 12　③ 13
④ 14　⑤ 15

4.13 높이가 k인 포화 이진 트리에 있는 최소 노드 수는?

① 2^{k-1}　② $2^{k-1} + 1$　③ $2^k - 1$
④ 2^k　⑤ 답 없음

4.14 포화 이진 트리에 있는 내부 노드 수가 m일 때 이파리 수는? 단, m 〉 0이다.

① m−1　② m　③ m+1
④ 2m　⑤ 답 없음

4.15 포화 이진 트리에 있는 이파리 수가 m일 때 트리에 있는 총 노드 수는? 단, m 〉 0이다.

① m+1 ② 2m−1 ③ 2m

④ 2m+1 ⑤ 답 없음

4.16 다음 중 완전 이진 트리에 관한 설명으로 옳은 것은?

① 노드는 자식이 없거나 2개의 자식을 가진다.

② 모든 이파리는 같은 레벨에 있다.

③ 마지막 레벨은 맨 왼쪽부터 빠짐없이 노드로 채워진다.

④ 포화 이진 트리는 반드시 완전 이진 트리가 아니다.

⑤ 답 없음

4.17 노드 수가 16인 완전 이진 트리의 높이는?

① 4 ② 5 ③ 6

④ 7 ⑤ 8

4.18 높이가 h인 완전 이진 트리에 있는 최소의 이파리 수는? 단, h 〉 0이다.

① 2^{h-1} ② $2^{h-1} + 1$ ③ $2^h - 1$

④ $2^h + 1$ ⑤ 답 없음

4.19 높이가 k인 완전 이진 트리에 있는 최소 노드 수는?

① 2^{k-1} ② $2^{k-1} + 1$ ③ $2^k - 1$

④ 2^k ⑤ 답 없음

4.20 완전 이진 트리를 아래의 파이썬 리스트에 저장하였다. 다음 설명 중 틀린 것은?

0	1	2	3	4	5	6	7	8	9	10	11	12	13
	P	Y	T	H	O	N	R	U	L	E	I	S	A

① H의 왼쪽 자식은 U이다. ② S의 부모는 N이다.

③ I와 N은 형제이다. ④ P는 루트이다.

⑤ 답 없음

4.21 다음의 이진 트리 순회 중 루트를 맨 마지막에 방문하는 것은?

① 전위 순회 ② 중위 순회 ③ 후위 순회
④ 레벨 순회 ⑤ 답 없음

4.22 파이썬 프로그램에서 수식을 어떤 표기로 표현하는가?

① 전위 표기 ② 중위 표기 ③ 후위 표기
④ 레벨 표기 ⑤ 답 없음

4.23 어떤 이진 트리에서 전위 순회를 수행한 결과가 D A C B H F E G이다. 동일한 트리에서 후위 순회를 수행한 결과는?

① A B C D E F G H ② B C A E G F H D
③ H G F E D C A B ④ G E F H B C A D
⑤ 답 없음

4.24 다음의 이진 트리에 대해 각각의 출력이 어떤 순회 방식의 결과인지 짝지어라.

a) A B D E C F H G I
b) A B C D E F G H I
c) D E B H F I G C A
d) D G E A H F C G I

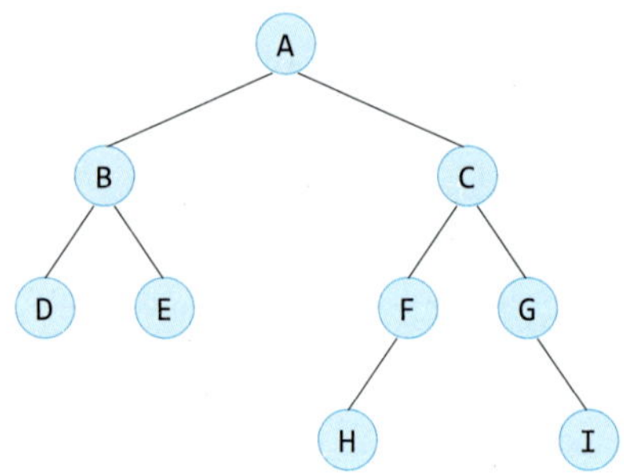

① 전위 순회 ② 중위 순회 ③ 후위 순회
④ 레벨 순회 ⑤ 답 없음

4.25 어느 이진 트리에서 후위 순회를 수행한 결과가 D E B F C A이다. 동일한 트리에서 전위 순회를 수행한 결과는?

① A D B F E C ② A B F C D E ③ A B C D E F
④ A B D E C F ⑤ 답 없음

4.26 어느 이진 트리에서 중위 순회와 후위 순회를 수행한 결과가 다음과 같다.

```
중위 순회: J E N K O P B F A C L G M D H I
후위 순회: J N O P K E F B C L M G H I D A
```

동일한 트리에서 전위 순회를 수행한 결과는?

① A B C D E F K J O N G P L M I H

② A B F E J K C P O N L D G M H I

③ J A E D N P O K F C L M G H I B

④ A B E J K N O P F C D G L M H I

⑤ 답 없음

4.27 어떤 이진 트리에서 중위 순회와 전위 순회를 수행한 결과가 다음과 같다.

```
중위 순회: D B E F A G H C
전위 순회: A B D E F C G H
```

동일한 트리에서 후위 순회를 수행한 결과는?

① D F E H B G C A

② D F E B H G C A

③ D F E B G H C A

④ D F E B H C G A

⑤ 답 없음

4.28 이진 트리에 있는 노드 수를 상향식(Bottom-up)으로 계산하는데 적절한 순회 방법은?

① 전위 순회　② 중위 순회　③ 후위 순회
④ 레벨 순회　⑤ 답 없음

4.29 주어진 이진 트리를 복사하는데 적절한 순회 방법은?

① 전위 순회　② 중위 순회　③ 후위 순회
④ 레벨 순회　⑤ 답 없음

4.30 주어진 2개의 이진 트리가 동일한지 검사하는데 적절한 순회 방법은?

① 전위 순회 ② 중위 순회 ③ 후위 순회
④ 레벨 순회 ⑤ 답 없음

4.31 n개의 노드가 있는 이진 트리의 높이를 계산하는데 필요한 수행 시간은?

① O(1) ② O(logn) ③ O(n)
④ O(nlogn) ⑤ $O(n^2)$

4.32 n개의 노드를 가진 일반적인 트리에서 탐색 연산의 최악 경우 수행 시간은?

① O(logn) ② $O(\log_2 n)$ ③ O(n)
④ O(nlogn) ⑤ $O(n^2)$

4.33 n개의 노드를 가진 이진 트리에서 탐색 연산의 최악 경우 수행 시간은?

① O(logn) ② $O(\log_2 n)$ ③ O(n)
④ O(nlogn) ⑤ $O(n^2)$

4.34 n개의 노드를 가진 이진 트리에서 중위 순회의 수행 시간은?

① O(logn) ② $O(\log_2 n)$ ③ O(n)
④ O(nlogn) ⑤ $O(n^2)$

4.35 다음 중 스레드 이진 트리에 관한 설명으로 <u>틀린</u> 것은?

① 스레드 이진 트리는 스택을 사용하지 않고 트리를 순회한다.
② 스레드는 다음 방문할 노드의 레퍼런스이다.
③ 운영체제의 스레드와 같은 개념이다.
④ None 레퍼런스를 활용하여 트리를 순회한다.
⑤ 답 없음

4.36 다음 중 스레드 이진 트리에 관한 설명으로 틀린 것은?

① 시스템 스택을 사용하지 않으므로 스택을 사용하는 것보다 빠르다.

② 후위 순회를 위한 스레드 이진 트리를 구현할 수 없다.

③ 삽입, 삭제를 구현하기 복잡하다.

④ 레퍼런스가 자식을 가리키는 것인지 다음 방문할 노드를 가리키는지 구분해야 한다.

⑤ 답 없음

4.37 [프로그램 4-1]의 BinaryTree 클래스에 아래의 메소드 s가 추가되었다. 메소드 s의 연산을 적절히 설명한 것은?

```
def s(self, root):
    if root is None:
        return 0
    else:
        return 1 + self.s(root.left) + self.s(root.right)
```

① 이진 트리의 높이 계산 ② 이진 트리의 노드 수 계산

③ 이진 트리의 복사(copy) ④ 이진 트리의 동일성 검사

⑤ 답 없음

4.38 [프로그램 4-1]의 BinaryTree 클래스에 아래의 메소드 q가 추가하였다. 메소드 q의 연산을 적절히 설명한 것은?

```
def q(self, n, m):
    if n == None or m == None:
        return n == m
    if n.item != m.item:
        return False
    return (self.q(n.left, m.left) and self.q(n.right, m.right))
```

① 이진 트리의 높이 계산 ② 이진 트리의 노드 수 계산

③ 이진 트리의 복사(copy) ④ 이진 트리의 동일성 검사

⑤ 답 없음

4.39 다음 중 우선순위 큐에 관한 설명으로 가장 거리가 먼 것은? 단, n은 우선순위 큐에 저장된 항목 수이다.

① 스택과 큐 자료구조도 일종의 우선순위 큐이다.
② 임의의 우선순위를 가진 항목을 삽입할 수 있다.
③ 가장 높은 우선순위를 가진 항목을 O(1) 시간에 접근할 수 있다.
④ 임의의 우선순위를 가진 항목을 O(logn) 시간에 탐색할 수 있다.
⑤ 답 없음

4.40 다음 중 우선순위 큐를 구현하기에 가장 부적절한 자료구조는?

① 배열 ② 단순 연결 리스트 ③ 이진 트리
④ 트리 ⑤ 답 없음

4.41 다음 중 우선순위 큐의 응용과 가장 거리가 먼 것은?

① 허프만 코딩
② 운영체제의 인터럽트 처리
③ 다익스트라의 최단 경로 알고리즘
④ 화면의 스크롤
⑤ 답 없음

4.42 다음 중 스택과 큐 자료구조에 관한 설명으로 옳지 않은 것은?

① 스택에서는 새 항목의 우선순위가 스택에 저장된 항목들의 우선순위보다 항상 높다.
② 큐에서는 새 항목의 우선순위가 큐에 저장된 항목들의 우선순위보다 항상 낮다.
③ 스택이나 큐는 임의의 우선순위를 가진 항목을 삽입할 수 있다.
④ 큐나 스택은 항목들이 우선순위로 정렬 또는 역 정렬되어 저장된다.
⑤ 답 없음

4.43 다음 중 이진 힙에 관한 설명으로 옳지 않은 것은?

① 완전 이진 트리 형태를 가진 자료구조이다.
② 루트는 가장 높은 우선순위를 가진다.
③ 각 노드는 자식의 우선순위보다 높다.
④ 키값이 클수록 우선순위가 높다.
⑤ 답 없음

4.44 다음 중 힙 속성을 옳게 설명한 것은?

① 노드의 우선순위는 왼쪽 서브트리의 우선순위보다 높다.
② 노드의 우선순위는 오른쪽 서브트리의 우선순위보다 높다.
③ 노드의 우선순위는 자식의 우선순위보다 높다.
④ 노드의 우선순위는 형제의 우선순위보다 높다.
⑤ 답 없음

4.45 다음 중 이진 힙을 배열(또는 파이썬 리스트)로 구현하는 것에 대해 잘못 설명한 것은?

① 배열의 첫 번째 원소는 사용하지 않고 이진 힙을 구현할 수 있다.
② 배열에 저장된 항목들 사이에 빈 원소가 있을 수도 있다.
③ 힙의 항목들을 레벨 순회 순서로 배열에 저장한다.
④ 루트는 항상 맨 앞에 저장되어있다.
⑤ 답 없음

4.46 다음은 n개의 키를 가진 최소 힙에서 최댓값을 찾기 위한 알고리즘이다.

최댓값을 찾기 위해 루트에서 이파리 방향으로 각 노드에서 큰 키를 가진 자식으로 내려가면 최댓값을 가진 노드에 도달한다.

위의 알고리즘에 대해 가장 적절한 설명은?

① 힙에 있는 키들이 서로 다른 경우, 이 알고리즘은 항상 최댓값을 찾고 수행 시간은 O(logn)이다.
② 힙에 있는 키들이 서로 다르더라도, 이 알고리즘은 O(logn) 시간에 항상 최댓값을 찾지 못한다.
③ 힙에 있는 키들이 서로 다른 경우, 이 알고리즘은 항상 최댓값을 찾지만 수행 시간은 O(n)이다.
④ 힙에 중복 키들이 있고, 양쪽 자식이 같은 키를 가지는 경우, 양쪽 서브트리를 모두 탐색하면 항상 최댓값을 찾고, 수행 시간은 O(logn)이다.
⑤ 답 없음

4.47 다음은 자료구조들 사이의 관계를 설명한 것이다. 가장 적절한 것은?

① 이진 탐색 트리는 이진 힙의 일종이다.

② 이진 힙은 이진 탐색 트리의 일종이다.

③ 이진 힙은 이진 트리의 일종이다.

④ 이진 트리는 이진 힙의 일종이다.

⑤ 답 없음

4.48 크기가 n인 최소 힙에서 가장 작은 항목 3개를 출력하는데 소요되는 시간은? 단, 출력만 하고 삭제는 하지 않는다.

① O(1) ② O(logn) ③ O(n)

④ O(nlogn) ⑤ $O(n^2)$

4.49 n개의 키를 가진 최대 힙에서 루트를 삭제하는데 소요되는 수행 시간은?

① O(1) ② O(logn) ③ O(n)

④ O(nlogn) ⑤ $O(n^2)$

4.50 다음 중 최소 힙의 삽입과 delete_min의 수행 시간은? 단, n은 힙의 항목 수이다.

① O(1) ② O(logn) ③ O(n)

④ O(nlogn) ⑤ $O(n^2)$

4.51 최솟값 삭제 연산의 수행 시간이 O(logn)과 같거나 작은 자료구조는?

① 일반 트리 ② 데크 ③ 단순 연결 리스트

④ 이진 트리 ⑤ 최소 힙

4.52 다음 중 상향식 힙 만들기에 대한 설명으로 가장 거리가 먼 것은? 단, n은 항목 수이다.

① 이파리의 바로 위층에 있는 노드부터 위로 올라가며 각 노드에서 downheap을 수행한다.

② downheap은 힙 속성을 만족시키기 위해 수행한다.

③ downheap을 수행하는 노드 수는 약 n/2이다.

④ 힙 속성에 따라 upheap을 수행하는 경우도 발생한다.

⑤ 답 없음

4.53 다음 중 상향식 힙 만들기의 수행 시간은? 단, n은 힙의 항목 수이다.

① O(1) ② O(logn) ③ O(n)
④ O(nlogn) ⑤ $O(n^2)$

4.54 다음의 파이썬 리스트에 대해 상향식 힙 만들기를 수행한 결과의 최소 힙은?

-	80	70	30	55	65	20	10	40	50	60	

① _ 10 20 40 60 50 65 80 30 55 70

② _ 10 20 30 50 60 65 40 70 55 80

③ _ 10 30 40 50 60 65 20 80 70 55

④ _ 10 40 20 50 60 80 30 55 70 65

⑤ 답 없음

4.55 다음은 최소 힙이다. 5를 삽입한 후의 최소 힙은?

-	10	20	15	45	35	40	30	90	50	80	

① _ 10 20 15 45 35 40 30 90 50 80 5

② _ 5 10 15 20 30 35 40 45 50 80 90

③ _ 5 10 20 45 15 40 30 90 50 80 35

④ _ 5 10 15 45 20 40 30 90 50 80 35

⑤ 답 없음

4.56 다음은 최대 힙이다. 90을 삽입한 후의 최대 힙은?

-	80	70	30	55	65	20	10	40	50	60	

① _ 90 80 70 65 60 55 50 40 30 20 10

② _ 90 30 80 55 70 20 40 10 50 85 65

③ _ 90 80 30 55 70 20 10 40 50 60 65

④ _ 80 70 30 55 65 20 10 40 50 60 90

⑤ 답 없음

4.57 다음은 최소 힙이다. 10을 삭제한 후의 최소 힙은?

-	10	20	15	45	35	40	30	90	50	80	

① _ 15 20 30 35 40 45 50 80 90

② _ 15 20 30 45 35 40 80 90 50

③ _ 15 30 20 35 45 80 40 50 90

④ _ 15 35 20 30 45 40 90 80 50

⑤ 답 없음

4.58 다음은 최대 힙이다. 80을 삭제한 후의 최대 힙은?

-	80	70	30	55	65	20	10	40	50	60	

① _ 70 65 30 55 60 20 10 40 50

② _ 70 60 30 55 65 10 20 40 50

③ _ 70 65 30 50 60 10 20 40 55

④ _ 70 30 60 50 65 20 10 55 40

⑤ 답 없음

4.59 다음의 트리를 왼쪽 자식—오른쪽 형제 표현의 트리로 변환하라.

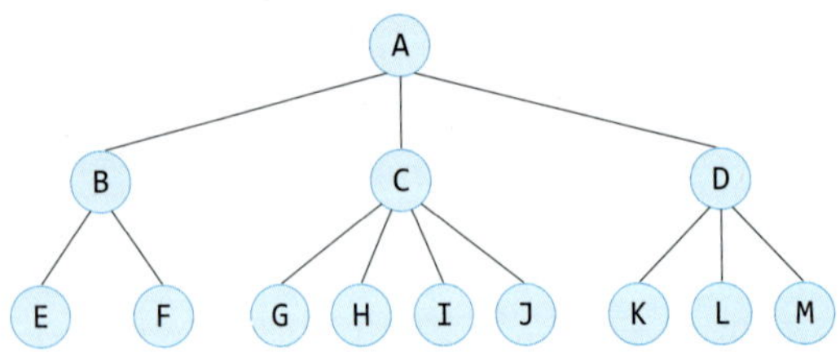

4.60 파이썬 리스트를 사용하여 트리의 노드들을 a[1]부터 차례로 저장하였을 때, a[15]의 부모가 있는 원소의 인덱스는? 또 a[15]의 오른쪽 자식이 저장된 원소의 인덱스는?

4.61 n개의 노드를 가진 이진 트리에서 이파리 수가 L이고, 2개의 자식을 가진 노드 수가 D라면, L = D + 1임을 보이라.

4.62 어느 이진 트리의 중위 순회 결과가 D G B A H E I C F이고, 후위 순회 결과가 G D B H I E F C A이다. 순회 결과에 대응되는 이진 트리를 그려라.

4.63 [프로그램 4-1]의 BinaryTree 클래스에 주어진 이진 트리를 복사(Copy)하는 메소드를 추가하라.

4.64 다음의 이진 트리에 대한 중위 순회 스레드 이진 트리를 그려라.

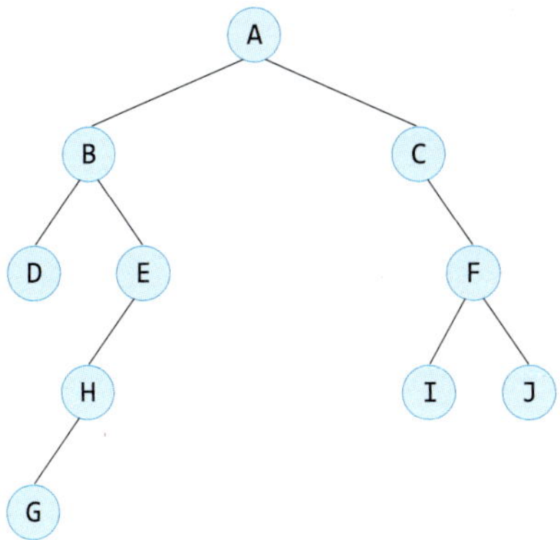

4.65 문제 4.64의 이진 트리에 대한 전위 순회 스레드 이진 트리를 그려라.

4.66 문제 4.64의 이진 트리에 대한 후위 순회 스레드 이진 트리를 그려라.

4.67 다음에 주어진 키들이 순서대로 초기에 empty인 최소 힙에 삽입되는 과정을 그려라.

80, 40, 70, 30, 60, 20, 50, 10

4.68 다음에 주어진 키들이 순서대로 초기에 empty인 최대 힙에 삽입되는 과정을 그려라.

10, 50, 20, 60, 30, 70, 40, 80

4.69 다음의 최소 힙에서 delete_min 연산을 수행한 결과의 최소 힙을 그려라.

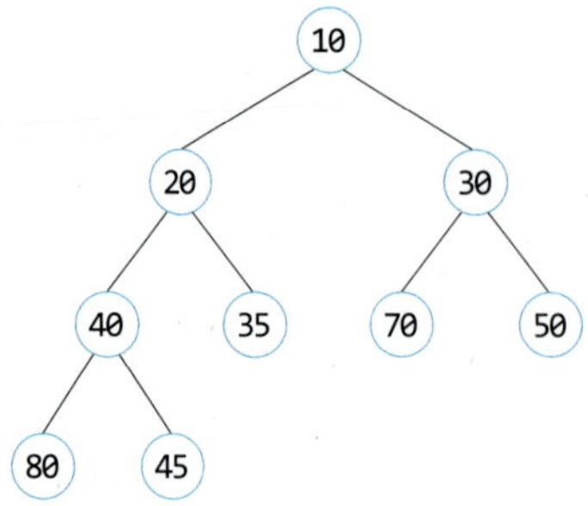

4.70 허프만 코드를 조사하고, 이진 힙이 어떻게 활용되는지 알아보라.

PART 05

탐색 트리

contents

05 탐색 트리

저장된 데이터에 대해 탐색, 접근, 삽입, 삭제, 갱신 등의 연산을 수행할 수 있는 자료구조를 파이썬의 1차원 리스트(다른 언어의 배열)나 Part 2에서 소개한 연결 리스트로 구현하면, 각 연산을 수행하는데 선형 시간이 소요된다. Part 5에서는 이러한 선형 자료구조의 수행 시간을 향상시키기 위한 트리 형태의 다양한 자료구조들을 소개한다. 먼저 이진 탐색의 개념을 알아보고, 이진 탐색 개념을 이진 트리에 접목한 이진 탐색 트리에 대해 살펴보며, 이진 탐색 트리의 단점을 보완한 AVL 트리, 2-3 트리, 레드 블랙 트리에 대해 소개하고, 마지막으로 대용량의 데이터를 관리 유지하기 위한 B-트리에 대해 살펴본다.

5.1 이진 탐색

이진 탐색(Binary Search)은 1차원 리스트에 데이터가 정렬되어 있을 때 주어진 데이터를 효율적으로 찾는 알고리즘이다. 만약 데이터가 정렬되어 있지 않다면, 주어진 데이터를 찾기 위해 리스트의 모든 원소를 차례로 검색하는 순차 탐색(Sequential Search)을 수행해야 한다. 따라서 탐색 연산에 최악의 경우 O(n) 시간이 소요된다. 이진 탐색은 데이터를 미리 정렬하여 최악 경우에도 logn번의 항목 비교만 하는 매우 효율적인 탐색 방법이다. 여기서 n은 리스트에 저장된 항목의 수이다.

다음은 이진 탐색 알고리즘이다. 입력은 n개의 정수가 정렬된 리스트 a와 탐색하고자 하는 항목 k이고, n 〉 0이다.

```
binary_search(left, right, k):
[1] if left > right: return None  # 탐색 실패 (즉, k가 리스트에 없음)
[2] mid = (left + right) // 2     # 리스트에서 탐색할 부분의 중간 항목의 인덱스 계산
[3] if a[mid] == k: return mid    # 탐색 성공
[4] if a[mid] > k:  binary_search(left, mid-1, k)   # 앞부분 탐색
[5] else: binary_search(mid+1, right, k)            # 뒷부분 탐색
```

예제

리스트 a에서 이진 탐색 알고리즘으로 66을 찾아보자.

	0	1	2	3	4	5	6	7	8	9	10	11	12	13	14
a	5	8	10	15	20	25	30	40	50	54	66	69	83	86	90

• binary_search(0, 14, 66) 호출; left = 0, right = 14, k = 66

[1] 조건 (left 〉 right)가 False

[2] mid = (0 + 14) // 2 = 7

[3] a[7] ≠ 66

[4] 조건 (a[7] 〉 66)이 False

[5] binary_search(7+1, 14, 66) 호출

0	1	2	3	4	5	6	7	8	9	10	11	12	13	14
5	8	10	15	20	25	30	**40**	50	54	66	69	83	86	90

• binary_search(8, 14, 66) 호출; left = 8, right = 14, k = 66

[1] 조건 (left 〉 right)가 False

[2] mid = (8 + 14) // 2 = 11

[3] a[11] ≠ 66

[4] 조건 (a[11] 〉 66)이 True

[5] Binary_search(8, 11−1, 66) 호출

8	9	10	11	12	13	14
50	54	66	**69**	83	86	90

• binary_search(8, 10, 66) 호출; left = 8, right = 10, k = 66

[1] 조건 (left 〉 right)가 False

[2] mid = (8 + 10) // 2 = 9

[3] a[9] $\neq$ 66

[4] 조건 (a[9] 〉 66)이 False

[5] binary_search(9+1, 10, 66) 호출

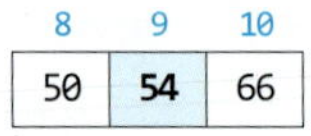

• Binary_search(10, 10, 66) 호출; left = 10, right = 10, k = 66

[1] 조건 (left 〉 right)가 False

[2] mid = (10 + 10) // 2 = 10

[3] a[10] = 66 return 10, 탐색 성공

| 수행 시간 |

T(n)을 n개의 원소가 정렬된 리스트에서 이진 탐색을 하는데 수행되는 비교 횟수라고 정의하면 T(n)은 1번의 비교 후에 리스트의 1/2, 즉 앞부분이나 뒷부분을 순환 호출하므로 T(n)을 다음과 같이 정의할 수 있다.

$$T(n) = T(n/2) + 1$$
$$T(1) = 1$$

따라서 $T(n) = T(n/2) + 1 = T(n/2^2) + 2 = T(n/2^3) + 3 = \cdots = T(n/2^k) + k = T(1) + k$가 되고, $n = 2^k$이라고 가정하면 $k = \log_2 n$이 되므로, $T(n) = 1 + \log_2 n = O(\log n)$이다.

| 단점 | 데이터의 삽입과 삭제가 빈번하면 정렬을 유지하기 위해 시간이 오래 걸린다. 즉, 1회의 삽입이나 삭제 연산 수행 시 최악 경우 O(n) 시간이 소요된다.

5.2 이진 탐색 트리

> 이진 탐색 트리(Binary Search Tree)는 이진 탐색의 개념을 트리 형태의 구조에 접목한 자료구조이다.

이진 탐색은 정렬된 데이터의 중간에 있는 항목을 기준으로 데이터를 두 부분으로 나누어 가며 특정 항목을 찾는 탐색 방법이다. [그림 5-1]은 1차원 리스트에서 이진 탐색으로 66을 찾는 과정을 단계별로 보여준다.

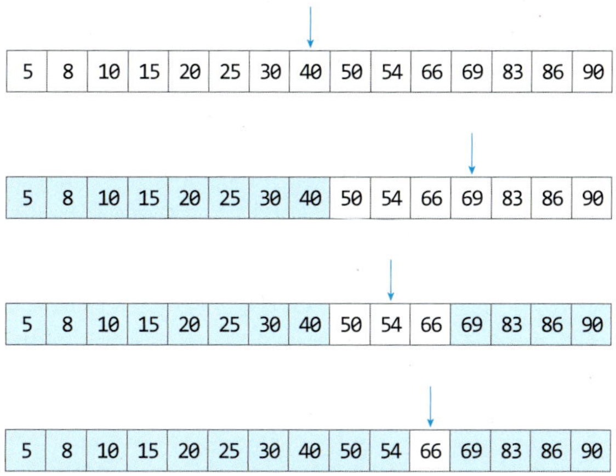

[그림 5-1] 이진 탐색

[그림 5-2]는 트리 형태의 자료구조에서 이진 탐색을 수행하기 위해 1차원 리스트를 단순 연결 리스트로 만든 후, 점진적으로 이진 트리 형태로 변환해가는 과정을 나타낸다. 이 그림은 이진 탐색 트리를 만드는 과정을 보여주기 위한 것이 아니라 이진 탐색의 개념이 트리에 어떻게 내포되어 있는지를 보여주기 위한 것이다.

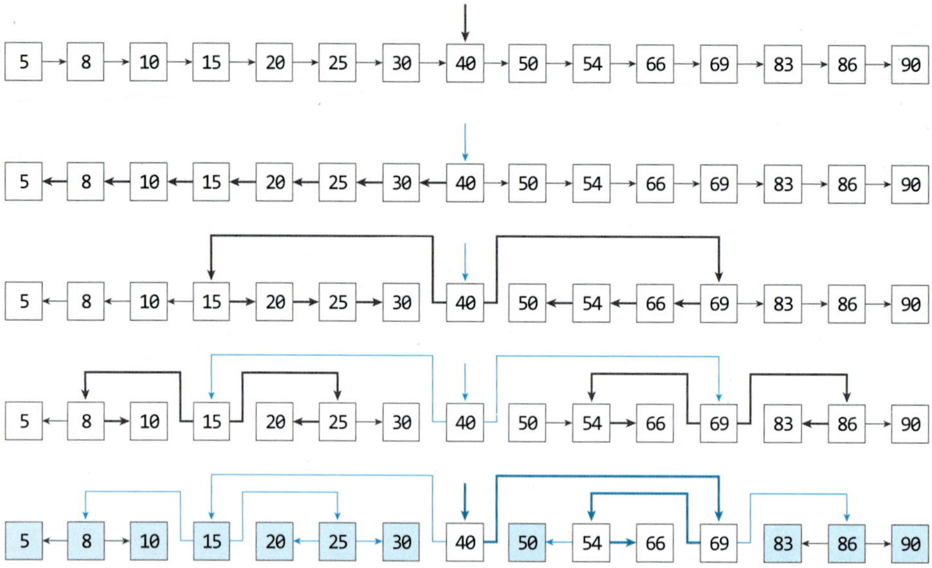

(a)

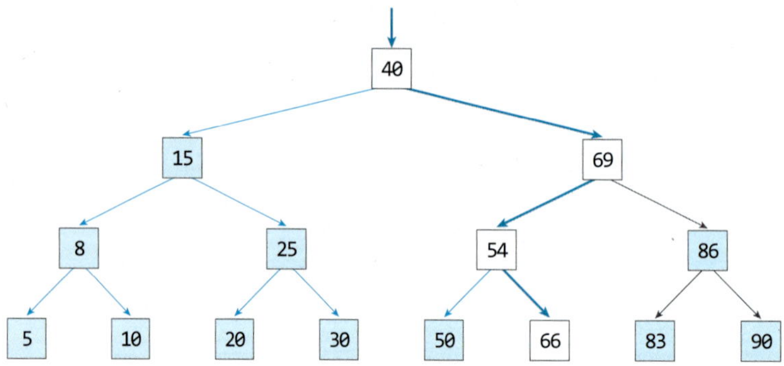

(b)

[그림 5-2] 이진 탐색 개념이 내포된 이진 탐색 트리

단순 연결 리스트에서는 각 노드가 다음 노드만을 가리키므로 이진 탐색이 쉽지 않다. 하지만 연결 리스트의 중간 노드를 중심으로 좌측 노드들은 이전 노드를 가리키도록 하고, 같은 방법을 각각 좌·우측 노드들에 같은 방식으로 적용하여 [그림 5-2](a)와 같이 차례로 바꾼 뒤, 마지막으로 연결 리스트의 중간 노드를 위로 끌어당기면 (b)의 트리가 된다. 이처럼 단순 연결 리스트로 구현한 이진 탐색 트리에는 이진 탐색 개념이 이처럼 내포된 것이다.

[핵심 아이디어]

이진 탐색 트리는 이진 탐색을 수행하기 위해 단순 연결 리스트를 변형시킨 자료구조이다.

이진 탐색 트리의 특징 중의 하나는 트리를 중위 순회를 수행하면 정렬된 출력을 얻는 것인데, 이진 탐색 트리의 중위 순회 결과는 [그림 5-3]과 같이 트리 위에서 전등을 아래 방향으로 각 노드를 비추어 바닥에 투영되는 노드의 키들을 좌에서 우로 살펴본 결과와 같다.

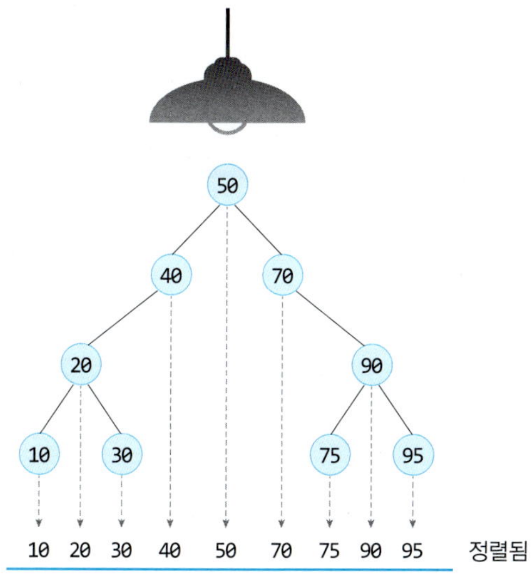

[그림 5-3] 이진 탐색 트리의 노드 투영

이진 탐색 트리는 가장 기본적인 트리 형태의 자료구조이며, 균형(Balanced) 이진 탐색 트리, B-트리, 다방향(Multi-way) 탐색 트리는 이진 탐색 트리에 기반한 자료구조들이다. 또한 이진 탐색 트리는 데이터베이스 등의 대용량 데이터 저장의 기본 개념으로도 활용된다.

[정의]

이진 탐색 트리는 이진 트리로서 각 노드가 다음과 같은 조건을 만족한다. 각 노드 n의 키는 n의 왼쪽 서브트리에 있는 노드들의 키보다 크고, n의 오른쪽 서브트리에 있는 노드들의 키보다 작다. 이를 이진 탐색 트리 조건이라 한다.

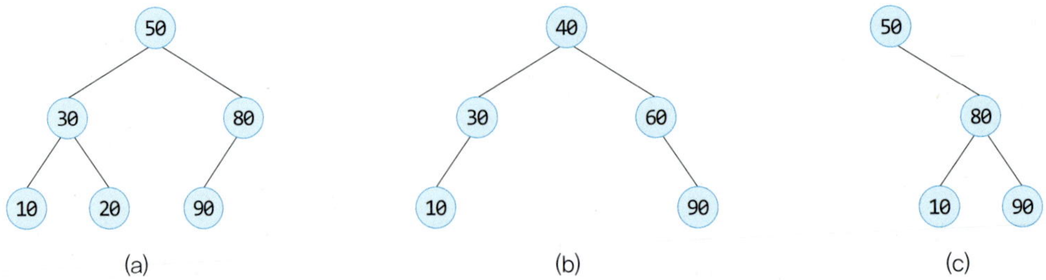

[그림 5-4] 어느 트리가 이진 탐색 트리인가?

[그림 5-4]의 세 개의 트리들 중에서 (b)만이 이진 탐색 트리이다. (a)는 80을 가진 노드의 왼쪽 자식이 80보다 큰 90을 가지며, (c)는 루트의 오른쪽 서브트리에 50보다 작은 10을 갖는 노드가 있으므로 (a)와 (c)는 이진 탐색 트리 조건을 만족하지 않는다.

다음은 이진 탐색 트리를 파이썬 프로그램으로 구현해본다. 프로그램은 bst.py와 main.py로 구성된다.

프로그램 5-1 bst.py

```
class Node:
    def __init__(self, key, value, left=None, right=None):
        self.key   = key
        self.value = value
        self.left  = left
        self.right = right

class BST:
    def __init__(self): # 트리 생성자
        self.root = None

    def get(self, key): # 탐색 연산

    def put(self, key, value): # 삽입 연산

    def min(self): # 최솟값 가진 노드 찾기

```

노드 생성자
키, 항목과 왼쪽, 오른쪽 자식 레퍼런스

트리 루트

탐색, 삽입, 삭제 연산
min()과 delete_min()은
삭제 연산에서 사용됨

```
    def delete_min(self): # 최솟값 삭제

    def delete(self, key): # 삭제 연산
```

다음은 탐색, 삽입, 삭제 연산을 상세히 알아보고 각각의 메소드를 소개한다.

5.2.1 탐색 연산

이진 탐색 트리에서의 탐색은 루트에서 시작한다. 탐색하고자 하는 키가 k라면, 루트의 key와 k를 비교하는 것으로 탐색을 시작한다. k가 key보다 작은 경우, 루트의 왼쪽 서브트리에서 k를 찾고, k가 key보다 크면 루트의 오른쪽 서브트리에서 k를 찾으며, key가 k와 같으면 탐색에 성공한 것이므로 해당 노드의 value를 반환한다. 왼쪽이나 오른쪽 서브트리에서 k를 탐색은 루트에서의 탐색과 동일하다.

```
def get(self, k): # 탐색 연산
    return self.get_item(self.root, k)

def get_item(self, n, k):
    if n == None:
        return None
    if n.key > k:
        return self.get_item(n.left, k)
    elif n.key < k:
        return self.get_item(n.right, k)
    else:
        return n.value
```

탐색 실패

k가 노드의 key보다 작으면 왼쪽 서브트리 탐색

k가 노드의 key보다 크면 오른쪽 서브트리 탐색

탐색 성공

예제 다음은 이진 탐색 트리에서 40을 탐색하는 과정을 보여준다. 단, 그림에서 각 노드의 value는 생략하였다.

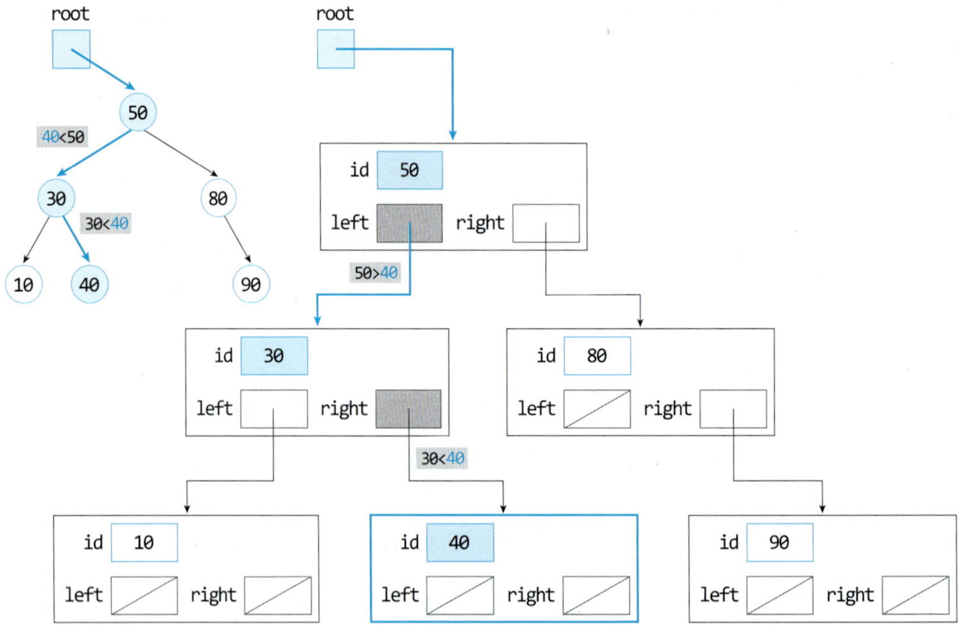

[그림 5-5] 40을 탐색하는 과정

[그림 5-5]의 트리에서 만일 45를 찾고자 한다면, 40을 가진 노드의 오른쪽 자식으로 이동하여야 하나 노드가 존재하지 않으므로(즉, None이므로), get() 메소드는 None을 반환한다.

5.2.2 삽입 연산

이진 탐색 트리에서의 삽입은 탐색 연산과 유사하다. 탐색 연산의 마지막에서 None이 반환되어야 할 상황에서 None을 반환하는 대신, 삽입하고자 하는 [key, value]를 갖는 새로운 노드를 생성하고 새 노드를 부모와 연결하여 삽입 연산을 마친다. 단, 이미 트리에 존재하는 key를 삽입하는 경우, value만을 갱신한다. 다음은 이진 탐색 트리에서 삽입 연산을 수행하는 put() 메소드이다.

```
01  def put(self, key, value): # 삽입 연산
02      self.root = self.put_item(self.root, key, value)
03
04  def put_item(self, n, key, value):
05      if n == None:
06          return Node(key, value)
07      if n.key > key:
08          n.left = self.put_item(n.left, key, value)
09      elif n.key < key:
10          n.right = self.put_item(n.right, key, value)
11      else:
12          n.value = value
13      return n
```

- 루트와 put_item()이 반환하는 노드를 재연결
- 새 노드 생성
- n의 왼쪽 자식과 put_item()이 반환하는 노드를 재연결
- n의 오른쪽 자식과 put_item()이 반환하는 노드를 재연결
- key가 이미 있으므로 value만 갱신
- 부모와 연결하기 위해 노드 n을 반환

put() 메소드는 2개의 매개변수 key와 value를 가지고 put_item() 메소드를 호출한다. 여기서 주목해야 할 것은 line 02에서 self.root가 put_item() 메소드로부터 반환되는 Node를 가리키도록 만드는(연결하는) 것이다. 또한 line 08과 10에서 n.left와 n.right가 각각 self.put_item()에서 반환되는 노드와 연결된다.

예제 [그림 5-6](a)에 35를 삽입하는 경우, 루트와 35를 비교하는 것으로 시작하여 최종적으로 None에 이르게 된다. 바로 이곳이 새 노드를 삽입할 장소이다. (b)는 40의 왼쪽 자식으로서 35를 가진 새 노드를 생성하여 연결한 것을 나타낸다.

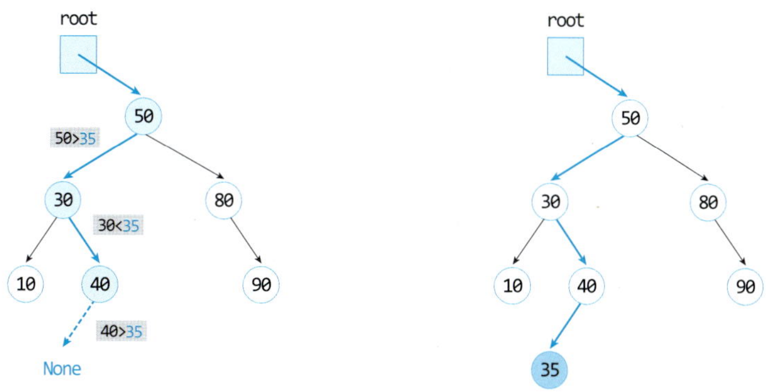

(a) 탐색 과정 (b) 새 노드 삽입

[그림 5-6] 35를 삽입하는 과정

(35, 'pear')를 삽입하는 과정은 put() 메소드를 호출하여 수행되는데, 이 과정을 [그림 5-7]에서 확인할 수 있다. [그림 5-7]은 삽입할 장소를 탐색하는 과정을 나타내고 있으며, [그림 5-8]은 삽입 후 루트로 거슬러 올라가며 재연결하는 과정을 보여준다.

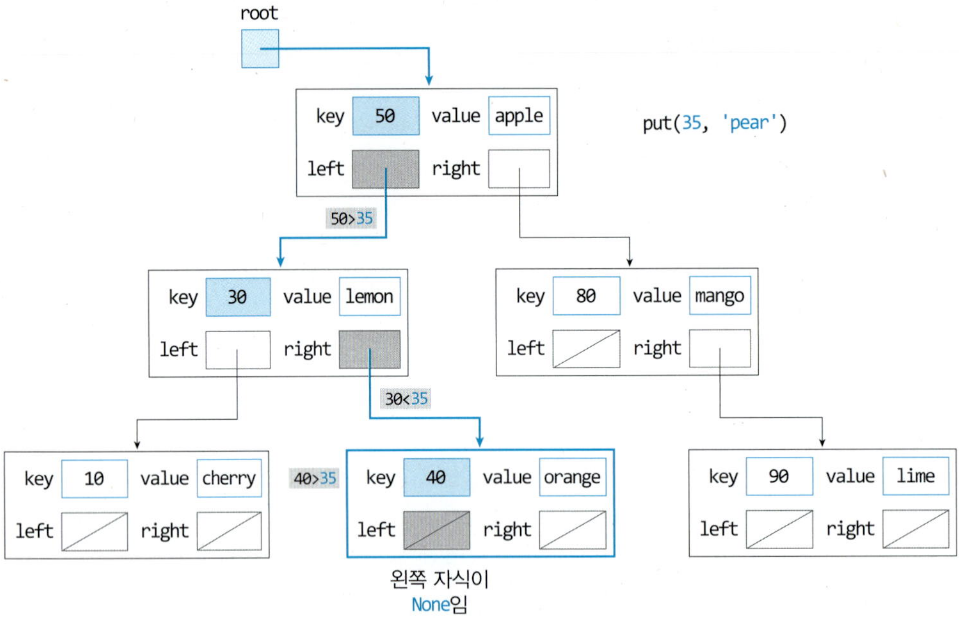

[그림 5-7] 35를 삽입할 장소를 탐색하는 과정

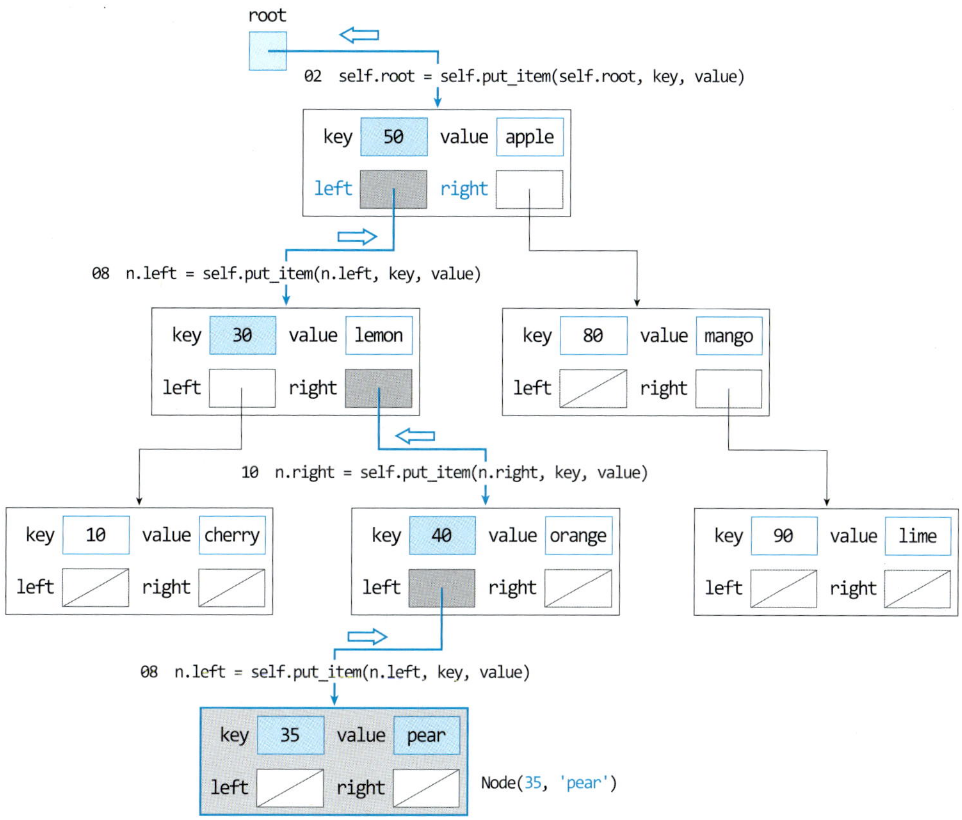

[그림 5-8] 새 노드 삽입 후 루트로 거슬러 올라가며 재연결하는 과정

5.2.3 최솟값 찾기

이진 탐색 트리에서 최솟값을 찾는 방법은 매우 간단하다. 루트로부터 왼쪽 자식을 따라 내려가며, None을 만났을 때 None의 부모가 가진 key가 최솟값이다. 최솟값을 찾는 min() 메소드는 delete() 메소드에서 사용된다. 다음은 이진 탐색 트리에서 최솟값을 가진 노드의 레퍼런스를 반환하는 min() 메소드이다.

```
def min(self): # 최솟값 가진 노드 찾기
    if self.root == None:
        return None
    return self.minimum(self.root)

def minimum(self, n):
```

```
        if n.left == None:
            return n
        return self.minimum(n.left)
```

왼쪽 자식이 None인 노드(최솟값을 가진)를 반환

왼쪽 자식으로 순환 호출하며 최솟값 가진 노드를 반환

min() 메소드는 minimum()을 루트를 가지고 호출하며 None이 아닌 한 계속 왼쪽자식을 인자로 넘겨 순환 호출하여, 왼쪽 자식이 None이면 None의 부모(최솟값을 가진 노드)의 레퍼런스를 반환한다.

예제 [그림 5-9]의 트리에서 최솟값을 찾는 경우, 루트에서 시작하여 왼쪽 자식인 30으로 이동하고, 다시 이 노드의 왼쪽 자식인 10으로 내려간다. 그러나 10의 왼쪽 자식이 None이므로 10의 레퍼런스를 최종적으로 반환한다.

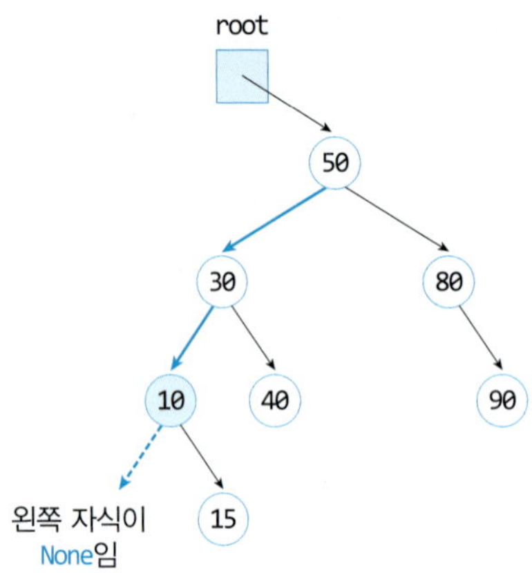

[그림 5-9] min()의 수행 과정

5.2.4 최솟값 삭제 연산

최솟값을 가진 노드를 삭제하려면 먼저 최솟값을 가진 노드 n을 찾아낸 뒤, n의 부모 p와 n의 오른쪽 자식 c를 연결하여 최솟값을 가진 노드를 트리에서 분리한다. delete_min() 메소드는 임의의 key를 가진 노드를 삭제하는 delete() 메소드에서 사용된다. 다음은 최솟값을 가진 노드를 삭제하는 delete_min()이다.

```
01  def delete_min(self): # 최솟값 삭제
02      if self.root == None:
03          print('트리가 비어 있음')
04      self.root = self.del_min(self.root)
05
06  def del_min(self, n):
07      if n.left == None:
08          return n.right
09      n.left = self.del_min(n.left)
10      return n
```

루트와 del_min()이 반환하는 노드를 재연결

최솟값 가진 노드의 오른쪽 자식을 반환

n의 왼쪽 자식과 del_min()이 반환하는 노드를 재연결

delete_min() 메소드의 del_min()을 호출한다. 트리가 empty가 아닌 경우, del_min() 메소드를 root를 인자로 하여 호출한다. 이후 루트로부터 왼쪽 자식으로 계속 내려가다가, 왼쪽 자식이 None이면 현재 노드의 오른쪽 자식의 레퍼런스를 반환한다(line 08). 그 후부터는 루트까지 거슬러 올라가며 부모와 자식을 line 09에서 다시 연결한다.

예제 [그림 5-10]의 왼쪽 트리는 루트로부터 왼쪽 자식을 따라서 내려가다가 왼쪽 자식이 None인 노드(10)를 찾은 것을 나타낸다. 오른쪽 그림은 10의 오른쪽 자식(15)을 10의 부모(30)에 연결하고, 계속해서 루트로 올라가며 부모와 자식을 재연결하는 과정을 나타낸다.

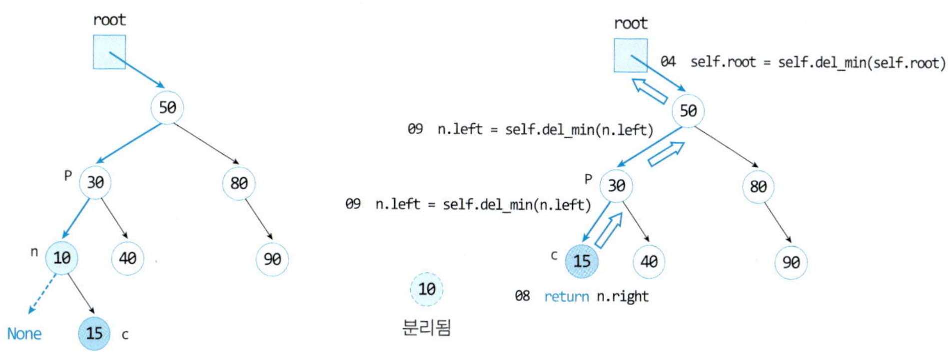

[그림 5-10] delete_min()의 수행 과정

참고로 분리된 노드는 프로그램 내에서 더 이상 참조되지 않으므로 가비지 컬렉터(Garbage Collector)에 의해 처리된다.

5.2.5 삭제 연산

이진 탐색 트리에서 마지막으로 소개할 연산으로 트리에서 임의의 키를 가진 노드를 삭제하는 delete 연산을 살펴보자. 우선 get()의 탐색 과정과 같이 삭제할 노드를 찾은 후, 이진 탐색 트리 조건을 만족하도록 삭제된 노드의 부모와 자식들을 연결해 주어야 한다. 이를 위해 삭제되는 노드가 자식이 없는 경우(case 0), 자식이 하나인 경우(case 1), 자식이 둘인 경우(case 2)로 나누어 삭제 연산을 수행한다.

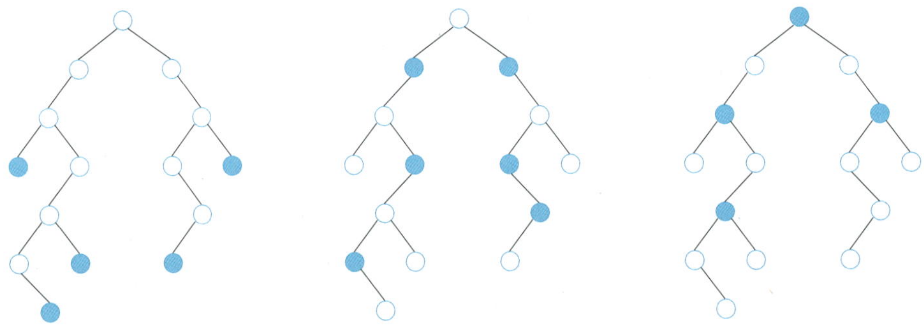

[그림 5-11] 삭제되는 노드의 3가지 유형

삭제되는 노드를 n이라고 했을 때,

- case 0: n의 부모가 n을 가리키던 레퍼런스를 None으로 만든다.
- case 1: n의 부모와 n의 자식을 직접 연결한다.
- case 2: n의 자리에 이진 탐색 트리를 중위 순회하면서 n을 방문한 직후에 방문되는 노드(Inorder Successor, 중위 후속자)를 n의 자리로 옮긴다.

다음은 delete() 메소드에 대한 설명이다. Line 12~13은 case 0과 case 1(오른쪽 자식이 None인 경우)을 수행하고, line 14~15는 case 1(왼쪽 자식이 None인 경우)을 수행한다. Case 2는 line 16~19에서 수행된다.

각각의 case에 대해 삭제할 노드를 트리에서 분리시킨 후에는 line 20의 return n으로 (현재) 노드를 반환하여, line 08이나 10에서 (탐색할 때 내려왔던 경로를 거슬러 올라가며) n의 부모와 재연결을 수행한다. 마지막엔 line 02에서 루트와 반환된 노드를 재연결하여 삭제 연산을 마친다.

```
01  def delete(self, k): # 삭제 연산
02      self.root = self.del_node(self.root, k)
03
04  def del_node(self, n, k):
05      if n == None:
06          return None
07      if n.key > k:
08          n.left = self.del_node(n.left, k)
09      elif n.key < k:
10          n.right = self.del_node(n.right, k)
11      else:
12          if n.right == None:
13              retrun n.left
14          if n.left == None:
15              return n.right
16          target = n
17          n = self.minimum(target.right)
18          n.right = self.del_min(target.right)
19          n.left = target.left
20      return n
```

- 02: 루트와 del_node()가 반환하는 노드를 재연결
- 08: n의 왼쪽 자식과 del_node()가 반환하는 노드를 재연결
- 10: n의 오른쪽 자식과 del_node()가 반환하는 노드를 재연결
- 16: tarqet은 삭제할 노드
- 17: target의 중위 후속자를 찾아 n이 참조하게 함
- 18: n의 오른쪽 자식과 target의 오른쪽 자식 연결
- 19: n의 왼쪽 자식과 target의 왼쪽 자식 연결

예제 1 다음은 [그림 5-12]의 왼쪽 트리에서 10을 삭제하기 위해 탐색하는 과정을 나타내며, 오른쪽 그림은 삭제할 노드를 찾은 후, 10을 가진 노드가 트리에서 분리하고, 루트까지 올라가며 재연결되는 과정을 나타낸다.

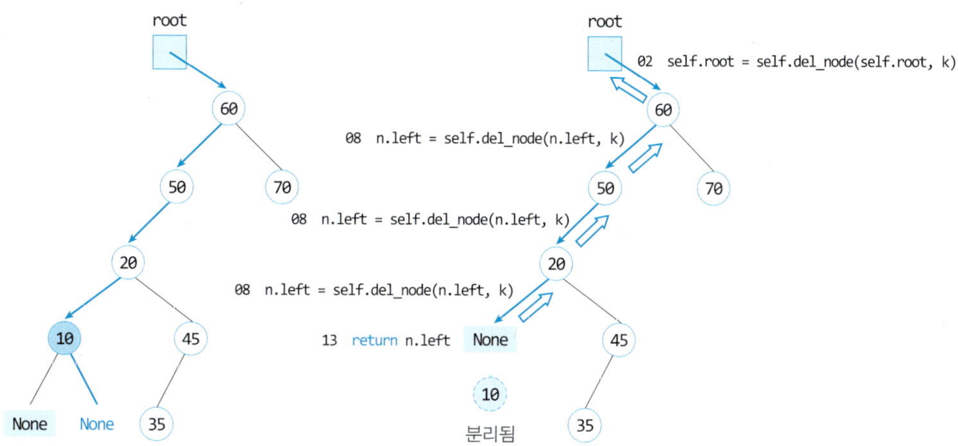

[그림 5-12] delete(10)의 수행 과정 (case 0)

예제 2 [그림 5-13]의 왼쪽 트리는 45를 삭제하기 위해 탐색하는 과정을 나타내고, 오른쪽 그림은 45를 찾은 후, 45를 가진 노드가 트리에서 분리하고, 루트까지 올라가 재연결되는 과정을 나타낸다.

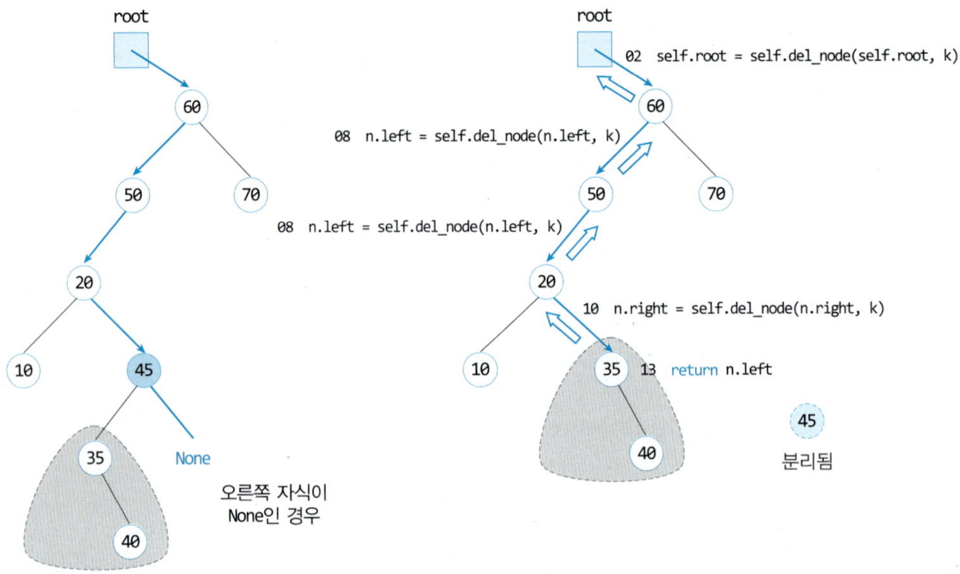

[그림 5-13] delete(45)의 수행 과정 (case 1)

예제 3 다음은 [그림 5-14](a)에서 20을 삭제하기 위해 탐색하는 과정이며, 오른쪽 그림은 삭제할 노드를 찾은 후, min() 메소드로 25(중위 후속자)를 찾고 이 노드를 n이 line 17에서 가리키게 한 것이다. (b)는 반환하며 루트까지 올라가 부모와 자식 사이를 재연결하는 과정을 보여준다.

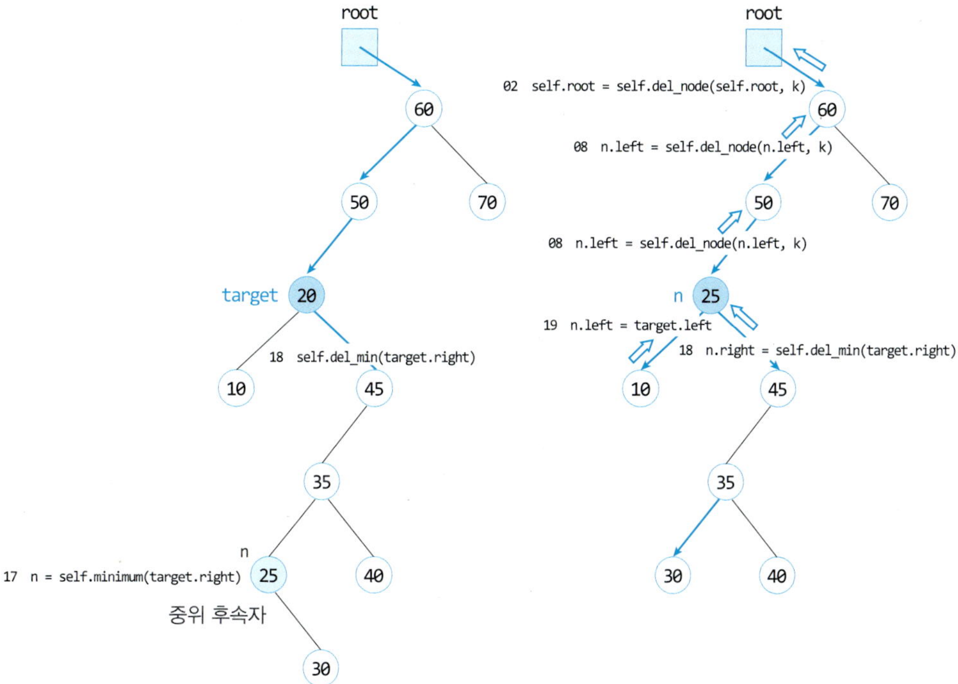

[그림 5-14] delete(20)의 수행 과정 (case 2)

다음은 이진 탐색 트리를 위한 파이썬 프로그램의 main.py이다

프로그램 5-2 main.py

```
from bst import BST
if __name__ == '__main__':
    t = BST()                    # 이진 탐색 트리 객체 생성
    t.put(500, 'apple')          # 12개의 항목 삽입
    t.put(600, 'banana')
    t.put(200, 'melon')
    t.put(100, 'orange')
    t.put(400, 'lime')
    t.put(250, 'kiwi')
    t.put(150, 'grape')
    t.put(800, 'peach')
```

```python
    t.put(700, 'cherry')
    t.put(50,  'pear')
    t.put(350, 'lemon')
    t.put(10,  'plum')
    print('전위 순회:\t', end='')
    t.preorder(t.root)
    print('\n중위 순회:\t', end='')
    t.inorder(t.root)
    print('\n250: ',t.get(250))
    t.delete(200)
    print('200 삭제 후:')
    print('전위 순회:\t', end='')
    t.preorder(t.root)
    print('\n중위 순회:\t', end='')
    t.inorder(t.root)
```

트리 순회 및 삭제 연산 수행

프로그램 main.py에서는 먼저 12개의 노드를 가진 이진 탐색 트리를 만들고, 전위 순회와 중위 순회를 출력한 후, key = 250을 탐색하고, 자식을 둘 가진 노드(200)을 삭제한 후, 전위 순회와 중위 순회를 출력한다. 단, 중위 순회와 중위 순회 메소드는 Part 4 이진 트리의 [프로그램 4-1] binary_tree.py에 선언된 것과 동일하므로 [프로그램 5-1]에서는 생략되었다. [그림 5-15]는 [프로그램 5-1, 2]가 수행된 결과이다.

```
Run: 프로그램5-1 and 2 bst
C:\Users\user\venv\Scripts\python.exe
전위 순회:	500	200	100	50	10	150	400	250	350	600	800	700
중위 순회:	10	50	100	150	200	250	350	400	500	600	700	800
250:  kiwi
200 삭제 후:
전위 순회:	500	250	100	50	10	150	400	350	600	800	700
중위 순회:	10	50	100	150	250	350	400	500	600	700	800
Process finished with exit code 0
```

[그림 5-15] [프로그램 5-1, 2]의 수행 결과

| 수행 시간 |

이진 탐색 트리에서 탐색, 삽입, 삭제 연산은 공통적으로 루트에서 탐색을 시작하여 최악의 경우에 이파리까지 내려가고, 삽입과 삭제 연산은 다시 루트까지 거슬러 올라가야 한다. 트리를 한 층 내려갈 때는 순환 호출이 수행되고, 한 층을 올라갈 때는 부모와 자식을 연결하는데, 이들 각각은 O(1) 시간밖에 걸리지 않는다. 따라서 각 연산의 수행 시간은 이진 탐색 트리의 높이(h)에 비례한다.

n개의 노드가 있는 이진 탐색 트리의 높이가 가장 낮은 경우는 완전 이진 트리 형태일 때이고, 가장 높은 경우는 편향 이진 트리이다. 따라서 이진 트리의 높이 h는 아래와 같이 표현할 수 있다.

$$\lceil \log(n+1) \rceil \approx \log n \le h \le n$$

참고로 empty 이진 탐색 트리에 랜덤하게 선택된 n개의 키를 삽입했을 때, 트리의 높이는 약 1.39logn이다.

5.3 AVL 트리

AVL[1] 트리는 트리가 한쪽으로 치우쳐 자라나는 것을 방지하여 트리 높이의 균형(Balance)을 유지하는 이진 탐색 트리이다. 균형(Balanced) 이진 트리를 만들면 n개의 노드를 가진 트리의 높이가 O(logn)이 되어 탐색, 삽입, 삭제 연산의 수행 시간이 O(logn)으로 보장된다.

[핵심 아이디어]

AVL 트리는 삽입이나 삭제로 인해 균형이 깨지면 회전 연산을 통해 트리의 균형을 유지한다.

다음은 AVL 트리의 정의이다.

1) AVL 트리는 Adelson-Velsky와 Landis가 1962년에 제안하여, 그들의 이름의 머리글자로 트리의 이름을 명명한 것이다.

[정의]

AVL 트리는 임의의 노드 n에 대해 n의 왼쪽 서브트리의 높이와 오른쪽 서브트리의 높이 차이가 1을 넘지 않는 이진 탐색 트리이다.

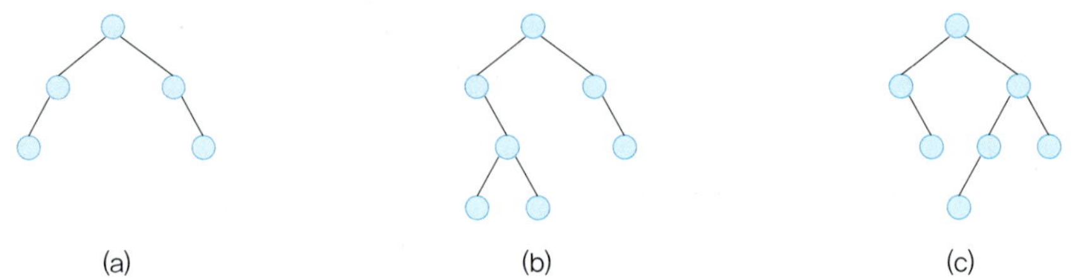

[그림 5-16] 어느 트리가 AVL 트리 형태를 갖추고 있나?

[그림 5-16]에서 (a)와 (c)는 AVL 트리의 형태를 갖추고 있다. 그러나 (b)는 루트의 왼쪽 자식의 왼쪽 서브트리가 empty이고 오른쪽 서브트리의 높이가 2이다. 따라서 왼쪽과 오른쪽 서브트리 높이 차이는 2이며, 이는 AVL 트리 조건에 위배된다. 이때 루트의 왼쪽 자식에서 '불균형'이 발생했다고 말한다.

[정리]

n개의 노드를 가진 AVL 트리의 높이는 O(logn)이다.

증명 A(h)를 높이가 h인 AVL 트리를 구성하는 최소의 노드 수로 정의하자. 그러면 [그림 5-17]에서 확인할 수 있듯이 A(1) = 1, A(2) = 2, A(3) = 4이다.

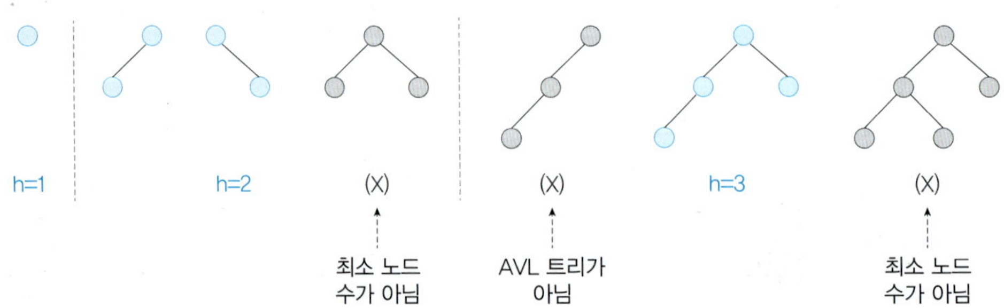

[그림 5-17] 높이가 1, 2, 3일 때 최소 노드 수로 구성된 AVL 트리

그런데 A(3) = 4가 되는 것을 살펴보기 위해, A(3)을 점화식으로 표현하면 A(3) = A(2) + A(1) + 1 = 2 + 1 + 1 = 4로 구성됨을 [그림 5-18]을 통해 확인할 수 있다.

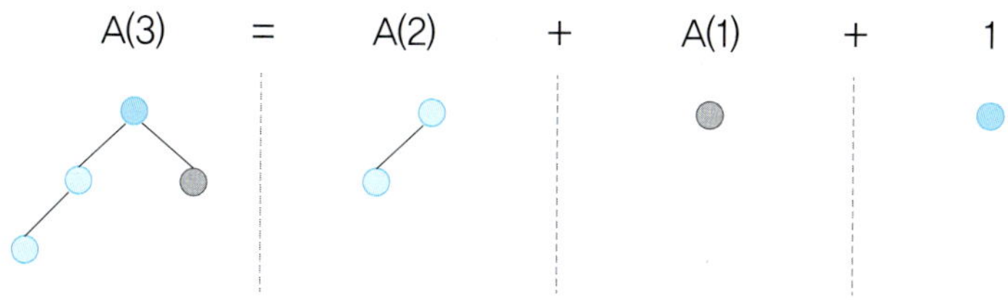

[그림 5-18] A(3)의 점화식 표현

A(3)이 위와 같이 구성되는 이유는 높이가 3인 AVL 트리에는 루트와 루트의 왼쪽과 오른쪽 서브트리가 존재해야 하고, 각 서브트리 역시 최소 노드 수를 가진 AVL 트리이어야 하기 때문이다. 또한 이 2개의 서브트리의 높이 차이가 1일 때 전체 트리의 노드 수가 최소가 되기 때문이다. 이를 A(h)에 대한 점화식으로 표현하면 다음과 같다.

$$A(h)=A(h-1)+A(h-2)+1,\ 단,\ A(0)=0,\ A(1)=1,\ A(2)=2$$

h	0	1	2	3	4	5	6	7	
A(h)	0	1	2	4	7	12	20	33	...
F(h)	0	1	1	2	3	5	8	13	...

[그림 5-19] A(h)와 피보나치 수 F(h)와의 관계

A(h)를 n으로된 항으로 표현하기 위해 [그림 5-19]의 표를 통해 h와 A(h)의 관계를 살펴보면 피보나치 수 F(h)와 관계가 있음을 알 수 있다. 즉, A(h) = F(h+2) - 1이다. 그런데 피보나치 수 $F(h) \approx \varphi^h/\sqrt{5}$, $\varphi = (1+\sqrt{5})/2$이므로, $A(h) \approx \varphi^{h+2}/\sqrt{5}-1$이다. 여기서 A(h)는 높이가 h인 AVL 트리에 있는 최소 노드 수이므로, 노드 수가 n인 임의의 AVL 트리의 최대 높이를 $A(h) \leq n$의 관계에서 다음과 같이 계산할 수 있다.

$$A(h)\approx\phi^{h+2}/\sqrt{5}-1\leq n$$
$$\phi^{h+2}\leq\sqrt{5}(n+1)$$
$$h\leq\log_{\phi}(\sqrt{5}(n+1))-2\approx1.44\log n=O(\log n)$$

AVL 트리에서의 탐색 연산은 이진 탐색 트리의 탐색 연산과 같으므로 생략한다. AVL 트리에서의 삽입과 삭제 연산을 살펴보기 전에 삽입과 삭제 연산에서 불균형이 발생했을 때 트리의 균형을 유지하기 위한 4종류의 회전(Rotation) 연산에 대해 알아본다.

5.3.1 AVL 트리의 회전 연산

AVL 트리에서 삽입 또는 삭제 연산을 수행할 때 트리의 균형을 유지하기 위해 LL-회전, RR-회전, LR-회전, RL-회전 연산이 사용된다. 이 회전 연산들은 두 종류의 기본적인 연산으로 구현된다. 하나는 오른쪽으로 회전하는 rotate_right이고, 다른 하나는 왼쪽으로 회전하는 rotate_left이다.

rotate_right()는 왼쪽의 서브트리가 높아서 불균형이 발생했을 때 서브트리를 오른쪽으로 회전하기 위한 메소드이다. rotate_right()는 노드 n의 왼쪽 자식 x를 노드 n의 자리로 옮기고, 노드 n을 노드 x의 오른쪽 자식으로 만들며, 이 과정에서 서브트리 T_2가 노드 n의 왼쪽 서브트리로 옮겨진다.

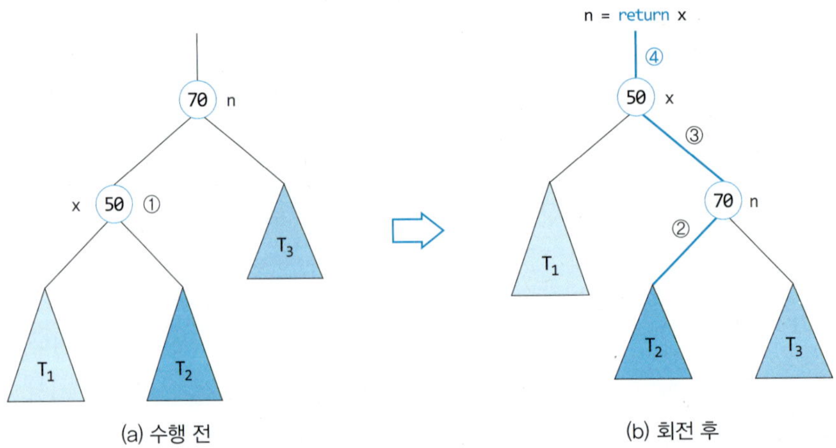

[그림 5-20] rotate_right()

```
01  def rotate_right(self, n): # 우로 회전
02      ① x = n.left
03      ② n.left = x.right
04      ③ x.right = n
05          n.height = max(self.height(n.left), self.height(n.right)) + 1
06          x.height = max(self.height(n.left), self.height(x.right)) + 1
07      ④ return x
```

rotate_right()의 line 02~04와 07에 각각 부여된 번호 순서에 따라 [그림 5-20]의 link의 변화를 확인할 수 있다. 마지막으로 line 07에서 노드 x의 레퍼런스를 반환한다. 여기서 주목해야 할 것은 서브트리들의 위치가 좌에서 우로 봤을 때, 항상 T_1, T_2, T_3 순으로 유지되고 있는 것이다. Line 05~06은 노드 n과 x의 높이를 각각 갱신한다.

rotate_left()는 오른쪽의 서브트리가 높아서 불균형이 발생했을 때 왼쪽으로 회전하기 위한 메소드이다. rotate_left()는 노드 n의 오른쪽 자식 x를 노드 n의 자리로 옮기고, 노드 n을 노드 x의 왼쪽 자식으로 만들며, 이 과정에서 서브트리 T_2가 노드 n의 오른쪽 서브트리로 옮겨진다.

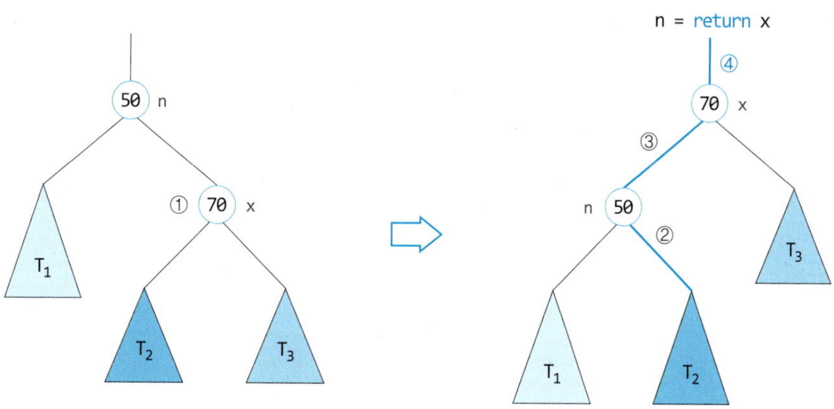

(a) 수행 전 (b) 회전 후

[그림 5-21] rotate_left()

rotate_left()의 line 02~04와 07에 각각 부여된 번호 순서에 따라 [그림 5-21]에 link의 변화를 확인할 수 있다. 마지막으로 line 07에서 노드 x의 레퍼런스를 반환한다.

```
def rotate_left(self, n): # 좌로 회전
    ① x = n.right
    ② n.right = x.left
    ③ x.left = n
      n.height = max(self.height(n.left), self.height(n.right)) + 1
      x.height = max(self.height(x.left), self.height(x.right)) + 1
    ④ return x
```

다음은 4개의 회전 연산을 알아보고, rotate_right()와 rotate_left()를 사용하여 각 회전 연산을 살펴보자.

LL-회전: [그림 5-22](a)는 노드 10의 왼쪽 서브트리(T_1) 또는 오른쪽 서브트리(T_2)에 새로운 노드가 삽입되어, T_1 또는 T_2의 높이가 h-1이 되고 노드 30의 왼쪽과 오른쪽 서브트리의 높이 차이가 2가 된 상태를 나타낸다. 즉, 노드 30에서 AVL 트리 조건이 어긋났고, 이는 노드 30의 왼쪽(L) 서브트리의 왼쪽(L) 서브트리에 새로운 노드가 삽입되었기 때문이다.

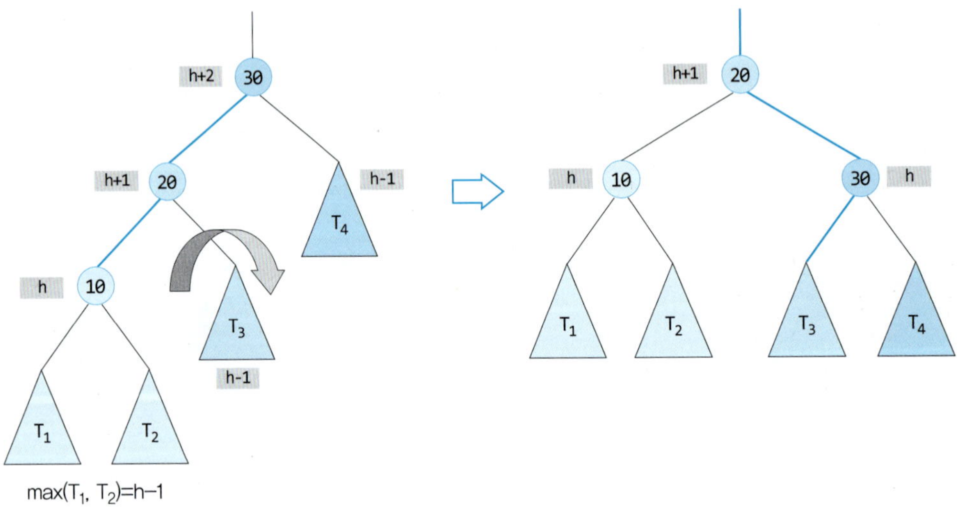

(a) T_1 또는 T_2에 새 노드 삽입 (b) LL-회전 후

[그림 5-22] LL-회전

[그림 5-22](b)는 LL-회전을 수행하여 20이 30의 자리로 이동하고, 30이 20의 오른쪽 자식이 되며, 마지막으로 T_3은 30의 왼쪽 서브트리가 된 것을 나타낸다. 여기서 T_3에 있는 키들은 20과 30 사잇값을 가지므로 T_3의 이동 전후 모두 이진 탐색 트리 조건을 만족한다. LL-회전은 rotate_right()를 이용하여 구현된다. 따라서 rotate_right(30)의 수행 결과가 바로 [그림 5-22](b)의 트리이다.

RR-회전: [그림 5-23](a)는 30의 왼쪽 서브트리(T_3) 또는 오른쪽 서브트리(T_4)에 새로운 노드가 삽입되고 T_3 또는 T_4의 높이가 h-1이 되며 10의 왼쪽과 오른쪽 서브트리의 높이 차이가 2가 된 상태이다. 즉, 10에서 AVL 트리 조건이 어긋났고, 이는 10의 오른쪽(R) 서브트리의 오른쪽(R) 서브트리에서 새로운 노드가 삽입되었기 때문이다. RR-회전은 rotate_left()를 이용하여 구현된다. 따라서 rotate_left(10)의 수행 결과가 [그림 5-23](b)이다.

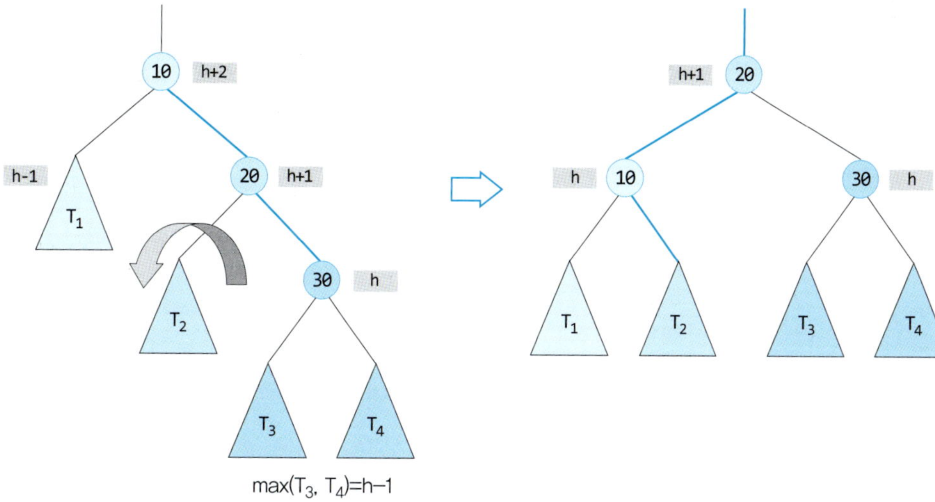

(a) T_3 또는 T_4에 새 노드 삽입

(b) RR-회전 후

[그림 5-23] RR-회전

[그림 5-23](a)에서의 RR-회전은 20이 10의 자리로 이동하고, 10이 20의 왼쪽 자식이 되며, 마지막으로 T_2는 10의 오른쪽 서브트리가 되도록 한다. 여기서 T_2에 있는 키들은 10과 20 사잇값을 가지므로 T_2의 이동 전후 모두 이진 탐색 트리 조건을 만족한다.

LR-회전: [그림 5-24](a)는 20의 왼쪽 서브트리(T_2) 또는 오른쪽 서브트리(T_3)에 새로운 노드가 삽입되어 T_2 또는 T_3의 높이가 h-1이 됨에 따라 30의 왼쪽과 오른쪽 서브트리의 높이 차이가 2가 된 상태를 나타낸다. 즉, 30에서 AVL 트리 조건이 어긋났고, 이는 30의 왼쪽(L) 서브트리의 오른쪽(R) 서브트리에서 새로운 노드가 삽입되었기 때문이다. LR-회전은 rotate_left(10)을 먼저 수행한 뒤 rotate_right(30)을 수행하며, 그 결과는 [그림 5-24](b)의 트리와 같다.

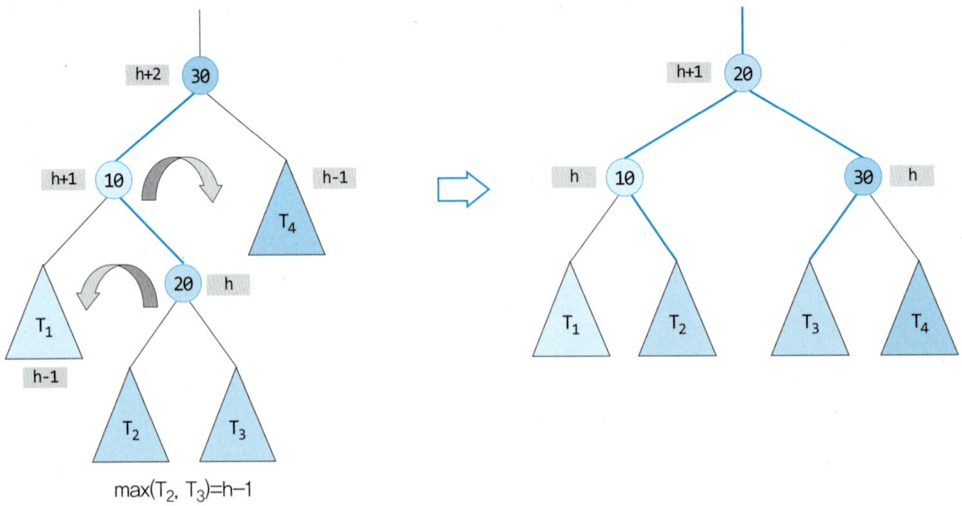

(a) T_2 또는 T_3에 새 노드 삽입 (b) LR-회전 후

[그림 5-24] LR-회전

RL-회전: [그림 5-25](a)는 20의 왼쪽 서브트리(T_2) 또는 오른쪽 서브트리(T_3)에 새로운 노드가 삽입되어 T_2 또는 T_3의 높이가 h-1이 되고 10의 왼쪽과 오른쪽 서브트리의 높이 차이가 2가 된 상태를 나타낸다. 즉, 10에서 AVL 트리 조건이 어긋났고, 이는 10의 오른쪽(R) 서브트리의 왼쪽(L) 서브트리에서 새로운 노드가 삽입되었기 때문이다. RL-회전은 rotate_right(30)을 먼저 수행한 뒤 rotate_left(10)을 수행한다. 그 결과 [그림 5-25](b)의 트리를 얻는다.

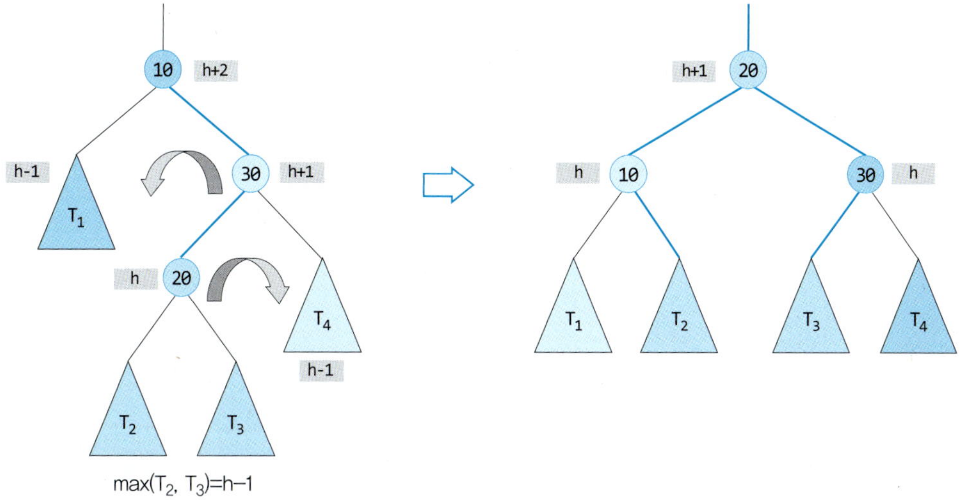

(a) T_2 또는 T_3에 새 노드 삽입 (b) RL-회전 후

[그림 5-25] RL-회전

4종류의 회전은 2가지 공통점을 가지고 있다. 먼저 회전 후의 트리들([그림 5-22](b), [그림 5-23](b), [그림 5-24](b), [그림 5-25](b))가 모두 같다. 이는 각 그림(a)의 트리에서 10, 20, 30이 어디에 위치하든지, 3개의 노드 중에서 중간값을 가진 노드, 즉 20이 위로 이동하면서 10과 30이 각각 20의 좌우 자식이 되기 때문이다. 또 다른 공통점은 각 회전 연산의 수행 시간이 O(1) 시간이다. 이는 각 그림(b)에서 변경된 노드 레퍼런스 수가 O(1)개이기 때문이다.

5.3.2 삽입 연산

AVL 트리에서의 삽입은 두 단계로 수행된다. 1 단계에서는 이진 탐색 트리의 삽입과 동일하게 새로운 노드를 삽입한다. 2 단계에서는 새롭게 삽입한 노드로부터 루트로 거슬러 올라가며 각 노드의 서브트리 높이 차이를 갱신한다. 이때 가장 먼저 불균형이 발생한 노드를 발견하면, 이 노드를 기준으로 새 노드의 삽입 위치에 따라 적절한 회전 연산을 수행한다.

다음은 AVL 트리를 위한 파이썬 프로그램 avl.py이다.

프로그램 5-3 avl.py

```python
class Node:
    def __init__(self, key, value, height, left=None, right=None):
        self.key    = key
        self.value  = value
        self.height = height
        self.left   = left
        self.right  = right

class AVL:
    def __init__(self):
        self.root = None

    def height(self, n):
        if n == None:
            return 0
        return n.height

    def put(self, key, value): # 삽입 연산
    def balance(self, n): # 불균형 처리
    def bf(self, n): # bf 계산
    def rotate_right(self, n): # 우로 회전
    def rotate_left(self, n): # 좌로 회전
    def delete(self, key): # 삭제 연산
    def delete_min(self): # 최솟값 연산
    def min(self): # 최솟값 찾기
```

노드 생성자
key, value, 노드의 높이,
왼쪽, 오른쪽 자식 레퍼런스

트리 루트

노드 n의 높이 반환

삭제 및 삭제 관련 연산

rotate_right()와 rotate_left()는 앞서 살펴보았고, 이 메소드들과 트리의 불균형을 해소해주는 balance()와 bf() 메소드를 소개하며 이들을 사용해 임의의 항목을 삽입하는 put() 메소드를 알아본다.

먼저 balance()는 불균형 발생 시 회전 연산을 통해 트리의 균형을 맞춘다.

```
01  def balance(self, n):
02      if self.bf(n) > 1:
03          if self.bf(n.left) < 0:
04              n.left = self.rotate_left(n.left)
05          n = self.rotate_right(n)
06
07      elif self.bf(n) < -1:
08          if self.bf(n.right) > 0:
09              n.right = self.rotate_right(n.right)
10          n = self.rotate_left(n)
11      return n
```

노드 n에서 불균형 발생

노드 n의 왼쪽 자식의 오른쪽 서브트리가 높은 경우

LR 회전

LL 회전

노드 n의 오른쪽 자식의 왼쪽 서브트리가 높은 경우

RL 회전

RR 회전

bf(n)은 단순히 (노드 n의 왼쪽 서브트리 높이) - (오른쪽 서브트리 높이)를 반환하는 메소드이다.

```
def bf(self, n): # bf 계산
    return self.height(n._left) - self.height(n._right)
```

balance() 메소드에서 line 02의 bf(n) 〉 1인 경우는 노드 n의 왼쪽 서브트리가 오른쪽 서브트리보다 높고, 그 차이가 1보다 크므로 트리의 불균형이 발생한 것이다. 이때 bf(n.left)가 음수이면, n.left의 오른쪽 서브트리가 왼쪽 서브트리보다 높음을 의미한다. 따라서 line 04에서 rotate_left(n.left)를 수행하고 line 06에서 rotate_right(n)을 수행한다. 즉, LR-회전을 수행한다. 만일 bf(n.left)가 음수가 아니라면, line 06에서 LL-회전만을 수행한다.

RR-회전과 RL-회전도 line 08~10에 따라 각각 수행되어 트리의 균형을 유지한다. 참고로 현재 노드 n의 균형이 유지되어 있으면, line 11에서 노드 n의 레퍼런스를 반환한다.

다음은 새 항목을 AVL 트리에 삽입하는 put() 메소드이다. put() 메소드는 이진 탐색 트리의 put() 메소드와 거의 같다. 단, line 14의 노드 높이 계산과 line 15의 balance() 호출하는 것이 추가된다.

```
def put(self, key, value): # 삽입 연산
    self.root = self.put_item(self.root, key, value)

def put_item(self, n, key, value):
    if n == None:
        return Node(key, value, 1)
    if n.key > key:
        n.left = self.put_item(n.left, key, value)
    elif n.key < key:
        n.right = self.put_item(n.right, key, value)
    else:
        n.value = value
        return n
    n.height = max(self.height(n.left), self.height(n.right)) + 1
    return self.balance(n)
```

새 노드 생성, 높이 = 1

key가 이미 있으면 value만 갱신

노드 n의 높이 갱신

노드 n의 균형 유지

[그림 5-26]은 초기에 empty인 AVL 트리에 30, 40, 100, 20, 10, 60, 70, 120, 110을 차례로 삽입하는 과정을 나타낸다.

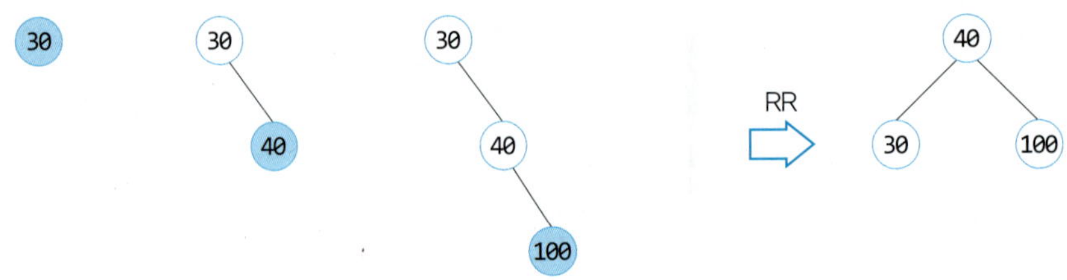

(a) 30 삽입 (b) 40 삽입 (c) 100 삽입

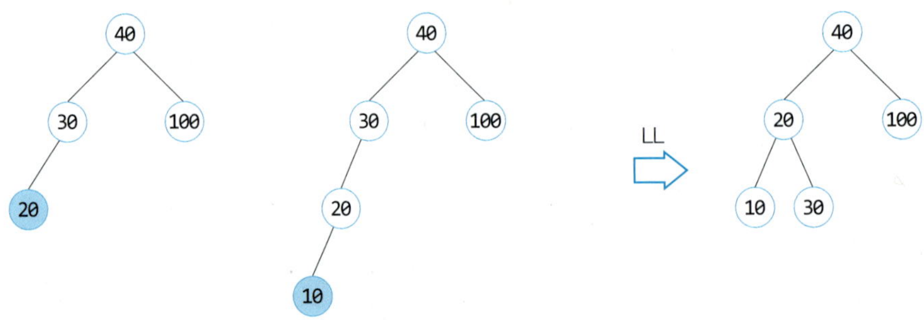

(d) 20 삽입 (e) 10 삽입

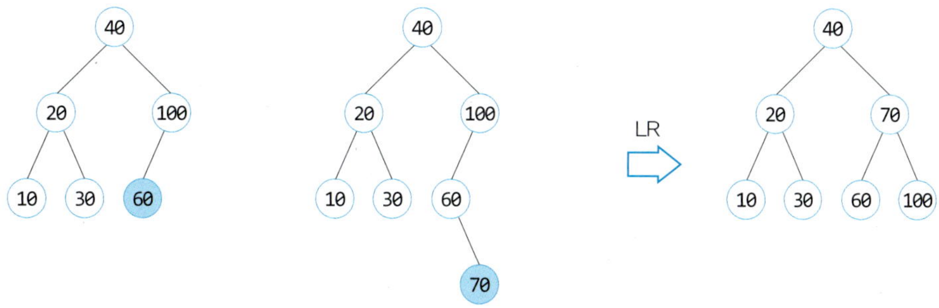

(f) 60 삽입　　(g) 70 삽입

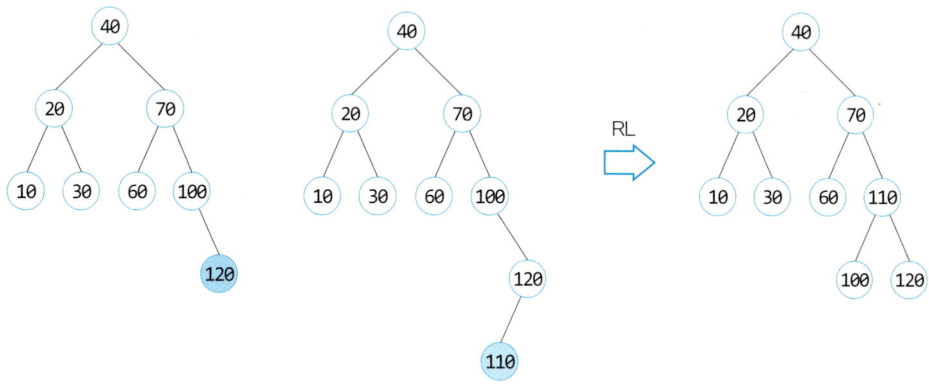

(h) 120 삽입　　(i) 110 삽입

[그림 5-26] AVL 트리의 연속적인 삽입

5.3.3 삭제 연산

AVL 트리에서의 삭제 연산은 두 단계로 진행된다. 1단계에서는 이진 탐색 트리에서와 동일한 삭제 연산을 수행하고, 2단계에서는 삭제된 노드로부터 루트 방향으로 거슬러 올라가며 불균형이 발생하면 적절한 회전 연산을 수행한다. 즉, 회전 연산 수행 후에 부모에서 불균형이 발생할 수 있고, 이러한 일이 반복되어 루트에서 회전 연산을 수행해야 하는 경우도 발생한다.

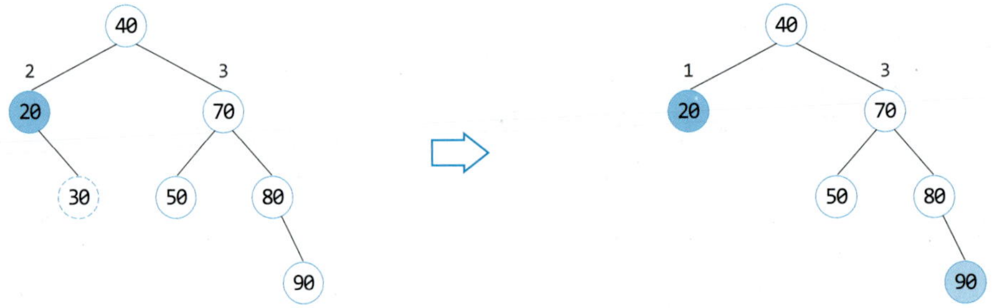

(a) 삭제 전 (b) 삭제 후 노드 70에서 불균형 발생

[그림 5-27] 30을 가진 노드의 삭제

[그림 5-27](a)에서 30을 삭제하면 (b)가 되는데, 이때 40에서 불균형이 발생한다. 그런데 이 상황은 (b)에 90을 삽입하여 불균형이 발생한 것과 다를 바가 없다. 즉, 삭제 연산을 삽입 연산으로 여기자는 것이다. 따라서 (b)의 불균형을 해결하려면, 40을 기준으로 RR-회전을 수행하면 된다.

[핵심 아이디어]

삭제 후 불균형이 발생하면 반대쪽에 삽입이 이루어져 불균형이 발생한 것으로 생각하자.

삭제된 노드의 부모를 p라 하고, p의 부모를 gp라고 하며, p의 형제를 s라고 하면, s의 왼쪽과 오른쪽 서브트리 중에서 높은 서브트리에 마치 새 노드가 삽입된 것으로 간주하여 [그림 5-28]과 같이 적절한 회전 연산을 수행하는 것으로 균형을 유지한다.

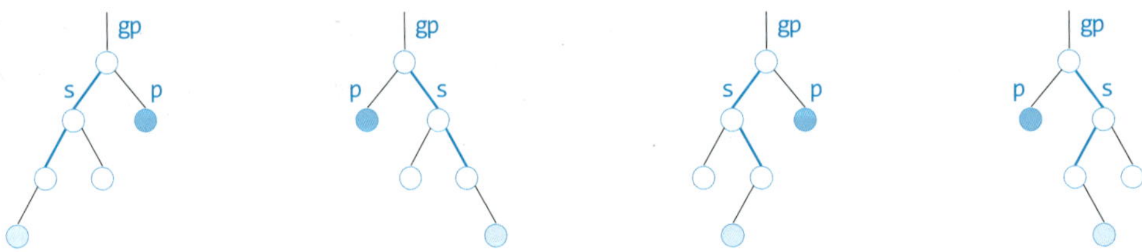

(a) LL-회전 (b) RR-회전 (c) LR-회전 (d) RL-회전

[그림 5-28] 삭제된 후의 불균형을 해소하기 위한 회전

예제 [그림 5-29](a)에서 40을 삭제한 후 30에서 불균형이 발생하였고, (b)를 살펴보면 30의 왼쪽의 서브트리가 높으므로 20이 삽입되어 30에서 불균형이 발생한 것으로 간주하여 LR-회전을 수행하면 (c)를 얻는다. 이때 20의 높이가 2가 되어서 20의 부모인 50에서 또 불균형이 발생한다. 따라서 RL-회전 연산을 수행하면 최종적으로 균형이 유지된 (d)를 얻는다.

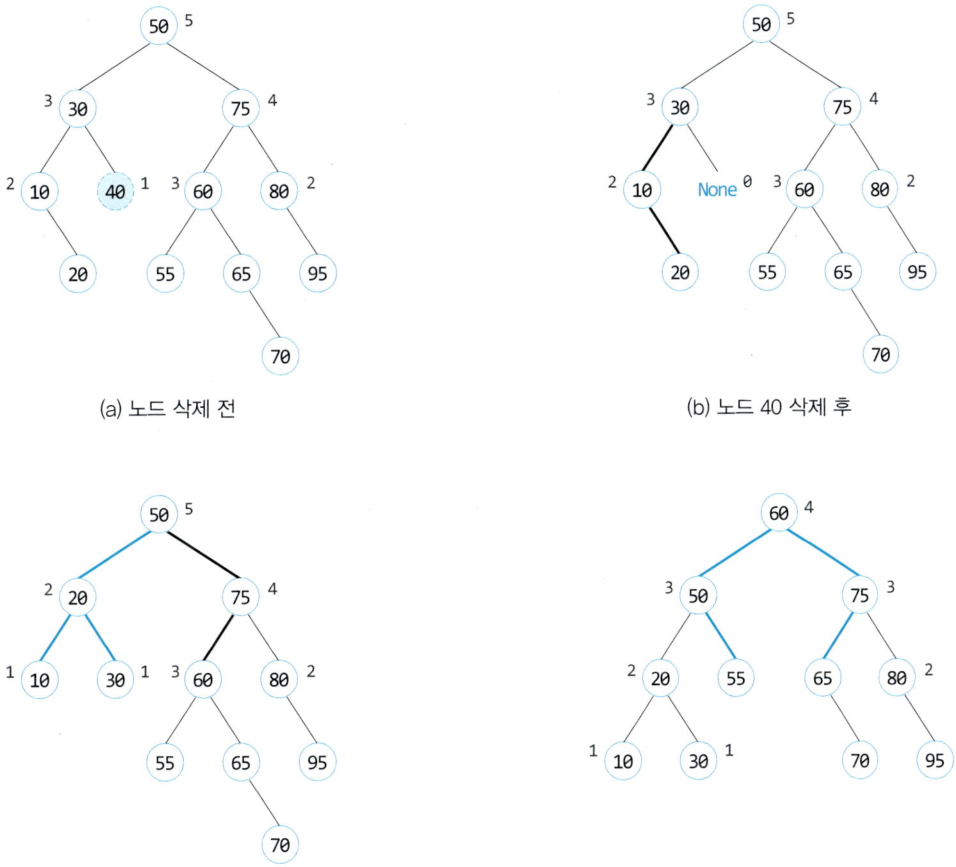

(a) 노드 삭제 전

(b) 노드 40 삭제 후

(c) LR-회전 후

(d) RL-회전 후

[그림 5-29] 삭제 시 루트까지 회전에 참여하는 경우

다음은 [프로그램 5-3] avl.py을 import하여 삽입과 삭제 연산을 수행하는 main.py 이다. 단, 삭제 연산을 위한 delete() 메소드는 연습문제로 남긴다.

프로그램 5-4 main.py

```python
from avl import AVL
if __name__ == '__main__':
    t = AVL()
    t.put(75, 'apple')
    t.put(80, 'grape')
    t.put(85, 'lime')
    t.put(20, 'mango')
    t.put(10, 'strawberry')
    t.put(50, 'banana')
    t.put(30, 'cherry')
    t.put(40, 'watermelon')
    t.put(70, 'melon')
    t.put(90, 'plum')
    print('전위 순회:\t', end='')
    t.preorder(t.root)
    print('\n중위 순회:\t', end='')
    t.inorder(t.root)
    print('\n75와 85 삭제 후:')
    t.delete(75)
    t.delete(85)
    print('전위 순회:\t', end='')
    t.preorder(t.root)
    print('\n중위 순회:\t', end='')
    t.inorder(t.root)
```

AVL 트리 객체 생성

10개의 항목 삽입

트리 순회 및 삭제 연산 수행

[그림 5-30]은 [프로그램 5-3, 4]를 수행한 결과이다.

```
Run: 프로그램5-3 and 4 avl
C:\Users\user\venv\Scripts\python.exe
전위 순회:	75	40	20	10	30	50	70	85	80	90
중위 순회:	10	20	30	40	50	70	75	80	85	90
75와 85 삭제 후:
전위 순회:	40	20	10	30	80	50	70	90
중위 순회:	10	20	30	40	50	70	80	90
Process finished with exit code 0
```

[그림 5-30] [프로그램 5-3, 4]의 수행 결과

| 수행 시간 |

AVL 트리에서의 탐색, 삽입, 삭제 연산은 모두 루트부터 탐색을 시작하여 최악의 경우에 이파리까지 내려가고, 삽입이나 삭제 연산은 다시 루트까지 거슬러 올라가야 한다. 트리를 한 층 내려갈 때는 순환 호출하며, 한 층을 올라갈 때 불균형이 발생하면 적절한 회전 연산을 수행하는데, 이들 각각은 O(1) 시간밖에 걸리지 않는다. 따라서 탐색, 삽입, 삭제 연산의 수행 시간은 각각 AVL 트리의 높이에 비례하므로 각 연산의 수행 시간은 O(logn)이다.

AVL 트리는 널리 사용되는 자료구조가 아니다. 다양한 실험 결과에 따르면, AVL 트리는 거의 정렬된 데이터를 삽입한 후에 랜덤 순서로 데이터를 탐색하는 경우 가장 좋은 성능을 보인다. 반면에 이진 탐색 트리는 랜덤 순서의 데이터를 삽입한 후에 랜덤 순서로 탐색하는 경우 가장 좋은 성능을 보인다.

5.4 2-3 트리, 레드 블랙 트리

AVL 트리는 삽입이나 삭제 시 트리의 균형을 유지하여 O(logn) 시간을 보장한다. 그러나 동일한 수행 시간을 보이는 레드 블랙 트리가 실제로 많이 활용되고 있다. 이 Part에서는 Part 5.5의 B-트리의 일종인 2-3 트리를 먼저 간략히 살펴보고 2-3 트리의 개념을 기반한 레드 블랙 트리를 알아본다.

5.4.1 2-3 트리

[정의]

2-3 트리는 내부 노드의 차수가 2 또는 3인 균형 탐색 트리이다.

차수가 2인 노드를 2-노드라고 하고, 차수가 3인 노드를 3-노드라고 부른다. 여기서 차수는 노드의 자식 수이다. 따라서 2-노드는 1개의 키를 가지며, 3-노드는 2개의 키를 가진다. 2-3 트리는 루트로부터 각 이파리까지 경로의 길이가 같고, 모든 이파리들이 같은 층에 있는 완전한 균형 트리이다. 그리고 2-3 트리가 2-노드들만으로 구성되어 있을 때는 포화 이진 트리와 동일한 형태를 갖는다.

[핵심 아이디어]

2-3 트리는 이파리들이 같은 층에 있어야 하므로 트리가 위로 자라나거나 낮아진다.

2-노드의 키가 k_1이라면, 노드의 왼쪽 서브트리에는 k_1보다 작은 키들이 있고, 오른쪽 서브트리에는 k_1보다 큰 키들이 있다. k_1과 k_2를 가진 3-노드는 3개의 서브트리를 가지는데, 왼쪽 서브트리에는 k_1보다 작은 키, 중간 서브트리에는 k_1보다 크고 k_2보다 작은 키, 오른쪽 서브트리에는 k_2보다 큰 키들이 있다. [그림 5-31]는 2-노드와 3-노드에 있는 키들과 서브트리에 있는 키들 사이의 크기 관계를 나타낸 것이다.

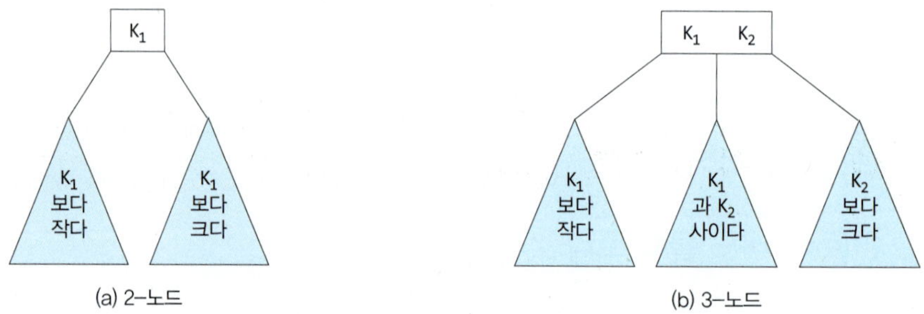

[그림 5-31] 노드의 키들과 서브트리의 키들 간의 관계

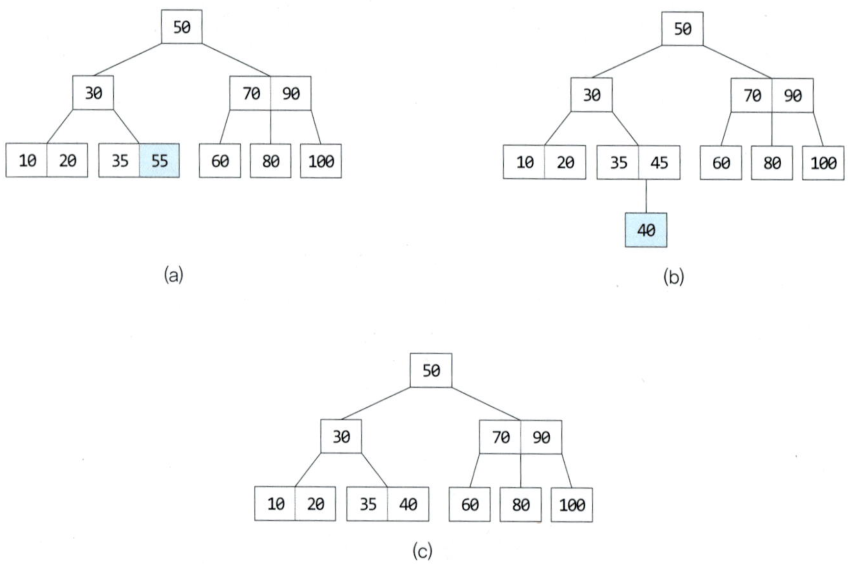

[그림 5-32] 어느 트리가 2-3 트리인가?

[그림 5-32]의 3개의 트리 중 (c)가 2-3 트리다. (a)는 루트의 50보다 큰 55가 루트의 왼쪽 서브트리에 있고, (b)는 40을 가진 이파리가 다른 이파리들과 같은 층에 있지 않으므로 2-3 트리가 아니다.

2-3 트리의 높이는 트리의 모든 노드가 2-노드인 경우이고, 이때의 트리의 높이는 $\log_2(n+1)$이다. 왜냐하면 모든 노드가 2-노드인 2-3 트리는 포화 이진 트리와 같기 때문이다. 반면에 트리의 모든 노드가 3-노드일 때 2-3 트리의 높이는 최소가 되며, 이때 트리의 높이는 $\log_3 n \approx 0.63 \log_2 n$이다.

2-3 트리에서도 이진 탐색 트리에서의 중위 순회와 유사한 방법으로 트리를 순회할 수 있다. 2-노드는 이진 트리의 중위 순회 방문과 같다. 그러나 k_1과 k_2를 가진 3-노드에서는 먼저 노드의 왼쪽 서브트리에 있는 모든 노드를 방문한 후에 k_1을 방문하고, 이후에 중간 서브트리에 있는 모든 노드를 방문한다. 그다음에 k_2를 방문하고 마지막으로 오른쪽 서브트리에 있는 모든 노드를 방문한다. 따라서 2-3 트리에서 중위 순회를 수행하면 키들을 정렬된 순서로 방문한다. 2-3 트리의 삽입 및 삭제 연산은 Part 5.5의 B-트리에서 살펴본다.

| 2-3-4 트리 |

2-3 트리를 확장한 2-3-4 트리는 노드가 최대 4개의 자식을 가질 수 있는 완전 균형 트리이다. 2-3-4 트리는 2-3 트리보다 높이가 낮아 그만큼 빠른 탐색, 삽입, 삭제 연산 수행이 가능하다. 특히 2-3-4 트리에서는 삽입 연산을 루트부터 이파리로 내려가며 4-노드를 만날 때마다 미리 분리 연산을 수행하므로 다시 이파리부터 위로 올라가며 분리 연산을 수행할 필요 없으므로 2-3 트리보다 효율적인 삽입 연산이 가능하다.

삭제 연산도 삽입 연산과 유사하게 루트로부터 이파리 방향으로 내려가며 2-노드를 만날 때마다 미리 통합 연산을 수행하여 키를 삭제한 후 다시 루트 방향으로 올라가며 통합 연산을 수행할 필요가 없다. 그러나 이러한 효율적인 삽입과 삭제 연산도 이론적으로는 2-3 트리의 삽입 삭제 연산의 수행 시간과 같은 $O(\log_2 n)$이다. 2-3-4 트리의 분리 연산과 통합 연산은 B-트리에서 상세히 살펴본다.

5.4.2 레드 블랙 트리

레드 블랙 트리(Red-Black Tree)는 노드에 색을 부여하고 회전 연산을 수행하여 트리의 균형을 유지하며, 탐색, 삽입, 삭제 연산의 수행 시간이 각각 O(logn)을 넘지 않는 매우 효율적인 자료구조이다. 일반적인 레드 블랙 트리[2]는 삽입이나 삭제를 수행할 때 트리의 균형을 유지하기 위해 상당히 많은 경우를 고려해야 하는 단점이 있으며, 이에 따라 프로그램이 복잡해지고 프로그램 라인 수도 매우 커진다. 그러나 좌편향 레드 블랙(Left-Leaning Red-Black, LLRB) 트리[3]는 삽입이나 삭제 시 고려해야 하는 경우의 수가 매우 작아서 프로그램의 길이도 일반 레드 블랙 트리 프로그램의 1/5 정도에 불과하다. 또한 LLRB 트리는 실제로 AVL 트리, 2-3 트리, 2-3-4 트리, 일반 레드 블랙 트리보다 우수한 성능을 갖는다. 이 Part에서는 LLRB 트리의 파이썬 프로그램 없이 개념만을 소개한다.

[핵심 아이디어]

LLRB 트리는 2-3 트리에서 각 3-노드에 있는 2개의 키를 두 노드로 분리 저장하고, 하나는 레드 다른 하나는 블랙으로 만든 형태와 같다.

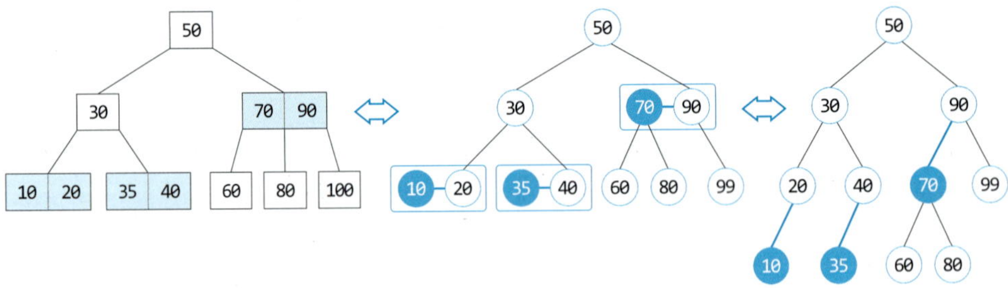

[그림 5-33] LLRB 트리와 2-3 트리의 관계

[그림 5-33]과 같이 LLRB 트리는 2-3 트리와 같은 개념의 트리이므로 2-3 트리의 장점인 완전 균형 트리의 형태를 내포하고 있다. LLRB 트리의 노드는 블랙 또는 레드의 2가지 색 정보를 가지며, 노드와 부모를 연결하는 link의 색은 노드의 색과 같다. 따라서 LLRB 트리에서는 link의 색을 별도로 저장하지 않는다. [그림 5-34]에서 노드 n의 왼쪽 자식은 레드이고 그 연결 link도 레드이며, n의 오른쪽 자식은 블랙이고 그 연결 link도 블랙이다.

2) Introduction to Algorithms(CLRS)에 소개된 레드 블랙 트리가 일반적으로 사용된다.

3) Sedgewick(Princeton Univ.)이 2008년에 제안하였다.

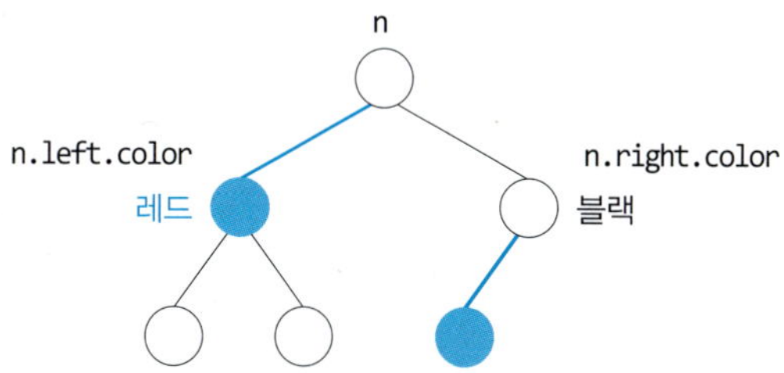

[그림 5-34] 노드의 색과 link의 색

[정의] LLRB 트리는 이진 탐색 트리로서 다음의 4가지 조건을 만족한다.

- 루트와 None은 블랙이다.
- 루트로부터 각 None까지 2개의 연속된 레드 link는 없다. (연속 레드 link 규칙)
- 루트로부터 각 None까지의 경로에 있는 블랙 link 수는 모두 같다. (동일 블랙 link 수 규칙)
- 레드 link는 왼쪽으로 기울어져 있다. (레드 link 좌편향 규칙)

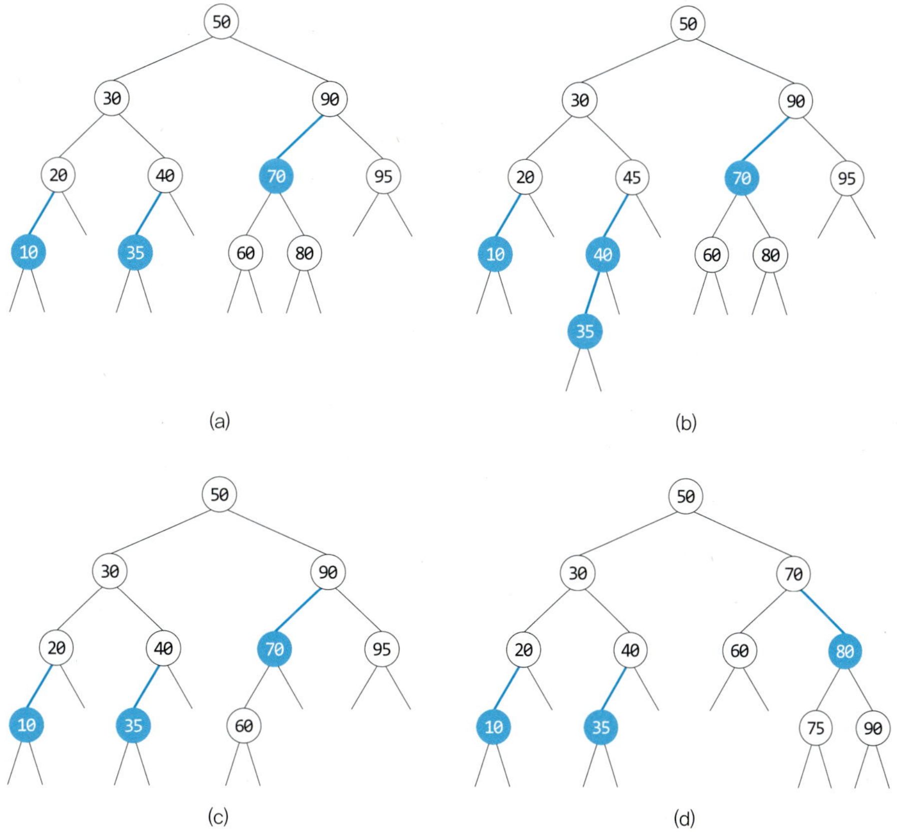

[그림 5-35] 어떤 트리가 LLRB 트리인가?

[그림 5-35]의 트리 중 (a)만이 LLRB 트리이다. (b)는 레드 link가 연속적으로 존재하므로 연속 레드 link 규칙에 어긋난다. (c)는 50→90→70→(오른쪽 None)의 경로에 1개의 블랙 link가 부족하여 동일 블랙 link 수 규칙에 어긋난다. 마지막으로 (d)는 70과 80 사이의 레드 link가 오른쪽으로 기울어져 있으므로 레드 link 좌편향 규칙에 어긋나 LLRB 트리가 아니다.

n개의 노드를 갖는 레드 블랙 트리의 높이 h는 2logn보다 크지 않다. 루트부터 이파리까지 블랙 link 수가 같으므로 레드 노드가 없는 경우에는 h = logn이며, 레드 노드가 최대로 많이 트리에 있는 경우에도 레드 link가 연속해서 존재할 수 없으므로 h ≤ 2logn이다.

응용

레드 블랙 트리는 반드시 제한된 시간 내에 연산이 수행되어야 하는 경우에 매우 적합한 자료구조이다. 실제 응용사례로는 logn 시간보다 조금이라도 오랜 시간이 소요될 경우 매우 치명적인 상황을 초래할 수 있는 항공 교통 관제(Air Traffic Control), 핵발전소의 원자로(Nuclear Reactor) 제어, 심장박동 조정장치(Pacemakers) 등을 들 수 있다.
또한 레드 블랙 트리는 자바 언어의 java.util.TreeMap과 java.util.TreeSet의 기본 자료구조로 사용되며, C++ 표준 라이브러리인 map, multimap, set, multiset에도 사용되고, 리눅스(Linux) 운영체제의 스케줄러에서도 레드 블랙 트리가 활용된다.

레드 블랙 트리 소송

오래전 미국에서 어떤 데이터베이스 회사가 전화 회사의 요청으로 전화 가입자들의 real-time 데이터베이스를 제작해주었다. 데이터베이스 회사는 전화 가입자들의 정보를 레드 블랙 트리로 구현하여 전화 회사에 제공하였는데, 정보를 탐색하는 데에 너무 많은 실행 시간이 소요되었고, 이 문제가 해결되지 않자 전화 회사는 데이터베이스 회사를 상대로 소송을 제기하였다. 자료구조 전문가는 데이터베이스 회사가 레드 블랙 트리의 삭제 연산을 구현하는 데 있어 모든 경우를 고려하지 않아 트리의 높이가 2nlogn을 훨씬 넘게 되었다는 사실을 발견하였다. 일반적인 레드 블랙 트리의 삭제 연산을 구현하려면 상당히 많은 경우를 반영하여 구현해야 하는데, 당시의 관련 서적에는 이에 대한 설명이 매우 부족했고, 레드 블랙 트리 자료구조를 제안한 논문에는 삭제 연산이 실험 결과를 서술한 곳이 아닌, 논문 맨 마지막에 첨부된 부록에 가서야 설명되어 있어 이를 다 읽지 못하고 구현했기 때문에 이러한 실수가 발생했던 것이다.

출처: Princeton Univ. Sedgewick

5.5 B-트리

B-트리[4]는 다수의 키를 가진 노드로 구성되어 다방향 탐색(Multiway Search)이 가능한 완전 균형 트리이다. Part 5.4에서 설명한 2-3 트리는 B-트리의 일종으로 노드에 키가 2개까지 있을 수 있는 트리이다. B-트리는 대용량의 데이터[5]를 위해 고안된 자료구조로서 주로 데이터베이스(Database)의 기본 자료구조로서 활용된다. 예를 들어, 우리나라의 운전면허 소지자, 이동 통신 서비스 가입자, 납세자 등은 그 수가 수천만 명인데, 수천만 명분의 대용량 데이터는 아무리 균형을 잘 유지하는 이진 트리를 사용해도 감당하기 어려울 정도의 양이다.

[핵심 아이디어]

노드에 수백에서 수천 개의 키를 저장하여 트리의 높이를 낮추자.

다음은 차수(Order)가 M인 B-트리의 정의이다. 여기서 M은 2보다 큰 정수로서 트리 노드의 최대 자식 수를 의미한다.

[정의] 차수가 M인 B-트리는 다방향 탐색 트리로서

- 모든 이파리들은 동일한 깊이를 갖는다.
- 루트가 아닌 각 노드의 자식 수는 $\lceil M/2 \rceil$ 이상 M 이하이다.
- 루트의 자식 수는 2 이상이다.

차수가 M인 B-트리의 노드는 [그림 5-36]과 같이 최대 M-1개의 키를 저장할 수 있고, 최대 M개의 서브트리를 가질 수 있다. 노드의 키들은 정렬되어 있고, 즉 $k_1 < k_2 < \cdots < k_{M-2} < k_{M-1}$ 이고, 서브트리 T_i에 있는 키들은 k_i와 k_{i+1} 사잇값을 가진다. 단, T_0에 있는 키들은 k_1보다 작고, T_{M-1}의 키들은 k_{M-1}보다 크다.

4) Bayer와 McCreight가 1972년에 고안한 트리 자료구조이다.

5) 이진 트리 형태의 자료구조는 대용량의 데이터 처리에 효율적이지 못하다.

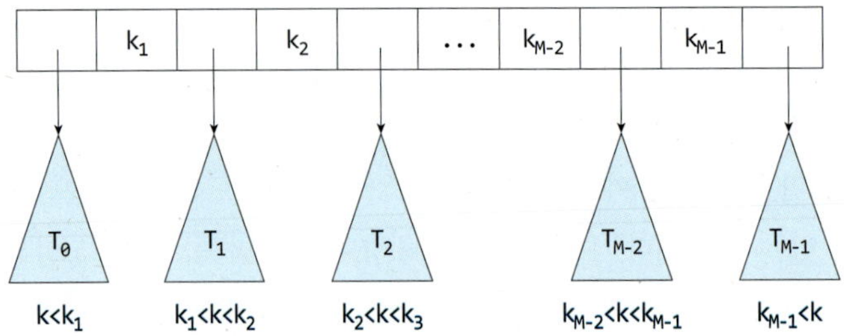

[그림 5-36] B-트리의 노드

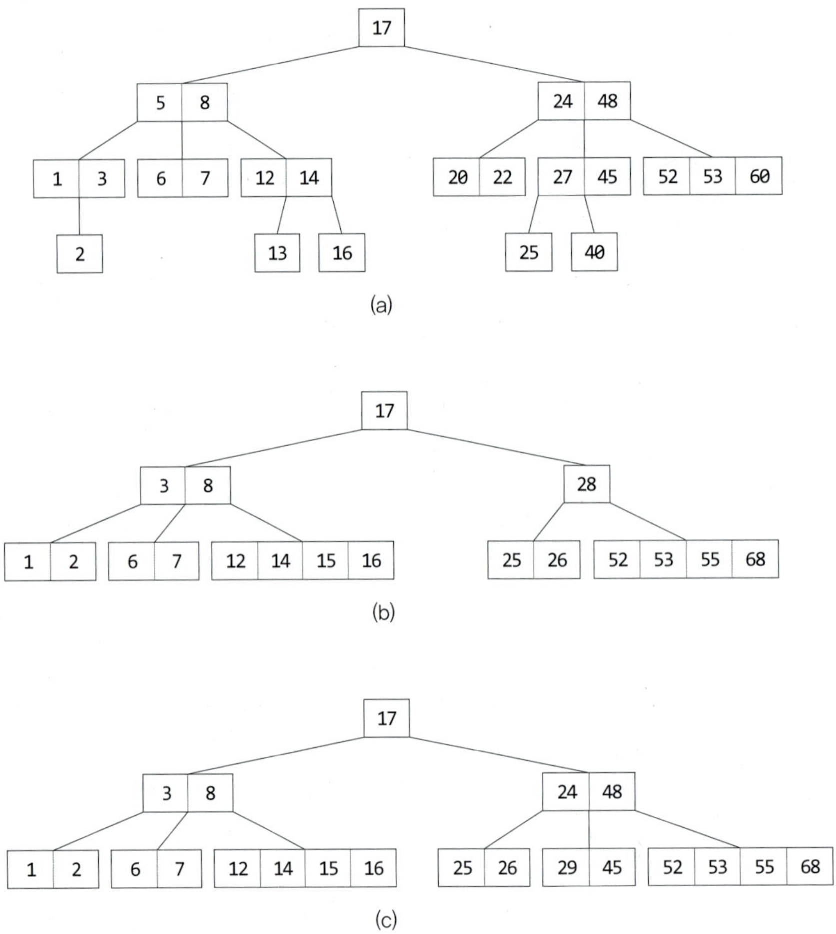

[그림 5-37] 어느 트리가 차수가 5인 B-트리인가?

[그림 5-37]에서 (c)만이 차수가 5인 B-트리이다. (a)는 이파리들이 같은 층에 있지 않고, (b)는 루트의 오른쪽 자식[28]의 자식 수가 1개 모자라기 때문이다.

다음으로 B-트리에서의 탐색, 삽입, 삭제 연산에 대해 알아보자.

5.5.1 탐색 연산

B-트리에서의 탐색은 [그림 5-36]에서 설명된 노드의 키들과 노드의 서브트리의 키들과의 관계에 따라 루트로부터 시작된다. 방문한 각 노드에서는 탐색하고자 하는 키와 노드의 키들을 비교하여, 적절한 서브트리를 탐색한다. 단, B-트리의 노드는 일반적으로 수백 개가 넘는 키를 가지므로 각 노드에서는 이진 탐색을 수행한다.

예제 [그림 5-38](a)에서 40을 탐색하는 경우, 루트의 50과 40을 비교했을 때, 40이 작으므로 루트의 왼쪽 서브트리로 내려간다. 다음으로 40을 10과 25와 비교한 후 25의 오른쪽 서브트리로 내려가서, 30, 35를 비교[6]한 후에 40을 찾는다.

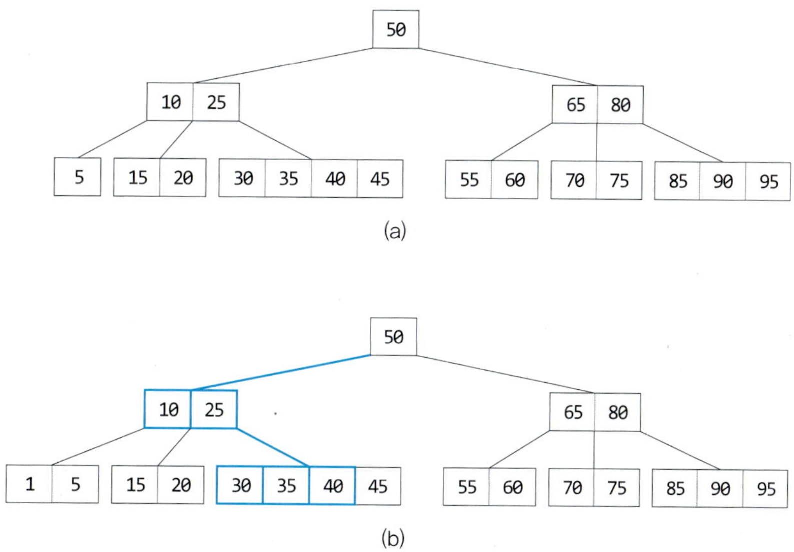

[그림 5-38] 40을 탐색하는 과정

6) 차수가 작아서 순차 탐색을 수행한 것이다.

5.5.2 삽입 연산

B-트리에서의 삽입은 탐색과 같은 과정을 거쳐 새로운 키가 저장되어야 할 이파리를 찾는다. 이때 이파리에 새 키를 수용할 공간이 있다면, 노드의 키들이 정렬 상태를 유지하도록 새 키를 삽입한다. 하지만 이파리가 이미 M–1개의 키를 가지고 있으면, 이 M–1개의 키들과 새로운 키 중에서 중간값이 되는 키(중간키)를 부모로 올려보내고, 남은 M–1개의 키들을 반씩 나누어 각각 별도의 노드에 저장한다. 이러한 과정을 분리(Split) 연산이라고 한다.

예제 [그림 5-39](a)의 차수가 5인 B-트리에 45를 삽입하여 보자. 루트에서 45가 20과 50의 사잇값이므로 [25, 30, 35, 40]을 가진 이파리에 도달한다. 그러나 이 노드는 이미 4개의 키를 가지고 있어서 45를 수용할 수 없다. 따라서 (b)와 같이 분리 연산을 통해 25, 30, 35, 40, 45 중에서 중간키인 35를 부모인 루트로 올려보낸다.

이때 루트도 이미 4개의 키를 가지고 있어서 35를 수용할 수 없다. 따라서 다시 분리 연산을 수행하여 5, 10, 20, 35, 50 중에서 중간키인 20을 부모로 올려보낸다. 그러나 루트의 부모는 없으므로, (c)와 같이 새로운 루트를 생성하여 20을 저장한다. B-트리의 높이는 이처럼 루트가 분리되어 새 루트가 만들어질 때만 1 증가한다.

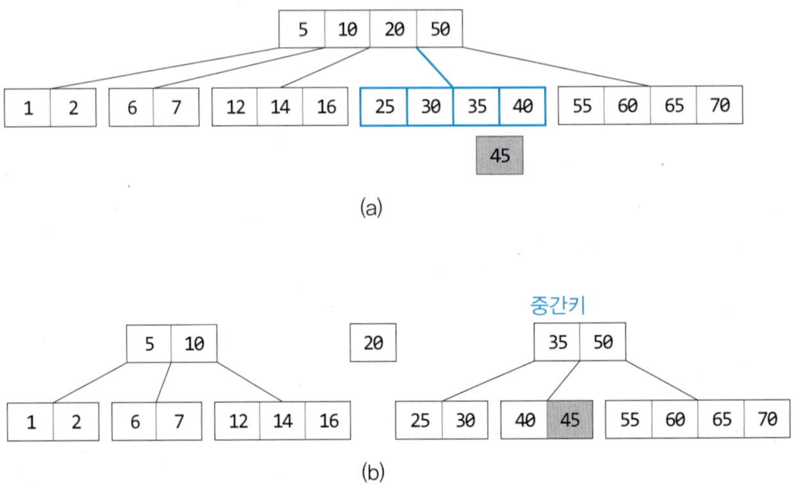

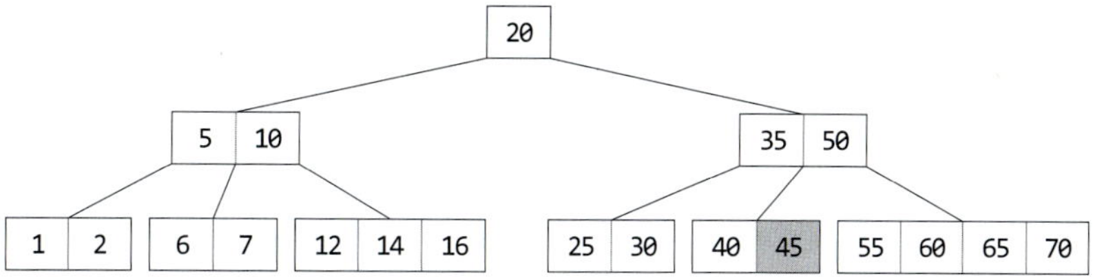

(c)

[그림 5-39] 45를 삽입하는 과정

5.5.3 삭제 연산

B-트리에서의 삭제는 항상 이파리에서 이루어진다. 만약 삭제할 키가 속한 노드가 이파리가 아니면, 이진 탐색 트리의 삭제와 유사하게 중위 선행자나 중위 후속자를 삭제할 키와 교환한 후에 이파리에서 삭제를 수행한다. 삭제는 이동(Transfer) 연산과 통합(Fusion) 연산을 사용한다.

이동 연산: 이파리에서 키가 삭제된 후에 키의 수가 $\lceil M/2 \rceil$−1보다 작으면, 자식 수가 $\lceil M/2 \rceil$보다 작게 되어 B-트리 조건을 위반한다. 이 경우, underflow가 발생하였다고 한다. 이동 연산이란 underflow가 발생한 노드의 좌우 형제 중에서 도움을 줄 수 있는 노드로부터 1개의 키를 부모를 통해 이동시키는 것을 말한다.

예제 [그림 5-40](a)에서 5를 삭제해보자. 먼저 루트로부터 5를 탐색하고 5의 중위 후속자인 6을 찾아 5와 6을 교환한다(b). 그리고 5를 이파리에서 삭제하면 underflow가 발생한다. 이때 underflow가 발생한 노드의 왼쪽 형제는 도움을 줄 수 없는데, 1개의 키를 이동하여 도와주면 자신이 underflow가 되기 때문이다. 하지만 오른쪽 형제는 이동 연산이 가능하므로 (c)와 같이 12를 부모로 올려보내어 10의 자리에 저장하고, 부모의 10을 5가 삭제된 노드에 이동하여 삭제 연산을 마친다.

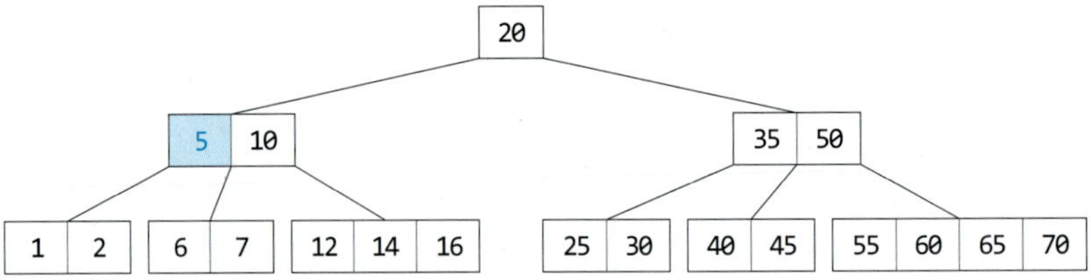

(a) 삭제하는 키 5를 탐색

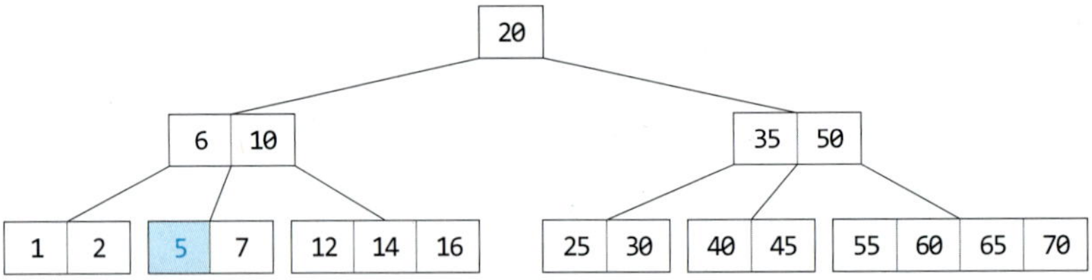

(b) 5의 중위 후속자와 교환

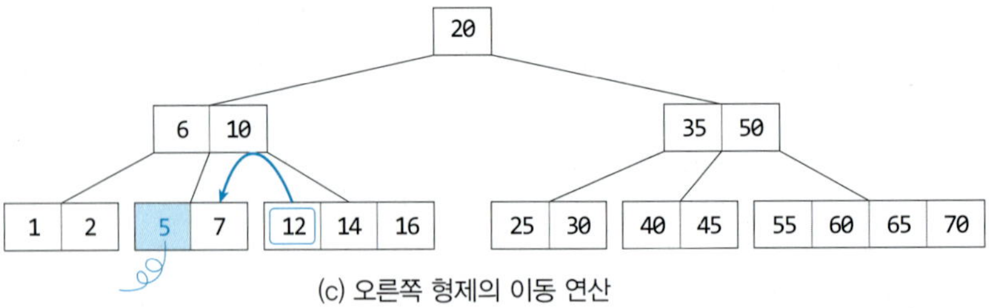

(c) 오른쪽 형제의 이동 연산

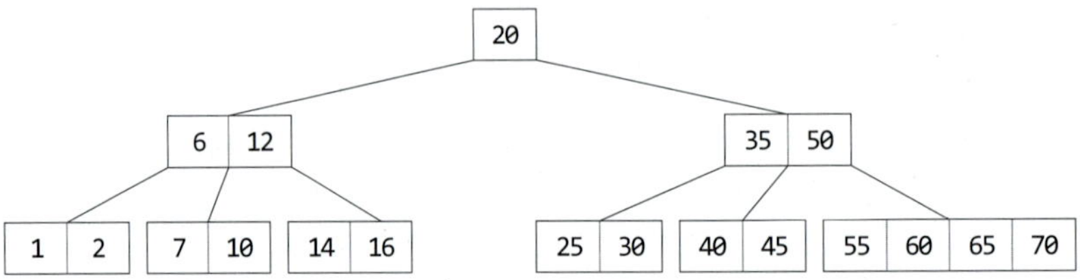

(d)

[그림 5-40] 5를 삭제하는 과정

통합 연산: 키가 삭제된 후 underflow가 발생한 노드 x에 대해 이동 연산이 불가능한 경우, 노드 x와 그의 형제를 1개의 노드로 통합하고, 노드 x와 그의 형제의 분기점 역할을 하던 부모의 키를 통합된 노드로 끌어내리는 연산을 수행하는데, 이를 통합 연산이라고 한다.

예제 [그림 5-41]의 차수가 5인 B-트리 (a)에서 7을 삭제해보자. 7이 삭제된 이파리에는 1 개의 키만이 남아 (b)에서처럼 underflow가 발생한다. 그러나 좌우의 형제가 '도움'(이동 연산)을 줄 수 없으므로 (c)와 같이 통합 연산을 수행한다. (c)의 경우 [1, 2]와 분기 역할을 했던 부모의 5, 그리고 underflow가 발생한 노드 [10]이 통합되어 하나의 노드[7]가 된다. 하지만 5를 내려 보내준 부모에도 underflow가 발생하고, 이 노드 역시 형제로부터 도움을 받을 수 없으므로, 이 노드의 부모인 루트의 20을 끌어내려 형제 [35, 50]과 함께 통합되어 (d)와 같은 결과를 얻는다.

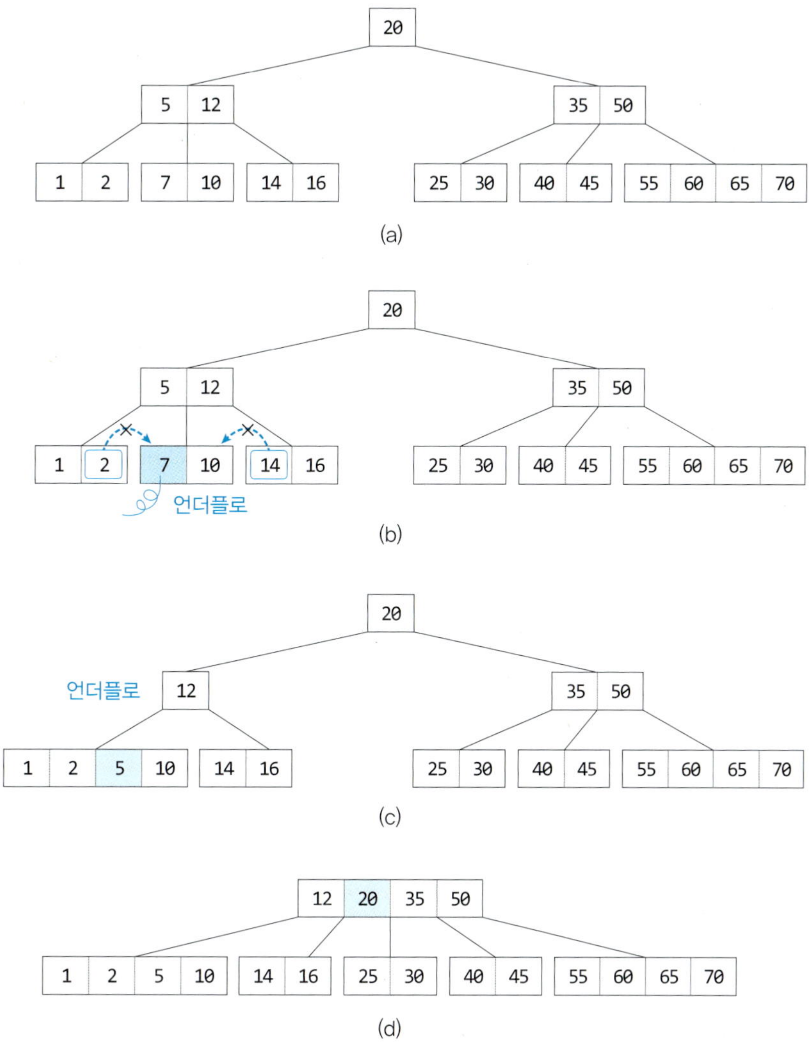

[그림 5-41] 7을 삭제하는 과정

7) 오른쪽의 형제인 [14, 16]과 통합하여 [10, 12, 14, 16]으로 되어도 무방하다.

B-트리의 높이는 이처럼 루트가 없어지고 루트에 홀로 남아있던 키와 루트의 자식들이 통합될 때 1 감소한다.

5.5.4 B-트리의 확장

B*-트리와 B⁺-트리는 B-트리를 개선한 대표적인 자료구조이다. B*-트리[8]는 B-트리로서 루트를 제외한 다른 노드의 자식 수가 2/3M~M이어야 한다. 즉, 각 노드에 적어도 2/3M 이상이 키들로 채워져 있어야 한다. B-트리가 루트가 아닌 노드에 약 1/2M 이상이 키들로 채워져 있어야 하는 조건을 가지므로, B*-트리는 노드의 공간을 B-트리보다 더 효율적으로 활용하는 자료구조이다.

B^+-트리[9]는 실세계에서 가장 널리 활용되는 B-트리로서, 오히려 B^+-트리를 B-트리라고 부르기도 한다. 처음 제안된 B-트리에서는 노드에 키와 키에 관련된 정보를 저장하고 있는 '레코드'를 가리키는 포인터(레퍼런스) 쌍인 인덱스(Index)를 저장했었다. 즉, 노드에는 키와 관련된 실제 정보가 저장되지 않는다. 이처럼 B^+-트리는 키들만으로 가지고 B-트리를 만들고, 이파리에 키와 관련 정보를 저장한다. 즉, 키들로 구성된 B-트리는 탐색, 삽입, 삭제 연산을 위해 관련된 이파리를 빠르게 찾을 수 있도록 안내해주는 역할만을 수행한다. 또한 B^+-트리는 전체 레코드를 순차적으로 접근할 수 있도록 이파리들을 연결 리스트로 구현한다. [그림 5-42]는 B^+-트리의 구조를 나타낸다.

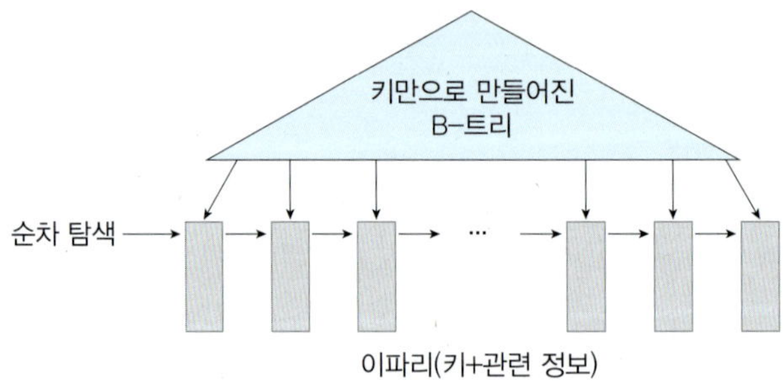

[그림 5-42] B^+-트리의 구조

8) The Art of Computer Programming(1998)

9) Comer가 1979년에 제안하였다.

| 성능 분석 |

B-트리에서 탐색, 삽입, 삭제하는 연산은 공통적으로 루트부터 탐색을 시작하여 최악의 경우에 이파리까지 내려가고, 삽입과 삭제 연산은 다시 루트까지 거슬러 올라가야 한다. 트리에서 분리 연산, 이동 연산, 통합 연산은 각각 주변의 몇 개의 노드들만 관련되어 수정되므로 각각은 O(1) 시간밖에 걸리지 않는다. 따라서 삽입이나 삭제 연산의 수행 시간은 각각 B-트리의 높이에 비례한다. 차수가 M이고 키의 개수가 n인 B-트리의 최대 높이는 각 노드가 M/2개의 자식을 가지고 있을 때이다. 이때 B-트리의 높이는 $O(\log_{M/2} n)$이다.

그러나 B-트리는 키들의 비교 횟수보다 몇 개의 디스크 페이지(블록)를 메인 메모리로 읽혀 들이는지가 더 중요하다. 따라서 B-트리의 최고 성능을 위해선 1개의 노드가 1개의 디스크 페이지에 맞도록 차수 M을 정한다. 이는 디스크와 메인 메모리 사이의 블록 이동(Block Transfer) 수를 최소화하기 위해서이다. 디스크 블록의 크기는 시스템에 따라 4K, 8K, 16K 바이트 등으로 정해진다. 실제로 사용되는 B-트리들은 M의 크기를 수백에서 수천으로 사용한다. 예를 들어 M = 200이고 n = 1억이라면 B-트리의 연산은 4개의 디스크 블록만 메인 메모리로 읽어 들이면 처리할 수 있다. 또한 성능향상을 위해 루트는 항상 메인 메모리에 상주시키는 것이 좋다.

응용

B-트리, B^+-트리는 대용량의 데이터를 저장하고 유지하는 다양한 데이터베이스 시스템의 기본 자료구조로 활용되고 있다. 실제로, Windows 운영체제의 파일 시스템인 HPFS(High Performance File System), 매킨토시 운영체제의 파일 시스템인 HFS(Hierarchical File System)과 HFS+, 리눅스 운영체제의 파일 시스템인 ReiserFS, XFS, Ext3FS, JFS에 사용되고, 상용 데이터베이스인 ORACLE, DB2, INGRES와 오픈소스 DBMS인 PostgreSQL에서도 사용된다.

요약

- 이진 탐색 트리는 이진 탐색의 개념을 트리 형태의 구조에 접목한 자료구조이다.
- 이진 탐색 트리는 이진 트리로서 각 노드 n의 키가 n의 왼쪽 서브트리에 있는 노드들의 키들보다 크고, n의 오른쪽 서브트리에 있는 노드들의 키들보다 작다.
- 이진 탐색 트리의 삭제는 삭제할 노드가 자식이 없는 경우, 하나인 경우, 둘인 경우로 나누어진다. 자식이 둘인 경우는 중위 후속자를 삭제할 노드로 이동하여 삭제를 수행한다.
- 이진 탐색 트리 탐색, 삽입, 삭제 연산의 수행 시간은 각각 트리 높이에 비례한다.
- AVL 트리는 임의의 노드 n에 대해 노드 n의 왼쪽 서브트리의 높이와 오른쪽 서브트리의 높이 차이가 1을 넘지 않는 이진 탐색 트리이다.
- AVL 트리는 트리가 한쪽으로 치우쳐 자라나는 것을 LL, LR, RR, RL-회전 연산을 통해 조절하여 트리 높이의 균형을 유지하는 이진 탐색 트리이다.
- AVL 트리의 탐색, 삽입, 삭제 연산의 수행 시간은 각각 O(logn)이다.
- 2-3 트리는 내부노드의 차수가 2 또는 3인 완전 균형 탐색 트리다. 삽입에는 분리 연산을 사용하고, 삭제에는 이동 연산과 통합 연산을 사용하여 트리의 완전한 균형을 유지한다.
- 2-3 트리의 탐색, 삽입, 삭제 연산의 수행 시간은 각각 트리의 높이에 비례하므로 O(logn)이다.
- 2-3-4 트리는 2-3 트리를 확장한 트리로 4-노드까지 허용한다. 2-3 트리보다 높이가 낮아서 보다 빠른 탐색, 삽입, 삭제 연산이 실행된다. 그러나 2-3-4 트리의 각 연산의 이론적인 수행 시간은 2-3 트리의 경우와 같은 O(logn)이다.
- 2-3-4 트리에서는 루트로부터 이파리로 한 번만 내려가며 미리 분리 또는 통합 연산을 수행하는 효율적인 삽입 및 삭제를 할 수 있다.
- 레드 블랙 트리는 노드의 색을 이용하여 트리의 균형을 유지하며, 탐색, 삽입, 삭제 연산의 수행 시간이 각각 O(logn)을 넘지 않는 매우 효율적인 자료구조이다.
- 좌편향 레드 블랙 트리는 삽입이나 삭제 시 고려해야 하는 경우의 수가 매우 작고 프로그램의 길이도 일반 레드 블랙 트리 프로그램의 1/5 정도에 불과하다.
- n개의 노드를 가진 레드 블랙 트리의 높이는 2logn보다 크지 않다. 탐색, 삽입, 삭제의 수행 시간은

각각 트리의 높이에 비례하므로 O(logn)이다.

- B-트리는 다수의 키를 가진 노드로 구성되어 다방향 탐색이 가능한 완전 균형 트리이다.
- 차수가 M인 B-트리는 모든 이파리들이 동일한 깊이를 갖고, 루트가 아닌 각 노드의 자식 수는 $\lceil M/2 \rceil$ 이상 M 이하이며, 루트의 자식 수는 2 이상이다.
- B-트리의 삽입과 삭제는 분리, 이동, 통합 연산을 사용한다.
- B^*-트리는 B-트리로서 루트를 제외한 다른 노드의 자식 수가 2/3M~M이어야 한다. B^*-트리는 노드의 공간을 B-트리보다 더 효율적으로 활용하는 자료구조이다.
- B^+-트리는 키들 만을 가지고 B-트리를 만들고, 이파리에 키와 관련 정보를 저장한다.
- B-트리는 몇 개의 디스크 페이지(블록)를 메인 메모리로 읽어 들이는지가 더 중요하므로 1개의 노드가 1개의 디스크 페이지에 맞도록 차수 M을 정한다.

연습문제

5.1 다음 중 이진 탐색 트리에 관한 설명으로 옳지 않은 것은?

① 이진 탐색의 개념을 이진 트리 형태의 구조에 접목한 자료구조이다.
② 이차원 형태의 자료구조이다.
③ 정렬되지 않은 배열에서 항목을 탐색하는 수행 시간보다 일반적으로 빠르다.
④ 각 노드 n에 있는 키는 n의 왼쪽 서브트리에 있는 키와 같거나 크고 오른쪽 서브트리에 있는 키보다 작다.
⑤ 답 없음

5.2 다음 중 이진 탐색 트리에 관한 설명으로 옳지 않은 것은?

① 왼쪽 자식에 있는 키는 부모의 키보다 작다.
② 오른쪽 자식에 있는 키는 부모의 키보다 크다.
③ 각 노드의 왼쪽과 오른쪽 서브트리도 각각 이진 탐색 트리이다.
④ 중위 순회를 수행하면 노드의 키들이 감소 순으로 정렬된다.
⑤ 답 없음

5.3 다음 중 이진 탐색 트리의 탐색 연산에 관한 설명으로 옳은 것은?

① 일반적인 이진 트리에서 탐색하는 것과 같다.
② 탐색 중에 None이 발견되면 None의 부모에서 다른 자식에서 탐색을 계속한다.
③ 루트로부터 탐색을 시작하여 다시 루트를 방문할 수도 있다.
④ 탐색할 키가 트리에 없으면 마지막엔 반드시 None에 도달한다.
⑤ 답 없음

5.4 다음 중 이진 탐색 트리에서 노드의 키가 정렬된 결과를 주는 순회는?

① 전위 순회 ② 중위 순회 ③ 후위 순회
④ 레벨 순회 ⑤ 답 없음

5.5 다음 중 이진 탐색 트리의 삽입 연산에 관한 설명으로 옳지 않은 것은?

① 트리에 없는 새 키가 저장된 노드는 반드시 이파리로 삽입된다.

② 루트로부터 새 키를 삽입할 곳을 탐색해야 한다.

③ empty가 아닌 트리에서 새로 삽입한 노드의 부모는 새 노드의 키보다 큰 키를 가지고 있다.

④ 삽입하려는 키가 이미 트리에 있으면 새 노드를 만들지 않고 키에 관련된 정보만 갱신할 수도 있다.

⑤ 답 없음

5.6 다음 중 이진 탐색 트리의 최솟값 찾기 연산에 관한 설명으로 옳은 것은? 단, 트리는 2개 이상의 노드를 가지며, 트리에 있는 키들은 서로 다르다.

① 최솟값은 루트에 있을 수도 있다.

② 최솟값은 내부 노드일 수도 있다.

③ 루트로부터 계속해서 오른쪽으로 내려가야 최솟값을 가진 노드를 찾는다.

④ 최솟값을 가진 노드의 부모는 두 번째로 작은 키를 가진다.

⑤ 답 없음

5.7 다음 중 이진 탐색 트리의 최솟값 삭제 연산에 관한 설명으로 옳지 않은 것은? 단, 트리는 2개 이상의 노드를 가지며, 트리에 있는 키들은 서로 다르다.

① 최솟값을 가진 노드를 찾아야 한다.

② 최솟값을 가진 노드의 부모와 최솟값을 가진 노드의 오른쪽 자식을 연결한다.

③ 최솟값을 가진 노드의 왼쪽 자식은 항상 None이다.

④ 최솟값을 가진 노드를 찾은 후 그 노드의 부모는 루트로부터 다시 찾아야 한다.

⑤ 답 없음

5.8 다음 중 이진 탐색 트리의 삭제 연산에 관한 설명으로 옳지 않은 것은?

① 삭제할 노드가 이파리이면 부모가 삭제할 노드를 가리키던 레퍼런스를 None으로 만든다.

② 삭제할 노드가 왼쪽 자식만 갖고 있으면 부모가 삭제할 노드를 가리키던 레퍼런스를 그 왼쪽 자식을 가리키도록 만든다.

③ 삭제할 노드가 오른쪽 자식만 갖고 있으면 부모가 삭제할 노드를 가리키던 레퍼런스

를 그 오른쪽 자식을 가리키도록 만든다.

④ 삭제할 노드가 두 자식을 가지면 두 자식 중 하나를 삭제할 노드로 옮긴다.

⑤ 답 없음

5.9 n개의 노드를 가진 이진 탐색 트리에서 루트의 중위 선행자(Inorder Predecessor)를 찾는데 소요되는 최악 경우 수행 시간은? 단, n 〉 0이다.

① O(1) ② O(logn) ③ O(n)

④ O(nlogn) ⑤ O(n^2)

5.10 n개의 노드를 가진 이진 탐색 트리에서 탐색, 삽입, 삭제 연산의 최악 경우와 평균 경우 수행 시간은? 단, n 〉 0이다.

① O(1), O(logn) ② O(nlogn), O(n) ③ O(n), O(logn)

④ O(n^2), O(n) ⑤ O(n^2), O(nlogn)

5.11 n개의 노드를 가진 완전 이진 트리로부터 완전 이진 탐색 트리를 만드는데 소요되는 수행 시간은? 단, n 〉 0이다.

① O(1) ② O(logn) ③ O(n)

④ O(nlogn) ⑤ O(n^2)

5.12 센서로부터 출력되는 n개의 정수(키)를 초기에 empty인 이진 탐색 트리에 삽입하는데 소요되는 수행 시간은? 단, 센서에서 출력되는 정수들은 균등 분포(Uniform Distribution)를 갖고, n 〉 0이다.

① O(1) ② O(logn) ③ O(n)

④ O(n^2logn) ⑤ O(n^3)

5.13 초기에 empty인 이진 탐색 트리에 60, 10, 30, 50, 80, 70, 90 순으로 삽입한 결과 트리의 높이는?

① 3 ② 4 ③ 5

④ 6 ⑤ 답 없음

5.14 초기에 empty인 이진 탐색 트리에 40, 60, 20, 30, 10, 80, 50, 90, 70 순으로 삽입한 결과 트리에서 루트의 왼쪽 서브트리에 있는 노드 수는?

① 2　　② 3　　③ 4
④ 5　　⑤ 답 없음

5.15 초기에 empty인 이진 탐색 트리에 40, 60, 20, 30, 10, 80, 50, 90, 70 순으로 삽입한 결과 트리에 있는 이파리 수는?

① 5　　② 6　　③ 7
④ 8　　⑤ 답 없음

5.16 다음의 이진 탐색 트리에서 네 번째로 작은 키를 가지 노드는? 단, 모든 키는 서로 다르고, 첫 번째 작은 키가 가장 작은 키이다. [주의: 노드 속의 문자는 키가 아니다.]

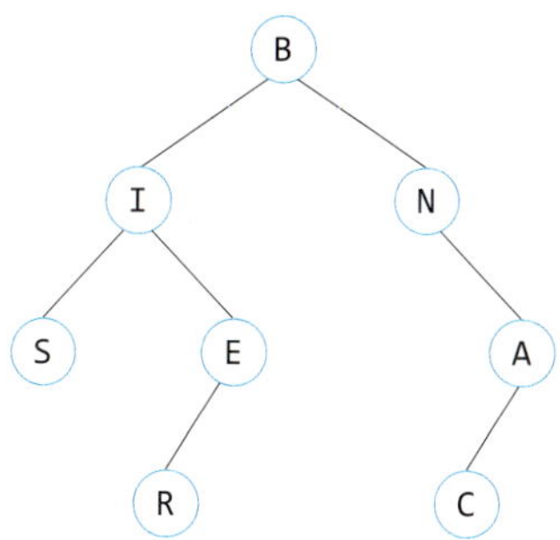

① S　　② E　　③ A
④ R　　⑤ 답 없음

5.17 10, 20, 30, 40, 50, 60, 70, 80을 가지고 있는 이진 탐색 트리에서 전위 순회를 수행하여 얻을 수 있는 결과는?

① 50, 30, 20, 40, 10, 60, 70, 80
② 50, 30, 10, 20, 60, 40, 70, 80
③ 50, 30, 20, 10, 40, 70, 80, 60
④ 50, 30, 20, 40, 70, 60, 80, 10
⑤ 답 없음

5.18 이진 탐색 트리에서 55를 가진 노드를 탐색하려고 한다. 루트에서 55를 찾을 때까지 노드를 방문한 순서로 잘못된 것은?

① 90, 70, 10, 20, 30, 55

② 20, 90, 30, 70, 40, 55

③ 90, 80, 70, 20, 30, 55

④ 10, 90, 30, 70, 20, 55

⑤ 답 없음

5.19 다음 중 AVL 트리에 관한 설명으로 옳지 않은 것은?

① 트리가 치우쳐 자라나는 것을 방지하는 균형 탐색 트리이다.

② 네 종류의 회전 연산을 사용한다.

③ 각 노드에 대해 왼쪽 서브트리와 오른쪽 서브트리의 높이 차이가 1 이하인 트리이다.

④ 노드에 키를 2개까지 저장할 수 있다.

⑤ 답 없음

5.20 다음 중 AVL 트리에 대해 옳게 설명한 것은?

① 균형 이진 탐색 트리이다.

② 이진 힙의 일종이다.

③ 2-3 트리이다.

④ 레드 블랙 트리의 일종이다.

⑤ 답 없음

5.21 다음 중 각 노드의 왼쪽과 오른쪽 서브트리의 높이 차이가 최대 1인 자료구조는?

① 이진 탐색 트리

② 스레드 이진 트리

③ AVL 트리

④ 레드 블랙 트리

⑤ 답 없음

5.22 다음 중 AVL 트리의 삽입 연산에 관한 설명으로 옳지 않은 것은?

① 이진 탐색 트리의 삽입 연산과 같이 새 노드를 삽입한 후에 회전 연산을 통해 트리의 불균형을 처리한다.

② 삽입된 새 노드로부터 루트 방향으로 올라가며 균형이 어긋난 노드를 찾아 회전 연산을 수행한다.

③ 새 노드를 삽입하면 적어도 1회의 회전 연산을 수행한다.

④ 루트를 기준으로도 불균형이 일어날 수 있으므로 루트에 대한 적절한 회전 연산이 필요한 경우도 발생한다.

⑤ 답 없음

5.23 초기에 empty인 AVL 트리에 10, 15, 20을 차례로 삽입하면 어떤 회전 연산을 수행해야 하는가?

① LL-회전 ② LR-회전 ③ RR-회전
④ RL-회전 ⑤ 답 없음

5.24 초기에 empty인 AVL 트리에 30, 25, 10을 차례로 삽입하면 어떤 회전 연산을 수행해야 하는가?

① LL-회전 ② LR-회전 ③ RR-회전
④ RL-회전 ⑤ 답 없음

5.25 초기에 empty인 AVL 트리에 40, 20, 15, 25, 30, 80, 75, 95, 90, 35, 100을 차례로 삽입하였다. 만들어진 AVL 트리의 루트에 있는 키는?

① 15 ② 20 ③ 35
④ 40 ⑤ 70

5.26 문제 5.25에서 만들어진 AVL 트리의 높이는?

① 3 ② 4 ③ 5
④ 6 ⑤ 답 없음

5.27 7개의 노드를 가진 AVL 트리의 최대 높이는?

① 3　　② 4　　③ 5
④ 7　　⑤ 답 없음

5.28 초기에 empty인 AVL 트리에 50, 20, 10, 40, 30, 60을 차례로 삽입했을 때 수행되는 회전 연산 수는?

① 0　　② 1　　③ 2
④ 3　　⑤ 답 없음

5.29 문제 5.28에서 만들어진 AVL 트리의 루트에 있는 키는?

① 20　　② 30　　③ 40
④ 50　　⑤ 답 없음

5.30 다음의 AVL 트리의 A 노드의 자식으로 새 노드가 삽입되면 몇 개의 노드가 불균형이 되는가?

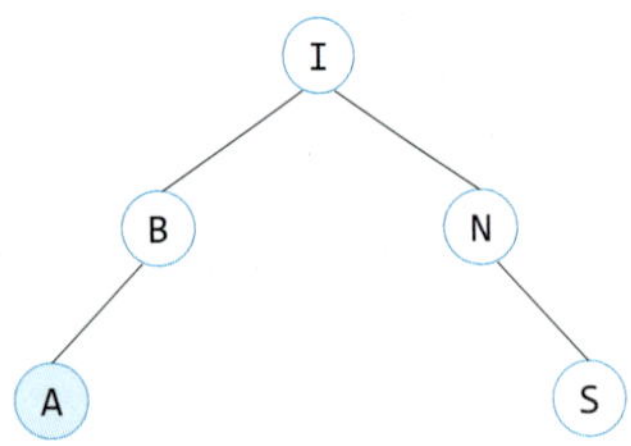

① 0　　② 1　　③ 2
④ 3　　⑤ 답 없음

5.31 다음 중 k개의 서로 다른 키가 주어질 때 회전 연산 없이 AVL 트리에 삽입하는 방법은? 단, k는 2보다 큰 정수이다.

① 주어진 순서대로 삽입한다.
② 정렬한 후 순서대로 삽입한다.
③ 정렬한 후 중간값을 루트로 삼고 왼쪽 오른쪽 서브트리도 같은 방식으로 만든다.
④ 정렬한 후 역순으로 삽입한다.
⑤ 답 없음

5.32 다음 중 AVL 트리의 삭제 연산에 관한 설명으로 옳은 것은?

① 삭제할 때 회전 연산이 최소 2회 필요하다.

② O(1) 시간에 삭제 연산을 수행할 수 있다.

③ 노드를 삭제한 후 불균형이 발생하지 않는 경우는 없다.

④ 노드를 삭제한 후 루트까지 불균형이 발생하는 경우도 있다.

⑤ 답 없음

5.33 다음의 AVL 트리에서 10을 삭제하면 몇 번의 회전 연산을 수행해야 하나?

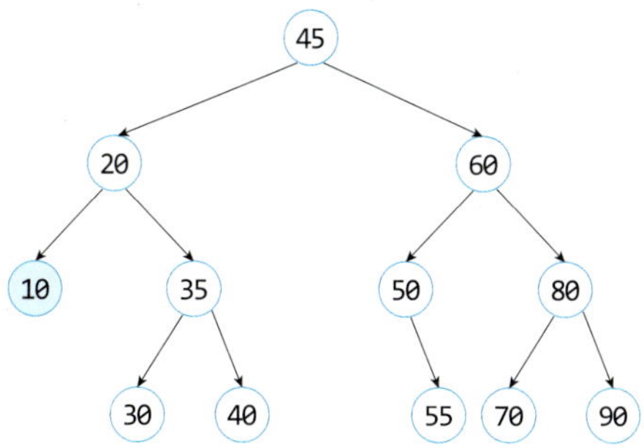

① 0　　② 1　　③ 2

④ 3　　⑤ 답 없음

5.34 다음 중 2-3 트리에 관한 설명으로 옳지 <u>않은</u> 것은?

① 노드가 키를 2개까지 가질 수 있다.

② 완전 균형 탐색 트리이다.

③ 모든 이파리가 같은 층에 있다.

④ 새 키는 항상 이파리에 저장된다.

⑤ 답 없음

5.35 n 노드를 가진 2-3 트리의 최대 높이에 가장 가까운 것은? 단, n은 양의 정수이다.

① n　　② $\log_2 n$　　③ $\log_3 n$

④ nlogn　　⑤ 답 없음

5.36 다음 중 2-3 트리의 삽입 연산에 관한 설명으로 옳지 <u>않은</u> 것은?

① 새 키가 저장될 노드가 2-노드이면 그 노드에 저장한다.

② 새 키가 저장될 노드가 3-노드이면 분리 연산을 수행한다.

③ 노드에 overflow가 발생하면 3개의 키 중에 중간키를 부모로 올려보낸다.

④ 루트에서 분리 연산이 발생하면 트리의 높이는 1 감소한다.

⑤ 답 없음

5.37 다음 중 2-3 트리의 삭제 연산에 관한 설명으로 옳은 것은?

① 삭제할 키가 이파리에 있으면 단순히 키를 이파리에서 제거하여 삭제 연산을 마친다.

② 삭제할 때 이동 연산을 수행한 후에 통합 연산을 수행해야 한다.

③ 이동 연산은 형제 노드로부터 키를 underflow가 발생한 노드로 이동한다.

④ 통합 연산은 이동 연산이 불가능한 경우에 수행된다.

⑤ 답 없음

5.38 초기에 empty인 2-3 트리에 45, 30, 65, 70, 25, 80, 15, 40, 90, 75, 50, 60을 차례로 삽입하여 만들어진 2-3 트리의 루트에 있는 키는?

① 45　　② 40　　③ 45, 70

④ 45, 60　　⑤ 45, 80

5.39 문제 5.38에서 만들어진 2-3 트리의 높이는?

① 2　　② 3　　③4

④ 5　　⑤ 답 없음

5.40 다음 중 2-3-4 트리에 관한 설명으로 옳지 <u>않은</u> 것은?

① 완전 균형 이진 탐색 트리이다.

② 모든 이파리가 같은 층에 있다.

③ 삽입/삭제 연산의 수행 시간은 2-3 트리와 같다.

④ 2-3 트리보다 대체로 트리의 높이가 낮다.

⑤ 답 없음

5.41 다음 중 2-3-4 트리의 삽입, 삭제 연산에 관한 설명으로 옳은 것은?

① 삭제는 항상 이파리에서 수행된다.

② 삽입을 수행하려면 반드시 분리 연산이 수행되어야 한다.

③ 삽입 연산은 루트에서 내려가며 4-노드를 만날 때만 통합 연산을 수행한다.

④ 삭제 연산은 루트에서 내려가며 2-노드를 만날 때만 분리 연산을 수행한다.

⑤ 답 없음

5.42 다음 중 LLRB(좌편향) 트리에 관한 설명으로 옳지 않은 것은?

① 2-3 트리와 개념적으로 같은 트리이다.

② 완전 균형 트리이다.

③ 노드는 레드 또는 블랙의 색을 가진다.

④ 일반적인 레드 블랙 트리보다 실제 성능 면에서 우수하다.

⑤ 답 없음

5.43 다음 중 LLRB 트리의 조건이 아닌 것은?

① 연속 레드 규칙

② 동일 블랙 link 규칙

③ 레드 link 좌편향 규칙

④ 좌편향 블랙 link 규칙

⑤ 답 없음

5.44 다음 중 LLRB 트리의 응용이 아닌 것은?

① 항공 교통 관제

② 핵발전소의 원자로 제어

③ 심장박동 제어장치

④ 대용량 데이터베이스

⑤ 답 없음

5.45 균형 이진 트리에서 높이를 계산하는데 소요되는 수행 시간은?

① O(1) ② O(logn) ③ O(n)

④ O(nlogn) ⑤ $O(n^2)$

5.46 n개의 노드를 가진 균형 이진 탐색 트리에서 루트의 중위 선행자를 찾는데 소요되는 수행 시간은?

① $O(1)$ ② $O(\log n)$ ③ $O(n)$
④ $O(n\log n)$ ⑤ $O(n^2)$

5.47 균형 이진 탐색 트리에 있는 가장 큰 키가 1,000보다 작은지를 확인하는데 소요되는 수행 시간은?

① $O(1)$ ② $O(\log n)$ ③ $O(n)$
④ $O(n\log n)$ ⑤ $O(n^2)$

5.48 이파리들이 같은 층(Level)에 있는 트리는?

① 이진 트리 ② 이진 탐색 트리 ③ AVL 트리
④ 레드 블랙 트리 ⑤ B-트리

5.49 다음 중 B-트리에 관한 설명으로 옳지 않은 것은?

① 노드에 수백에서 수천 개의 키를 저장한다.
② 대용량 데이터베이스의 응용에 적합하다.
③ 모든 이파리가 같은 층에 있는 균형 트리이다.
④ 이진 트리의 형태를 가진다.
⑤ 답 없음

5.50 다음 중 B-트리의 차수 M에 관한 설명으로 옳은 것은?

① 노드의 최대 자식 수이다.
② 노드에 최대로 저장할 수 있는 키의 수이다.
③ 트리의 노드 수와 같다.
④ 트리의 높이와 같다.
⑤ 답 없음

5.51 다음 중 차수가 M인 B-트리의 조건이 <u>아닌</u> 것은?

① 루트의 자식 수는 2 이상이다.

② 모든 이파리는 반드시 같은 층에 있어야 한다.

③ 루트가 아닌 각 노드의 자식 수는 M/2 이상 M 이하이다.

④ 각 노드는 최대 M개의 키를 가진다.

⑤ 답 없음

5.52 다음 중 차수가 4이고 높이가 3인 B-트리에 최대로 저장할 수 있는 키의 수는?

① 63 ② 127 ③ 255

④ 511 ⑤ 답 없음

5.53 다음 중 B^*-트리에 관한 설명으로 옳지 <u>않은</u> 것은?

① B-트리의 일종이다.

② 차수가 M이면 루트를 제외한 노드는 최소 2/3M 자식을 가져야 한다.

③ B-트리와 비교해 노드 공간을 효율적으로 사용한다.

④ 모든 이파리가 같은 층에 있을 필요는 없다.

⑤ 답 없음

5.54 다음 중 B^+-트리에 관한 설명으로 옳지 <u>않은</u> 것은?

① 트리 노드에는 키에 관한 정보만 있다.

② 키에 관련된 정보는 이파리에 키와 함께 저장한다.

③ 데이터베이스에 응용된다.

④ 이파리들은 단순 연결 리스트로 연결되어 순차 탐색을 허용한다.

⑤ 답 없음

5.55 어느 이진 탐색 트리에서 전위 순회 결과가 40, 20, 10, 30, 50, 60이다. 이 트리를 그려라.

5.56 다음의 이진 탐색 트리에 60을 삽입한 결과의 트리를 그려라.

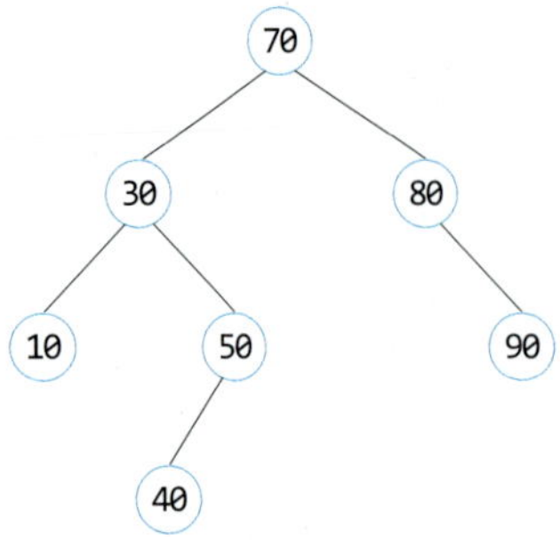

5.57 Empty인 이진 탐색 트리에 10, 20, 30, 40, 50, 60을 차례로 삽입한 트리를 그려라. 그리고 60을 탐색하기 위해 몇 개의 노드를 방문하는가? 만약 반대로 60, 50, 40, 30, 20, 10이 empty인 트리에 삽입되면 어떠한 트리가 만들어지는지 알아보라.

5.58 다음의 이진 탐색 트리에서 루트의 40을 삭제한 트리를 그려라.

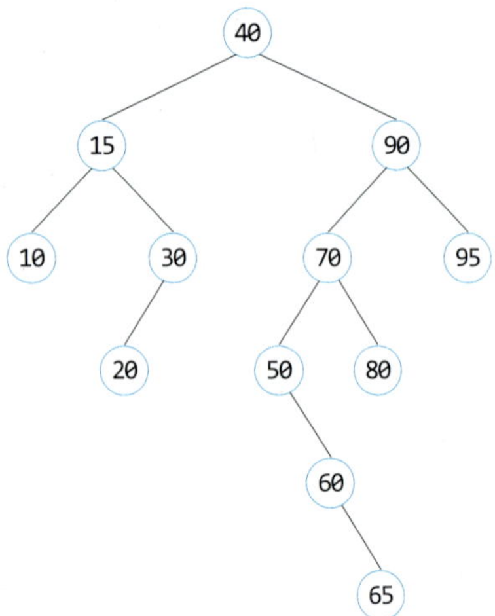

5.59 [프로그램 5-1] bst.py에 최댓값을 삭제하는 delete_max() 메소드를 작성하라.

5.60 [프로그램 5-1] bst.py에 k번째 작은 키를 찾는 kth_smallest(k) 메소드를 작성하라. 단, 가장 작은 키는 0번째이고, 두 번째로 작은 키가 1번째이다.

5.61 Empty인 AVL 트리에 75, 80, 85, 20, 10, 50, 30, 40, 70, 90을 차례로 삽입한 AVL 트리를 그려라.

5.62 다음의 AVL 트리에서 75를 삭제한 후, 85를 삭제한 후의 AVL 트리를 그려라.

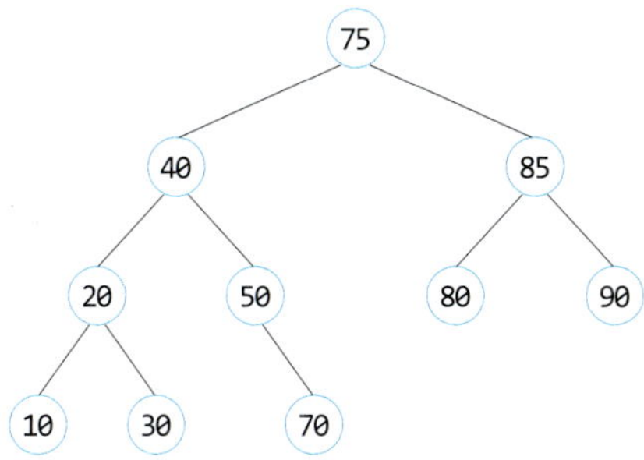

5.63 AVL 트리의 delete() 메소드를 작성하라.

5.64 다음의 2-3 트리에 95를 삽입한 2-3 트리를 그려라. 트리의 높이가 어떻게 변했는지 살펴보라.

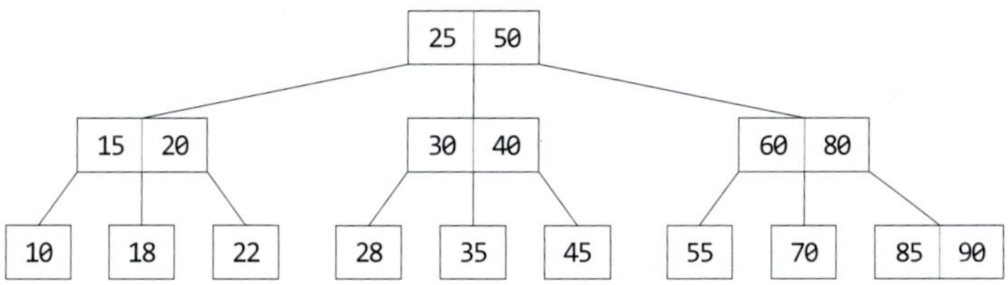

5.65 문제 5.64의 2-3 트리에서 70이 삭제된 2-3 트리를 그려라.

5.66 다음의 2-3 트리에 15를 삭제한 결과의 2-3 트리를 그려라. 트리의 높이가 어떻게 변했는지 살펴보라.

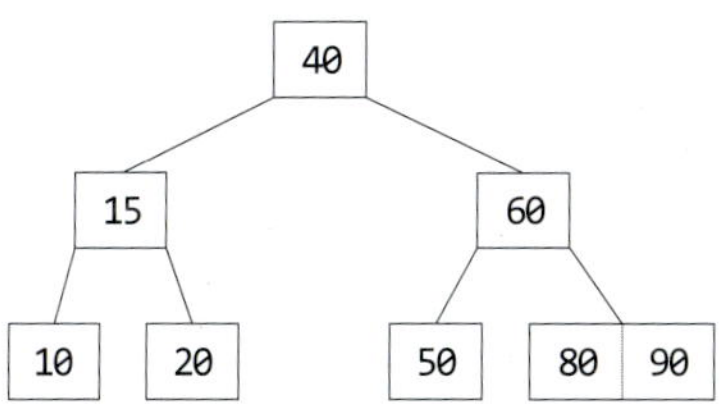

5.67 다음의 2-3-4 트리에서 32, 35, 40을 차례로 삭제한 2-3-4 트리를 그려라.

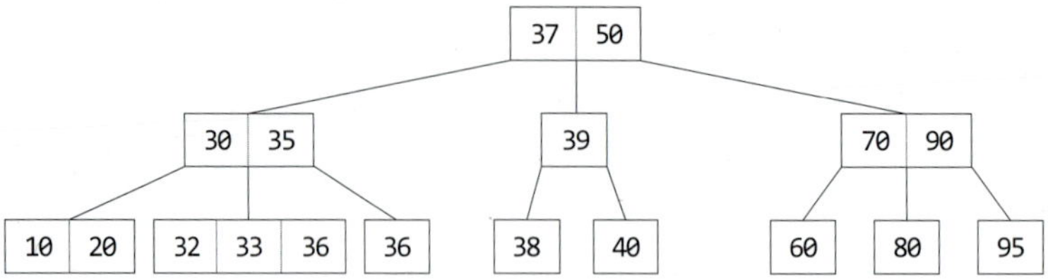

5.68 일반적인 레드 블랙 트리와 LLRB 트리의 차이점을 설명하라.

5.69 다음의 B-트리에 35를 삽입한 후의 B-트리를 그려라. 단, 차수는 5이다.

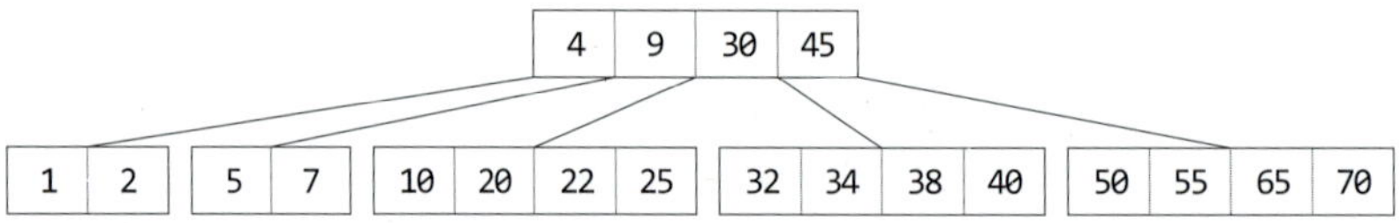

5.70 다음의 B-트리에 5를 삭제한 후의 B-트리를 그려라. 단, 차수는 5이다.

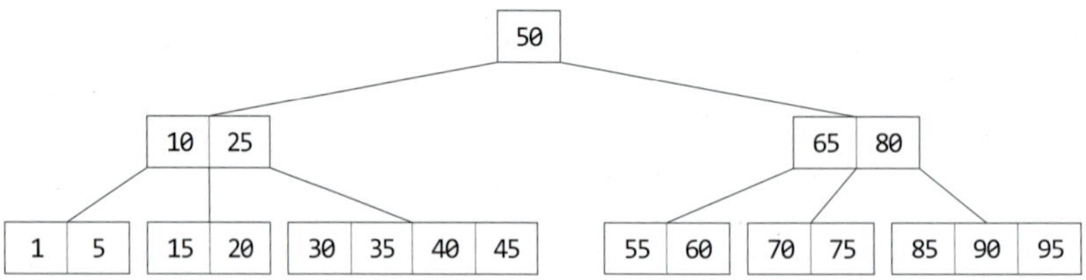

5.71 Splay 트리에 대해 조사하고, AVL 트리, LLRB 트리와 비교했을 때, 어떤 장단점을 갖는지 설명하라.

PART 06

해시 테이블

contents

06 해시 테이블

6.1 해시 테이블

Part 5에서는 이진 탐색 트리의 성능을 개선한 AVL 트리와 레드 블랙 트리에 대해 살펴보았다. 이 자료구조들의 삽입과 삭제 연산의 수행 시간은 각각 O(logn)이다. 그렇다면 O(logn) 보다 좋은 성능을 갖는 자료구조는 없을까?

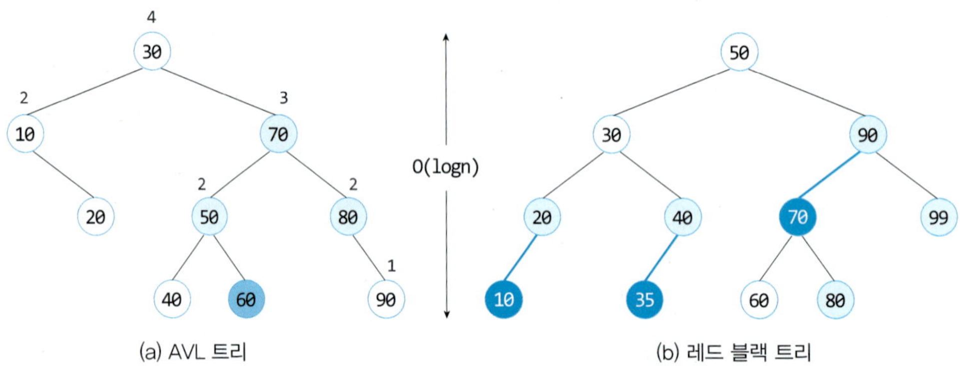

[그림 6-1] 이진 탐색 트리를 개선한 트리 자료구조

[핵심 아이디어]

O(logn) 시간보다 빠른 연산을 위해, 키와 1차원 리스트 인덱스의 관계를 이용하여 키(항목)를 저장한다.

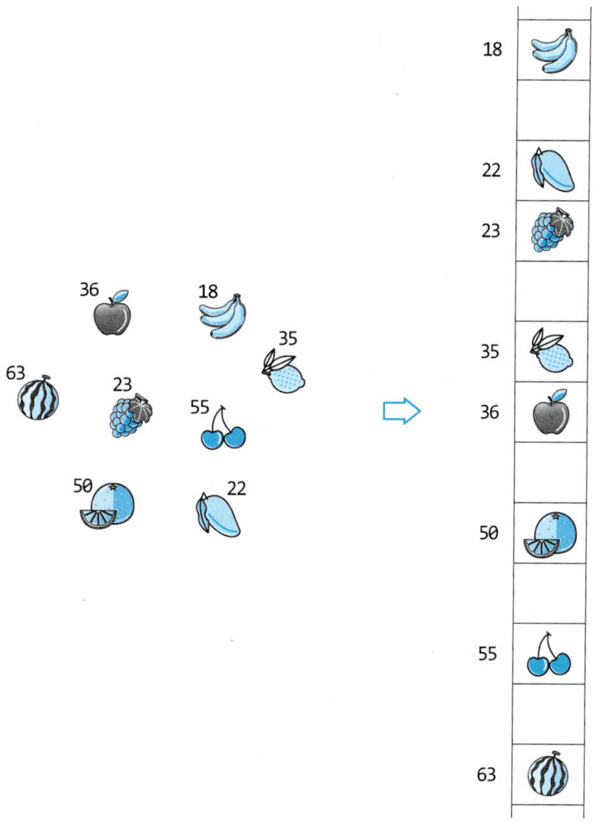

[그림 6-2] 키를 그대로 1차원 리스트의 인덱스로 사용

그러나 키를 1차원 리스트의 인덱스로 그대로 사용하면 [그림 6-2]와 같이 메모리 낭비가 심해질 수 있다. 이러한 문제를 해결하려면 키를 적절히 변환하여 리스트의 인덱스로 사용해야 한다. 이때 키를 간단한 함수를 사용해 변환한 값을 리스트의 인덱스로 이용하여 항목을 저장하는 것을 해싱(Hashing)이라고 한다. 해싱에 사용되는 함수를 해시 함수(Hash Function)라 하고, 해시 함수가 계산한 값을 해시값(Hash value) 또는 해시 주소라고 하며, 항목이 해시값에 따라 저장되는 1차원 리스트를 해시 테이블(Hash Table)이라고 한다. [그림 6-3]은 해싱의 전반적인 개념을 나타낸다. 여기서 M은 해시 테이블 크기이다.

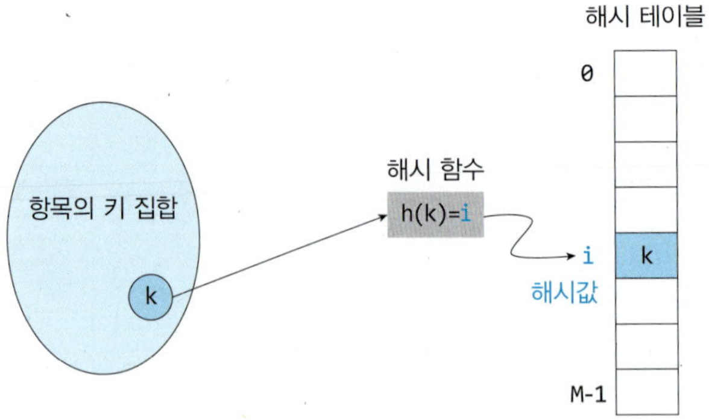

[그림 6-3] 해싱의 개념

하지만 아무리 우수한 해시 함수를 사용하더라도 [그림 6-4]와 같이 2개 이상의 항목을 해시 테이블의 동일한 원소에 저장하여야 하는 경우가 발생한다. 만일 키의 1의 자리만을 취하는 해시 함수를 사용한다고 가정하면, 50은 1의 자리가 0이므로 a[0]에 저장하고, 25, 35, 55는 1의 자리가 모두 5이므로 a[5]에 저장해야 한다. 이처럼 서로 다른 키들이 같은 해시값을 가질 때 충돌(Collision)이 발생했다고 한다.

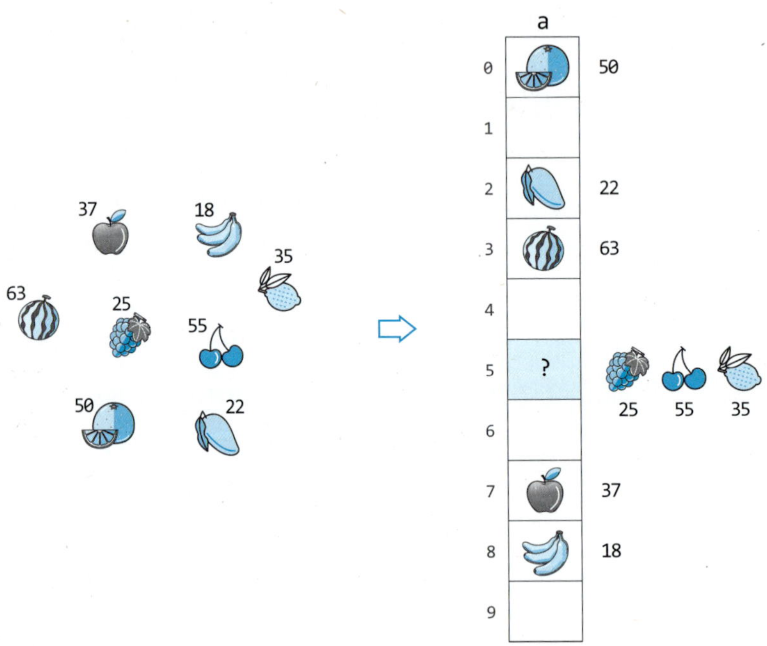

[그림 6-4] 충돌 발생

Part 6에서는 대표적인 해시 함수들을 소개하고, 다양한 충돌 해결 방법에 대해 알아본 뒤, 대용량 데이터를 위한 해싱 방법인 동적 해싱을 알아본다. 충돌 해결 방법들은 크게 두 가지로 분류되는데, 개방 주소 방식(Open Addressing)과 폐쇄 주소 방식(Closed Addressing)으로 나눌 수 있다. 개방 주소 방식은 충돌된 키를 해시 테이블 전체를 열린 공간으로 여기어 비어있는 곳을 찾아 항목을 저장하는 방식이다. 즉, 충돌이 발생한 키를 원래의 해시값과 다른 곳에 저장한다. 반면에 폐쇄 주소 방식은 해시값에 대응되는 해시 테이블 원소에 반드시 키를 저장한다. 따라서 충돌이 발생한 키들을 같은 해시 주소에 저장한다.

파이썬의 dictionary는 해싱 개념으로 구현되어 있으며, 파이썬의 리스트, 튜플과 함께 기본적인 파이썬 자료구조로 제공된다. dictionary의 선언, 삽입, 삭제 등에 관련된 파이썬 구문은 생략한다.

6.2 해시 함수

가장 이상적인 해시 함수는 키들을 균등하게[1](Uniformly) 해시 테이블의 인덱스로 변환하는 함수이다. 일반적으로 실세계의 키들은 부여된 의미나 특성이 있는데, 학번은 입학 연도, 학과 코드, 학생의 일련번호로 구성되고, 은행의 계좌번호는 은행지점, 예금 종류, 고객 일련번호로 구성되며, 주민등록번호는 생년월일, 성별, 지역코드, 검증 번호로 이루어져 있는 경우가 대표적인 예시이다. 따라서 키의 가장 앞부분의 몇 자리, 또는 뒤의 몇 자리 등을 취하여 해시값으로 사용하는 단순한 방식의 해시 함수는 많은 충돌을 초래할 수 있다.

해시 함수는 키들을 균등하게 해시 테이블의 인덱스로 변환하기 위해 의미가 부여된 키를 간단한 계산을 통해 '뒤죽박죽' 만든 후 해시 테이블의 크기에 맞도록 해시값을 계산한다. 하지만 해시 함수가 아무리 균등한 결과를 보장하더라도 함수 계산 자체에 긴 시간이 소요된다면 해싱의 장점인 연산의 신속성을 상실하므로 그 가치를 잃는다. 따라서 단순하면서 동시에 키들을 균등하게 변환하는 함수가 해시 함수로서 바람직하며, 해시 함수의 대표적인 예는 다음과 같다.

1) 균등하게 변환하는 것은 키들을 해시 테이블에 랜덤하게 흩어지도록 저장하는 것을 뜻한다.

- 중간 제곱(Mid-square) 함수: 키를 제곱한 후, 적절한 크기의 중간 부분을 해시값으로 사용한다.
- 접기(Folding) 함수: 큰 자릿수를 갖는 십진수를 키로 사용하는 경우, 몇 자리씩 일정하게 끊어서 만든 숫자들의 합을 이용해 해시값을 만든다. 예를 들어 123456789012에 대해서 1234 + 5678 + 9012 = 15924를 계산한 후에 해시 테이블의 크기가 1,000이라면 15924에서 3자리 수만을 해시값으로 사용한다.
- 곱셈(Multiplicative) 함수: 1보다 작은 실수 δ를 키에 곱하여 얻은 숫자의 소수 부분을 테이블 크기 M과 곱한다. 이렇게 나온 값의 정수 부분을 해시값으로 사용한다. 즉, h(key) = ((key * δ) % 1) * M이다. Knuth[2]에 의하면 $\delta = \frac{\sqrt{5}-1}{2} \approx 0.61803$일 때 좋은 성능을 보인다. 예를 들면, 테이블 크기 M = 127이고 키가 123456789인 경우, 123456789 × 0.61803 = 76299999.30567, 0.30567 × 127 = 38.82009이므로 38을 해시값으로 사용한다.

이러한 해시 함수들의 공통점은 키의 모든 자리의 숫자가 함수 계산에 참여함으로써 계산 결과에서는 원래의 키에 부여된 의미나 특성을 찾아볼 수 없다. 또한 계산 결과에서 해시 테이블의 크기에 따라 특정 부분만을 해시값으로 활용한다.

하지만 실세계에서 가장 널리 사용되는 해시 함수는 나눗셈(Division) 함수이다. 나눗셈 함수는 키를 소수(Prime) M으로 나눈 뒤, 그 나머지를 해시값으로 사용한다. 즉, h(key) = key % M이고, 따라서 해시 테이블의 인덱스는 0에서 M–1이 된다. 여기서 제수로 소수를 사용하는 이유는 나눗셈 연산을 했을 때, 소수가 키들을 균등하게 인덱스로 변환하기 때문이다.

2) Knuth, The Art of Computer Programming, Sorting and Searching, Vol. 3.

6.3 개방 주소 방식

개방 주소 방식[3](Open Addressing)은 해시 테이블 전체를 열린 공간으로 가정하고 충돌된 키를 일정한 방식에 따라서 찾아낸 empty 원소에 저장한다. 대표적인 개방 주소 방식에는 선형 조사(Linear Probing), 이차 조사(Quadratic Probing), 랜덤 조사(Random Probing), 이중 해싱(Double Hashing)이 있다.

6.3.1 선형 조사

선형 조사는 충돌이 일어난 원소에서부터 순차적으로 검색하여 처음 발견한 empty 원소에 충돌된 키를 저장한다.

[핵심 아이디어]

충돌이 나면 바로 다음 원소를 검사하자.

즉, h(key) = i라면, 해시 테이블 a[i], a[i+1], a[i+2], …, a[i+j]를 차례로 검색하여 최초로 찾아낸 empty 원소에 key를 저장한다. 해시 테이블은 1차원 리스트이므로, (i + j)가 M이 되면 a[0]을 검색한다.

$$(h(key) + j) \% M, j = 0, 1, 2, 3, \cdots$$

[그림 6-5]는 해시 함수가 h(key) = key mod 13일 때, 25, 37, 18, 55, 22, 35, 50, 63에 대해 순차적으로 선형 조사를 사용하여 해시 테이블에 저장하는 과정을 나타낸다.

25, 37, 18, 55, 22는 충돌 없이 각각 해시값에 해당하는 리스트 원소에 저장된다. 그러나 35를 저장하려는 경우 h(35) = 35 % 13 = 9이므로 a[9]에 저장해야 하지만 a[9]에는 이미 22가 저장되어 있어 충돌이 발생한다. 이때 선형 조사 방식으로 a[9+1] = a[10]을 검사하고, a[10]이 비어있으므로 35를 a[10]에 저장한다. 이처럼 50과 63을 저장할 때도 각각 충돌이 발생하여 [그림 6-5]와 같이 이웃하는 원소를 순차적으로 검색하여 처음 발견한

3) 1953년 IBM의 연구자 Amdahl, Boehme, Rochester, Samuel이 최초로 개방 주소 방식인 선형 조사를 IBM 701 컴퓨터에서 구현하였다.

key	h(key)=key%13
25	12
37	11
18	5
55	3
22	9
35	9
50	11
63	11

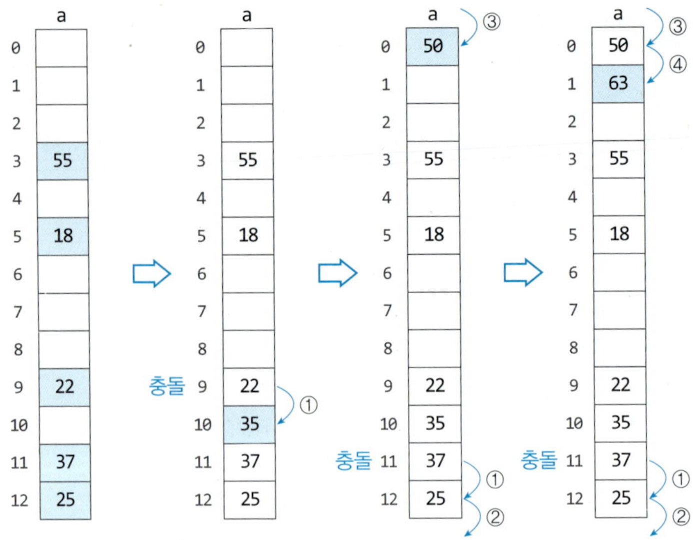

[그림 6-5] 선형 조사의 키 저장 과정

empty 원소에 각각 저장한다.

선형 조사는 순차 탐색으로 empty 원소를 찾아 충돌된 키를 저장하므로 해시 테이블의 키들이 [그림 6-6]과 같이 빈틈없이 뭉쳐지는 현상이 발생한다. 이를 1차 군집화(Primary Clustering)[4]라고 하는데, 이러한 군집화는 탐색, 삽입, 삭제 연산을 수행할 때 군집 된 키들을 순차적으로 방문해야 하는 문제점을 일으킨다. 군집화는 해시 테이블에 empty 원소 수가 적을수록 더 심화되며 해시 성능을 극단적으로 저하시킨다.

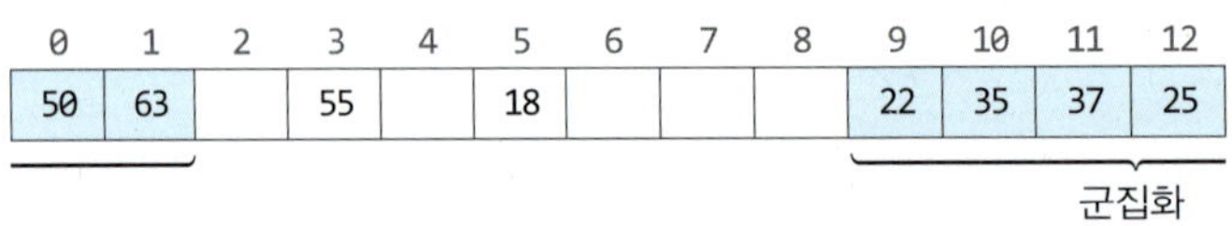

[그림 6-6] 선형 조사의 군집화

4) 선형 조사에서 발생하는 군집화 현상을 특히 Primary Clustering이라고 한다. 그 이유는 이차 조사와 랜덤 조사에서 발생하는 군집화 현상인 "2차 군집화", "3차 군집화"와 구분 짓기 위함이다.

다음은 선형 조사를 파이썬 프로그램으로 구현하기 위한 linear_prob.py이다.

프로그램 6-1 linear_prob.py

```
class LinearProbing:
    def __init__(self, size):
        self.M = size
        self.a = [None] * size
        self.d = [None] * size

    def hash(self, key):
        return key % self.M

    def put(self, key, data): # 삽입 연산
        initial_position = self.hash(key)
        i = initial_position
        j = 0
        while True:
            if self.a[i] == None:
                self.a[i] = key
                self.d[i] = data
                return
            if self.a[i] == key:
                self.d[i] = data
                return
            j += 1
            i = (initial_position + j) % self.M
            if i == initial_position:
                break

    def get(self, key): # 탐색 연산
        initial_position = self.hash(key)
        i = initial_position
        j = 1
        while self.a[i] != None:
```

객체 생성자
테이블 크기 M
해시 테이블 a
데이터 저장용 d

나눗셈 해시 함수

초기 위치

빈 곳 발견

key는 해시 테이블에
data는 리스트 d에 저장

key가 이미 해시 테이블에
있으므로 data만 갱신

다음 원소 검사를 위해

다음 위치가 초기 위치와 같으면
루프 벗어나기 [저장 실패]

초기 위치

```python
                if self.a[i] == key:
                    return self.d[i]
                i = (initial_position + j) % self.M
                j += 1
                if i == initial_position:
                    return None
            return None

    def print_table(self):
        for i in range(self.M):
            print('{:4}'.format(str(i)), ' ', end='')
        print()
        for i in range(self.M):
            print('{:4}'.format(str(self.a[i])), ' ', end='')
        print()
```

탐색 성공

다음 원소 검사를 위해

탐색 실패

해시 테이블 출력

다음은 linear_prob.py를 import하여 [그림 6-5]와 같이 키를 저장하고, 탐색을 수행한 후 해시 테이블을 출력하는 main.py이다.

프로그램 6-2 main.py

```python
from linear_prob import LinearProbing
if __name__ == '__main__':
    t = LinearProbing(13)
    t.put(25, 'grape')
    t.put(37, 'apple')
    t.put(18, 'banana')
    t.put(55, 'cherry')
    t.put(22, 'mango')
    t.put(35, 'lime')
    t.put(50, 'orange')
    t.put(63, 'watermelon')
```

해시 테이블 크기가 13인 객체 생성

8개의 항목 삽입

```
print('탐색 결과:')
print('50의 data = ', t.get(50))
print('63의 data = ', t.get(63))
print('해시 테이블:')
t.print_table()
```

탐색과 테이블 출력

[그림 6-7]은 [프로그램 6-1, 2]가 수행된 결과를 보여준다.

Run: 프로그램6-1 and 2 linear_prob

```
C:\Users\user\venv\Scripts\python.exe
탐색 결과:
50의 data =  orange
63의 data =  watermelon
해시 테이블:
0    1    2     3    4     5    6     7     8     9    10   11   12
50   63   None  55   None  18   None  None  None  22   35   37   25
```

[그림 6-7] [프로그램 6-1, 2]의 실행 결과

선형 조사를 위한 삭제 연산에서는 삭제할 원소에 특별한 값(실제 키들과 구별되는 값)을 저장해야 한다. 삭제된 원소를 None으로 초기화시키면 이후에 수행되는 탐색에 문제가 발생하는데, 탐색 중에 empty 원소가 나타나면 실패로 간주하기 때문이다. 또한 특별한 값은 실제 키가 아니므로 추후 삽입할 때 이곳에 새로운 키를 저장할 수 있어야 한다. 삭제 메소드 구현은 연습문제에서 다룬다.

6.3.2 이차 조사

이차 조사(Quadratic Probing)는 선형 조사와 근본적으로 같은 충돌 해결 방법이다. 다만, 충돌 후 1차원 리스트 a에서 $(h(key) + j^2) \% M$, j = 0, 1, 2, 3, …으로 선형 조사보다 j가 커질수록 점점 더 멀리 떨어진 곳에서 empty 원소를 찾는다.

[핵심 아이디어]

충돌이 나면 갈수록 더 멀리 떨어진 원소를 검사하자.

[그림 6-8]은 해시 함수가 h(key) = key mod 13일 때, 25, 37, 18, 55, 22, 35, 50, 63을 이차 조사를 통해 순차적으로 해시 테이블에 저장하는 과정을 나타낸다.

key	h(key)=key%13
25	12
37	11
18	5
55	3
22	9
35	9
50	11
63	11

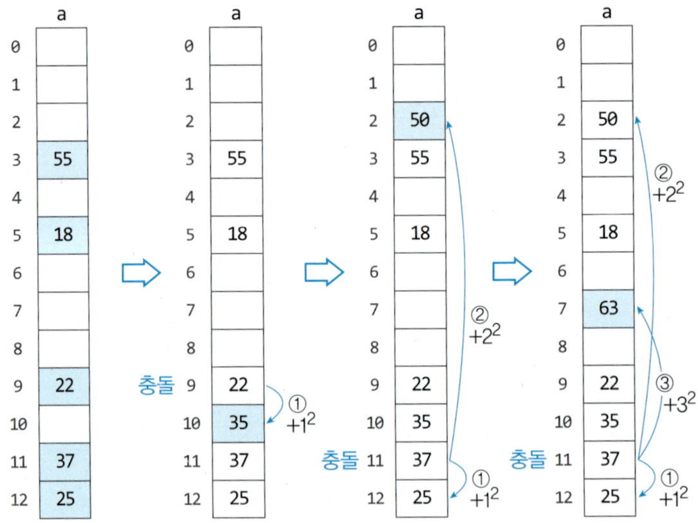

[그림 6-8] 이차 조사의 키 저장 과정

25, 37, 18, 55, 22는 충돌 없이 각각 해시값에 해당하는 1차원 리스트 원소에 저장된다. 그러나 35를 저장하는 경우, h(35) = 35 % 13 = 9이므로 a[9]에 저장해야 하지만 a[9]에는 이미 22가 저장되어 있으므로 충돌이 발생한다. 이때 이차 조사는 $a[9+1^2]$ = a[10]을 먼저 비어 있는지 검사하고, a[10]이 empty이므로 35를 a[10]에 저장한다. 이처럼 50과 63을 저장할 때도 각각 충돌이 발생하여 [그림 6-8]과 같이 인덱스가 $(h(key) + j^2)$ % 13인 곳을 검색하며 처음 발견한 empty 원소에 각각 저장한다.

이차 조사는 이웃하는 빈 곳이 채워져 만들어지는 1차 군집화 문제를 해결하지만, 같은 해시값을 갖는 서로 다른 키들인 동의어(Synonym)들이 똑같은 점프 시퀀스[5](Jump Sequence)를 따라 empty 원소를 찾아 저장하므로 결국 또 다른 형태의 군집화인 2차 군집화(Secondary Clustering)를 초래한다. 또한 점프 크기가 제곱 만큼씩 커지므로 1차원 리스트에 empty 원소가 있는데도 empty 원소를 건너뛰어 저장에 실패하는 경우도 피할 수 없다.

다음은 이차 조사를 파이썬 프로그램으로 구현한 quad_prob.py이다.

5) 점프 시퀀스란 처음 충돌이 발생한 위치로부터 연속적으로 그다음 위치를 찾아가는 순서를 말한다.

프로그램 6-3 quad_prob.py

```
class QuadProbing:
    def __init__(self, size):
        self.M = size
        self.a = [None] * size
        self.d = [None] * size
        self.N = 0  # 항목 수

    def hash(self, key):
        return key % self.M

    def put(self, key, data):
        initial_position = self.hash(key)
        loop_limit = 20
        i = initial_position
        j = 0
        while True:
            if self.a[i] == None:
                self.a[i] = key
                self.d[i] = data
                self.N += 1
                return
            if self.a[i] == key:
                self.d[i] = data
                return
            j += 1
            i = (initial_position + j*j) % self.M
            loop_limit -= 1
            if loop_limit == 0:
                break

    def get(self, key): # 탐색 연산
        initial_position = self.hash(key)
        i = initial_position
        loop_limit = 20
        j = 1
        while self.a[i] != None and loop_limit > 0:
            if self.a[i] == key:
                return self.d[i]
```

객체 생성자
테이블 크기 M
해시 테이블 a
데이터 저장용 d
저장된 항목 수 N

나눗셈 해시 함수

초기 위치

빈 곳 발견

key는 해시 테이블에
data는 리스트 d에 저장

key가 이미 해시 테이블에
있으므로 data만 갱신

다음 원소 검사를 위해

저장 시도 횟수의 제한 초과
[저장 실패]

초기 위치

탐색 성공

```python
            i = (initial_position + j*j) % self.M
            j += 1
            loop_limit -= 1
        return None # 탐색 실패
```

다음 원소 검사를 위해

이차 조사의 put() 메소드에서는 해시 테이블에 empty 원소가 있음에도 불구하고 새 항목을 저장하지 못하는 경우가 발생할 수도 있다. 왜냐하면 이전 j값의 제곱으로 다음 empty 원소를 찾기 때문이다. 이를 위해 loop__limit 변수를 사용하여 저장 시도 횟수를 조절한다. 따라서 탐색 연산을 위한 get() 메소드에서도 만일 해시 테이블에 없는 key를 탐색할 때도 loop_limit 변수를 사용하여 탐색 시도 횟수를 조절한다.

다음은 quad_prob.py를 import하여 [그림 6-8]과 같이 키를 저장하고, 탐색을 수행한 후 해시 테이블을 출력하는 main.py이다.

프로그램 6-4 main.py

```python
from quad_prob import QuadProbing
if __name__ == '__main__':
    t = QuadProbing(13)
    t.put(25, 'grape')
    t.put(37, 'apple')
    t.put(18, 'banana')
    t.put(55, 'cherry')
    t.put(22, 'mango')
    t.put(35, 'lime')
    t.put(50, 'orange')
    t.put(63, 'watermelon')
    print('탐색 결과:')
    print('50의 data = ', t.get(50))
    print('63의 data = ', t.get(63))
    print('해시 테이블:')
    t.print_table()
```

해시 테이블 크기가 13인 객체 생성

8개의 항목 삽입

탐색과 테이블 출력

[그림 6-9]는 [프로그램 6-3, 4]를 실행시킨 결과를 보여준다.

```
C:\Users\user\venv\Scripts\python.exe
탐색 결과:
50의 data =  orange
63의 data =  watermelon
해시 테이블:
0     1     2    3    4     5    6     7    8     9    10   11   12
None  None  50   55   None  18   None  63   None  22   35   37   25
```

[그림 6-9] [프로그램 6-3, 4]의 실행 결과

6.3.3 랜덤 조사

랜덤 조사(Random Probing)는 선형 조사와 이차 조사의 규칙적인 점프 시퀀스와는 달리 점프 시퀀스를 무작위화하여 empty 원소를 찾는 충돌 해결 방법이다. 파이썬 언어의 dictionary는 랜덤 조사를 기반하여 구현되어 있다.

[핵심 아이디어]

충돌이 나면 일정한 규칙 없이 비어있는 원소를 검사하자.

랜덤 조사는 의사 난수 생성기[6](Pseudo Random Number Generator)를 사용하여 다음 위치를 찾는다. 하지만 랜덤 조사 방식도 동의어들이 똑같은 점프 시퀀스에 따라 empty 원소를 찾아 키를 저장하게 되고, 이 때문에 2차 군집화와 유사한 형태의 3차 군집화(Tertiary Clustering)가 발생한다. 다음은 랜덤 조사를 파이썬 프로그램으로 구현한 rand_prob.py이다.

프로그램 6-5 rand_prob.py

```
import random                                   # random 패키지 불러오기
class RandProbing:
:
    def put(self, size): # 삽입 연산
        initial_position = self.hash(key)       # 초기 위치
        i = initial_position
        random.seed(1000)                       # 난수 생성 초기값
```

6) 의사(Pseudo)란 '거짓' 또는 '가짜'라는 뜻이다. 모든 프로그래밍 언어가 이러한 난수 생성기를 라이브러리로 제공하며, 같은 초기 인자(Seed)값에 대해 항상 같은 난수 시퀀스를 얻을 수 있다.

```
        loop_limit = 20
        while True:
            if self.a[i] == None:
  ⋮
            if self.a[i] == key:
  ⋮
            j = random.randint(1, 99)
            i = (initial_position + j) % self.M
            loop_limit -= 1
            if loop_limit == 0
                break

    def get(self, key):
  ⋮
        random.seed(1000)
        loop_limit = 20
        while self.a[i] != None and loop_limit > 0:
  ⋮
            i = (initial_position + random.randint(1, 99)) % self.M
            loop_limit -= 1
        return None
```

난수 크기 범위 지정

다음 원소 검사를 위해

저장할 때와 같은 난수 생성 초기값

난수 크기 동일한 범위 지정

rand_prob.py는 [프로그램 6-3]의 quad_prob.py와 거의 같다. 단, 난수 생성을 위한 random 패키지 import, random.seed()[7], random.randint()를 사용하는 것이 다를 뿐이다. 해시 테이블 a의 다음 위치를 조사하기 위해 (initial_position + random.randint(1, 99)[8]) % M을 계산한다. main.py는 [프로그램 6-4]와 거의 같으므로 생략한다.

[그림 6-10]은 완성된 프로그램에서 25, 37, 18, 55, 22, 35, 50, 63을 차례로 삽입한 후, 50과 63의 data와 1차원 리스트 a의 내용을 출력시킨 결과를 보여준다.

---

7) 난수 발생을 위한 초깃값 1000은 임의로 정한 것이다.

8) 1에서 99 사이에서 난수를 생성한다.

```
C:\Users\user\venv\Scripts\python.exe
탐색 결과:
50의 data =  orange
63의 data =  watermelon
해시 테이블:
0     1     2     3     4     5     6     7     8     9     10    11    12
None  50    None  55    35    18    63    None  None  22    None  37    25
```

[그림 6-10] 랜덤 조사 실행 결과

6.3.4 이중 해싱

이중 해싱(Double Hashing)은 2개의 해시 함수를 사용하는 충돌 해결 방법이다.

> **[핵심 아이디어]**
>
> 충돌이 나면 다른 해시 함수의 해시값을 이용하여 원소를 검사하자.

두 해시 함수 중 하나는 기본적인 해시 함수 h(key)로 키를 해시 테이블의 인덱스로 변환하고, 제2의 함수 d(key)는 충돌 발생 시 다음 위치를 위한 점프 크기를 아래의 식에 따라 정한다.

$$(h(key) + j \cdot d(key)) \bmod M, \; j = 0, 1, 2, \cdots$$

앞서 살펴본 선형 조사는 1차 군집화 때문에 성능이 저하될 수 있고, 이차 조사와 랜덤 조사는 각각 2차와 3차 군집화를 초래할 수 있다. 그러나 이중 해싱은 동의어들이 저마다 제2의 해시 함수를 갖기 때문에 점프 시퀀스가 일정하지 않다. 따라서 이중 해싱은 모든 군집화 문제를 해결하는 충돌 해결 방법이다.

제2의 함수 d(key)는 점프 크기를 정하는 함수이므로 0을 반환해선 안 된다. 그 외의 조건으로 d(key)의 값과 해시 테이블의 크기 M과 서로소(Relatively Prime) 관계일 때 좋은 성능을 보인다. 하지만 해시 테이블 크기 M을 소수로 선택하면, 서로소 조건은 자연히 만족한다. [그림 6-11]은 h(key) = key % 13과 d(key) = 7-(key % 7)에 따라, 25, 37, 18, 55, 22, 35, 50, 63을 해시 테이블에 차례로 저장하는 과정을 나타낸다.

key	h(key)	d(key)	(h(key)+j*d(key))%13		
			j=1	j=2	j=3
25	12				
37	11				
18	5				
55	3				
22	9		①	②	
35	9	7	3	10	
50	11	6	4		③
63	11	7	5	12	6

h(key)=key%13
d(key)=7-(key%7)
(h(key)+j*d(key))%13, j=0, 1, ...

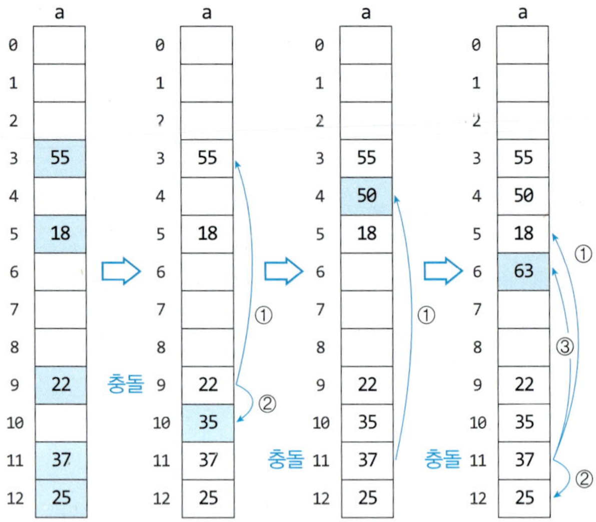

[그림 6-11] 이중 해싱의 키 저장 과정

25, 37, 18, 55, 22는 충돌 없이 각각 해시값에 해당하는 1차원 리스트 원소에 저장된다. 그러나 35를 저장하는 경우, h(35) = 35 % 13 = 9이므로 a[9]에 저장해야 하나, a[9]에는 이미 22가 저장되어 있어 충돌이 발생한다. 따라서 j = 1일 때,

[h(35) + 1 * d(35)] % 13 = [9 + 1 * 7] % 13 = 16 % 13 = 3

이므로 a[3]을 먼저 검사한다. 하지만 a[3]에는 55가 있으므로, 그다음 위치를 계산한다. 즉, j = 2일 때,

[h(35) + 2 * d(35)] % 13 = [9 + 2 * 7] % 13 = 23 % 13 = 10

이므로 a[10]을 검사한다. a[10]은 empty이므로, 35를 a[10]에 저장한다. 50과 63을 저장할 때도 각각 충돌이 발생하여 [그림 6-11]과 같이 화살표가 가리키는 곳을 검색하며 처음 나타나는 empty 원소에 각각 저장한다. 이중 해싱을 위한 파이썬 프로그램은 생략한다. 다음은 [그림 6-11]의 키 저장 과정을 프로그램을 통해 확인해본 것이다.

```
Run:  double_hashing ×
C:\Users\user\venv\Scripts\python.exe
50의 data =  orange
63의 data =  watermelon
해시 테이블:
0     1     2     3    4    5    6    7     8     9    10   11   12
None  None  None  55   50   18   63   None  None  22   35   37   25
```

[그림 6-12] 완성된 프로그램의 실행 결과

이중 해싱은 빈 곳을 찾기 위한 점프 시퀀스가 일정하지 않으며, 모든 군집화 현상을 발생시키지 않는다. 또한 해시 성능을 저하시키지 않는 동시에 해시 테이블에 많은 키를 저장할 수 있는 장점이 있다.

6.4 폐쇄 주소 방식

폐쇄 주소 방식[9](Closed Addressing)의 충돌 해결 방법은 키에 대한 해시값에 대응되는 곳에만 키를 저장한다. 따라서 충돌이 발생한 키들은 한 위치에 모아 저장된다. 이를 구현하는 가장 대표적인 방법이 체이닝(Chaining)이다.

[핵심 아이디어]

충돌이 난 키들을 같은 곳에 모아 놓자.

[그림 6-13]을 보면 라임(35)과 망고(22)가 같은 해시값인 9를 가지므로 a[9]의 연결 리스트에 저장되고, 수박(63), 오렌지(50), 사과(37)가 해시값 11을 각각 가지므로 a[11]의 연결 리스트에 저장된다.

체이닝은 해시 테이블 크기인 M개의 단순 연결 리스트를 가지며, 키를 해시값에 대응되는 연결 리스트에 저장하는 해시 방식이다.[10] 체이닝은 연결 리스트로 구현되어 레퍼런스가 차지하는 공간이 추가로 필요하지만 개방 주소 방식처럼 해시 테이블의 empty 원소를 찾는 오버헤드가 없고, 어떠한 군집화 현상도 없으며, 구현이 간결하여 실제로 가장 많이 활용되는 해시 방법이다.

9) 1953년 IBM의 H. P. Luhn이 처음으로 폐쇄 주소 방식의 해싱인 체이닝을 제안하였다.
10) M개의 연결 리스트가 독립적으로 관리되므로 체이닝을 분리 체이닝(Separate Chaining)이라고 일컫기도 한다.

h(key)=key%13

key	h(key)
25	12
37	11
18	5
55	3
22	9
35	9
50	11
63	11

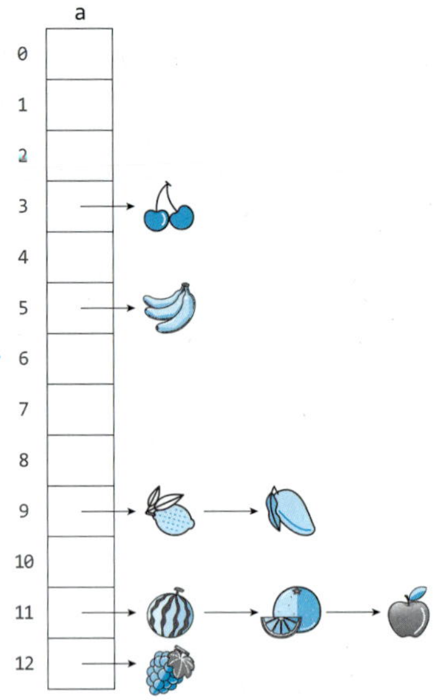

[그림 6-13] 체이닝

체이닝을 실세계 응용을 위해 구현할 때 테이블 크기인 M이 항목의 수 n보다 너무 크면 대부분의 연결 리스트들이 empty가 되고, M이 n보다 너무 작으면 연결 리스트들의 길이가 너무 길어져 해시 성능이 매우 낮아진다. 일반적으로 M을 소수로 선택하고, M ≈ n/10 정도이면, 즉 연결 리스트의 평균 길이가 약 10 정도일 때 좋은 성능을 보인다.

다음은 체이닝을 파이썬 프로그램으로 구현한 chaining.py이다.

프로그램 6-6 chaining.py

```
class Chaining:
    class Node:
        def __init__(self, key, data, link):
            self.key  = key
            self.data  = data
            self.next  = link

    def __init__(self, size):
        self.M = size
        self.a = [None] * size
```

노드 객체 생성자 key, data, next

Chaining 객체 생성자 해시 테이블 a

```python

    def hash(self, key):
        return key % self.M

    def put(self, key, data): # 삽입 연산
        i = self.hash(key)
        p = self.a[i]
        while p != None:
            if key == p.key:
                p.data = data
                return
            p = p.next
        self.a[i] = self.Node(key, data, self.a[i])

    def get(self, key): # 탐색 연산
        i = self.hash(key)
        p = self.a[i]
        while p != None:
            if key == p.key:
                return p.data
            p = p.next
        return None

    def print_table(self): # 테이블 출력
        for i in range(self.M):
            print('%2d' % (i), end='')
            p = self.a[i]
            while p != None:
                print('-->[', p.key,',', p.data, ']', end='')
                p = p.next;
            print()
```

나눗셈 해시 함수

key가 이미 있으면 data만 갱신

새 노드 생성

단순 연결 리스트 맨 앞에 삽입

탐색 성공

탐색 실패

[그림 6-14]는 63이 삽입되는 과정을 나타낸다. 이는 Part 2.1의 단순 연결 리스트의 insert_front()와 같다.

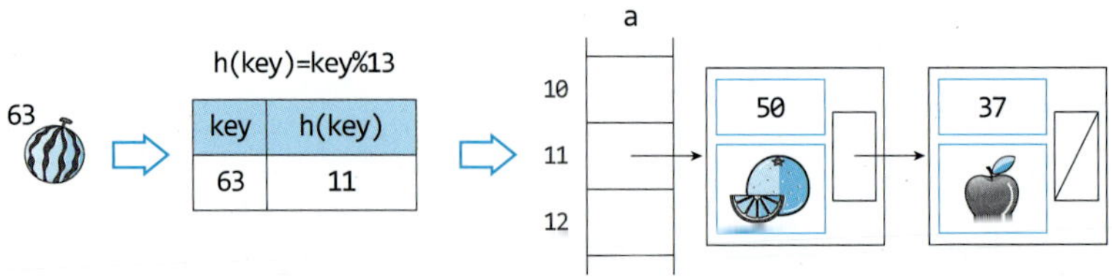

(a) 63을 삽입하기 전

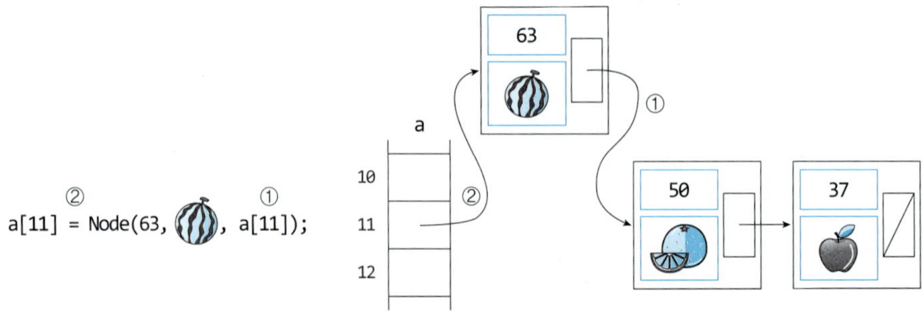

(b) 63을 삽입한 후

[그림 6-14] 63을 삽입하는 과정

[그림 6-15]는 완성된 프로그램에서 25, 37, 18, 55, 22, 35, 50, 63을 차례로 삽입한 후, 50, 63의 data와 해시 테이블의 내용을 출력한 결과이다. main.py는 import 문, Chaining 객체 생성 부분 외에는 [프로그램 6-4]의 main.py와 같으므로 생략한다.

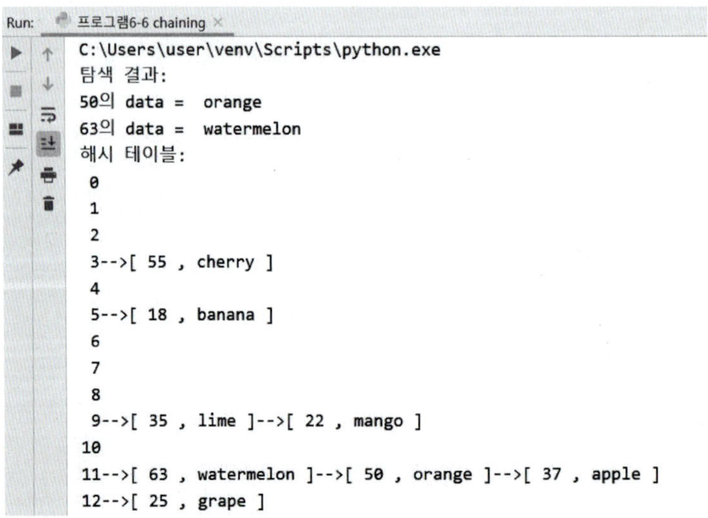

```
Run: 프로그램6-6 chaining
C:\Users\user\venv\Scripts\python.exe
탐색 결과:
50의 data =  orange
63의 data =  watermelon
해시 테이블:
 0
 1
 2
 3-->[ 55 , cherry ]
 4
 5-->[ 18 , banana ]
 6
 7
 8
 9-->[ 35 , lime ]-->[ 22 , mango ]
10
11-->[ 63 , watermelon ]-->[ 50 , orange ]-->[ 37 , apple ]
12-->[ 25 , grape ]
```

[그림 6-15] 완성된 프로그램의 실행 결과

6.5 기타 해싱

Part 6.4까지는 일반적인 해싱 방법을 소개하였다. Part 6.5에서는 기존의 해싱 방법을 융합하거나 변형시킨 새로운 해싱 방법들을 소개한다. 새로이 소개되는 해싱 방법들의 파이썬 프로그램 구현은 연습문제에서 다룬다.

| 2-방향 체이닝(Two-way Chaining) |[11]

2-방향 체이닝은 앞서 소개된 체이닝과 같으나 2개의 해시 함수를 이용하여 연결 리스트의 길이가 짧은 쪽에 새 키(항목)를 저장한다.

[핵심 아이디어]

2개의 해시 함수로 계산된 2개의 체인을 검사해서 짧은 체인에 새 항목을 삽입하자.

따라서 해시 테이블의 원소는 Node를 가리키는 레퍼런스 이외에도 연결 리스트의 길이(length)를 가지고 있다. [그림 6-16]은 2개의 해시 함수 h(key)와 d(key)가 이미 계산되어 있다고 가정한 후, 25, 37, 18, 55, 22, 35, 50, 63을 차례로 저장한 결과를 나타낸다.

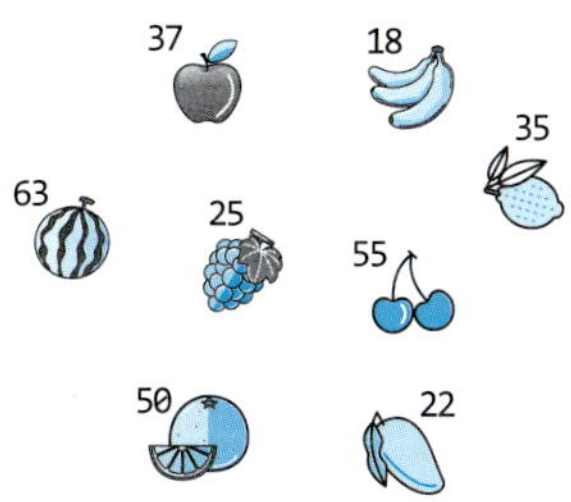

key	h(key)	d(key)
25	12	
37	11	
18	5	
55	3	
22	9	
35	9	5
50	11	5
63	11	7

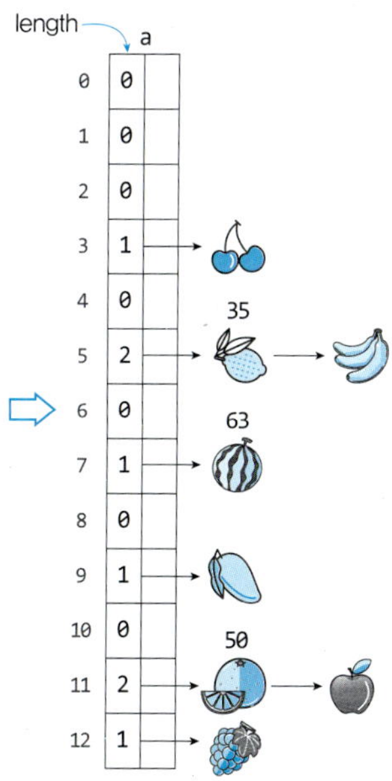

[그림 6-16] 2-방향 체이닝[12]

11) 1994년에 Azar, Broder, Karlin, Upfal이 최초로 제안하였다.

12) 25, 37, 18, 55, 22는 충돌 없이 저장되므로 이들 키에 대한 d(key) 값은 그림에서 생략되었다.

25, 37, 18, 55, 22까지는 충돌 없이 저장되나, 35를 저장할 때는 h(35) = 9, d(35) = 5이고 a[9]와 a[5]의 연결 리스트의 길이가 같으므로, 임의로 a[5]의 연결 리스트에 35를 저장한 것이다. 50을 저장할 때는 h(50) = 11, d(50) = 5이므로 a[11]과 a[5]의 연결 리스트의 길이를 비교하여 a[11]의 연결 리스트가 더 짧으므로 a[11]의 연결 리스트에 50을 저장한다. 마지막으로 63을 저장할 때는 a[11]과 a[7] 중에서 a[7]의 연결 리스트가 짧으므로 a[7]의 연결 리스트에 63을 저장한다. 그리고 새로운 키가 삽입되면 해당 연결 리스트의 길이를 1 증가시킨다.

2-방향 체이닝은 2개의 해시 함수를 계산해야 하고, 연결 리스트의 길이를 비교해야 하며, 추후에 탐색을 위해선 두 연결 리스트를 탐색해야 하는 경우도 발생한다. 그러나 연구 결과에 따르면, 총 n개의 키를 2-방향 체이닝으로 저장하였을 때, 연결 리스트의 평균 길이는 O(loglogn)으로 매우 짧아서 실제로 매우 좋은 성능을 보인다.

| 뻐꾸기 해싱[13](Cuckoo Hashing) |

뻐꾸기 해싱은 뻐꾸기가 다른 새의 둥지에 알을 낳고, 부화된 뻐꾸기 새끼가 다른 새의 알이나 새끼들을 둥지에서 밀어내는 습성을 모방한 해싱 방법이다.

[핵심 아이디어]

2개의 해시 함수와 각 함수에 대응되는 해시 테이블을 이용해 충돌이 발생하면 그곳에 있는 키를 쫓아내자.

뻐꾸기 해싱은 2개의 해시 함수와 2개의 해시 테이블을 가지고 키들을 아래의 알고리즘에 따라 저장한다. 단, 해시 함수 h(key)는 htable을 위한 것이고, 해시 함수 d(key)는 dtable을 위한 것이다. 그리고 new_key는 새로 삽입되는 키이다.

```
[1] key = new_key
[2] h(key) = i를 계산하여, htable[i]에 key를 저장
[3] if key가 저장된 원소가 비어있으면:
        삽입 종료
```

13) 2001년에 Pagh와 Rodler가 최초로 제안하였다.

```
[4] else:  # key가 저장되면서 그 자리에 있던 키를 쫓아낸 경우
        old_key = key 때문에 쫓겨난 키
[5]     if old_key가 있었던 테이블이 htable이면:
            d(old_key) = j를 계산하여, dtable[j]에 old_key 저장
[6]     else:  # old_key가 있었던 테이블이 dtable이면
            h(old_key) = j를 계산하여, htable[j]에 old_key 저장
[7]     key = old_key, go to step [3]
```

[그림 6-17]은 뻐꾸기 해싱으로 10, 32, 45, 61을 차례로 삽입하는 과정을 나타낸다.

key	h(key)	d(key)
10	6	3
32	1	3
45	6	9
61	1	7

(a) 해시 함수 계산

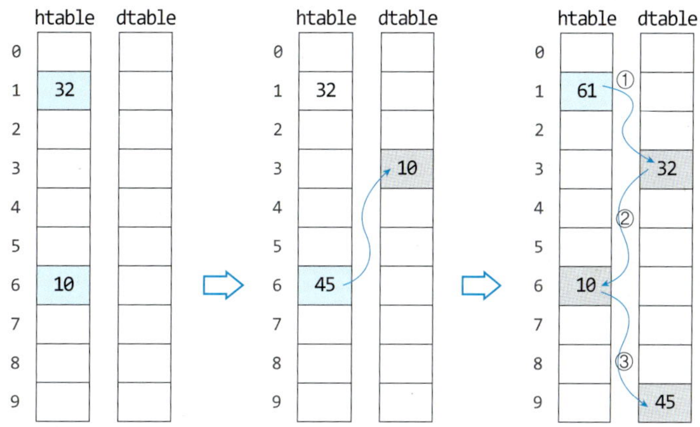

(b) 10과 32 삽입 (c) 45 삽입 (d) 61 삽입

[그림 6-17] 뻐꾸기 해싱 삽입 과정

[그림 6-17](a)는 각 키에 대한 2개의 해시 함수값들이다. (b)는 10과 32가 각각 htable의 비어있는 원소에 저장된 것이다. (c)는 45를 삽입하려 할 때, h(45) = 6이므로, htable[6]에 10이 이미 있으니 10을 쫓아낸 뒤, 45를 그곳에 저장한 상태이다. 이때 쫓겨난 10은 d(10) = 3이므로 dtable[3]에 저장된다. (d)는 61을 삽입하는 과정이다. 32는 61에게 자리를 내주고 쫓겨나 10을 밀어내고, 10은 45를 밀어낸다. 마지막으로 45는 dtable[9]에 저장된다.

뻐꾸기 해싱에서는 삽입 도중에 사이클(Cycle)이 발생하면 삽입 과정이 종료되지 않는다. 이러한 경우는 재해시를 수행해야 한다. 뻐꾸기 해싱의 장점은 탐색과 삭제를 O(1) 시간에 보장하는 것인데, 이런 장점이 있는 해시 함수는 아직 존재하지 않는다. 즉, 최대 2회의 해

시 함수 계산으로 각각의 테이블 원소를 찾아 각 연산을 처리한다. 단, 삽입은 높은 확률로 O(1) 시간에 수행이 가능하다.

뻐꾸기

뻐꾸기 동요는 우리에게 매우 친근하다.

"뻐꾹, 뻐꾹 봄이 가네. 뻐꾸기 소리 잘 가란 인사 복사꽃이 떨어지네. 뻐꾹, 뻐꾹 여름 오네. 뻐꾸기 소리 첫 여름 인사 잎이 새로 돋아나네"

뻐꾸기 소리는 5월에서 8월 사이에 들을 수 있는데 수컷이 '뻐꾹 뻐꾹' 하고, 어미 새는 전혀 다른 소리를 낸다. 수년 전까지는 뻐꾸기가 다른 새들과 같이 둥지를 만들어 알을 낳고 새끼를 키우는 것으로 알려져 있었다. 그런데 뻐꾸기를 관찰 및 녹화하여 방영한 TV 프로그램에서 뻐꾸기는 다른 새의 둥지에 알을 낳고, 알에서 깨어난 새끼 뻐꾸기는 아직 눈도 뜨지 못했음에도 둥지에 있는 다른 새의 알과 새끼들을 둥지 밖으로 밀어낸 뒤에 새끼 뻐꾸기 혼자 둥지를 차지하는 것을 보여주었다. 또한 다른 새는 새끼 뻐꾸기가 자신의 새끼인 줄 알고 열심히 먹이를 갖다 주고, 새끼 뻐꾸기는 둥지가 작아서 겨우 앉아 있을 정도로, 심지어 다른 새보다 덩치가 훨씬 더 커져도 아기 새 소리를 내며 먹이를 계속 달라고 졸라 댄다. 그 와중에 근처 나무에선 수컷 뻐꾸기의 '뻐꾹 뻐꾹' 소리가 끊임 없이 나는 모습이 TV 프로그램을 통해 방송되었다. 이 프로그램의 방송 이후, 뻐꾸기 시계의 판매량이 급감하고, 뻐꾸기 상표를 사용한 밥솥 회사도 적지 않은 타격을 입었다고 한다.

| 재해시(Rehash) |

지금까지 다양한 해싱 방법들을 살펴보았다. 하지만 그 어떤 해싱 방법도 해시 테이블에 비어있는 원소가 적으면, 삽입에 실패하거나 해시 성능이 급격히 저하되는 현상을 피할 수 없다. 이러한 경우, 해시 테이블을 확장하고 새로운 해시 함수를 사용하여 모든 키를 새로운 해시 테이블에 다시 저장하는 재해시(Rehash)가 필요하다. 재해시는 오프라인(Off-line)에서 이루어지고 모든 키를 다시 저장해야 하므로 O(n) 시간이 소요된다.

재해시 수행 여부는 적재율(Load Factor)에 따라 결정된다.

적재율 α = (테이블에 저장된 키(항목)의 수 n) / (테이블 크기 M)

적재율은 α로 표기하는데, 일반적으로 $\alpha \geq 0.75$가 되면 해시 테이블 크기를 2배로 늘리고, $\alpha \leq 0.25$가 되면 해시 테이블을 1/2로 줄인다.

| 동적 해싱(Dynamic Hashing) |

동적 해싱은 대용량의 데이터베이스를 위한 해시 방법으로 재해시를 수행하지 않고 동적으로 해시 테이블의 크기를 조절한다. 대표적인 동적 해싱에는 확장 해싱(Extendible Hashing)과 선형 해싱(Linear Hashing)이 있다.

확장 해싱[14]은 디렉터리(Directory)를 주기억장치(Main Memory)에 저장하고, 데이터는 디스크 블록(Disk Block) 크기의 버킷(Bucket) 단위로 저장한다. 여기서 버킷이란 키를 저장하는 곳이며, Part 6.4까지는 1개의 버킷에 1개의 키만 저장한다고 가정하였다. 확장 해싱에서는 버킷에 overflow가 발생하면 새 버킷을 만들어 나누어 저장하며, 이때 이 버킷들을 가리키던 디렉터리는 2배로 확장된다.

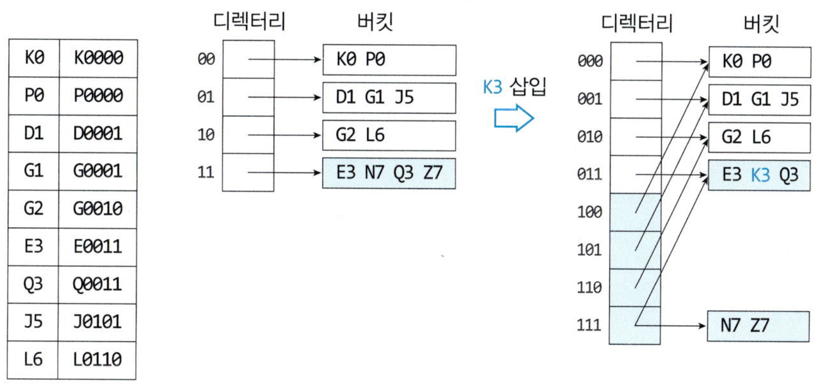

(a) 키 코드　　(b) 디렉터리 확장 전　　(b) 디렉터리 확장 후

[그림 6-18] 확장 해싱의 디렉터리 확장

[그림 6-18]의 예제에서는 (a)의 키 코드의 마지막 두 자리를 가지고 키들을 버킷에 저장한다. 이때 버킷 크기는 4이다. 즉, (b)에서 버킷 [E3, N7, Q3, Z7]은 꽉 차 있는 상태이다. 이때 K3을 삽입하면 K3의 코드의 마지막 두 자리가 '11'이므로 [E3, N7, Q3, Z7] 버킷에 저장되어야 하지만 꽉 차 있으므로, (c)와 같이 디렉터리를 2배로 확장한다. 그리고 코드의 마지막 3자리를 가지고 키를 탐색, 삽입, 삭제 연산을 수행한다.

14) 1979년에 Fagin, Nievergelt, Pippenger, Strong이 최초로 제안하였다.

선형 해싱[15]은 디렉터리 없이 삽입할 때 버킷을 순서대로 추가하는 방식이다. 추가되는 버킷은 삽입되는 키가 저장되는 버킷과 무관하게 순차적으로 추가된다. 만일 삽입되는 버킷에 저장공간이 없으면 overflow 체인에 새 키를 삽입한다. 체인은 단순 연결 리스트로서 overflow된 키들을 임시로 저장하고, 나중에 관련된 버킷이 추가되면 overflow 체인의 키들을 버킷으로 이동한다.

[그림 6-19]의 예제에서는 버킷 크기가 2이다. (b)는 (a)의 키 코드에 따라 마지막 2자리를 이용하여 키들을 저장한 상태이다. (c)는 K1을 삽입하려 하는데 버킷 001에 저장할 공간이 없어 overflow 체인에 임시로 K1을 저장한 경우이다. 다음으로 추가되는 버킷은 인덱스가 100이며, 이때 버킷 000에 저장되었던 P4는 버킷 100으로 이동한다. 왜냐하면 P4 코드의 마지막 3 bit가 100이기 때문이다. (d)는 C4를 100 버킷에 삽입한 경우이며, 새롭게 101 버킷이 추가되었다. 따라서 001 버킷의 코드가 101로 끝나는 키인 J5가 버킷 101로 이동하고, overflow 체인의 K1은 버킷 001로 이동한다. 다음 키가 삽입될 때는 버킷 110이 추가된다.

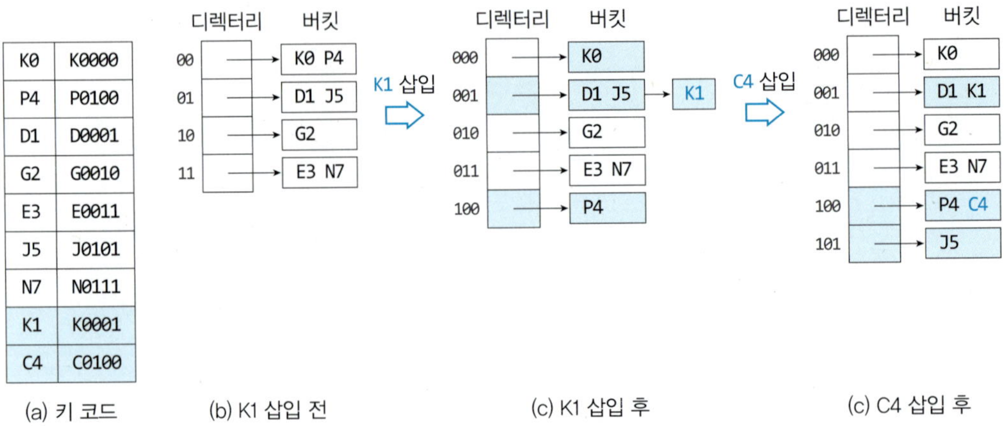

[그림 6-19] 선형 해싱의 버킷 확장

선형 해싱은 디렉터리를 사용하지 않는다는 장점이 있으며, 인터렉티브(Interactive) 응용에 적합하다.

15) 1980년에 Litwin이 최초로 제안하였다.

6.6 해시 방법의 성능 비교

해시 방법의 성능은 탐색이나 삽입 연산을 수행할 때 성공과 실패한 경우를 각각 분석하여 측정한다.

- 선형 조사는 적재율 α가 너무 작으면 해시 테이블에 empty 원소가 너무 많고, α 값이 1.0에 근접할수록 군집화가 심화된다.
- 개방 주소 방식의 해싱은 α ≈ 0.5, 즉 M ≈ 2n일 때 O(1) 시간 성능을 보인다.
- 체이닝은 α가 너무 작으면 대부분의 연결 리스트가 empty가 되고, α가 너무 크면 연결 리스트들의 길이가 너무 길어져 해시 성능이 매우 저하된다. 일반적으로 M이 소수이고, α ≈ 10 정도이면 O(1) 시간 성능을 보인다.

[그림 6-20]은 대표적인 해싱 방법의 성능을 비교한 것이다. 각 방법의 탐색 성공, 탐색 실패와 삽입의 평균 탐색 횟수에 대한 증명은 생략한다.

	탐색 성공	삽입/탐색 실패
선형조사	$\frac{1}{2}\left[1+\frac{1}{(1-\alpha)}\right]$	$\frac{1}{2}\left[1+\frac{1}{(1-\alpha)^2}\right]$
이중해싱	$\frac{1}{\alpha}\ln\frac{1}{1-\alpha}$	$\frac{1}{1-\alpha}$
체이닝	$1+\frac{\alpha}{2}$	α

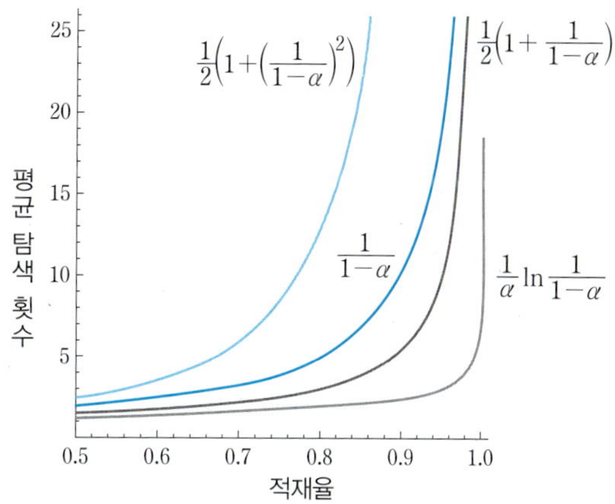

[그림 6-20] 대표적인 해싱 방법의 성능 비교

요약

- 해싱이란 키를 간단한 (해시) 함수로 계산한 값을 1차원 리스트의 인덱스로 이용하여 항목을 저장하고, 탐색, 삽입, 삭제 연산을 평균 O(1) 시간에 지원하는 자료구조이다.
- 해시 함수는 키들을 균등하게 해시 테이블의 인덱스로 변환하기 위해 의미가 부여된 키를 간단한 계산을 통해 '뒤죽박죽' 만든 후 해시 테이블 크기에 맞도록 해시값을 계산한다. 대표적인 해시 함수는 나눗셈 함수이다.
- 충돌 해결 방법들은 크게 두 가지로 분류되는데, 하나는 개방 주소 방식이고, 다른 하나는 폐쇄 주소 방식이다.
- 개방 주소 방식에는 선형 조사, 이차 조사, 랜덤 조사, 이중 해싱이 있다.
- 폐쇄 주소 방식은 키에 대한 해시값에 대응되는 곳에만 키를 저장한다. 체이닝은 해시 테이블 크기만큼의 연결 리스트를 가지며, 키를 해시값에 대응되는 단순 연결 리스트에 저장하는 해시 방식이다. 군집화 현상이 발생하지 않으며, 구현이 간결하여 실제로 가장 많이 활용되는 해시 방법이다.
- 2-방향 체이닝은 체이닝과 동일하나 2개의 해시 함수를 이용하여 연결 리스트의 길이가 짧은 쪽에 새 키를 저장한다.
- 뻐꾸기 해싱은 뻐꾸기가 다른 새의 둥지에 알을 낳고, 부화한 뻐꾸기 새끼는 다른 새의 알이나 새끼들을 둥지에서 밀어내는 습성을 모방한 해싱 방법이고, 탐색과 삭제를 O(1) 시간에 보장하는 매우 효율적인 해싱 방법이다.
- 재해시는 삽입에 실패하거나 해시 성능이 급격히 저하되었을 때, 해시 테이블의 크기를 확장하고 새로운 해시 함수를 사용해 모든 키를 새로운 해시 테이블에 저장하는 것을 말한다.
- 동적 해싱은 대용량의 데이터베이스를 위한 해시 방법으로 재해시를 수행하지 않고 동적으로 해시 테이블의 크기를 조절하는 방식이며, 대표적인 동적 해싱에는 확장 해싱과 선형 해싱이 있다.

연습문제

6.1 다음 중 해시 테이블에 관한 설명으로 가장 적절한 것은?

① 키를 저장할 배열의 인덱스로 변환하여 저장하는 자료구조
② 배열 인덱스를 키로 변환하여 키에 관한 정보를 저장하는 자료구조
③ 저장 공간을 효율적으로 사용하는 자료구조
④ 시스템 스택을 지원하는 자료구조
⑤ 답 없음

6.2 해시 테이블이 단순 연결 리스트보다 효율적인 자료구조인 이유는?

① 데이터를 더 빠르게 삽입, 삭제할 수 있다.
② 쉽게 구현할 수 있다.
③ 레퍼런스를 효율적으로 사용한다.
④ 데이터 수가 적을 때 유리하다.
⑤ 답 없음

6.3 해시 테이블의 한 곳에 이미 키가 저장되어 있는데 다른 키를 같은 곳에 저장하려 할 때 무엇이 발생했다고 하는가?

① 에러 ② 언더플로 ③ 중복
④ 충돌 ⑤ 답 없음

6.4 다음 중 해시 함수에 관한 설명으로 옳은 것은?

① 키를 위해 메모리를 할당하는 함수
② 객체를 생성하는 함수
③ 키를 배열의 인덱스로 변환하는 함수
④ 키의 인터페이스를 계산하는 함수
⑤ 답 없음

6.5 다음의 빈칸에 적절한 단어를 채워 넣어라.

> [   ] 주소 방식은 충돌된 키들을 해시 테이블 전체를 열린 공간으로 여기어 빈 원소에 항목을 저장하는 방식이다. 즉, 해시값에 대응되는 해시 테이블 원소에 키를 저장하지 않을 수 있다는 의미이다. 반면에 [   ] 주소 방식은 해시값에 대응되는 해시 테이블 원소에 반드시 키를 저장해야 한다. 따라서 충돌된 키를 같은 해시 주소에 저장한다.

6.6 개방 주소 방식이 체이닝보다 나은 점은?

① 해시 테이블에 오버플로가 발생하지 않는다.
② 해시 함수에 성능이 민감하지 않다.
③ 구현하기가 간단하다.
④ 캐시 성능이 더 우수하다.
⑤ 답 없음

6.7 다음 중 충돌 해결 방법이 아닌 것은?

① 선형 조사 ② 이차 조사 ③ 랜덤 조사
④ 이중 해싱 ⑤ 답 없음

6.8 해싱을 이용하여 최초에 데이터를 저장하려고 할 때 반드시 고려하지 않아도 되는 것은?

① 해시 함수 ② 해시 테이블 크기
③ 충돌 해결 방식 ④ 동적 해싱 방식
⑤ 적재율

6.9 좋은 해시 함수를 선택하는 기준을 모두 고르라.

① 해시 함수 값의 분포도 ② 해시 함수의 공간 복잡도
③ 충돌 해결 방식의 군집화 ④ 해시 함수의 수행 시간
⑤ 해시 함수의 최댓값과 최솟값

6.10 다음 중 가장 널리 사용되는 해시 함수는?

① 중간 제곱 함수 ② 접기 함수 ③ 곱셈 함수
④ 나눗셈 함수 ⑤ 답 없음

6.11 해시 테이블의 크기를 정하는 방법으로 가장 적절한 것은?

① 두 개의 소수(Prime)의 곱한 수로 정한다.
② 임의의 두 개의 소수 중에 큰 것으로 정한다.
③ 4k+1로 정한다. 단, k는 양의 정수이다.
④ 2k에 너무 가깝지 않은 숫자로 정한다. 단, k는 양의 정수이다.
⑤ 적재율을 고려하여 저장할 항목 수보다 큰 소수로 정한다.

6.12 해시 테이블 크기가 2^k인 경우에 나눗셈 함수, 즉 h(key) = key % 2^k일 때, 다음 중 올바른 설명은? 단, k는 양의 정수이다.

① 홀수인 키들과 짝수인 키들이 골고루 섞이어 테이블에 저장된다.
② 홀수인 키들과 소수인 키들과 골고루 섞이지 않게 되는 문제점을 가진다.
③ 키의 상위 k 비트만을 사용하여 항목을 저장하므로 잦은 충돌을 일으킬 수 있다.
④ 키의 하위 k 비트만을 사용하여 항목을 저장하므로 잦은 충돌을 일으킬 수 있다.
⑤ 답 없음

6.13 체이닝을 위해 해시 테이블 크기를 256으로 정하였다. 이때 저장할 수 있는 최대 항목의 수는?

① 128 ② 256 ③ 512
④ 1024 ⑤ 제한 없음

6.14 크기가 M인 해시 테이블에 n개의 항목이 저장되어 있다. 다음 중 이 해시 테이블의 적재율(Load Factor)을 옳게 표현한 식은?

① M + n ② M − n ③ M × n
④ n / M ⑤ M / n

6.15 다음 중 선형 조사에 관한 설명으로 옳지 않은 것은?

① 개방 주소 방식이다.

② 충돌이 발생한 곳부터 순차적으로 빈 곳을 찾는다.

③ 1차 군집화를 초래한다.

④ 해시 테이블의 마지막 원소까지 빈 곳을 찾지 못하면 삽입에 실패한다.

⑤ 답 없음

6.16 해시 함수 h(key) = key mod 11을 사용하고 선형 조사를 이용하여 31, 40, 56, 23, 49, 36, 79를 차례로 삽입한 후, 46을 삽입하면 46은 해시 테이블의 어디에 저장되는가? 단, 해시 테이블 원소의 인덱스는 0, 1, 2, ⋯, 10이다.

① 2　② 3　③ 4

④ 5　⑤ 6

6.17 문제 6.16에서 31, 40, 56, 23, 49, 36, 79, 46을 삽입할 때, 8개의 키 중에 몇 개가 충돌을 일으키는가? 단, 빈 곳을 찾는 동안의 키 비교는 충돌로 계산하지 마라.

① 2　② 3　③ 4

④ 5　⑤ 6

6.18 다음 중 이차 조사에 관한 설명으로 가장 거리가 먼 것은?

① 2차 군집화를 일으킨다.

② 충돌 난 곳으로부터 갈수록 멀리 떨어진 곳에서 빈 원소를 찾는다.

③ 해시 테이블에 빈 곳이 있더라도 삽입에 실패할 수도 있다.

④ 선형 조사보다 공간을 더 효율적으로 사용한다.

⑤ 답 없음

6.19 해시 함수 h(key) = key mod 11을 사용하고 이차 조사를 이용하여 31, 40, 56, 23, 49, 36, 78, 17을 차례로 삽입한 후, 46을 삽입하면 46은 해시 테이블의 어디에 저장되는가? 단, 해시 테이블 원소의 인덱스는 0, 1, 2, ⋯, 10이다.

① 0　② 2　③ 4

④ 9　⑤ 답 없음

6.20 문제 6.19에서 31, 40, 56, 23, 49, 36, 78, 17, 46을 삽입할 때 9개의 키 중에 몇 개가 충돌을 일으키는가? 단, 빈 곳을 찾는 동안의 키 비교는 충돌로 계산하지 마라.

① 2　② 3　③ 4
④ 5　⑤ 6

6.21 다음 중 랜덤 조사에 관한 설명으로 옳지 않은 것은?

① 3차 군집화를 일으킨다.
② 의사 난수 생성을 이용한다.
③ 랜덤하게 키를 저장한다.
④ 개방 주소 방식이다.
⑤ 답 없음

6.22 해시 함수 h(key) = key mod 11을 사용하고 랜덤 조사를 이용하여 31, 40, 56을 차례로 저장한 후, 23을 삽입하면 23은 해시 테이블의 어디에 저장되는가? 단, 해시 테이블 원소의 인덱스는 0, 1, 2, ⋯, 10이고, 의사 난수 생성기가 생성한 난수는 6, 3, 2, 4, 11이다.

① 2　② 3　③ 4
④ 5　⑤ 6

6.23 다음 중 이중 해싱에 관한 설명으로 옳지 않은 것은?

① 해시 함수를 2개 사용한다.
② 어떠한 군집화도 일으키지 않는다.
③ 동의어들이 서로 다른 점프 시퀀스를 갖는다.
④ 점프 시퀀스를 결정하는 해시 함수의 값이 0이면 안 된다.
⑤ 답 없음

6.24 크기가 1200인 해시 테이블에 대해 이중 해싱을 이용하여 키를 저장하려고 한다. 새 키를 저장하려는데 첫 번째 해시 함수 h로 계산된 해시 주소에 이미 다른 키가 있다.

$$(h(key) + j \cdot d(key)) \% 1200$$

다음 중 두 번째 해시 함수 d(key) = x − key % x에서 가장 적절한 x의 값은?

① 95　② 74　③ 53
④ 39　⑤ 27

6.25 다음 중 체이닝에 관한 설명으로 옳지 않은 것은?

① 폐쇄 주소 방식이다.
② 연결 리스트를 사용한다
③ 연결 리스트가 길수록 캐시 효율성이 높아진다.
④ 삽입에 실패하는 경우가 발생하지 않는다.
⑤ 답 없음

6.26 해시 함수 h(key) = key mod 7을 사용하고 체이닝을 이용하여 31, 40, 56, 23, 49, 36, 77, 46을 차례로 삽입했을 때 가장 긴 연결 리스트의 길이는?

① 2 ② 3 ③ 4
④ 5 ⑤ 답 없음

6.27 다음 중 2-방향 체이닝에 관한 설명으로 옳지 않은 것은? 단, 해시 테이블에 저장된 키의 개수는 n이다.

① 2개의 해시 함수를 사용한다.
② 짧은 연결 리스트에 새 항목을 삽입한다.
③ 연결 리스트의 평균 길이는 O(loglogn)이다.
④ 탐색할 때는 1개의 해시 함수만 사용한다.
⑤ 답 없음

6.28 다음 중 뻐꾸기 해싱에 관한 설명으로 옳지 않은 것은?

① 2개의 해시 함수를 사용한다.
② 삽입할 때 사이클이 발생하여 실패할 수도 있다.
③ 삽입 수행 시간은 O(1)이다.
④ 2개의 해시 테이블을 사용한다.
⑤ 답 없음

6.29 다음 중 재해시에 관한 설명으로 가장 거리가 먼 것은? 단, 해시 테이블에 저장된 키의 개수는 n이다.

① 수행 시간은 O(logn)이다.

② 새 해시 함수와 새 해시 테이블이 필요하다.

③ 재해시 수행 여부는 적재율에 따라 결정한다.

④ 재해시는 일반적으로 오프라인으로 수행한다.

⑤ 답 없음

6.30 다음 중 동적 해싱에 관한 설명으로 옳지 않은 것은?

① 재해시를 하지 않고 해시 테이블 크기를 조절한다.

② 확장 해싱과 선형 해싱이 대표적인 동적 해싱이다.

③ 동적 메모리 할당이 필요하다.

④ 항상 디렉터리를 사용한다.

⑤ 답 없음

6.31 다음 중 확장 해싱에 관한 설명으로 옳지 않은 것은?

① 디렉터리를 사용한다.

② 데이터는 디스크 블록에 저장한다.

③ 디렉터리는 주기억 장치에 저장한다.

④ 버킷에 오버플로가 발생하면 체인을 사용하여 임시 저장한다.

⑤ 답 없음

6.32 다음 중 선형 해싱에 관한 설명으로 옳지 않은 것은?

① 디렉터리를 사용하지 않는다.

② 버킷에 오버플로가 발생하면 체인을 사용하여 임시 저장한다.

③ 일정한 간격으로 새 버킷이 만들어진다.

④ 인터렉티브 응용에 적합하다.

⑤ 답 없음

6.33 적재율이 1.0에 가까울 때 다음의 충돌 해결 방법 중에서 가장 좋은 성능을 보이는 방법은?

① 선형 조사 ② 이차 조사 ③ 랜덤 조사
④ 이중 해싱 ⑤ 체이닝

6.34 선형 조사를 이용해서 3,000개의 항목을 저장하려고 한다. 이때 성공적인 탐색의 평균 비교 횟수가 2.5가 되려면 해시 테이블 크기는 얼마인가? 단, 선형 조사의 성공적인 탐색의 평균 비교 횟수는 $\frac{1}{2}\left[1+\frac{1}{(1-\alpha)}\right]$이다.

① 3,000 ② 4,000 ③ 4,500
④ 5,000 ⑤ 5,500

6.35 이중 해싱을 이용해서 3,000개의 항목을 저장하려고 한다. 이때 성공적인 탐색의 평균 비교 횟수가 8/3 ≈ 2.67이 되려면 해시 테이블 크기는 얼마인가? 단, 이중 해싱의 성공적인 탐색의 평균 비교 횟수는 $\frac{1}{\alpha}\log_2\frac{1}{1-\alpha}$ 이다.

① 3,000 ② 3,500 ③ 3,850
④ 4,000 ⑤ 4,200

6.36 2차와 3차 군집화를 각각 설명하고, 이들의 공통점을 설명하라.

6.37 다음의 해시 함수와 입력 키에 대해 다음 물음에 답하라.

h(k) = k (mod 10) 키 저장 순서: 71, 23, 73, 49, 54, 89, 39

(a) 선형 조사 방식으로 해시 테이블에 저장하라.
(b) 이차 조사 방식으로 해시 테이블에 저장하라.
(c) 이중 해싱 방식으로 해시 테이블에 저장하라. 단, d(k) = 7 – (k mod 7)
(d) 체이닝 방식으로 해시 테이블에 저장하라.

6.38 해시 함수 h(x) = key % 11과 문제 6.37과 같은 순서의 입력 키에 대해 다음 물음에 답하라.

(a) 선형 조사 방식으로 해시 테이블에 저장하라.

(b) 이차 조사 방식으로 해시 테이블에 저장하라.

(c) 이중 해싱 방식으로 해시 테이블에 저장하라. 단, d(k) = 7 – (k mod 7)

(d) 체이닝 방식으로 해시 테이블에 저장하라.

6.39 선형 조사를 위한 LinearProbing 클래스에 삭제 연산을 위한 delete() 메소드를 추가하라.

6.40 2-방향 체이닝(Two-way Chaining)을 파이썬 프로그램으로 구현하라. 해시 테이블을 출력하고, 몇 개의 탐색 연산의 수행 결과를 출력하라.

6.41 다음의 표에는 키들과 해시 함수 h와 d의 값이 계산되어 있다. 2-방향 체이닝을 이용하여 키들을 좌에서 우로, 즉 25, 37, 18, …, 63 순으로 저장하라. 키를 저장하려고 할 때, 2개의 체인의 길이가 같으면 h 함수 값에 대응되는 체인에 삽입하라. 단, 해시 테이블의 크기는 9이고, 새로 저장되는 키는 체인의 첫 노드가 되도록 (insert_front) 삽입하라.

key	25	37	18	55	22	35	50	63
h(key)	2	3	5	3	2	2	2	3
d(key)	0	4	0	2	1	3	5	4

6.42 뻐꾸기 해싱(Cuckoo Hashing)을 파이썬 프로그램으로 구현하라. 각 테이블을 출력하고, 몇 개의 탐색 및 기존 키에 대한 데이터 갱신 연산의 수행 결과를 출력하라.

6.43 다음의 표에는 키들과 해시 함수 h와 d의 값이 계산되어 있다. 뻐꾸기 해싱을 이용하여 키들을 좌에서 우로, 즉 75, 20, 61,⋯ 순으로 저장하라. 키를 저장하려고 할 때, 먼저 h 함수 값에 대응되는 테이블 원소에 삽입하라. 단, 각 해시 테이블의 크기는 9이다.

key	75	20	61	93	40	17
h(key)	5	3	2	3	5	3
d(key)	4	1	3	2	2	1

6.44 Universal 해싱에 대해 조사하라.

6.45 Perfect 해싱에 대해 조사하라.

PART 07

정렬

contents

07 정렬

일반적으로 주어진 데이터를 오름차순[1]으로 나열하는 것을 정렬이라고 한다. 정렬 알고리즘은 컴퓨터 분야에서 가장 많이 연구된 분야 중 하나이다. 정렬 알고리즘에는 비교적 쉽고 간단한 선택 정렬, 삽입 정렬 등이 있고, 이보다 빠른 수행 시간을 가진 쉘 정렬, 힙 정렬, 합병 정렬, 퀵 정렬 등이 있다. 이외에도 string을 정렬하는데 매우 효율적인 기수 정렬이 있다.

정렬 알고리즘은 입력의 크기가 메인 메모리의 용량을 초과하지 않을 때에 수행되는 내부 정렬(Internal Sort)과 보조 기억 장치에 있는 대용량의 데이터를 정렬하는 외부 정렬(External Sort)로 분류할 수 있다. Part 7에서는 앞서 언급한 내부 정렬들을 살펴본 후 외부 정렬을 소개한다.

7.1 선택 정렬

[정의]

선택 정렬(Selection Sort)은 리스트에서 아직 정렬 안 된 부분에서 가장 작은 것을 '선택'하여 정렬 안 된 부분의 맨 왼쪽의 원소와 교환하는 정렬 알고리즘이다.

1) 데이터에 중복 키가 있는 경우에는 non-decreasing(감소하지 않는) 순서로 재배열하며, 또한 때에 따라 데이터를 내림차순으로 재배열할 필요도 있다.

(a) 현재 원소와 최솟값(mim) 교환 전

(b) 교환 후

[그림 7-1] 선택 정렬

[그림 7-1](a)에서 리스트 a의 왼쪽 부분은 이미 정렬되어 있고 나머지 부분은 정렬 안 된 부분이다. 여기서 주목해야 할 것은 정렬된 부분의 키는 오른쪽의 정렬 안 된 부분의 키보다 크지 않은데, 선택 정렬은 항상 정렬 안 된 부분에서 최솟값(min)을 찾아 정렬 안 된 부분의 맨 왼쪽의 원소(현재 원소)와 교환하기 때문이다. 이 과정은 [그림 7-1](a)에서 min을 a[i]와 교환하는 것으로 나타낼 수 있다. 교환이 이루어진 후에는 [그림 7-1](b)와 같이 i를 1 증가시키며, 반복적으로 정렬 안 된 부분의 최솟값과 a[i]를 교환하여 마지막에 1개의 원소만 남게 되면 정렬을 마친다.

다음은 선택 정렬을 구현한 selection_sort.py이다.

프로그램 7-1 selection_sort.py

```
def selection_sort(a):
    for i in range(0, len(a)-1):
        minimum = i
        for j in range(i, len(a)):
            if a[minimum] > a[j]:
                minimum = j
        a[i], a[minimum] = a[minimum], a[i]

a = [54,88,77,26,93,17,49,10,17,77,11,31,22,44,17,20]
print('정렬 전:\t', end='')
print(a)
selection_sort(a)
print('정렬 후:\t', end='')
print(a)
```

정렬 안 된 부분에서 최솟값 찾기

현재 원소와 최솟값 가진 원소 교환

[그림 7-2]는 [프로그램 7-1]의 수행 결과이다.

```
Console  PyUnit
<terminated> selection.py [C:\Users\sbyang\AppData\Local\Programs\Python\Python36-32\python.exe]
정렬 전:   [54, 88, 77, 26, 93, 17, 49, 10, 17, 77, 11, 31, 22, 44, 17, 20]
정렬 후:   [10, 11, 17, 17, 17, 20, 22, 26, 31, 44, 49, 54, 77, 77, 88, 93]
```

[그림 7-2] [프로그램 7-1]의 수행 결과

예제 다음은 40, 70, 60, 30, 10, 50에 대해 [프로그램 7-1]이 수행되는 과정이다. 단, 그림에서는 변수인 minimum 대신에 min으로 표시한다.

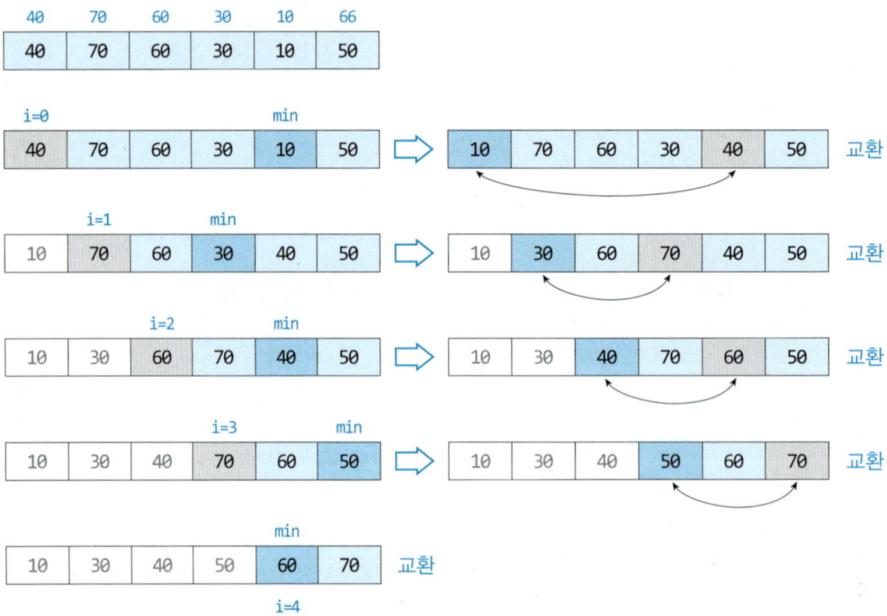

| 수행 시간 |

선택 정렬은 루프가 1회 수행될 때마다 정렬 안 된 부분에서 가장 작은 원소를 선택한다. 따라서 처음 루프가 수행될 때 n개의 원소 중에서 최솟값을 찾기 위해 n−1회의 원소 비교가 필요하고, 루프가 2번째로 수행될 때는 n−1개의 원소 중에서 최솟값을 찾는 데 n−2회의 원소 비교가 필요하다. 같은 방식으로 루프가 마지막으로 수행될 때는 2개의 원소를 비교하여 최솟값을 찾는다. 따라서 원소들의 총 비교 횟수는 (n−1) + (n−2) + (n−3) + …

$+ 2 + 1 = \frac{n(n-1)}{2} = O(n^2)$이다.

선택 정렬의 특징은 입력이 이미 정렬되어 있거나 역으로 정렬된 경우일지라도 항상 $O(n^2)$ 수행 시간이 소요된다. 따라서 선택 정렬은 입력에 민감하지 않은(Input Insensitive) 알고리즘이며, 원소를 교환하는 횟수가 n-1밖에 안 되는 특징 또한 갖고 있다. 이는 정렬 알고리즘 중에서 가장 작은 최악 경우 원소 교환 횟수이다. 하지만 선택 정렬은 효율성 측면에서 다른 정렬 알고리즘에 비교해 매우 뒤떨어지므로 거의 활용되지 않는다.

7.2 삽입 정렬

[정의]

삽입 정렬(Insertion Sort)은 리스트가 정렬된 부분과 정렬 안 된 부분으로 나뉘며, 정렬 안 된 부분의 맨 왼쪽 원소를 정렬된 부분에 '삽입'하는 방식의 정렬 알고리즘이다.

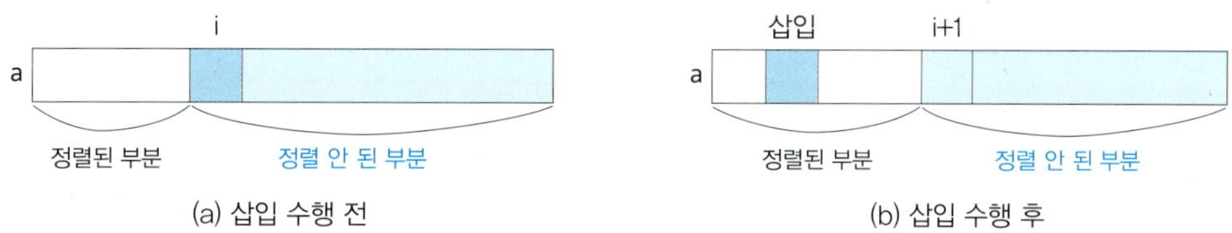

[그림 7-3] 삽입 정렬

[그림 7-3](a)에서 정렬 안 된 부분의 맨 왼쪽 원소(현재 원소)를 정렬된 부분의 원소들을 비교하며 (b)와 같이 현재 원소를 삽입한다. 따라서 정렬된 부분의 원소 수가 1 증가하고 반면에 정렬 안 된 부분의 원소 수는 1 감소한다. 즉, 삽입 정렬은 현재 원소를 앞부분의 정렬 상태를 유지하며 삽입하는 과정을 반복한다. [그림 7-4]는 현재 원소인 50을 정렬된 부분에 삽입하는 과정이다.

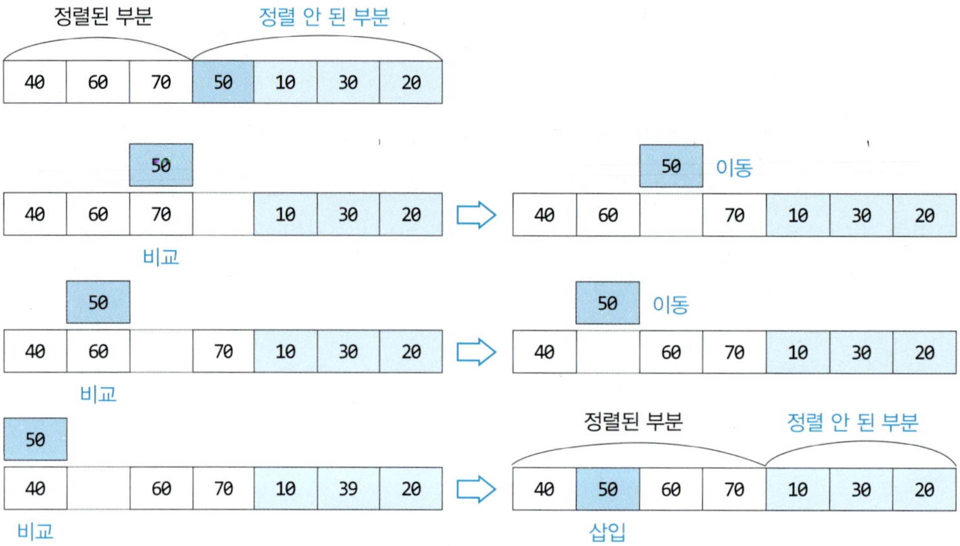

[그림 7-4] 현재 원소 50의 삽입 과정

삽입 정렬은 리스트의 1번째 원소를 현재 원소로 지정하여 정렬을 시작하고[2], 리스트의 마지막 원소를 이미 정렬되어 있는 앞부분에 삽입했을 때 정렬을 마친다. 다음은 삽입 정렬을 구현한 insertion_sort.py이다.

프로그램 7-2 insertion_sort.py

```
def insertion_sort(a):
    for i in range(1, len(a)):
        for j in range(i, 0, -1):        # 현재 원소가 정렬된 부분에 삽입될 곳을 찾아서
            if a[j-1] > a[j]:
                a[j], a[j-1] = a[j-1], a[j]   # 현재 원소와 바로 앞의 원소 교환

a = [54,88,77,26,93,17,49,10,17,77,11,31,22,44,17,20]
print('정렬 전:\t', end='')
print(a)
insertion_sort(a)
print('정렬 후:\t', end='')
print(a)
```

2) 리스트의 0번째 원소는 자기 자신 스스로 정렬되어 있기 때문이다.

[프로그램 7-2]의 수행 결과는 [그림 7-2]와 같다.

예제 다음은 70, 60, 40, 50, 10, 30, 20에 대해 [프로그램 7-2]가 수행되는 과정이다.

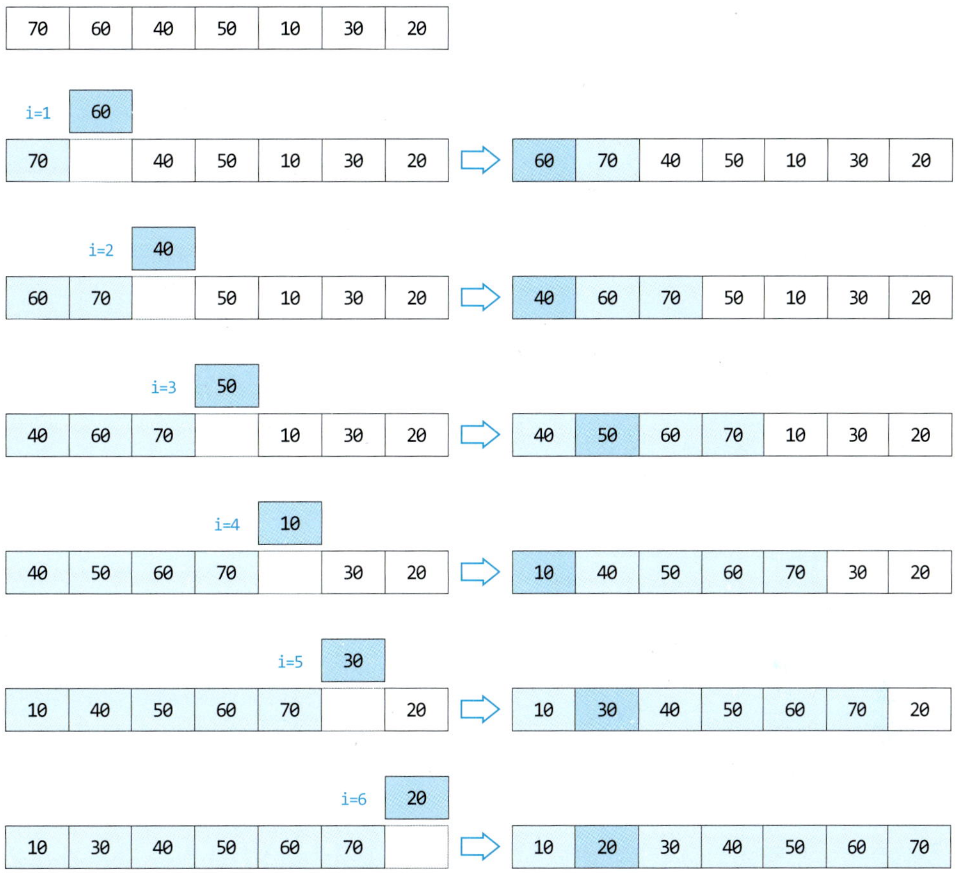

| 수행 시간 |

삽입 정렬은 입력에 민감한(Input Sensitive) 알고리즘으로, 입력이 거의 정렬되어 있을 때 정렬이 매우 빠르고, 입력이 역으로 정렬된 때는 최악 경우로서 매우 느리다는 특징을 갖는다.

입력이 이미 정렬된 경우에는 n−1번만 비교하면 정렬을 마치지만, 최악 경우에는 선택 정렬과 같은 $1 + 2 + \cdots + (n-2) + (n-1) = \frac{n(n-1)}{2} \approx \frac{1}{2}n^2 = O(n^2)$이 소요된다. 하지만 최

악 경우 삽입 정렬은 데이터 교환 수가 $O(n^2)$이므로 오히려 선택 정렬이 좋은 성능을 보인다.

입력 데이터의 순서가 무작위인 경우, 삽입 정렬의 평균 경우의 수행 시간은 $O(n^2)$인데, 이는 현재 원소가 정렬된 앞부분에 최종적으로 삽입되는 곳이 평균적으로 정렬된 부분의 중간이기 때문이다. 따라서 $\frac{1}{2} \times \frac{n(n-1)}{2} \approx \frac{1}{4}n^2 = O(n^2)$이다.

응용

실제 응용에서 이미 정렬된 파일의 뒷부분에 소량의 신규 데이터를 추가하여 정렬하는 경우가 종종 발생한다. 이러한 경우를 입력이 거의 정렬되어 있다고 할 수 있는데, 삽입 정렬은 이러한 입력에 대해 어느 다른 정렬 알고리즘보다 우수한 성능을 보인다. 또한 삽입 정렬은 입력 크기가 작은 경우에도 매우 좋은 성능을 보이는데, 삽입 정렬은 순환 호출을 하지 않으며, 프로그램도 매우 간단하기 때문이다. 따라서 삽입 정렬은 Part 7.5의 합병 정렬이나 Part 7.6의 퀵 정렬과 함께 사용되어 실질적으로 더욱 빠른 성능[3]에 도움을 준다.

7.3 쉘 정렬

[정의]

쉘(Shell) 정렬은 삽입 정렬을 이용하여 작은 값을 가진 원소들을 리스트의 앞부분으로 옮기며 큰 값을 가진 원소들이 리스트의 뒷부분에 자리잡도록 만드는 과정을 반복하여 정렬하는 알고리즘이다.

쉘 정렬은 삽입 정렬에 전처리 과정을 추가한 것이다. 전처리 과정이란 작은 값을 가진 원소들을 리스트의 앞부분으로 옮기며 큰 값을 가진 원소들이 리스트의 뒷부분에 자리 잡도록 만드는 과정을 의미한다. 이러한 전처리 과정은 삽입 정렬이 현재 원소를 앞부분에 삽입하기 위해 이웃하는 원소들끼리 비교하며 기껏해야 한 자리씩 이동하는 단점을 보완하기 위해 고안되었다. 전처리 과정은 여러 단계로 진행되며, 각 단계에서는 일정 간격으로 떨어진 원소들에 대해 삽입 정렬을 수행한다.

3) 단, 이론적인 수행 시간은 향상되지 않는다.

입력	65	95	90	80	55	70	35	50	10	25	40	30
4-정렬 후	10	25	35	30	55	70	40	50	65	95	90	80

[그림 7-5] 전처리 과정 전과 후

[그림 7-5]에서 주어진 입력에 대해 간격이 4인 원소들로 그룹을 만들어보면 다음과 같이 4개의 그룹이 만들어진다.

[65, 55, 10], [95, 70, 25], [90, 35, 40], [80, 50, 30]

생성된 각 그룹 내에서 정렬을 수행하면 다음과 같은 결과를 얻는다.

[10, 55, 65], [25, 70, 95], [35, 40, 90], [30, 50, 80]

[그림 7-5]에서 4-정렬 후의 리스트는 그룹별로 정렬된 결과를 나타낸다. 일반적으로 간격이 h인 원소들끼리 정렬하는 것을 h-정렬(h-sort)이라고 한다. 여기서 4-정렬 후 결과를 살펴보면 완전히 정렬되지는 않았으나 작은 숫자들(10, 25, 35)이 리스트의 앞부분에 옮겨져 있고, 큰 숫자들(95, 90, 80)이 뒷부분으로 이동한다. 쉘 정렬은 h-정렬의 h값(간격)을 줄여가며 정렬을 수행하고, 마지막엔 간격을 1로 하여 정렬을 완료한다. 참고로 간격이 1인 경우는 삽입 정렬과 같다.

다음은 대표적인 간격의 순서(h-Sequence)이다.

Shell	n/2, n/4, ⋯, 1 (나누기 2를 계속하여 1이 될 때까지의 순서)
Hibbard	$2^k-1, 2^{k-1}-1, \cdots, 7, 3, 1$
Knuth	$(3^k-1)/2, \cdots, 13, 4, 1$
Sedgewick	⋯, 109, 41, 19, 5, 1
Marcin Ciura	1750, 701, 301, 132, 57, 23, 10, 4, 1

다음은 쉘 정렬 알고리즘을 구현한 shell_sort.py이다. Line 04의 for-루프는 h-정렬을 수행하며, line 09의 h //= 3은 h값을 1/3로 감소시킨다.

프로그램 7-3 shell_sort.py

```
def shell_sort(a):
    h = 4         # 3x+1 간격: 1, 4, 13, 40, 121,... 중에서 4 와 1만 사용
    while h >= 1:
        for i in range(h, len(a)):  # h-정렬 수행
            j = i
            while j >= h and a[j] < a[j-h]:
                a[j], a[j-h] = a[j-h], a[j]
                j -= h
        h //= 3
a = [54,88,77,26,93,17,49,10,17,77,11,31,22,44,17,20]
print('정렬 전:\t', end='')
print(a)
shell_sort(a)
print('정렬 후:\t', end='')
print(a)
```

각 그룹에 대해 삽입 정렬 수행

다음 h 값 계산

예제 다음은 65, 95, 90, 80, 55, 70, 35, 50, 10, 25, 40, 30에 대해 shell_sort.py가 4-정렬하는 과정이다.

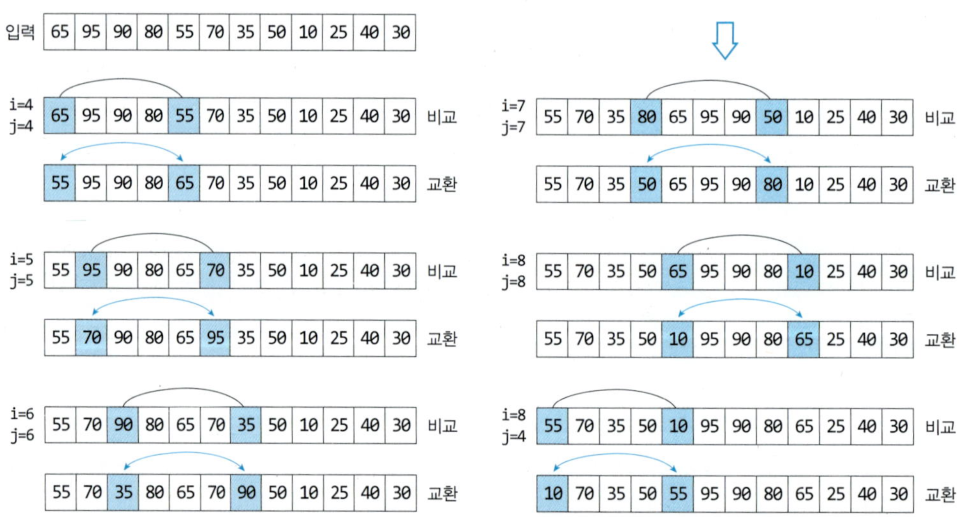

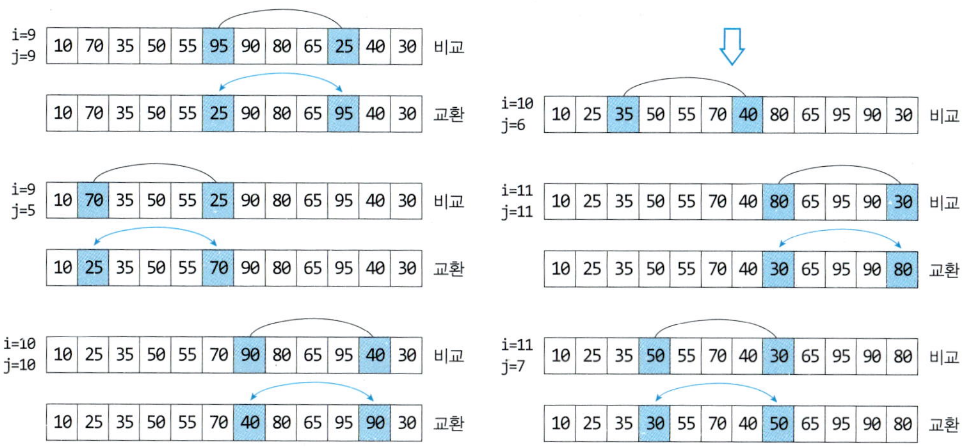

| 수행 시간 |

쉘 정렬의 수행 시간은 간격을 어떻게 설정하느냐에 따라 달라진다. Hibbard의 간격인 2^k-1 (즉, $2^k-1, \cdots, 7, 3, 1$)을 사용하면, 수행 시간이 $O(n^{1.5})$이 된다. 대표적으로 좋은 성능을 보이는 간격은 Marcin Ciura의 간격으로 1, 4, 10, 23, 57, 132, 301, 701, 1750이다. 하지만 쉘 정렬의 정확한 수행 시간을 측정하는 것은 아직 풀리지 않은 문제로 남아있다. 이는 최적의(Optimal) 간격을 찾고 나서야 쉘 정렬의 정확한 수행 시간을 측정할 수 있기 때문이다. 일반적으로 쉘 정렬은 입력이 그리 크지 않은 경우에 매우 좋은 성능을 보인다.

응용

쉘 정렬은 임베디드(Embedded) 시스템에서 주로 사용되는데, 이는 간격에 따른 그룹별 정렬 알고리즘을 하드웨어 설계를 통해 구현하는 것이 매우 편리하기 때문이다.

7.4 힙 정렬

힙 정렬(Heap Sort)은 최대 힙을 이용하여 루트를 힙의 가장 마지막 노드와 교환한 후 힙 크기를 1 감소시키고, 루트로부터 downheap 연산으로 힙 속성을 복원하는 과정을 반복하여 정렬한다.

힙 정렬은 힙 자료구조를 이용하는 정렬 알고리즘이다. 먼저 리스트에 저장된 데이터의 키를 우선순위로 하는 최대 힙(Max Heap)[4]을 만든다. 이후 루트의 숫자를 힙의 가장 마지막 노드에 있는 숫자와 교환한 후 힙 크기를 1 감소시키고, 루트로 이동한 숫자로 인해 어긋난 힙 속성을 Part 4.4에서 설명한 downheap 연산으로 복원한다. 힙 정렬은 이 과정을 반복하여 나머지 원소들을 정렬한다.

예제 다음은 힙 정렬이 수행되는 과정을 단계적으로 나타낸 것이다.

0	1	2	3	4	5	6	7	8	
-	80	60	70	50	30	40	10	20	
-	20	60	70	50	30	40	10	80	교환
-	70	60	40	50	30	20	10	80	downheap()
-	10	60	40	50	30	20	70	80	교환
-	60	50	40	10	30	20	70	80	downheap()
-	20	50	40	10	30	60	70	80	교환
-	50	30	40	10	20	60	70	80	downheap()

⇩

0	1	2	3	4	5	6	7	8	
-	20	30	40	10	50	60	70	80	교환
-	40	30	20	10	50	60	70	80	downheap()
-	10	30	20	40	50	60	70	80	교환
-	30	10	20	40	50	60	70	80	downheap()
-	20	10	30	40	50	60	70	80	교환
-	20	10	30	40	50	60	70	80	downheap()
-	10	20	30	40	50	60	70	80	교환
-	10	20	30	40	50	60	70	80	

다음은 힙 정렬을 파이썬으로 구현한 heap_sort.py이다.

4) 데이터 키를 편의상 정수로 가정한다. 최대 힙의 루트는 리스트 a[1]에 저장된다. 또한 루트에는 가장 큰 숫자가 저장되어있다.

프로그램 7-4 heap_sort.py

```python
def downheap(i, size):
    while 2*i <= size:
        k = 2*i
        if k < size and a[k] < a[k+1]:
            k += 1
        if a[i] >= a[k]:
            break
        a[i], a[k] = a[k], a[i]
        i = k

def create_heap(a):
    hsize = len(a) - 1
    for i in reversed(range(1, hsize//2+1)):
        downheap(i, hsize)

def heap_sort(a):
    N = len(a) - 1
    for i in range(N):
        a[1], a[N] = a[N], a[1]
        downheap(1, N-1)
        N -= 1

a = [-1,54,88,77,26,93,17,49,10,17,77,11,31,22,44,17,20]
print('정렬 전:\t', end='')
print(a)
create_heap(a)  # 힙 만들기
print('최대 힙 : \t', end='')
print(a)
heap_sort(a)
print('정렬 후 :\t', end='')
print(a)
```

- def downheap(i, size): — 루트로 올라온 키에 대해 힙 속성을 회복시킴
- def create_heap(a): — 정렬하기 전에 최대 힙 만들기
- a[1], a[N] = a[N], a[1] — 루트와 힙의 마지막 항목 교환
- N -= 1 — 힙 크기 1 감소

다음은 [프로그램 7-4]가 수행된 결과이다.

```
Run:  프로그램7-4 heap_sort
C:\Users\user\venv\Scripts\python.exe
정렬 전:  [-1, 54, 88, 77, 26, 93, 17, 49, 10, 17, 77, 11, 31, 22, 44, 17, 20]
최대 힙:  [-1, 93, 88, 77, 26, 77, 31, 49, 20, 17, 54, 11, 17, 22, 44, 17, 10]
정렬 후:  [-1, 10, 11, 17, 17, 17, 20, 22, 26, 31, 44, 49, 54, 77, 77, 88, 93]

Process finished with exit code 0
```

[그림 7-6] [프로그램 7-4]의 수행 결과

다음은 파이썬 라이브러리에 있는 heapq를 사용하여 힙 정렬을 간단히 구현해본다. 이 프로그램에서는 최대 힙 대신에 heapq.heapify()를 이용하여 입력 리스트를 최소 힙으로 만들고, heappop()으로 최솟값을 가진 루트를 제거하여 보조 리스트 s의 뒤에다 하나씩 추가(append)시킨다.

프로그램 7-5 heapq를 이용한 힙 정렬

```
import heapq
a = [54,88,77,26,93,17,49,10,17,77,11,31,22,44,17,20]
print('정렬전:\t', a)

heapq.heapify(a)
print('힙:\t', a)

s = []
while a:
    s.append(heapq.heappop(a))
print('정렬후:\t', s)
```

- heapq.heapify(a): 최소 힙 만들기
- s = []: 정렬 결과를 저장할 리스트
- s.append(heapq.heappop(a)): 리스트 a의 가장 작은 항목을 삭제하여 리스트 s의 맨 뒤에 추가

| 수행 시간 |

먼저 상향식(Bottom-up)으로 힙을 구성하는 데에 O(n) 시간[5]이 소요되며, 루트와 힙의 마지막 노드를 교환한 후 downheap()을 수행하는 데에는 최대 힙의 높이, 즉 O(logn)만큼의 시간이 소요된다.[6] 루트와 힙의 마지막 노드를 교환하는 횟수는 n-1이므로 총 수행

5) Part 4.4 참조

6) 힙의 마지막 노드가 루트로 옮겨진 후, 힙 속성을 만족시키기 위해 downheap을 수행할 때, 루트로 옮겨진 숫자가 이파리까지 내려올 수 있기 때문이다.

시간은 O(n) + (n−1)·O(logn)이다. 따라서 힙 정렬의 수행 시간은 O(nlogn)이다.

힙 정렬은 어떠한 경우의 입력에도 항상 O(nlogn) 수행 시간이 소요된다는 특징을 갖는다. 그러나 루프 내의 코드가 길고, 비효율적인 캐시 메모리 사용에 따라 특히 대용량의 입력을 정렬하기에 부적절하다.

응용

C++ 표준 라이브러리(STL)의 partial_sort(부분 정렬)는 힙 정렬로 구현되어 있고, 파이썬의 nsmallest와 nlargest도 heapq 모듈의 부분 정렬로서 구현되어 있다. 부분 정렬이란 가장 작은 k개의 원소만을 출력하는 정렬이다.

7.5 합병 정렬

합병 정렬(Merge Sort)은 크기가 n인 입력을 n/2 크기로 분할하고, 각각에 대해 같은 방식으로 정렬을 수행한 후, 2개의 각각 정렬된 부분을 합병하는 정렬 알고리즘이다.

합병(Merge)이란 2개의 각각 정렬된 입력을 합쳐서 하나의 정렬된 결과를 얻는 것이다. [그림 7-7]은 2개의 정렬된 입력을 합병하여 하나의 정렬된 리스트로 만든 결과를 나타낸다.

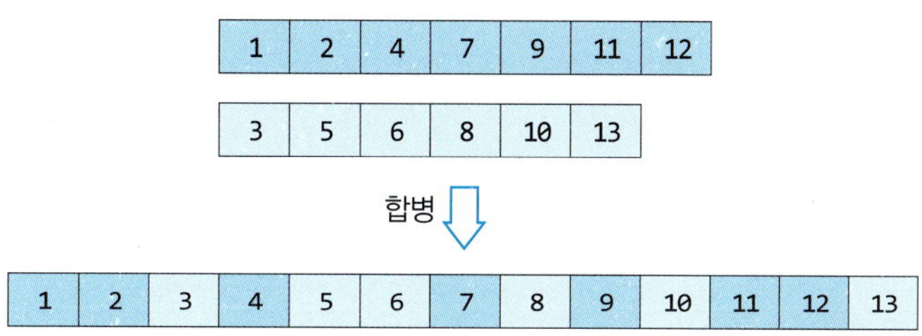

[그림 7-7] 합병 과정

다음은 합병 정렬을 구현한 merge_sort.py이다.

프로그램 7-6 merge_sort.py

```
def merge(a, b, low, mid, high):
        i = low
        j = mid+1
        for k in range(low, high+1):
            if i > mid:
                b[k] = a[j]
                j += 1
            elif j > high:
                b[k] = a[i]
                i += 1
            elif a[j] < a[i]:
                b[k] = a[j]
                j += 1
            else:
                b[k] = a[i]
                i += 1
        for k in range(low, high+1):
            a[k] = b[k]

def merge_sort(a, b, low, high):
    if high <= low:
        return
    mid = low + (high - low) // 2
    merge_sort(a, b, low, mid)
    merge_sort(a, b, mid + 1, high)
    merge(a, b, low, mid, high)

a = [54,88,77,26,93,17,49,10,17,77,11,31,22,44,17,20]
b = [None] * len(a)
print('정렬 전:\t', end='')
print(a)
merge_sort(a, b, 0, len(a)-1)
print('정렬 후:\t', end='')
print(a)
```

a의 앞/뒷부분 합병하여 b에 저장

a의 앞부분이 먼저 소진되어 뒷부분을 b로 복사

a의 뒷부분이 먼저 소진되어 앞부분을 b로 복사

a[j]가 승자

a[i]가 승자

b를 a로 복사

중간 인덱스

앞/뒷부분 순환 호출

정렬된 앞/뒷부분 합병

보조 리스트

합병 정렬 호출

합병 정렬은 수행 과정에서 임시로 합병된 결과를 저장하기 위해 입력 리스트 a와 같은 크기의 보조 리스트가 필요하다. Line 04~16은 a[low]~a[mid]와 a[mid+1]~a[high]를 [그림 7-8]과 같이 합병한다.

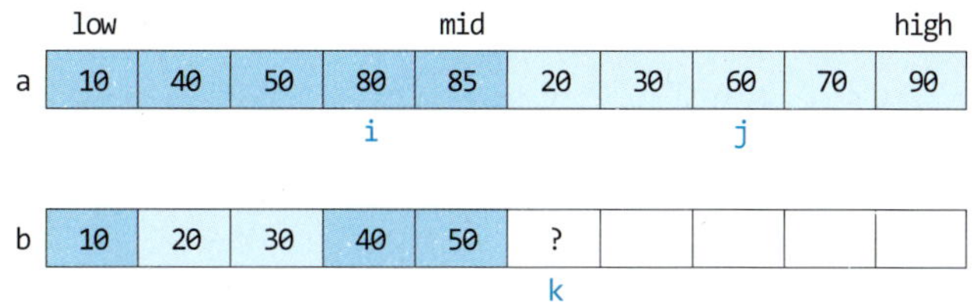

[그림 7-8] 80과 60의 승자를 b[k]에 저장

[그림 7-8]에서 60이 80보다 작으므로 60이 '승자'가 되어 b[k]에 저장된다. 그 후 i는 변하지 않고, j와 k만 각각 1씩 증가하고, 다시 a[i]와 a[j]의 승자를 가린다. 합병의 마지막 부분인 line 17~18에서 합병된 결과가 저장되어있는 보조 리스트 b[low]~b[high]를 a[low]~a[high]로 복사한다.

예제 다음은 [80, 40, 50, 10, 70, 20, 30, 60]에 대해 합병 정렬이 수행되는 과정이다.

| 수행 시간 |

합병 정렬은 어떤 입력에 대해서도 O(nlogn)의 수행 시간을 보장하는 특성을 갖는다. 합병 정렬의 수행 시간을 점화식을 이용하여 분석해보자. 입력 크기 n이 2^k이라고 가정하고, T(n)을 크기가 n인 입력에 대해 합병 정렬이 수행하는 비교 횟수(시간)라고 하면, T(n)은 2개의 T(n/2)을 수행하는 시간과 이들의 결과를 합병하는 시간[7]을 합한 값이며, 입력 크기가 1인 경우, T(1)은 O(1) 시간이다. 따라서 T(n)을 다음과 같이 표현할 수 있다.

$$\begin{cases} T(n)=2T(n/2)+cn, \ n>1, \ c\text{는 상수} \\ T(1)=O(1) \end{cases}$$

다음은 T(n)을 단계적으로 치환하며, 점화식으로 표현된 항을 없애고 T(n) = O(nlogn)임을 유도하는 과정이다.

$$\begin{aligned} T(n) &= 2T(n/2)+cn \\ &= 2[2T((n/2)/2)+c(n/2)]+cn \\ &= 4T(n/4)+2cn \\ &= 4[2T((n/4)/2)+c(n/4)]+2cn \\ &= 8T(n/8)+3cn \\ &\ \ \vdots \\ &= 2^k T(n/2^k)+kcn, \text{ 단, } n=2^k, \ k=\log n \\ &= nT(1)+cn\log n = nO(1)+cn\log n \\ &= O(n)+O(n\log n) \\ &= O(n\log n) \end{aligned}$$

| 성능 향상 방법 |

다음은 합병 정렬의 성능을 실전에서 개선하는 방법들이다. 참고로 이 방법들은 이론적인 수행 시간인 O(nlogn)을 향상시키기 위한 것은 아니다.

1. 합병 정렬은 순환 호출을 사용하므로 입력 크기가 1이 되어서야 합병을 시작한다. 이 문제점을 보완하기 위해 입력이 정해진 크기, 예를 들어 7~10이 되면 삽입 정렬을 통해 정렬한 후 합병을 수행하도록 한다. 이를 위해선 line 21~22를 다음과 같이 수정한다. 여기서 CALL_SIZE = 7~10으로 정하여 사용한다.

```
if high <= low:
    return
```

⇨

```
if high < low + CALL_SIZE:
    insertion_sort(a, low, high)
    return
```

7) 합병하는 데는 2개의 정렬된 리스트를 비교하며 각 원소를 보조 리스트에 저장하므로 O(n) 시간이 걸린다.

2. 합병 정렬에서는 입력 크기가 작아지면 합병하기 위한 2개의 리스트가 이미 합병되어 있을 가능성이 커진다. 따라서 [프로그램 7-6]의 line 26의 merge()를 호출하기 직전에, 다음의 if-문을 추가하면 불필요한 merge() 호출을 방지할 수 있다.

```
if a[mid] <= a[mid+1]:
    return
```

3. merge()의 line 17에서 매번 보조 리스트 b를 리스트 a로 복사하는데, 이를 a와 b를 번갈아 사용하도록 하여 합병 정렬의 성능을 향상시킬 수도 있다.

| 반복 합병 정렬 |

합병 정렬은 앞서 설명한 것과 같이 분할 정복 방식으로 수행할 수 있지만, 입력 리스트에서 바로 2개씩 짝지어 합병한 뒤, 다시 4개씩 짝지어 합병하는 상향식(Bottom-up)으로도 수행 가능하다. 이러한 합병 정렬을 Bottom-up 합병 또는 반복[8](Iterative) 합병 정렬이라고 한다. [그림 7-9]는 [30, 30, 95, 25, 40, 50, 55, 10, 70, 90, 60, 45, 75, 80, 15]를 반복 합병 정렬을 통해 정렬되는 과정이다.

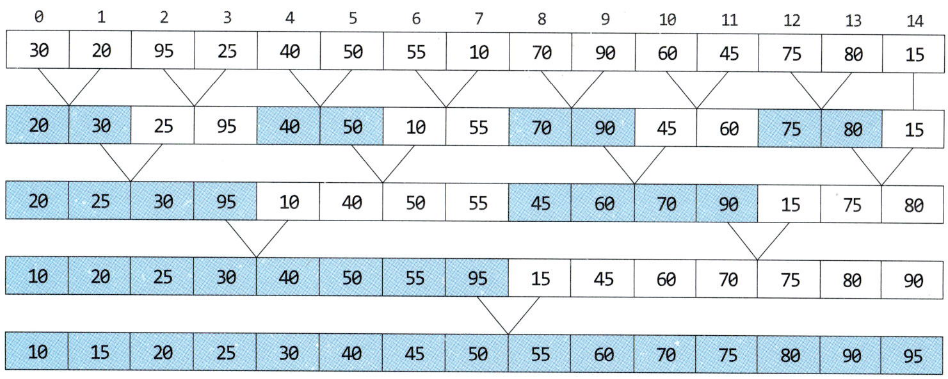

[그림 7-9] 반복 합병 정렬

| 수행 시간 |

합병 정렬은 O(nlogn) 수행 시간이 항상 보장되는 정렬 알고리즘이다. 반복 합병 정렬의 수행 시간도 합병 정렬과 같은 O(nlogn)이다. 그러나 합병 정렬의 단점은 입력 크기의 보

8) '반복적(iterative)'은 '순환(recursive)'과 상반된 의미가 있다.

조 리스트를 사용하는 것이다. 대부분의 알고리즘은 입력 크기의 보조 리스트(배열) 없이 입력 리스트에서 정렬한다. 이러한 알고리즘을 In-place 알고리즘이라고 한다. 보조 리스트를 사용하지 않는 합병 정렬 알고리즘[9]도 연구된 바 있으나 알고리즘이 너무 복잡하여 실질적인 효용 가치는 없다. 합병 정렬은 C++의 stable_sort(), Perl 등에서 시스템 sort로 활용된다.

7.6 퀵 정렬

퀵 정렬[10](Quick Sort)은 입력의 맨 왼쪽 원소(피벗, Pivot)를 기준으로 피벗보다 작은 원소들과 큰 원소들을 각각 피벗의 좌우로 분할한 후, 피벗보다 작은 부분과 피벗보다 큰 부분을 각각 같은 방식으로 정렬하는 알고리즘이다.

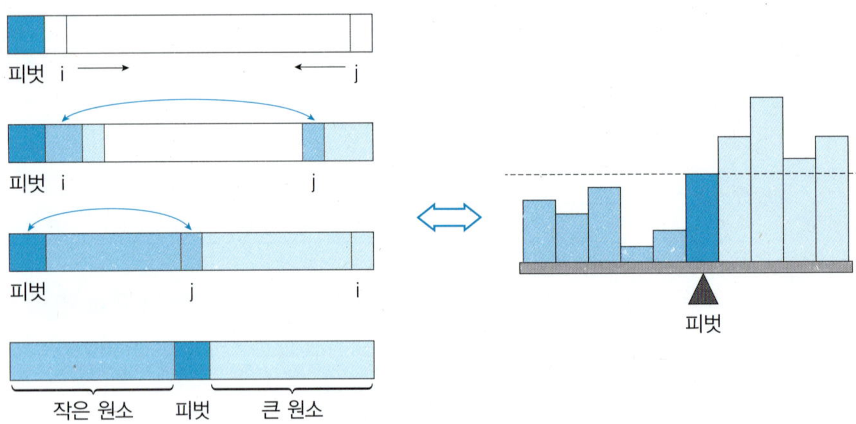

[그림 7-10] 퀵 정렬의 피벗 역할

[그림 7-10]은 피벗과 각 원소를 좌우로 비교하며 교환하여 피벗보다 작은 원소들은 왼쪽으로, 피벗보다 큰 원소들은 오른쪽으로 분할하는 과정을 나타낸 것이다. 단, 입력에 중복된 숫자(키)가 없다고 가정한다.

다음은 퀵 정렬을 구현한 quick_sort.py이다.

9) Kronrod가 1969년에 보조 리스트(배열)를 사용하지 않는 합병 정렬을 제안하였다.

10) Hoare가 1959년에 고안하였으며, 퀵 정렬은 20세기 top-10 알고리즘 중 하나로 선정되었다.

프로그램 7-7 quick_sort.py

```python
def qsort(a, low, high):
    if low < high:
        pivot = partition(a, low, high)    # 피벗을 기준으로 분할
        qsort(a, low, pivot-1)             # 앞/뒷부분 순환 호출
        qsort(a, pivot+1, high)

def partition(a, pivot, high):
    i = pivot + 1
    j = high
    while True:
        while i < high and a[i] < a[pivot]:    # a[i]가 피벗보다 작으면 i를 1증가
            i += 1
        while j > pivot and a[j] > a[pivot]:   # a[j]가 피벗보다 작으면 j를 1감소
            j -= 1
        if j <= i:    # 루프 중단
            break
        a[i], a[j] = a[j], a[i]    # a[i]와 a[j] 교환
        i += 1
        j -= 1

    a[pivot], a[j] = a[j], a[pivot]    # a[j]와 피벗 교환
    return j    # 피벗 인덱스

a = [54,88,77,26,93,17,49,10,17,77,11,31,22,44,17,20]
print('정렬 전:\t', a)
qsort(a, 0, len(a)-1)    # 퀵 정렬 호출
print('정렬 후:\t', a)
```

qsort(a, 0, len(a)−1)로 호출을 시작하여, 피벗인 a[low]를 기준으로 a[low]~a[j−1]과 a[j+1]~a[high]로 분할하며, a[j]에 피벗이 고정된다. 이후에 a[low]~a[j−1]와 a[j+1]~a[high]를 각각 순환 호출하여 정렬한다.

예제 다음은 피벗인 50으로 partition()을 호출했을 때 수행되는 과정을 단계적으로 나타낸 것이다.

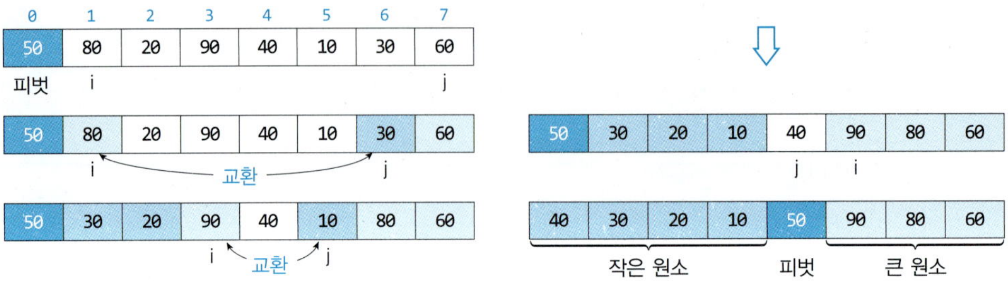

| 수행 시간 |

퀵 정렬은 최선 경우가 O(nlogn), 평균 경우가 O(nlogn), 최악 경우가 $O(n^2)$이다.

- 최선 경우는 피벗이 매번 입력을 1/2씩 분할을 하는 경우로 T(n) = 2T(n/2) + cn, T(1) = O(1)로 합병 정렬의 수행 시간과 같다. 여기서 c는 상수이다.
- 평균 경우는 피벗이 입력을 다음과 같이 분할할 확률이 모두 같을 때, T(n) = O(nlogn)으로 계산된다.[11]

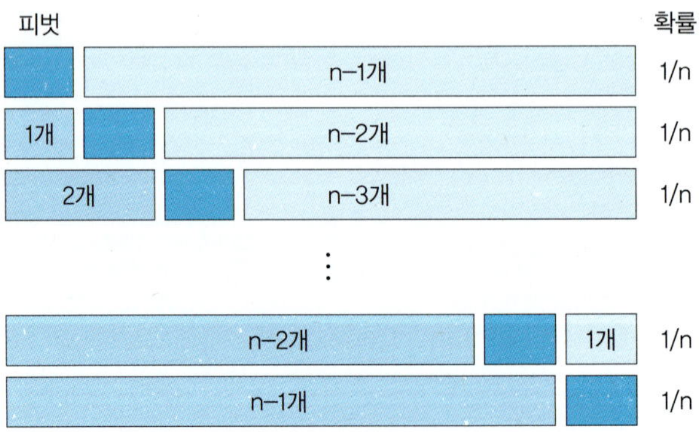

- 최악 경우는 피벗이 매번 가장 작을 경우 또는 가장 클 경우로 피벗보다 작은 부분이나 큰 부분이 없을 때이다. 따라서 수행 시간이 T(n) = T(n−1) + n−1, T(1) = O(1)이 된다. 즉, 피벗과 n−1개의 원소를 각각 비교한 후 피벗이 가장 작은 원소라면, 피벗이 가장 왼

11) 평균 경우 T(n) = O(nlogn)임을 증명하는 것은 연습문제에서 다룬다.

쪽에 위치하고 나머지 n-1개의 원소는 피벗의 오른쪽에 위치하게 된다. 이후 n-1개의 원소들을 가지고 순환 호출하여 정렬해야 하므로 T(n-1) 시간이 소요된다.

$$
\begin{aligned}
T(n) &= T(n-1)+n-1=[T((n-1)-1)+(n-1)-1]+n-1 \\
&= T(n-2)+n-2+n-1 \\
&= T(n-3)+n-3+n-2+n-1 \\
&\cdots \\
&= T(1)+1+2+\cdots+n-3+n-2+n-1,\ T(1)=O(1) \\
&= O(1)+n(n-1)/2=O(n^2)
\end{aligned}
$$

| 성능 향상 방법 |

다음은 퀵 정렬의 성능을 실제 응용에서 향상시키는 방법들이다.

1. 퀵 정렬은 합병 정렬과 같이 순환 호출을 사용하므로 입력이 작은 크기가 되었을 때 삽입 정렬을 호출하도록 하여 성능을 향상시킬 수 있다. 보통 크기 제한을 7~10으로 정한다. 이를 위해선 다음과 같이 수정한다. 즉, CALL_SIZE = 7~10이다.

```
if low < high:
    pivot = partition(a, low, high)
    qsort(a, low, pivot-1)
    qsort(a, pivot+1, high)
```

⇨

```
if high < low + CALL_SIZE:
    insertion_sort(a, low, high)
    return
else:
    pivot = partition(a, low, high)
    qsort(a, low, pivot-1)
    qsort(a, pivot+1, high)
```

2. 퀵 정렬은 피벗의 크기에 따라 분할되는 두 영역의 크기가 결정되므로 한쪽이 너무 커지는 것을 방지하기 위해 랜덤하게 선택[12]한 3개의 원소 중에서 중간값(Median)을 피벗으로 사용하여 성능을 개선할 수 있다. 이를 Median-of-Three 방법이라고 한다.
3. 피벗을 선택하는 또 다른 방법으로 Tukey는 9개의 원소를 다음 그림과 같이 선택하여 각 그룹에서 중간값을 선택하고, 선택된 3개의 중간값의 중간값을 피벗으로 사용하는 것을 제안했고,[13] 실제로 Median-of-Three 방법보다 좋은 성능을 보인다.

---

12) 가장 왼쪽(low), 중간(mid), 그리고 가장 오른쪽(high) 원소 중에서 중간값을 찾는 것으로도 알려져 있다.

13) 이 방법을 Tukey's Ninther라고 부른다. Tukey는 '투키'라고 발음한다.

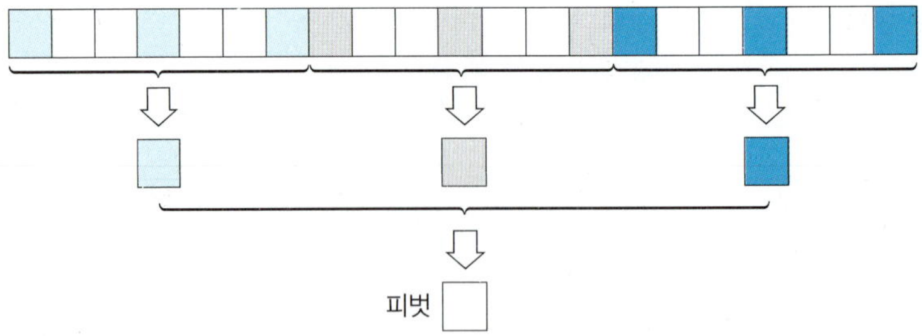

4. 퀵 정렬을 시작하기 전에 입력 리스트에 대해 랜덤 섞기(Random Shuffling)를 수행한다. 이는 치우친 분할이 일어나는 것을 확률적으로 방지하기 위한 것이다. 이를 위해 Knuth의 O(n) 시간 Random Shuffle 함수를 사용한다.

```
def rand_shuffle(a):
    n = len(a)
    for i in range(n):
        r = random.randint(0, i)
        a[i], a[r] = a[r], a[i]
```

for-루프에서 루프마다 0과 i 사이의 정수 중 랜덤하게 r을 선택하여 a[i]와 a[r]을 교환한다. Knuth는 위의 랜덤 섞기 결과가 균등 분포(Uniform Distribution)를 가진다는 것을 증명하였다. 참고로 파이썬의 random.shuffle()은 균등 분포를 보장하지 않는다.

퀵 정렬은 평균적으로 빠른 수행 시간을 가지며, 보조 리스트를 사용하지 않는다. 그러나 최악 경우 수행 시간이 $O(n^2)$이므로, 성능 향상 방법들을 적용하여 사용하는 것이 바람직하다.

응용

퀵 정렬은 C-언어 라이브러리의 qsort, 그리고 Unix, g++, Visual C++ 등에서도 퀵 정렬을 시스템 정렬로 사용한다. 자바 SE 7 이후 버전에서는 2009년에 Yaroslavskiy가 고안한 이중 피벗 퀵(Dual Pivot Quick) 정렬이 사용되고 있으며, 이 알고리즘은 일반적인 퀵 정렬보다 대부분의 입력에 대해 성능이 우수하다. 이중 피벗 퀵 정렬은 부록 II에서 상세히 설명된다.

중복 키

1991년 어느 날, 미국 Bell 연구소의 연구원들이 정렬 연산을 수행했는데 실행 시간이 지나치게 오래 걸리자, 이를 이상하게 생각하여 무엇이 문제인지 조사해보았다. 정렬 연산에는 C-언어의 라이브러리에 구현된 퀵 정렬을 사용하였고 일반적인 경우 몇 분 이내에 수행을 마쳐야 하지만, 이날은 정렬에 몇 시간씩이나 소요된 것이다.

연구원들의 조사 결과, 입력에 상당히 많은 중복된 숫자들이 들어있었고, 중복된 숫자가 피벗이 되는 경우 partition() 함수에서 문제가 발생한다는 것을 발견하였다. 즉, 피벗을 기준으로 작은 숫자들과 큰 숫자들을 분할하기 위해 숫자들을 피벗과 비교할 때, 선정한 피벗과 숫자의 크기가 같은 경우에도 계속해서 루프를 수행시켰기 때문에, 즉 왼쪽으로부터 비교할 때는 피벗과 동일한 숫자를 작은 숫자로 여겨 다음 원소로 진행하고, 오른쪽으로부터 비교를 진행할 때도 피벗과 동일한 숫자를 큰 숫자로 간주하여 다음 원소로 진행하여 거의 O(n^2) 시간이 소요되었던 것이다.

이 사건이 일어난 후, 연구원들은 C-언어의 정렬 라이브러리로 구현된 퀵 정렬의 partition 함수에서 피벗과 숫자들을 비교할 때 피벗과 동일하면 루프를 멈춘 뒤, 서로 위치를 바꾸도록 코드를 수정하여 문제를 해결했다고 한다. 이와 비슷한 시기에 Dijkstra는 중복된 숫자들이 많은 경우를 보완하는 3-way 분할 방법을 제시하였다. 3-way 분할은 숫자들을 피벗보다 작은 숫자들, 같은 숫자들, 큰 숫자들의 세 그룹으로 나누는 것으로, 부록의 이중 피벗 퀵 정렬과 유사하다.

| 정렬 알고리즘 성능 비교 |

다음은 앞서 살펴본 정렬 알고리즘들을 수행 시간, 정렬에 필요한 추가 공간, 안정성을 비교한 표이다.

	최선 경우	평균 경우	최악 경우	추가 공간	안정성
선택 정렬	n^2	n^2	n^2	O(1)	X
삽입 정렬	n	n^2	n^2	O(1)	○
쉘 정렬	nlogn	?	$n^{1.5}$	O(1)	X
힙 정렬	nlogn	nlogn	nlogn	O(1)	X
합병 정렬	nlogn	nlogn	nlogn	n	○
퀵 정렬	nlogn	nlogn	n^2	O(1)*	X
Tim Sort	n	nlogn	nlogn	n	○

* 순환 호출 시 필요한 공간까지 고려하면 O(logn)

| 안정성 |

안정한 정렬(Stable Sort) 알고리즘은 중복된 키에 대해 입력에서 앞서 있던 키가 정렬 후에도 앞서 있고, 불안정한 정렬 알고리즘은 정렬 후에 그 순서가 지켜진다는 보장이 없다.

[그림 7-11]에서 안정한 정렬 결과에서는 [20 B]와 [20 E]가 각각 정렬 전과 후에 항상 상대적인 순서가 유지되지만, 불안정한 정렬 결과에서는 정렬 전과 후에 그 순서가 뒤바뀐 것을 볼 수 있다.

정렬 전	90 A	20 B	60 C	40 D	20 E	60 F	50 G	10 H
stable 정렬	10 H	20 B	20 E	40 D	50 G	60 C	60 F	90 A
unstable 정렬	10 H	20 E	20 B	40 D	50 G	60 C	60 F	90 A

[그림 7-11] 안정한 정렬과 불안정한 정렬 결과

Tim Sort는 입력에 부분적으로 이미 정렬된 부분(run)과 삽입 정렬을 이용하여 입력을 일정한 크기 이상의 run들로 만든 뒤 효율적으로 합병하는 정렬이다. 1993년에 McIlroy가 제안한 정렬 알고리즘을 소프트웨어 엔지니어인 Tim Peters가 파이썬 라이브러리에 처음으로 구현하였다. Tim Sort는 실세계의 입력에 대해 우수한 성능을 보이고, 특히 거의 정렬된 입력에 대해 매우 빠른 성능을 보인다. Tim Sort는 파이썬과 자바 SE 7의 객체 정렬에 사용되며, 그 외에도 안드로이드 운영체제와 기타 프로그래밍 언어의 시스템 sort로 활용된다. Tim Sort에 대한 상세한 설명은 부록에 있다.

| 정렬의 하한 |

정렬 문제 자체를 해결하기 위해 최소 비교 횟수는 얼마일까? 단, 원소의 비교는 반드시 원소 대 원소의 크기를 비교하는 것으로 가정한다.[14] 이때의 정렬 문제를 비교 정렬(Comparison Sort)이라고 한다. 부록 IV에서는 비교 정렬을 위한 최소 비교 횟수가 Ω(nlogn)임을 보여준다. 즉, 어떠한 정렬 알고리즘이라도 최소 Ω(nlogn) 만큼의 원소 비교를 수행하지 않으면, 알고리즘의 결과가 항상 정렬되어 있다는 보장을 할 수 없다는 의미이다.

14) 참고로 Part 7.7의 기수 정렬은 키의 비교를 부분적으로 수행하는 정렬이다.

nlogn vs. n^2

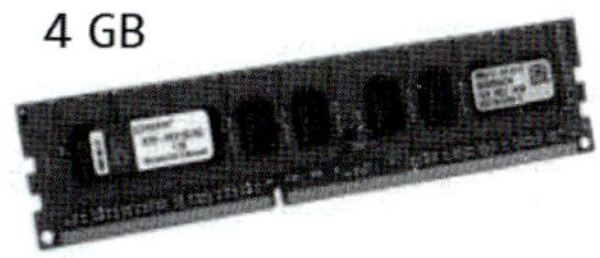

언뜻 보기에 nlogn과 n^2의 차이는 그리 크지 않아 보인다. 왜냐하면 둘 다 n^3보다도 작고 심지어 2^n보다는 비교도 안 되게 작기 때문이다. 이 둘의 차이를 아주 간단한 예를 들어 살펴보자. 어떤 문제를 해결하기 위해 알고리즘 A는 4 GB 메모리에 담긴 integer들을 logn번 읽어야 하고, 또 다른 알고리즘 B는 n번 읽어야 한다고 가정하자. 알고리즘 A는 수행에 nlogn 시간이, 알고리즘 B는 n^2 시간이 소요된다.

이 알고리즘들을 프로그램으로 구현하여 실행시키려는 컴퓨터의 CPU가 4 GB 메모리에 있는 10^9개의 integer를 전체 1번 읽는데 0.1초밖에 안 걸린다고 가정해보자. 이 경우 알고리즘 A는 $(\log 10^9)/10 \approx 3$초 만에 수행이 종료된다. 알고리즘 B는 얼마나 걸릴까? 4 GB의 integer들을 10^9번 읽어야 하므로, $10^9 \times 0.1 = 10^8$초이다. 그런데 10^8초 $= 10^8 / (60 \times 60 \times 24 \times 365)$년 ≈ 3.17년이다.

즉, 알고리즘 A는 3초, 알고리즘 B는 3년이나 걸린다. 따라서 n이 커질수록 그 차이는 폭발적으로 증가한다.

7.7 기수 정렬

기수 정렬(Radix Sort)은 키를 부분적으로 비교하는 정렬이다. 즉, 키가 숫자로 되어있으면, 각 자릿수에 대해 키를 비교한다. 기(radix)는 특정 진수를 나타내는 숫자들이다. 예를 들어 10진수의 기는 0, 1, 2,⋯, 9이고, 2진수의 기는 0, 1이다. 기수 정렬에는 자릿수 비교를 최하위 숫자로부터 최상위 숫자 방향으로 정렬하는 LSD(Least Significant Digit) 기수 정렬과 반대 방향으로 정렬하는 MSD(Most Significant Digit) 기수 정렬이 있다.

먼저 [그림 7-12]에 주어진 세 자리 십진수에 대한 LSD 기수 정렬을 살펴보자. LSD 기수 정렬은 가장 먼저 각 숫자의 1의 자리만 비교하여 작은 수부터 큰 수로 정렬한다. 그다음에는 10의 자리만을 각각 비교하여 정렬한다. 마지막으로 100의 자리만을 비교하여 정렬을 마친다.

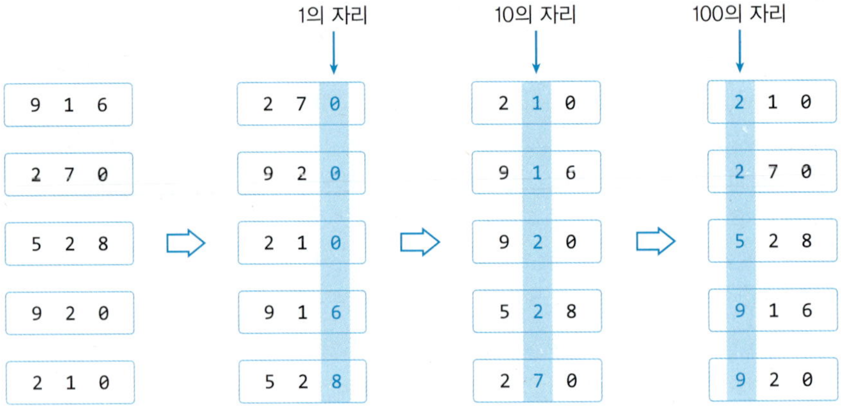

[그림 7-12] LSD 기수 정렬

LSD 기수 정렬을 위해서는 반드시 안정성이 필요하다. [그림 7-12]에서 10의 자리가 1인 210과 916이 있는데, 10의 자리에 대해 정렬할 때 210이 반드시 916 위에 위치하여야 한다. 10의 자리가 같으므로 916이 210보다 위에 있어도 문제가 없어 보이지만, 그렇게 되면 1의 자리에 대해 정렬해 놓은 것이 아무 소용 없게 된다. 따라서 LSD 기수 정렬은 안정성이 유지되어야 하는 정렬 알고리즘이다.

다음은 LSD 기수 정렬을 구현한 lsd_sort.py이다. 이 프로그램은 숫자를 포함하는 모든 문자(ASCII 코드[15])에 대해 길이가 3인 스트링들을 사전적 순서로 정렬한다.

프로그램 7-8 lsd_sort.py

```
def lsd_sort(a):
    WIDTH = 3
    N = len(a)
    R = 128
    temp = [None] * N
    for d in reversed(range(WIDTH)):
```

(WIDTH = 3: 입력: 3개의 문자로 된 스트링)
(R = 128: 문자 종류 수(UTF-8, ASCII))
(for d in reversed(range(WIDTH)): 2, 1, 0 순으로)

15) 파이썬에서는 ASCII 코드와 대응되는 UTF-8(Unicode Transformation Format-8)이 사용되고 다른 인코딩 방식도 사용된다.

```
07          count = [0] * (R+1)
08          for i in range(N):
09              count[ord(a[i][d])+1] += 1
10          for j in range(1, R):
11              count[j] += count[j-1]
12          for i in range(N):
13              p = ord(a[i][d])
14              temp[count[p]] = a[i]
15              count[p] +=  1
16          for i in range(N):
17              a[i] = temp[i]
18          print('%d번째 문자:\t ' % d, end='')
19          for x in a: print(x, ' ', end='')
20          print()
21  a = ['ICN', 'SFO', 'LAX', 'FRA', 'SIN', 'ROM', 'HKG', 'TLV',
22       'SYD', 'MEX', 'LHR', 'NRT', 'JFK', 'PEK', 'BER', 'MOW']
23  print('정렬 전:\t\t ', end='')
24  for x in a: print(x, ' ', end='')
25  print()
26  lsd_sort(a)
```

빈도수 계산 (line 09)

temp에 저장할 시작 인덱스 계산 (line 11)

d번째 문자를 기준으로 각 a[i]를 적절한 temp 원소로 복사 (lines 12–15)

temp를 a로 복사 (line 16)

[그림 7-13]은 lsd_sort.py의 line 08과 10의 for-루프 수행에 대해, 입력 크기가 9이고 각 스트링은 1개의 문자로만 되어있는 간단한 예제를 보여준다. 이 예제는 [프로그램 7-8]을 쉽게 이해할 수 있도록 문자의 종류는 3개로서, A, B, C만을 사용하였고, 입력 스트링의 길이가 1로서 d는 무시한다.

여기서 유의하여 볼 것은 입력 리스트 a에 A가 3개, B가 4개, C가 2개 있는데, 각 문자의 빈도수는 count 리스트에 한 칸씩 밀려서 저장한 것이다. 그 이유는 line 10의 for-루프에서 빈도수를 누적하여 계산된 값을 보조 리스트 temp의 인덱스로 사용하기 위함이다. 즉, 이 인덱스는 입력 리스트 a를 차례로 읽어가며, 즉 a[i]를 읽었을 때, a[i]를 저장할 temp의 인덱스이다.

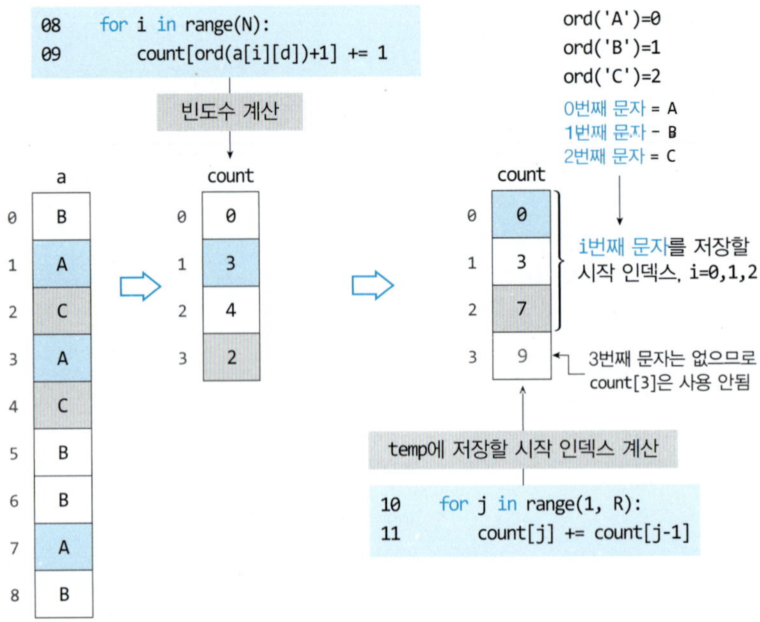

[그림 7-13] 빈도수 계산과 빈도수 누적 계산

[그림 7-14]는 line 12의 for-루프로서 입력 리스트 a[i]를 차례로 읽어가며, count 리스트를 사용하여 a[i]를 적절한 temp 원소에 저장한다. a[0]인 B를 읽고, B의 ord 값에 대응되는 count 원소에 저장된 값이 바로 B가 저장되어야 할 temp 리스트의 인덱스이다. 여기서 편의상 ord('A') = 0, ord('B') = 1, ord('C') = 2로 가정한다. 참고로 ord()는 인자로 주어진 문자의 Unicode 값을 반환한다. 원래 ord('A') = 65, ord('B') = 66, ord('C') = 67이다.

먼저 a[0]을 읽고, ⓪으로 표시된 화살표에 따라 temp[3]에 a[0]인 B를 저장하고 다음에 리스트 a에서 읽게 되는 B를 위해 count[1]의 원소를 1 증가시킨다. 그다음엔 a[1], 즉 A를 읽고, ①과 같게 표시된 대로 a[1]을 temp[0]에 저장하고, count[0]을 1 증가시킨다. 이처럼 a[8]까지 처리하면 맨 오른쪽의 temp 리스트를 얻는다.

```
12    for i in range(N):
13        p = ord(a[i][d])
14        temp[count[p]] = a[i]
15        count[p] += 1
```

```
ord('A')=0
ord('B')=1
ord('C')=2
```

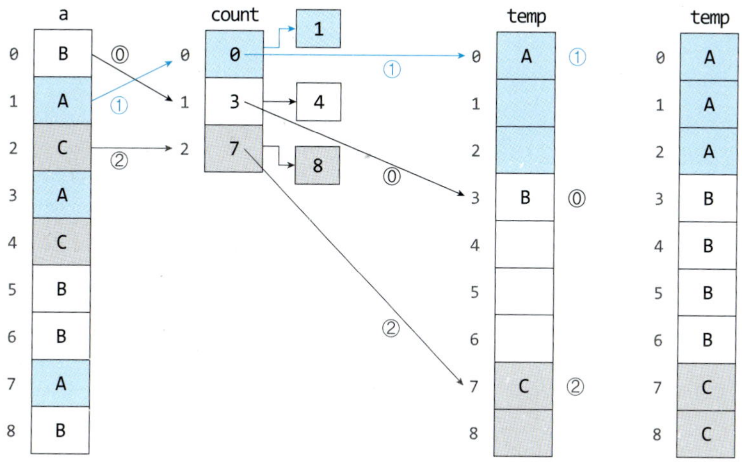

[그림 7-14] 입력 리스트 a를 temp로 복사하며 정렬

Line 16의 for-루프는 temp를 a로 복사하고, 그 후 line 06에서 for-루프를 수행한다.

[그림 7-15]는 [프로그램 7-8]을 실행한 결과이다. 그림에서는 각 스트링의 마지막 문자인 2번째 문자를 기준으로 정렬하고, 그다음엔 1번째 문자를 기준으로 정렬하며, 마지막으로 0번째 문자를 기준으로 정렬한 것을 나타낸다.

```
Console ☒  PyUnit
<terminated> lsd_sort.py [C:₩Users₩sbyang₩AppData₩Local₩Programs₩Python₩Python36-32₩python.exe]
정렬 전:    ICN SFO LAX FRA SIN ROM HKG TLV SYD MEX LHR NRT JFK PEK BER MOW
2번째 문자: FRA SYD HKG JFK PEK ROM ICN SIN SFO LHR BER NRT TLV MOW LAX MEX
1번째 문자: LAX ICN PEK BER MEX JFK SFO LHR SIN HKG TLV ROM MOW FRA NRT SYD
0번째 문자: BER FRA HKG ICN JFK LAX LHR MEX MOW NRT PEK ROM SFO SIN SYD TLV
```

[그림 7-15] [프로그램 7-8]의 실행 결과

| 수행 시간 |

LSD 기수 정렬의 수행 시간은 O(d(n+R))이다. 여기서 d는 키의 자릿수이고, R은 기(Radix)이며, n은 입력의 크기이다. 수행 시간이 O(d(n+R))인 이유는 line 06의 바깥쪽의 for-루프는 d회 수행되고, 각 자릿수에 대해 line 08, 12, 14의 for-루프들이 각각 n번씩 수행되며, line 10의 for-루프는 R회 수행되기 때문이다.

응용

LSD 기수 정렬은 제한적인 범위 내에 있는 숫자(문자)에 대해서 좋은 성능을 보이는 정렬 알고리즘이다. 예를 들어, 인터넷 주소, 계좌번호, 날짜, 주민등록번호 등을 정렬할 때 매우 효율적이다. 하지만 기수 정렬은 범용 정렬 알고리즘이 아니다. 입력의 형태에 따라 알고리즘을 수정해야 할 여지가 있으므로 일반적으로 시스템 라이브러리에서도 활용되지 않는다. 또한 선형 크기의 추가 메모리가 필요하며, 힙 정렬과 같이 입력 크기가 커질수록 캐시 메모리를 비효율적으로 사용하므로 실행 시간이 더 길어지는 문제점이 있다. 또한 힙 정렬의 단점과 같이 루프 내에 코드 길이가 길다는 것도 단점으로 작용한다.

하지만 GPU(Graphics Processing Unit)를 기반한 병렬(Parallel) 정렬의 경우 LSD 기수 정렬을 병렬 처리할 수 있도록 구현하여 시스템 sort[16]로 사용하고 있는 사례도 있다.

| MSD(Most Significant Digit) 기수 정렬 |

MSD 기수 정렬은 최상위 자릿수(가장 왼쪽 문자)부터 정렬을 수행한다. 예를 들어 [그림 7-16](a)와 같이 1,000장의 카드에 000부터 999까지 각각 다른 숫자가 적혀 있고, 이 카드들이 섞여 있다고 생각해보자. 이 카드를 어떻게 정렬해야 할까? 쉽게 생각할 수 있는 방법은 먼저 카드를 한 장씩 보고 100자리의 숫자에 따라 읽은 카드를 분류하여 10개의 더미를 [그림 7-16](b)와 같이 만든다. 그리고 각각의 더미에서는 10의 자리 숫자만을 보고 마찬가지로 10개의 작은 더미를 만들고, 마지막으로 각각의 작은 더미에서는 카드의 1의 자리를 보고 정렬하여 각각의 더미를 차례로 모아 정렬한다.

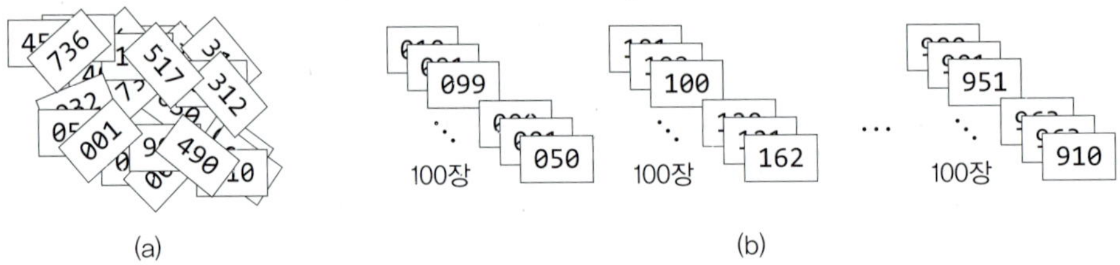

[그림 7-16] 숫자 카드 정렬

16) Thrust Library of Parallel Primitives, v.1.3.0의 시스템 sort로 사용되고 있다.

위와 같은 정렬 방식이 바로 MSD 기수 정렬이다. 다음은 리스트 a에 주어진 3자리 십진수를 보조 리스트 temp를 이용하여 최상위 자릿수부터 최하위 자릿수 순으로 정렬하는 과정을 나타낸 것이다.

a			temp			a			temp			a			temp		
1	5	1	0	2	2	0	2	2	0	0	7	0	0	7	0	0	7
4	3	9	0	1	0	0	1	0	0	1	0	0	1	0	0	1	0
4	9	1	0	0	7	0	0	7	0	2	2	0	2	2	0	2	2
5	2	0	1	5	1	1	5	1	1	0	8	1	0	8	1	0	5
4	3	7	1	2	4	1	2	4	1	0	5	1	0	5	1	0	8
0	2	2	1	0	8	1	0	8	1	2	4	1	2	4	1	2	4
4	3	0	1	0	5	1	0	5	1	5	1	1	5	1	1	5	1
0	1	0	4	3	9	4	3	9	4	3	9	4	3	9	4	3	0
1	2	4	4	9	1	4	9	1	4	3	7	4	3	7	4	3	7
0	0	7	4	3	7	4	3	7	4	3	0	4	3	0	4	3	9
1	0	8	4	3	0	4	3	0	4	9	1	4	9	1	4	9	1
1	0	5	5	2	0	5	2	0	5	2	0	5	2	0	5	2	0

[그림 7-17] MSD 기수 정렬

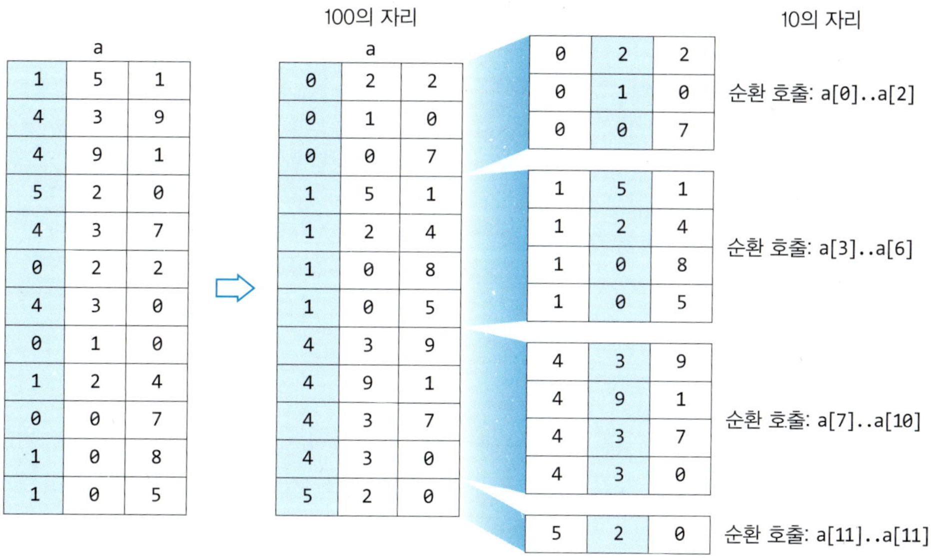

[그림 7-18] 10의 자리에서의 순환 호출

MSD 기수 정렬은 입력의 최상위 자릿수에 대해 정렬한 후에 리스트를 0으로 시작되는 숫자들, 1로 시작되는 숫자들, …, 9로 시작되는 숫자들에 대해 [그림 7-18]과 같이 각각 차례로 순환 호출한다. 그다음 자릿수에 대해서도 같은 방식으로 정렬이 진행된다. MSD 기수 정렬을 위한 파이썬 프로그램은 연습문제에서 다룬다.

| 수행 시간 |

MSD 기수 정렬의 수행 시간은 O(d(n+R))이다. 여기서 d는 키의 자릿수이고, R은 기(radix)이며, n은 입력의 크기이다. 이는 LSD 기수 정렬의 수행 시간과 같은데 MSD 기수 정렬이 LSD 기수 정렬이 수행하는 방향과 반대 방향으로 수행되는 것[17]일 뿐이기 때문이다.

MSD 기수 정렬은 최하위 자릿수 쪽(가장 오른쪽)으로 다가갈수록 작은 부분에 대해 너무 많은 수의 순환 호출이 발생하는 단점을 가진다. 이는 프로그램 실행 속도를 느리게 하는 주된 요인으로 순환 호출 시 입력 크기가 작아지면 삽입 정렬을 호출하는 것으로 실행 속도를 향상시킬 수 있다.

응용

MSD 기수 정렬은 키의 앞부분(Prefix)만으로 정렬하는 경우 매우 좋은 성능을 보인다. 예를 들어 전화번호를 지역번호 기준으로 정렬하기, 생년월일을 년도 별로 정렬하기, IP 주소를 첫 8-비트를 기준으로 정렬하기, 항공기 도착시간 또는 출발시간을 기준으로 정렬하기 등의 경우, 키의 앞부분만을 가지고 정렬하므로 MSD 기수 정렬이 매우 효율적이다.

7.8 외부 정렬

실세계에서는 대용량의 데이터를 하드디스크나 테이프[18]와 같은 보조 기억 장치(또는 외부 메모리)에 저장한다. 앞에서 다룬 내부 정렬만으로는 보조 기억 장치에 저장된 대용량의 데이터를 정렬하기 어렵다. 외부 정렬(External Sort)이란 보조 기억 장치에 있는 대용량의 데이터를 정렬하는 것으로 기본적으로 합병(Merge)을 사용하여 정렬을 수행한다. 외부

17) MSD 기수 정렬은 순환 호출을 이용하여 정렬하나, 전반적으로 수행된 계산량은 LSD 기수 정렬과 같다.

18) 자기(Magnetic) 하드디스크와 테이프 외에도 SSD(Solid State Drive), 광학(Optical) 디스크, 플래시(Flash) 메모리 등의 보조 기억 장치가 있다.

정렬의 수행 시간은 원소의 비교 횟수가 아니라 입력 전체를 처리하는 횟수로 계산한다. 왜냐하면 보조 기억 장치의 접근 시간이 메인 메모리의 접근 시간보다 매우 느리기 때문이다. 입력 전체를 처리하는 단위는 패스(Pass)[19]이다.

예를 들어 컴퓨터의 메인 메모리에 데이터를 정렬할 수 있는 용량이 M = 1 GB(Gigabyte)이고, 64 GB의 입력이 디스크에 저장되어있다면, 먼저 디스크로부터 메인 메모리에 수용할 만큼의 입력(1 GB)을 읽어 들여 퀵 정렬과 같은 내부 정렬 알고리즘을 사용하여 정렬하고, 그 결과를 디스크에 일단 다시 저장한다. 이 과정을 반복하면, 원래의 입력이 64개의 정렬된 블록으로 분할되어 디스크에 저장된다. 여기서 정렬된 블록(데이터)을 런(Run)[20]이라고 한다.

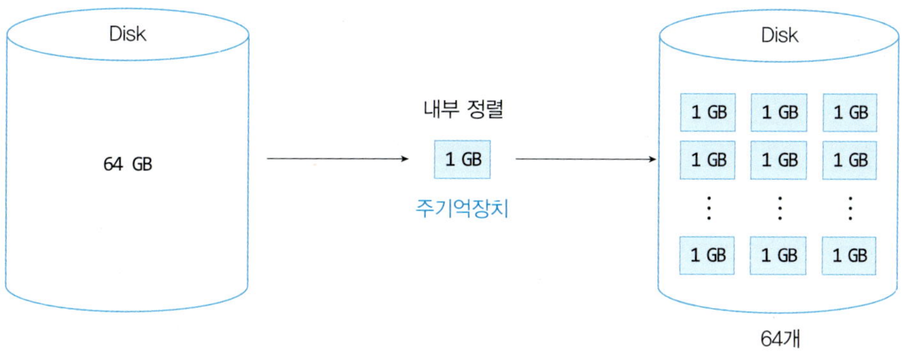

[그림 7-19] 내부 정렬로 만든 64개의 정렬된 블록

그다음 과정은 정렬된 블록들을 반복적으로 합병하여 하나의 정렬된 (크기가 64 GB인) 블록으로 만든다. 즉, 블록들을 부분적으로 메인 메모리의 입력 버퍼(Buffer)에 읽어 들여서, 합병을 수행하여 부분적으로 출력 버퍼를 통해 디스크에 쓰는 과정을 반복한다. [그림 7-20]은 1 GB 블록들을 부분적으로 k개의 입력 버퍼로 읽어 들여 k GB 크기의 블록을 만드는 과정을 나타낸다.

19) Pass는 컴퓨터 분야에서 쓰이는 일반적인 용어로서 입력(또는 데이터) 전체를 1회 처리하는 것을 뜻한다. 예를 들어 대부분의 프로그래밍 언어의 컴파일러를 Two-Pass 컴파일러라고 일컫는다. 이는 첫 패스에서는 소스 프로그램을 어셈블리 언어로 바꾸고, 두 번째 패스에서는 이를 기계어로 바꾸기 때문이다.

20) Run은 컴퓨터 분야뿐만 아니라 수학 분야에서도 같은 의미로 쓰인다.

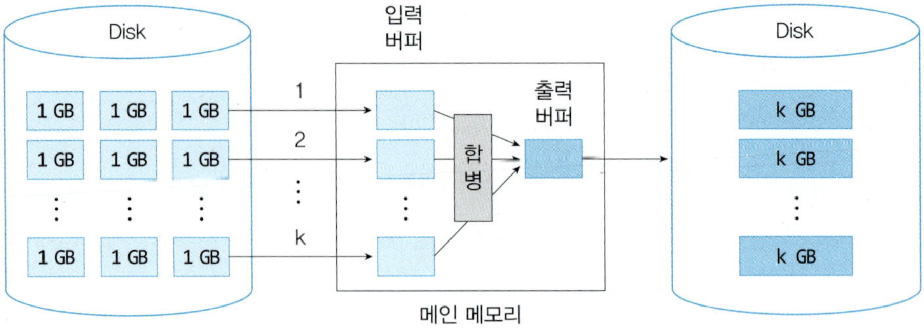

[그림 7-20] k개의 버퍼를 이용한 합병

입력 버퍼가 k개 있으므로 k GB 블록이 총 64/k개 만들어진다. 다음으로 k GB 블록을 k개씩 짝지어 합병시키면, k^2 GB 크기의 블록이 $64/k^2$개가 만들어진다. 이 과정을 반복하여 계속 합병을 진행하면, 블록 크기는 k배로 커지고 블록의 수는 1/k로 줄어들게 되어 결국에는 64 GB 크기의 블록 하나만 남는다.

예제

[그림 7-20]에서 k = 2이면, 첫 번째 pass 후에 64/2 = 32개의 2 GB 블록들이 만들어지고, 두 번째 pass 후에 $32/2 = 64/2^2 = 16$개의 $4(=2^2)$ GB 블록들이 만들어지고, 세 번째 pass 후에 $16/2 = 64/2^3 = 8$개의 8 GB 블록들이 만들어지고, …, 여섯 번째 pass 후에 64 GB 크기의 블록 하나만 남는다.

| 수행 시간 |

입력의 크기가 n일 때, 첫 pass에서 n/M개의 블록들을 만들고, k개의 블록을 하나의 블록으로 합병하는 방식으로 정렬을 수행하면, 정렬을 마칠 때까지 $\log_k(n/M)$ pass가 필요하다. 단, 계산 편의상 n이 M의 배수라고 가정한다. 즉, n/M은 정수이다. 따라서 정렬을 위해선 총 $\log_k(n/M)+1$회의 pass가 필요하다.

응용

인터넷의 IP 주소, 통신/전화 회사의 전화번호, 은행에서의 고객/계좌, 기업의 물품/재고 데이터베이스, 인사 데이터베이스 등의 관리를 위해 외부 정렬이 사용되며, 일반적인 데이터베이스의 중복된 데이터를 제거하는 데에도 사용된다.

요약

- 선택 정렬은 아직 정렬 안 된 부분의 리스트 원소 중에서 최솟값을 선택하여 정렬 안 된 부분의 가장 왼쪽의 원소와 교환을 반복하는 정렬 알고리즘이다.
- 삽입 정렬은 수행 과정 중에 리스트가 정렬된 부분과 정렬 안 된 부분으로 나누어지며, 정렬 안 된 부분의 가장 왼쪽의 원소를 정렬된 부분에 적절히 삽입하는 방식의 정렬 알고리즘이다.
- 쉘 정렬은 전처리 과정을 추가한 삽입 정렬이다. 여기서 전처리 과정이란 작은 값을 가진 원소들을 리스트의 앞부분으로 옮겨 큰 값을 가진 원소들이 리스트의 뒷부분에 자리 잡도록 만드는 것을 의미한다.
- 힙 정렬은 입력에 대해 최대 힙을 만들어 루트와 힙의 가장 마지막 노드를 교환하고, 힙 크기를 1 감소시킨 후에 루트로부터 downheap을 수행하는 과정을 반복하여 정렬하는 알고리즘이다.
- 합병 정렬은 입력을 반씩 2개로 분할하고, 각각을 재귀적으로 합병 정렬을 수행한 후, 2개의 각각 정렬된 부분을 합병하는 정렬 알고리즘이다.
- 퀵 정렬은 피벗보다 작은 원소들과 큰 원소들을 각각 피벗의 좌우로 분할한 후, 피벗보다 작은 부분과 피벗보다 큰 부분을 각각 순환 호출하여 정렬하는 알고리즘이다.
- 원소 대 원소의 크기를 비교하는 비교 정렬의 하한은 Ω(nlogn)이다.
- 기수 정렬은 키를 부분적으로 비교하는 정렬이다. 기수 정렬에는 문자(숫자) 비교를 우에서 좌로 정렬하는 LSD 기수 정렬과 반대 방향으로 정렬하는 MSD 기수 정렬이 있다. LSD/MSD 기수 정렬의 수행 시간은 O(d(n+R))이다. 여기서 d는 키의 자릿수이고, R은 기(Radix)이며, n은 입력의 크기이다.
- 외부 정렬이란 보조 기억 장치에 있는 대용량의 데이터를 정렬하는 것으로 합병을 사용하여 정렬을 수행한다.

연습문제

7.1 다음 중 선택 정렬에 관한 설명으로 옳은 것은?

① 거의 정렬된 입력에 대해 더 좋은 성능을 보인다.

② 정렬된 부분에 있는 숫자가 정렬되지 않은 부분에 있는 숫자보다 클 수도 있다.

③ 입력 배열을 반으로 나누어 나누어가며 정렬한다.

④ 정렬되지 않은 부분에서 최솟값을 선택한다.

⑤ 답 없음

7.2 다음의 입력에 대해 선택 정렬의 [프로그램 7-1]의 line 02에 있는 for-루프가 3회 수행된 결과는?

```
a = [80, 50, 20, 90, 30, 40, 10, 60, 70]
```

① 10 20 30 90 60 40 80 50 70

② 10 70 30 90 50 40 80 60 20

③ 10 20 30 90 50 40 80 60 70

④ 10 30 20 90 50 40 80 60 70

⑤ 답 없음

7.3 선택 정렬의 최선, 평균, 최악 수행 시간은? 단, n은 입력 크기이다.

① $O(n)$, $O(n\log n)$, $O(n^2)$ ② $O(n\log n)$, $O(n\log n)$, $O(n^2)$

③ $O(n\log n)$, $O(n^2)$, $O(n^2)$ ④ $O(n^2)$, $O(n^2)$, $O(n^2)$

⑤ 답 없음

7.4 다음 중 삽입 정렬에 관한 설명으로 가장 적절한 것은?

① 정렬되지 않은 부분에서 가장 작은 숫자를 찾아 삽입한다.

② 이웃하는 원소들을 비교하면서 삽입할 곳을 찾는다.

③ 중간값을 기준으로 분할하면서 삽입한다.

④ 자릿수를 비교하며 삽입한다.

⑤ 답 없음

7.5 다음의 입력에 대해 삽입 정렬을 위한 [프로그램 7-2]의 line 02에 있는 for-루프가 3회 수행된 결과는?

```
a = [80, 50, 20, 10, 30, 40, 90, 60, 70]
```

① 20 10 50 80 30 40 90 60 70

② 10 20 80 50 30 70 90 60 40

③ 10 20 50 80 30 90 40 70 60

④ 10 20 50 80 30 40 90 60 70

⑤ 답 없음

7.6 삽입 정렬의 최선, 평균, 최악 수행 시간은? 단, n은 입력 크기이다.

① $O(n)$, $O(n\log n)$, $O(n^2)$
② $O(n\log n)$, $O(n\log n)$, $O(n^2)$
③ $O(n\log n)$, $O(n^2)$, $O(n^2)$
④ $O(n^2)$, $O(n^2)$, $O(n^2)$
⑤ 답 없음

7.7 다음 중 쉘 정렬에 관한 설명으로 가장 거리가 <u>먼</u> 것은?

① 마지막 단계는 삽입 정렬과 같다.

② 이웃하는 원소를 비교하며 전처리 과정을 수행한다.

③ 전처리 과정을 통해 작은 숫자들을 앞으로 큰 숫자들을 뒤로 보낸다.

④ 간격 순서는 감소 순이고 마지막 간격은 항상 1이어야 한다.

⑤ 답 없음

7.8 다음의 입력에 대해 쉘 정렬이 3-sort를 수행한 결과는?

```
a = [80, 60, 70, 10, 30, 40, 90, 50, 20]
```

① 10 30 20 80 50 40 90 60 70

② 20 70 80 10 50 90 40 60 30

③ 10 20 30 40 50 60 70 80 90

④ 80 60 20 10 30 70 40 90 50

⑤ 답 없음

7.9 다음 중 힙 정렬에 관한 설명으로 가장 거리가 먼 것은?

① 최소 힙 또는 최대 힙 자료구조를 사용한다.

② 힙의 루트와 마지막 항목을 교환하고 downheap을 수행한다.

③ downheap은 이진 힙의 downheap과 같다.

④ downheap은 힙 속성을 회복시키기 위한 것이다.

⑤ 답 없음

7.10 다음의 입력에 대해 힙 정렬을 위한 [프로그램 7-4]의 line 18에 있는 for-루프를 3회 수행한 결과는?

90 60 80 50 30 40 70 10 20

① 10 20 30 80 50 40 90 60 70

② 10 70 60 20 50 30 40 80 90

③ 10 20 30 40 50 60 70 80 90

④ 60 50 40 20 30 10 70 80 90

⑤ 답 없음

7.11 8개의 서로 다른 숫자를 입력으로 힙 정렬의 [프로그램 7-4]를 수행하는 중 line 18에 있는 for-루프를 몇 회 수행해야 다음과 같은 중간 결과를 얻는가? 단, 입력의 각 숫자는 정렬되었을 때 자신의 자리와 다른 곳에 있다.

60 40 50 10 20 30 70 80

① 1 ② 2 ③ 3

④ 4 ⑤ 답 없음

7.12 다음 중 합병 정렬에 관한 설명으로 가장 거리가 먼 것은?

① 입력을 반으로 나누어가며 정렬한다.

② 나누어진 부분을 합병을 이용하여 정렬한다.

③ 이웃하는 숫자를 비교하여 입력을 반으로 나눈다.

④ 먼저 입력을 나누고 나중에 합병하는 방식으로 정렬한다.

⑤ 답 없음

7.13 입력 크기가 n인 입력에 대해 합병 정렬에 관한 설명으로 맞는 것은?

① 입력 크기의 보조 배열 없이 정렬할 수 없다.

② 입력 크기의 보조 배열 없이 정렬할 수 있으나 O(n) 시간이 소요된다.

③ 입력 크기의 보조 배열 없이 정렬할 수 있고, 수행 시간도 O(nlogn)이다.

④ 적어도 두 개의 n/2 크기의 보조 배열이 필요하다.

⑤ 답 없음

7.14 두 개의 정렬된 리스트를 하나의 정렬된 리스트로 합병하는데 필요한 최소 및 최대 원소 비교 횟수를 바르게 표현한 것은? 단, 두 리스트의 길이는 각각 m과 n이고, m ≥ n이다.

① n, m+n−1　　② m, m+n−1　　③ n, m+n

④ m, m+n　　⑤ m, mn

7.15 이미 정렬된 입력에 대한 합병 정렬의 수행 시간은?

① O(1)　　② O(n)　　③ O(nlogn)

④ O(n^2)　　⑤ 답 없음

7.16 다음 중 퀵 정렬에 관한 설명으로 가장 거리가 먼 것은?

① 피벗으로 입력을 두 부분으로 나눈다.

② 입력의 거의 비슷한 크기로 분할된다.

③ 피벗이 가장 작거나 크면 두 부분으로 분할하지 못한다.

④ 분할 후 피벗은 두 부분 사이에 위치한다.

⑤ 답 없음

7.17 다음의 입력에 대해 퀵 정렬을 수행하려 한다. 피벗이 50일 때 [프로그램 7-7]의 partition()이 수행된 결과는?

```
a = [50, 60, 80, 90, 30, 40, 70, 10, 20]
```

① 20 30 10 80 50 40 90 60 70　　② 30 20 10 40 50 90 70 80 60

③ 40 70 80 10 20 30 50 60 90　　④ 30 60 20 10 80 70 40 90 50

⑤ 답 없음

7.18 퀵 정렬에 n개의 입력이 주어진 경우, 다음 설명 중 옳은 것은?

① 평균 경우 수행 시간은 O(nlogn)이고, 최악 경우 수행 시간은 $O(n^2)$이다.

② 평균 및 최악 경우 수행 시간은 O(nlogn)이다.

③ 평균 및 최악 경우 수행 시간은 $O(n^2)$이다.

④ 평균 경우 수행 시간은 O(nlogn)이고, 최선 경우 수행 시간은 O(n)이다.

⑤ 답 없음

7.19 다음 중 퀵 정렬의 성능을 향상시키는 방법이 아닌 것은?

① 입력 크기가 작으면 순환 호출 대신 삽입 정렬을 사용한다.

② Median-of-Three 방법으로 피벗을 선택한다.

③ 중간값으로 피벗을 사용한다.

④ 퀵 정렬을 수행하기 전에 랜덤 섞기를 수행한다.

⑤ 답 없음

7.20 중간값을 찾아서 피벗을 사용하는 퀵 정렬의 최악 경우 수행 시간은? 단, 중간값은 O(n) 시간에 찾는다.

① O(logn) ② O(n) ③ O(nlogn)

④ $O(n^2)$ ⑤ 답 없음

7.21 다음 중 n개의 서로 다른 숫자를 위한 결정 트리에 관한 설명으로 가장 거리가 먼 것은?

① 이진 트리이다.

② 결정 트리에는 불필요한 비교를 하는 내부 노드는 없다.

③ 총 이파리 수는 n!이다.

④ 결정 트리의 높이는 정렬 문제 하한을 결정한다.

⑤ 답 없음

7.22 다음 중 비교 정렬이 아닌 것은?

① 삽입 정렬 ② 쉘 정렬 ③ 퀵 정렬

④ 기수 정렬 ⑤ 답 없음

7.23 다음 중 랜덤한 입력에 대해 원소 교환 횟수가 최소인 정렬 알고리즘은?

① 버블 정렬 ② 선택 정렬 ③ 삽입 정렬
④ 퀵 정렬 ⑤ 힙 정렬

7.24 입력이 거의 정렬되어 있는 경우 성능이 좋은 정렬 알고리즘은?

① 버블 정렬 ② 선택 정렬 ③ 삽입 정렬
④ 합병 정렬 ⑤ 쉘 정렬

7.25 다음 중 입력이 역으로 정렬되어 있을 때 가장 성능이 좋은 정렬 알고리즘은?

① 버블 정렬 ② 선택 정렬 ③ 삽입 정렬
④ 합병 정렬 ⑤ 힙 정렬

7.26 입력 배열이 [3, 4, 7, 1, 2, 8]일 때, 다음 중 어떤 정렬 알고리즘의 루프가 3회 수행되어야 배열 [1, 2, 3, 7, 4, 8]을 얻을 수 있는가?

① 버블 정렬 ② 선택 정렬
③ 삽입 정렬 ④ 세 가지 정렬 모두
⑤ 세 가지 정렬 모두 아님

7.27 다음 중 안정한(Stable) 정렬 알고리즘들만 모아 놓은 것은?

① 버블 정렬, 힙 정렬, 선택 정렬, 합병 정렬
② 선택 정렬, 퀵 정렬, 쉘 정렬, 합병 정렬
③ 삽입 정렬, 선택 정렬, 합병 정렬, 힙 정렬
④ 버블 정렬, 합병 정렬, 삽입 정렬, Tim Sort
⑤ 힙 정렬, 쉘 정렬, 이중 피벗 퀵 정렬, Tim Sort

7.28 다음 중 최악 경우 수행 시간이 가장 우수한 것은?

① 선택 정렬 ② 삽입 정렬 ③ 퀵 정렬
④ 힙 정렬 ⑤ 답 없음

7.29 다음 중 기수 정렬에 관한 설명으로 옳은 것은?

① 비교 정렬 중의 하나이다.
② 숫자만 정렬할 수 있다.
③ LSD 기수 정렬은 버킷 정렬을 사용한다.
④ MSD 기수 정렬은 최하위 자릿수부터 최상위 자릿수 순으로 정렬한다.
⑤ 답 없음

7.30 다음 중 기수 정렬을 수행하기 위해 개별 자리에 대한 정렬에 사용할 수 없는 정렬 알고리즘은?

① 삽입 정렬 ② 합병 정렬
③ 선택 정렬 ④ 버킷 정렬
⑤ 답 없음

7.31 다음은 기수 정렬에 대한 설명이다. 옳지 않은 것은?

① 제한적인 범위 내에 있는 숫자(문자)에 대해서 좋은 성능을 보이는 정렬 알고리즘이다.
② 범용 정렬 알고리즘이 아니다.
③ 선형 크기의 추가 메모리가 필요하다.
④ 입력 크기가 커질수록 캐시 메모리를 비효율적으로 사용하게 되므로 실행 시간이 더 길어진다.
⑤ 힙 정렬의 단점과 같이 루프 내에 명령어 수가 적다.

7.32 다음은 MSD 기수 정렬에 대한 설명이다. 옳지 않은 것은?

① 키의 앞부분만으로 정렬하는 경우 매우 좋은 성능을 보인다.
② 선형 크기의 추가 메모리가 필요하다.
③ LSD 기수 정렬보다 빠른 최악 경우 수행 시간을 갖는다.
④ 최하위 자릿수로 다가갈수록 작은 부분에 대해 너무 많은 수의 순환 호출이 발생한다.
⑤ 답 없음

7.33 다음 중 MSD 기수 정렬의 응용으로 적절하지 않은 것은?

① 지역번호 기준 전화번호 정렬
② 년도 별 생일 정렬
③ 출발/도착시간 기준 항공편 정렬
④ IP 주소의 뒷자리 기준 정렬
⑤ 답 없음

7.34 다음 중 외부 정렬에 관한 설명으로 가장 옳은 것은?

① 디스크나 테이프를 사용한다.
② 이웃하는 원소의 비교를 통해 정렬을 수행한다.
③ 주기억장치만으로도 정렬할 수 있다.
④ 추가 메모리 없이 정렬한다.
⑤ 답 없음

7.35 다음의 입력에 대해 부록 II에 있는 이중 피벗 퀵 정렬 [프로그램 II-1] line 12의 while-루프가 수행된 결과는? 단, p1 = 30, p2 = 60이다.

30 90 80 20 50 40 10 70 60

① 20 10 30 40 50 60 70 90 80
② 20 30 40 10 50 90 80 60 70
③ 10 20 30 40 50 60 90 80 70
④ 10 30 20 40 60 50 70 90 80
⑤ 답 없음

7.36 버블 정렬은 $O(n^2)$ 알고리즘으로 실제로 사용되지 않는다. 그러나 버블 정렬은 다른 정렬 알고리즘이 수행한 정렬 결과가 맞는지를 검사하기에 매우 유용하게 사용된다. 버블 정렬의 개념을 이용하여 주어진 파이썬 리스트가 정렬되어 있는지를 검사하는 파이썬 함수를 작성하라.

7.37 전 순서(Total Order)는 반대칭성, 추이성, 완전성을 만족하는 이항 관계이다. 부분 순서(Partial Order)와 전 순서의 차이점을 설명하라. 정렬하려고 하는 데이터가 전 순서가 아니라 부분 순서만을 만족하면 어떤 문제가 발생하는지 설명하라.

7.38 선택 정렬의 장점을 설명하고, 다른 정렬 알고리즘이 가지지 못하는 특성을 설명하라.

7.39 쉘 정렬의 h-순서를 2^k, 2^{k-1}, …, 2, 1로 사용하였을 때의 문제점을 서술하라. 단, k는 양의 정수이다.

7.40 힙 정렬은 루프 내의 코드가 길고, 캐시 메모리 사용이 비효율적이어서 대용량의 입력에는 적절하지 않다. 입력 크기가 클수록 왜 힙 정렬이 캐시 메모리를 비효율적으로 사용하는지를 설명하라.

7.41 반복 합병 정렬을 위한 파이썬 프로그램을 작성하라.

7.42 퀵 정렬의 [프로그램 7-7]에서 다음 입력에 대해 partition(a, 0, 9)가 수행되는 과정을 순환 호출 직전까지 단계적으로 보이라.

a = [50, 20, 70, 10, 70, 20, 50, 70, 70, 10]

7.43 3-Way 퀵 정렬은 입력을 피벗보다 작은 부분, 피벗과 같은 부분, 피벗보다 큰 부분으로 분할하는 퀵 정렬이다. 중복 키가 많은 입력에 대해 3-Way 퀵 정렬과 (일반적인) 퀵 정렬의 성능을 분석 비교하라. 아울러 3-Way 퀵 정렬을 위한 파이썬 프로그램을 작성하라.

7.44 퀵 정렬의 입력이 균등 분포(Uniform Distribution)를 가질 때 평균 경우 수행 시간이 O(nlogn)이 됨을 보이라.

7.45 세 자리 십진수로 된 입력(000~999)에 대해 MSD 기수 정렬을 위한 파이썬 프로그램을 작성하라. 단, ord()를 사용하지 마라.

7.46 [그림 7-20]에서 k=4이면 몇 번째 pass 후에 64 GB 블록이 만들어지는가?

7.47 버블 정렬의 성능을 개선한 두 개의 대표적인 알고리즘인 Cocktail sort와 Comb sort에 대해 조사하라.

7.48 각 원소가 정렬 후 자신의 원래 자리로부터의 거리가 k보다 멀리 떨어져 있지 않은 배열을 효율적으로 정렬하는 알고리즘을 작성하라. 또한 작성한 알고리즘의 수행 시간을 분석하라.

PART 08

그래프

contents

08 그래프

그래프[1]는 인터넷, 도로, 운송, 전력, 상하수도망, 신경망, 화학성분 결합, 단백질 네트워크, 금융 네트워크, 소셜 네트워크 분석(Social Network Analysis) 등의 광범위한 분야에서 활용되는 자료구조이다. Part 8에서는 먼저 그래프 용어에 대해 이해하고, 그래프의 기본 연산인 깊이 우선 탐색(Depth First Search, DFS)과 너비 우선 탐색(Breath First Search, BFS)을 살펴보며, 연결 성분(Connected Component) 찾는 방법과 위상 정렬(Topological Sort)에 대해 공부한다. 그리고 이중 연결 성분과 강 연결 성분에 대해 간단히 살펴본다. 또한 주어진 가중치 그래프에서 최소 신장 트리(Minimum Spanning Tree)를 찾기 위한 알고리즘과 최단 경로를 찾는 알고리즘을 알아본다.

8.1 그래프

8.1.1 그래프 용어

그래프는 정점(Vertex)과 간선(Edge)의 집합으로 하나의 간선은 두 개의 정점을 연결한다. 그래프는 G=(V, E)로 표현하는데, V는 정점의 집합이고, E는 간선의 집합이다. 간선에 방향이 있는 그래프를 방향 그래프(Directed Graph)라하고, 간선에 방향이 없는 그래프를 무방향 그래프(Undirected Graph)라고 한다.

1) Part 8에서 다루는 그래프는 막대 그래프, 원 그래프, 선 그래프, 띠 그래프 등의 자료 시각화를 위한 그래프가 아니다.

오일러

오일러(Leonhard Euler, 1707-1783)는 스위스의 수학자, 물리학자, 천문학자, 논리학자, 공학자로서 그래프의 아버지로도 불린다.

고등학교 수학시간에 배웠을 오일러의 다면체 정리 V - E + F = 2에서부터 오일러의 상수인 자연 로그의 e = 2.71828…, 오일러의 공식 $e^{ix} = \cos x + i \sin x$ 와 오일러 등식 $e^{i\pi} + 1 = 0$ 등은 우리에게 친숙한 오일러의 공적이다.

특히 오일러의 등식은 수학의 아름다움을 표현하는 식으로 유명한데, 이 식을 잘 살펴보면 영역이 다른 다섯 가지 수인 0, 1 (상수), 자연 상수 e (해석학), 원주율 π (기하학), 그리고 허수 i (대수학)가 모두 하나의 식에 포함되어 있으며, 수학에서 가장 기초가 되는 네 가지 연산인 덧셈, 곱셈, 지수 그리고 등호가 모두 쓰인 식이기 때문이다. 아인슈타인과 함께 20세기의 최고의 물리학자로 불리우는 리처드 파인만은 이 식을 "the most remarkable formula in mathematics" 라며 극찬하였다.

한편 1735년에는 프러시아의 쾨니히스베르크(Königsberg, 현재는 러시아의 칼리닌그라드)에 위치한 프레겔 강 한가운데의 섬 2개에 놓인 7개의 다리가 있는데 주민들이 오일러에게 이 다리들을 빠짐없이 1번씩만 지나서 출발점으로 돌아올 수 있는지 물어보았다. 오일러는 그렇게 할 수 없다고 답해주었다. 이 문제가 최초의 그래프 문제라고 전해지고 있다.

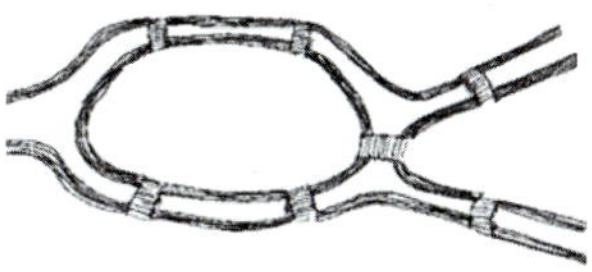

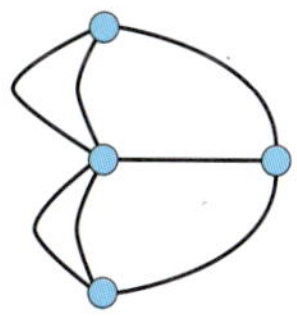

이 문제는 한붓그리기와 같은 문제이고, 오일러는 다리(그래프의 간선)를 1번씩만 지나서 출발점으로 되돌아오려면 각 정점의 차수가 짝수여야 한다는 것을 증명하였다. 주어진 그래프에서 임의의 정점에서 출발하여 모든 간선을 빠짐없이 1번씩만 지나면서 출발점으로 돌아오는 경로를 오일러 서킷(Euler Circuit) 또는 오일러 사이클이라고 한다.

오일러는 1783년 9월 18일에 당시 최근에 발견된 행성인 천왕성과 그 궤적에 대해 동료와 논의하였고, "난 죽는다" 라는 말을 쓴 뒤에 사망했다고 전해진다.

출처: https://en.wikipedia.org/wiki/Leonhard_Euler

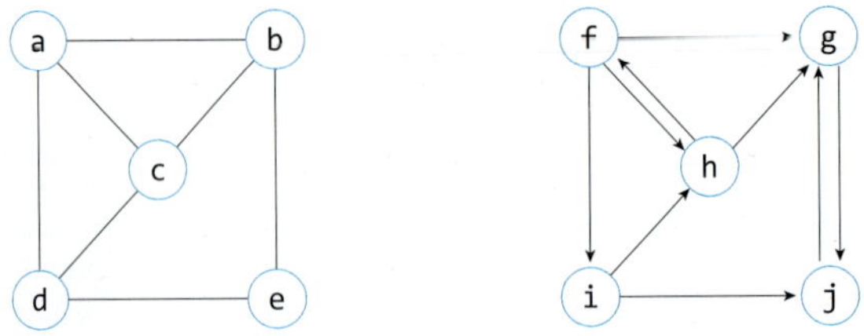

(a) 무방향 그래프 (b) 방향 그래프

[그림 8-1]

정점 a와 b를 연결하는 간선을 (a, b)로 표현하고, 정점 a에서 b로 간선의 방향이 있는 경우에는 방향이 없는 간선과 구별하기 위해 〈a, b〉로 표현한다. 정점 a에 인접한 정점의 수를 a의 차수(Degree)라고 정의한다. 방향 그래프에서는 차수를 진입 차수(In-degree)와 진출 차수(Out-degree)로 구분한다. [그림 8-1](a)에서 정점 a의 차수는 3이고, 정점 e의 차수는 2이다. (b)에서 정점 g의 진입 차수는 3이고, 진출 차수는 1이다.

경로(Path)는 시작 정점 u부터 도착점 v까지의 정점들을 나열하여 표현한다. [그림 8-1](a)에서 a, c, b, e는 정점 a로부터 도착점 e까지의 여러 경로 중 하나를 나타낸 것이다. 경로 상의 정점들이 모두 다른 경로를 특별히 단순 경로(Simple Path)라고 한다. 즉, '일반적인' 경로는 경로상에 같은 정점이 중복되어 나타날 수 있다. 예를 들어 [그림 8-1](a)에서 a, b, c, b, e도 정점 a로부터 도착점 e까지의 경로이다. 시작 정점과 도착점이 같은 단순 경로를 사이클(Cycle)이라고 일컫는다. [그림 8-1](a)에서 a, b, e, d, c, a는 사이클이다.

[그림 8-2]의 그래프는 10개의 정점을 가지고 있다. 이 그래프는 모든 정점이 서로 연결되어(Connected) 있지 않다. 그래프에서 정점들이 서로 연결된 부분을 연결 성분(Connected Component)이라 한다. [그림 8-2]의 그래프는 3개의 연결 성분, [a, b, c, d, e], [f, g, h, i], [j]로 구성되어 있다.

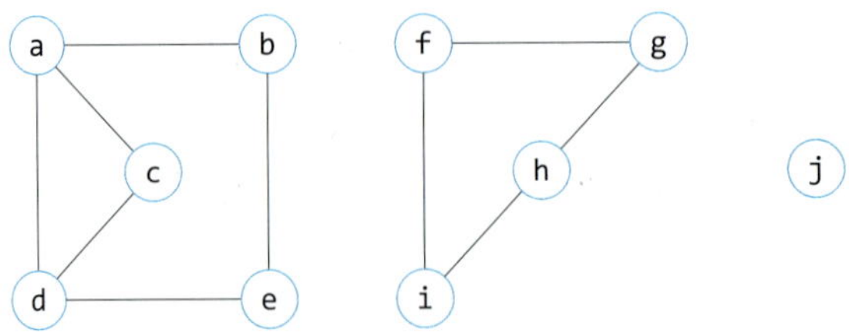

[그림 8-2] 3개의 연결 성분을 가진 그래프

가중치(Weighted) 그래프는 간선에 가중치가 부여된 그래프이다. 가중치는 실제 두 정점 사이의 거리가 될 수도 있고, 두 정점을 연결하는 간선을 지나는 데에 소요되는 시간이 될 수도 있다. 또한 응용에 따라 가중치가 음수인 경우도 존재한다.

부분 그래프(Subgraph)는 주어진 그래프의 정점과 간선의 일부분(부분 집합)으로 이루어진 그래프이다. 부분 그래프는 원래의 그래프에 없는 정점이나 간선을 포함하지 않는다. 사이클이 없는 그래프를 트리(Tree)라고 하고, 주어진 그래프가 하나의 연결 성분으로 구성되어 있을 때, 그래프의 모든 정점을 사이클 없이 연결하는 부분 그래프를 신장 트리(Spanning Tree)라고 한다.

8.1.2 그래프 자료구조

그래프를 자료구조로서 저장하기 위한 방법으로 인접 행렬(Adjacency Matrix)과 인접 리스트(Adjacency List)가 주로 사용된다. n개의 정점을 가진 그래프의 인접 행렬은 (2차원 n×n) 리스트에 저장할 수 있다. 인접 행렬을 저장할 리스트가 a라면, 정점들을 0, 1, 2,…, n−1로 하여, 정점 i와 j 사이에 간선이 없으면 a[i][j] = 0으로, 간선이 있으면 a[i][j] = 1로 표현한다. 가중치 그래프인 경우에는 1 대신 가중치를 저장한다. [그림 8-3]은 무방향 그래프에 대한 인접 행렬의 예시이다.

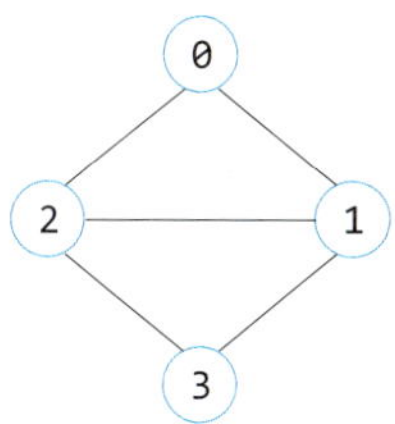

	0	1	2	3
0	0	1	1	0
1	1	0	1	1
2	1	1	0	1
3	0	1	1	0

[그림 8-3] 인접 행렬

인접 리스트는 정점마다 1개의 단순 연결 리스트를 이용하여 인접한 각 정점을 노드에 저장한다. [그림 8-4]는 [그림 8-3]의 그래프에 대한 인접 리스트를 보여준다.

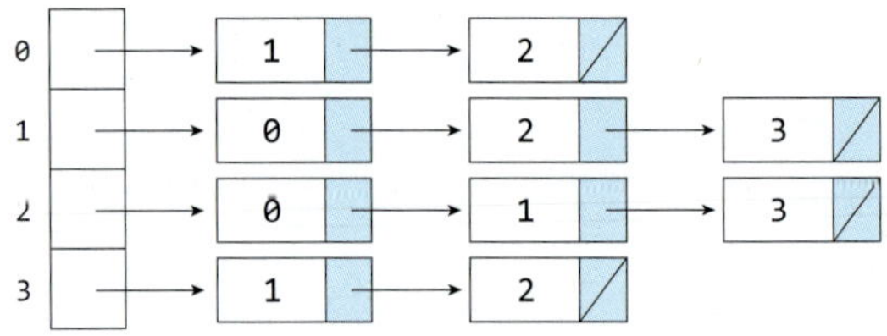

[그림 8-4] 인접 리스트

그러나 파이썬에서는 리스트로 그래프를 [그림 8-5]와 같이 구현할 수 있다.

adj = [[1, 2], [0, 2, 3], [0, 1, 3], [1, 2]]

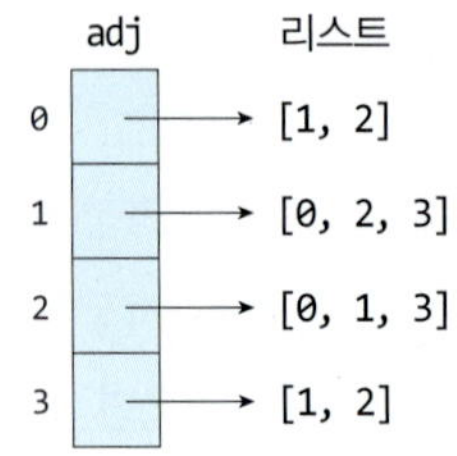

[그림 8-5] 파이썬 리스트로 구현한 그래프

이러한 구현은 사실상 인접 행렬과 인접 리스트를 동시에 반영한 것이라고 할 수 있다. 왜냐하면 [그림 8-5]에서 간선 (1, 3)은 adj[1][2]로서 2차원 행렬과 같이 접근할 수 있고, adj[1]은 정점 1에 인접한 정점의 리스트로서 마치 단순 연결 리스트와 같이 순차적으로 각 인접한 정점을 접근할 수도 있기 때문이다.

이외에도 입력 그래프를 문제에 따라 여러 방식으로 표현할 수 있는데, 이에 대한 예제는 Part 8에서 소개되는 파이썬 프로그램에서 살펴볼 수 있다.

실세계의 그래프는 대부분 정점의 차수가 작은 희소 그래프(Sparse Graph)이다. 즉, 희소 그래프의 간선 수는 최대 간선 수인 n(n−1)/2보다 훨씬 작은데, 이 경우 희소 그래프를 효율적으로 저장하는 자료구조는 인접 리스트이다. 간선의 수가 최대 간선 수에 근접한 그래프는 조밀 그래프(Dense Graph)라고 한다.

8.2 그래프 탐색

그래프에서는 두 가지 방식으로 모든 정점을 방문할 수 있다. 하나는 깊이 우선 탐색(DFS; Depth First Search)이고 다른 하나는 너비 우선 탐색(BFS; Breadth First Search)이다.

8.2.1 깊이 우선 탐색

그래프에서의 DFS는 임의의 정점에서 시작하여 이웃하는 하나의 정점을 방문하고, 방금 방문한 정점의 이웃 정점을 방문하며, 이웃하는 정점들을 모두 방문한 경우에는 이전 정점으로 되돌아가서 탐색을 수행하는 방식으로 진행된다.

[핵심 아이디어]

DFS는 실타래를 가지고 미로에서 출구를 찾는 것과 유사하다. 새로운 곳으로 갈 때는 실타래를 풀면서 진행하고, 길이 막혀 진행할 수 없을 때는 실타래를 되감으며 왔던 길을 되돌아가서 다른 경로를 탐색하여 출구를 찾는다.

다음은 DFS 를 파이썬으로 구현한 dfs.py이다.

프로그램 8-1 dfs.py

```python
adj_list = [[2, 1], [3, 0], [3, 0], [9, 8, 2, 1],
            [5], [7, 6, 4], [7, 5], [6, 5], [3], [3]]
N = len(adj_list)
visited = [False] * N

def dfs(v):
    visited[v] = True
    print(v, ' ', end='')
    for w in adj_list[v]:
        if not visited[w]:
            dfs(w)

```

(1~2행) 그래프 인접 리스트
(4행) 정점 방문 여부 확인용
(7~8행) 정점 v 방문
(11행) 정점 v에 인접한 정점으로 dfs() 순환 호출

```
13  print('DFS 방문 순서:')
14  for i in range(N):
15      if not visited[i]:
16          dfs(i)          dfs() 호출
```

입력 그래프가 여러 개의 연결 성분으로 구성된 경우, 정점 0으로부터 방문을 시작하여 DFS를 수행하면 정점 0이 속한 연결 성분의 정점들만 방문하여 첫 연결 성분을 찾는다. 그리고 line 14의 for-루프를 통해 아직 방문 안 된 정점을 시작으로 다른 연결 성분을 찾는다.

[그림 8-6]은 DFS가 수행되는 과정을 표로 나타낸 것이다.

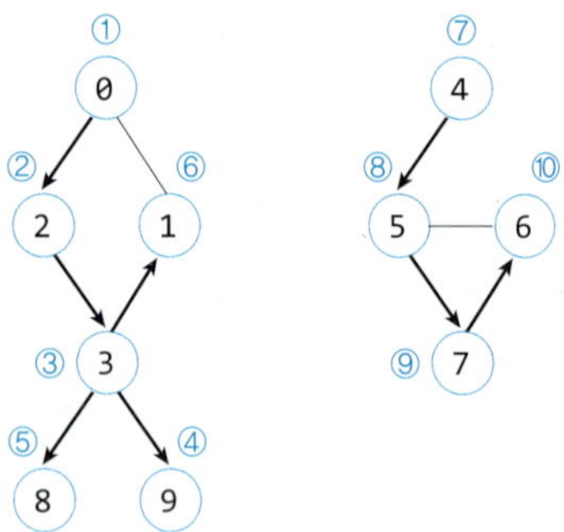

방문순서	dfs()호출	visited[]	출력
①	dfs(0)	visited[0]=True	0
②	dfs(2)	visited[2]=True	2
③	dfs(3)	visited[3]=True	3
④	dfs(9)	visited[9]=True	9
⑤	dfs(8)	visited[8]=True	8
⑥	dfs(1)	visited[1]=True	1
⑦	dfs(4)	visited[4]=True	4
⑧	dfs(5)	visited[5]=True	5
⑨	dfs(7)	visited[7]=True	7
⑩	dfs(6)	visited[6]=True	6

[그림 8-6] DFS 방문 순서

[그림 8-7]은 [그림 8-6]의 그래프에 대해 [프로그램 8-1]이 수행된 결과이다.

```
Console ⨯ PyUnit
<terminated> dfs.py [C:₩Users₩sbyang₩AppData₩Local₩Programs₩Python₩Python36-32
DFS 방문 순서:
0  2  3  9  8  1  4  5  7  6
```

[그림 8-7] [프로그램 8-1]의 수행 결과

[그림 8-8](a)의 DFS 방문 순서대로 정점 0부터 위에서 아래 방향으로 정점들을 그리면 (b)와 같은 트리가 만들어진다. 실선은 그래프를 탐색하며 처음 방문할 때 사용된 간선이고, 점선은 뒷간선(Back Edge)으로서 탐색 중 이미 방문된 정점에 도달한 경우를 나타낸다. 입력 그래프가 하나의 연결 성분으로 되어있을 때 DFS를 수행하며 실선으로 만들어지는 트리를 깊이 우선 신장 트리(Depth First Spanning Tree)라고 한다.

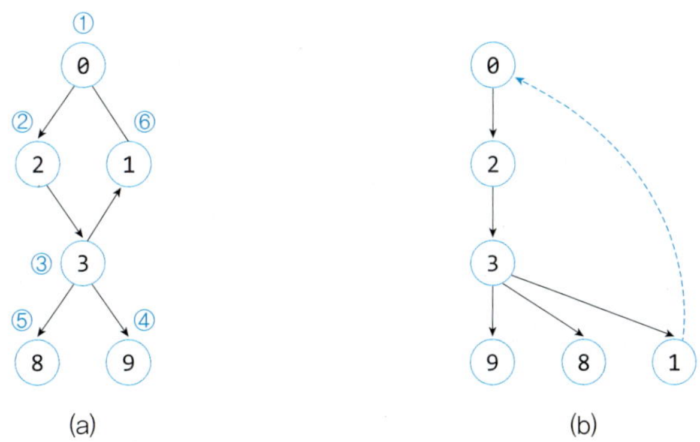

[그림 8-8] 그래프와 깊이 우선 신장 트리

| 수행 시간 |

DFS의 수행 시간은 탐색이 각 정점을 한 번씩 방문하며, 각 간선을 1번씩만 사용하여 탐색하기 때문에 O(n+m)이다. 여기서 n은 그래프의 정점의 수이고, m은 간선의 수이다.

8.2.2 너비 우선 탐색

BFS는 임의의 정점 s에서 시작하여 s의 이웃하는 모든 정점을 방문하고, 방문한 정점들의 이웃 정점들을 방문하는 방식으로 그래프의 모든 정점을 방문한다. BFS는 이진 트리에서의 레벨 순회와 유사하다.

[핵심 아이디어]

BFS는 연못에 돌을 던졌을 때 물결이 동심원을 그리며 퍼져나가는 모양으로 정점들을 방문한다.

BFS는 이진 트리의 레벨 순회에서처럼 큐 자료구조를 사용한다. 다음은 BFS를 파이썬으로 구현한 bfs.py이다.

프로그램 8-2 bfs.py

```
01 adj_list = [[2, 1], [3, 0], [3, 0], [9, 8, 2, 1],
02             [5], [7, 6, 4], [7, 5], [6, 5], [3], [3]]
03 N = len(adj_list)
04 visited = [False] * N
05
06 def bfs(i):
07     queue = []
08     visited[i] = True
09     queue.append(i)
10     while len(queue) != 0:
11         v = queue.pop(0)
12         print(v, ' ', end='')
13         for w in adj_list[v]:
14             if not visited[w]:
15                 visited[w] = True
16                 queue.append(w)
17
18 print('BFS 방문 순서:')
19 for i in range(N):
20     if not visited[i]:
21         bfs(i)
```

그래프 인접 리스트 (lines 01–02)

정점 방문 여부 확인용 (line 04)

큐를 리스트로 구현 (line 07)

큐의 맨 앞에서 제거된 정점을 v가 참조하게 함 (line 11)

정점 v 방문 (line 12)

v에 인접하면서 방문 안 된 정점 큐에 삽입 (line 16)

bfs() 호출 (line 21)

Line 19의 for-루프는 0부터 N-1까지의 정점에 대해 bfs() 함수를 호출하여 그래프의 모든 정점을 방문한다. Line 06의 bfs() 함수는 line 08~09에서 visited[i]를 True로 만들고, i를 큐에 삽입한다. Line 10의 while-루프는 큐가 empty가 되면 종료되고, 루프가 처음 시작하여 끝날 때까지 연속적으로 방문한 정점들은 하나의 연결 성분을 구성한다. [그림 8-9]는 bfs(0)부터 bfs.py가 수행되며 첫 번째 연결 성분의 정점들을 모두 방문할 때까지 큐에 정점들이 삽입, 삭제되며 정점들이 출력(방문)될 때의 큐의 상태를 도식화한 것이다.

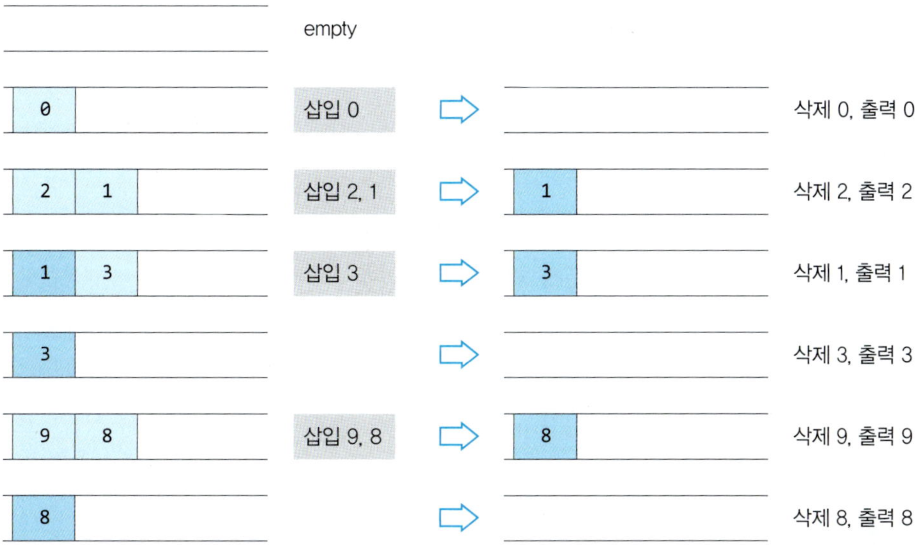

[그림 8-9] bfs(0)으로부터 첫 번째 연결 성분 방문 과정

[그림 8-10]은 BFS가 수행되는 전 과정을 나타낸 것이다.

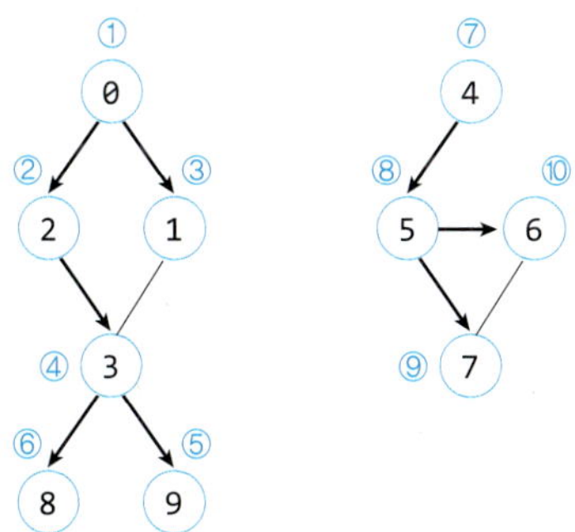

방문순서	visited[]	출력
①	visited[0]=True	0
②	visited[2]=True	2
③	visited[1]=True	1
④	visited[3]=True	3
⑤	visited[9]=True	9
⑥	visited[8]=True	8
⑦	visited[4]=True	4
⑧	visited[5]=True	5
⑨	visited[7]=True	7
⑩	visited[6]=True	6

[그림 8-10] BFS 방문 순서

[그림 8-11]은 [프로그램 8-2]가 [그림 8-10]의 그래프에 대해 BFS를 수행한 결과이다.

```
Console ⊠ PyUnit
<terminated> bfs.py [C:₩Users₩sbyang₩AppData₩Local₩Programs₩Python₩Python36-32
BFS 방문 순서:
0  2  1  3  9  8  4  5  7  6
```

[그림 8-11] 완성된 프로그램의 수행 결과

[그림 8-12](a)의 그래프에서 BFS 방문 순서대로 정점 0부터 위에서 아래 방향으로 그려 보면 (b)와 같은 트리가 만들어진다. 실선은 탐색하며 처음 방문할 때 사용된 그래프의 간선이고, 점선은 교차 간선(Cross Edge)으로서 탐색 중 이미 방문한 정점에 도달한 경우를 나타낸다. 입력 그래프가 하나의 연결 성분으로 되어있을 때 BFS를 수행하며 실선으로 만들어지는 트리를 너비 우선 신장 트리(Breadth First Spanning Tree)라고 한다.

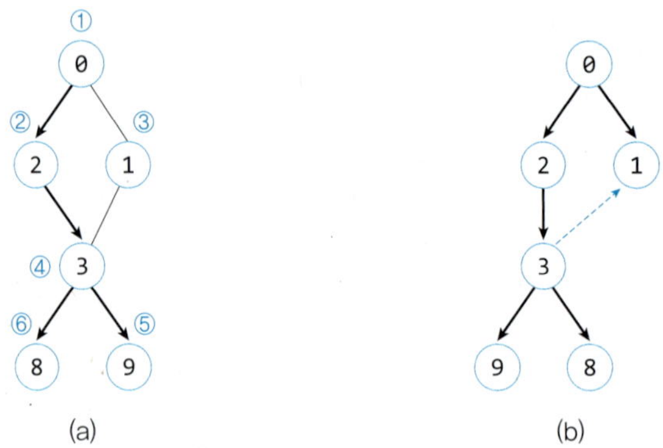

[그림 8-12] 그래프와 너비 우선 신장 트리

| 수행 시간 |

BFS는 DFS와 같이 각 정점을 1번씩 방문하며, 각 간선을 1번씩만 사용하여 탐색하기 때문에 O(n+m)의 수행 시간이 소요된다. BFS와 DFS는 정점의 방문 순서나 간선을 사용하는 순서만 다를 뿐이다. 여기서 n은 그래프의 정점의 수이고, m은 간선의 수이다.

> **응용**
>
> 다음은 DFS와 BFS로 수행 가능한 그래프 응용을 보여준다. 신장 트리, 연결 성분, 경로, 사이클 찾기는 두 방법 모두 응용 가능하지만, 최소 간선을 사용하는 경로를 찾기 위해선 BFS를 사용해야 하고, 위상 정렬, 이중 연결 성분, 강 연결 성분을 찾기 위해선 DFS를 사용해야 한다.

표 9-1 DFS와 BFS로 수행 가능한 그래프 응용

응용	DFS	BFS
신장 트리, 연결 성분, 경로, 사이클	✓	✓
최소 간선을 사용하는 경로		✓
위상 정렬, 이중 연결 성분, 강 연결 성분	✓	

8.3 기본적인 그래프 알고리즘

앞 Part에서 살펴본 그래프의 DFS는 그래프의 기본적인 분석을 위한 다양한 연산에 사용된다. Part 8.3에서는 DFS를 이용하여 무방향 그래프에서 연결 성분들을 찾고, 사이클이 없는 방향 그래프에서 위상 정렬을 찾는 방법에 대해 알아본다. 또한 이중 연결 성분 및 강 연결 성분에 대해서도 간단히 살펴본다.

8.3.1 연결 성분 찾기

주어진 무방향 그래프에서 DFS나 BFS를 수행하여 연결 성분을 찾을 수 있다. 이 Part에서는 DFS를 사용하여 연결 성분을 찾는다.

[핵심 아이디어]

주어진 정점부터 DFS를 수행하여 방문하는 정점들을 리스트로 모아서 1개의 연결 성분을 만든다. 다음엔 방문 안 된 정점으로부터 같은 과정을 반복하여 다른 연결 성분들을 추출한다.

다음은 연결 성분을 찾는 파이썬 프로그램 cc.py이다.

프로그램 8-3 cc.py

```
adj_list = [[3], [6, 10], [7, 11], [0, 6, 8], [13], [14],
            [1, 3, 8, 10, 11], [2, 11], [3, 6, 10, 12],
            [13], [1, 6, 8], [2, 6, 7], [8], [4, 9], [5]]
N = len(adj_list)
CCList = []
visited = [False] * N

def dfs(v):
    visited[v] = True
    cc.append(v)
    for w in adj_list[v]:
        if not visited[w]:
            dfs(w)

for i in range(N):
    if not visited[i]:
        cc = []
        dfs(i)
        CCList.append(cc)

print('연결 성분 리스트:')
print(CCList)
```

그래프 인접 리스트

정점 방문 여부 확인용

현재 연결 성분에 정점 v 추가

정점 v에 인접한 w로 dfs() 순환 호출

새로운 연결 성분(cc)을 위한 초기화

dfs() 호출로 cc 만들기

완성된 cc를 연결 성분 리스트에 추가

[프로그램 8-3]의 입력은 [그림 8-13]의 무방향 그래프이다.

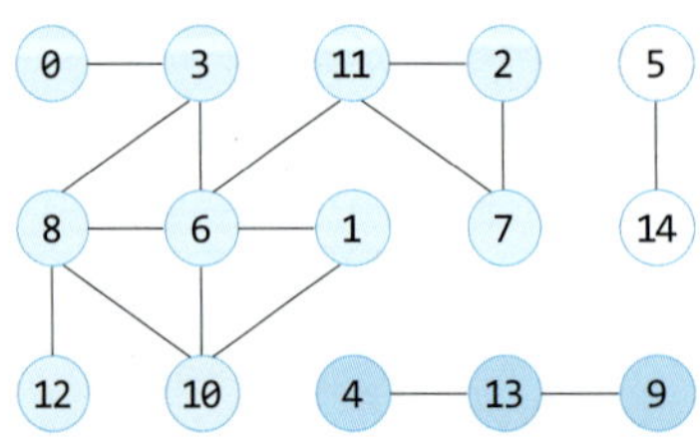

[그림 8-13] [프로그램 8-3]의 입력 그래프

[프로그램 8-3]은 정점 0으로부터 DFS를 수행하여 [0, 3, 6, 1, 10, 8, 12, 11, 2, 7]을 차례로 방문하여 첫 번째 연결 성분을 찾고, 이 정점들을 방문할 때 visited[]의 해당 원소가 True가 되었으므로, line 15의 for-루프에서는 다음 방문할 정점은 정점 4가 된다. 왜냐하면 정점 4의 visited[] 원소가 False이기 때문이다. 따라서 정점 4로부터 DFS를 수행하여 [4, 13, 9]를 두 번째 연결 성분으로 찾고, 마지막으로 [5, 14]를 찾고 종료한다.

[그림 8-14]는 [프로그램 8-3]이 수행된 결과를 나타낸다.

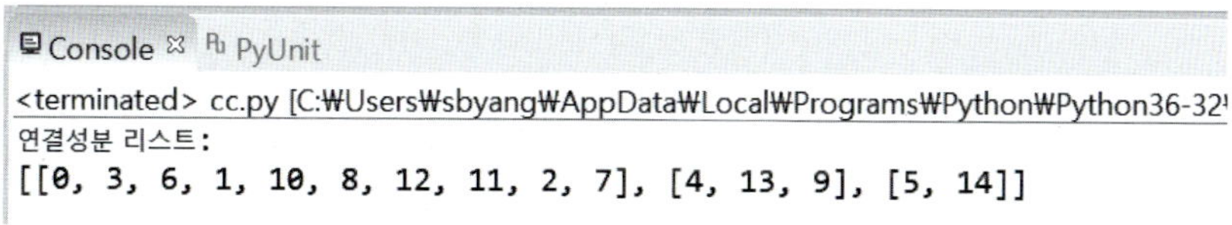

[그림 8-14] [프로그램 8-3]의 수행 결과

| 수행 시간 |

연결 성분 찾기는 기본적으로 DFS를 수행하는 것이므로 각 정점을 1번씩 방문하며, 각 간선을 1번씩만 사용하여 탐색하기 때문에 O(n+m)의 수행 시간이 소요된다. 여기서 n은 그래프의 정점의 수이고, m은 간선의 수이다.

8.3.2 위상 정렬

위상 정렬(Topological Sort)이란 사이클이 없는 방향 그래프(Directed Acyclic Graph, DAG)에서 정점들을 선형 순서(즉, 정점들을 일렬)로 나열하는 것을 의미한다.

단, 위상 정렬 결과는 그래프의 각 간선 ⟨u, v⟩에 대해 u가 v보다 반드시 앞서 나열되어야 한다. [그림 8-15](a)는 교과과정의 선수과목 관계도이고, [그림 8-16]은 교과목 수강 순서도이다. 이렇게 그래프의 각 정점에 대해 순서를 부여하는 것을 위상 정렬이라 하며, 주어진 그래프에 따라 여러 개의 위상 정렬이 존재할 수 있다. 일반적으로 작업(Task)들 사이에 의존관계가 존재할 때 수행 가능한 작업 순서를 도식화하는 데에 위상 정렬을 사용한다.

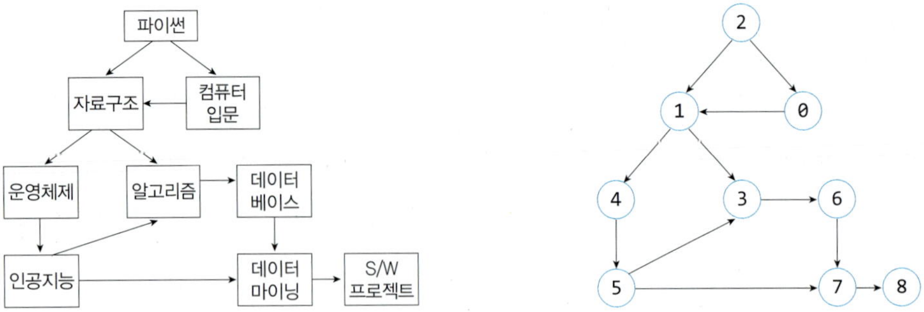

(a) 선수과목 관계도 (b) 그래프

[그림 8-15] 교과과정

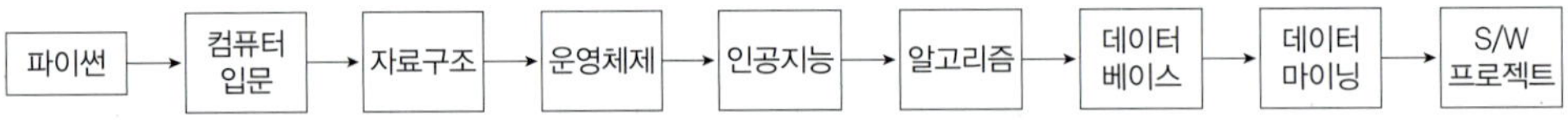

[그림 8-16] 교과목 수강순서

위상 정렬은 2가지 방법으로 수행할 수 있다.

1. [순방향 방법] 그래프에서 진입 차수가 0인 정점 v로부터 시작하여 v를 출력하고 v를 그래프에서 제거하는 과정을 반복하는 방법
2. [역방향 방법] 진출 차수가 0인 정점 v를 출력하고 v를 그래프에서 제거하는 과정을 반복하여 얻은 출력 리스트를 역순으로 만들어 결과를 얻는 방법

순방향 방법은 쉽게 이해되는 방법이지만 각 정점의 진입 차수를 알기 위해서는 인접 리스트를 각 정점으로 진입하는 정점들의 인접 리스트로 바꾸어야 하는 단점이 있다. 반면에 역방향 방법은 주어진 인접 리스트를 입력에 대해 약간 변형된 DFS를 수행하여 출력 리스트를 작성한 후에 리스트를 역순으로 만들어 위상 정렬 결과를 얻는다. 다음은 역방향 방법의 핵심 아이디어이다.

[핵심 아이디어]

DFS를 수행하며 각 정점 v에 인접한 모든 정점의 방문이 끝나자마자 v를 리스트에 추가한다. 리스트가 완성되면 리스트를 역순으로 만든다.

"v에 인접한 모든 정점의 방문이 끝나자마자 v를 리스트에 추가하는" 것은 v가 추가되기 전에 v에 인접한 모든 정점이 이미 리스트에 추가되어 있음을 뜻한다. 따라서 리스트가 완성되어 이를 역순으로 만들면 위상 정렬 결과를 얻을 수 있는 것이다. 다음은 위상 정렬을 위한 topological_sort.py이다.

프로그램 8-4 topological_sort.py

```
01  adj_list = [[1], [3, 4], [0, 1],            그래프 인접 리스트
02              [6], [5], [7], [7], [8], []]
03  N = len(adj_list)
04  visited = [False] * N        정점 방문 여부 확인용
05  s = []        위상 정렬 결과 리스트 초기화
06
07  def dfs(v):
08      visited[v] = True
09      for w in adj_list[v]:
10          if not visited[w]:
11              dfs(w)
12      s.append(v)        정점 v의 모든 인접한 정점을 방문하였으므로 정점 v 추가
13
14  for i in range(N):
15      if not visited[i]:
16          dfs(i)        dfs() 호출로 시작
17  s.reverse()        s의 역순으로 위상 정렬 결과 얻음
18  print('위상 정렬:')
19  print(s)
```

[그림 8-15](b)의 그래프에 대해 [프로그램 8-4]의 주요 부분이 어떤 단계를 거쳐 수행되는지 살펴보자. 먼저 line 16의 dfs(0)으로 시작하여, dfs(1), dfs(3), dfs(6), dfs(7)을 차례로 호출한 후에, dfs(8)을 호출한다. 이때 정점 8에선 더는 인접한 정점이 없으므로 line 09의 for-루프가 수행되지 않고 바로 line 12의 s.append(8)이 수행되어 정점 8이 s에 가장 먼저 저장된다. 즉, 위상 정렬 순서의 가장 마지막 정점을 찾아서 s에 저장한 것이다.

s.append(8)이 수행된 후 dfs() 함수가 리턴된 뒤, 정점 7에 대해 line 09의 for-루프에서 정점 7의 인접한 모든 정점을 이미 방문했으므로, line 12에서 '7'을 s에 추가한다. 이를 계속하여 line 14의 for-루프에서 더 이상 방문 안 된 인접한 정점이 없으면 line 17에서 s를 역순으로 만들어 line 19에서 위상 정렬을 출력한다.

[그림 8-17]은 [그림 8-15](b)의 그래프에 대해 [프로그램 8-4]가 수행된 결과이다.

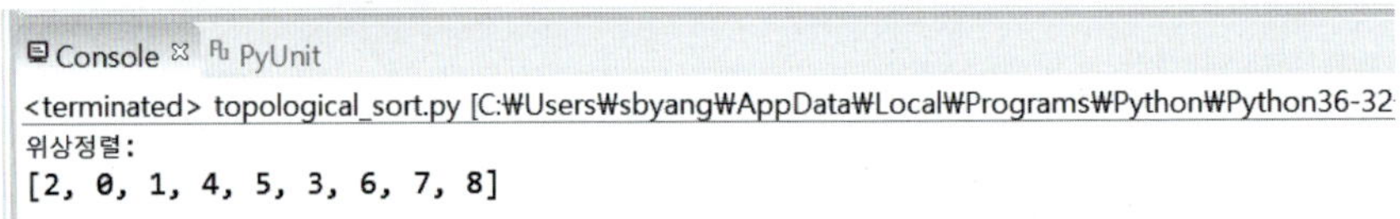

[그림 8-17] [프로그램 8-4]의 수행 결과

| 수행 시간 |

위상 정렬 알고리즘의 수행 시간은 깊이 우선 탐색의 수행 시간과 같은 O(n+m)이다. 기본적으로 깊이 우선 탐색을 하며 추가로 소요되는 시간은 line 12에서 정점을 리스트에 저장하고, 모든 탐색이 끝나면 리스트를 역순으로 만드는 시간으로 이는 O(n)이다. 따라서 위상 정렬 알고리즘의 수행 시간은 O(n+m) + O(n) = O(n+m)이다.

| 이중 연결 성분 |

이중 연결 성분(Biconnected Component)이란 무방향 그래프의 연결 성분에서 임의의 두 정점 사이에 적어도 2개의 단순 경로가 존재하는 연결 성분을 일컫는다.

이중 연결 성분에서는 어느 정점 하나가 삭제되더라도 연결 성분 내에서 정점들 사이의 연결이 유지된다. 이중 연결 성분은 통신 네트워크, 전력 공급 네트워크 등에서 네트워크의 견고성(Robustness)을 분석하는 주된 방법이다.

일반적인 연결 성분의 정점 중 하나의 정점을 삭제했을 때, 2개 이상의 연결 성분들로 분리된다면 삭제된 정점을 단절 정점(Articulation Point 또는 Cut Point)이라고 한다. 또한 간선을 제거했을 때 두 개 이상의 연결 성분들로 분리된다면 삭제된 간선을 다리 간선(Bridge)이라고 한다.

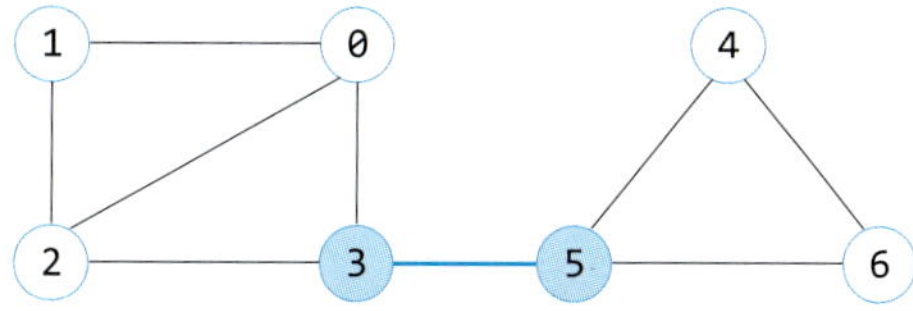

[그림 8-18] 단절 정점과 다리 간선

[그림 8-18]의 그래프에서 정점 3과 5는 각각 단절 정점이고, 간선 (3, 5)는 다리 간선이다. 또한 이 그래프는 3개의 이중 연결 성분, [0, 1, 2, 3], [3, 5], [4, 5, 6]으로 구성되어 있다. 참고로 단절 정점은 이웃한 이중 연결 성분들에 동시에 속하고, 다리 간선은 그 자체로 하나의 이중 연결 성분이다. 이중 연결 성분을 찾는 알고리즘의 수행 시간은 깊이 우선 탐색의 수행 시간과 같은 O(n+m)이다. 이중 연결 성분을 찾는 알고리즘 및 파이썬 프로그램은 연습문제에서 다룬다.

| 강 연결 성분 |

> 강 연결 성분(Strongly Connected Component)이란 방향 그래프에서 연결 성분 내의 임의의 두 정점 u와 v에 대해 정점 u에서 v로 가는 경로가 존재하고 동시에 v에서 u로 돌아오는 경로가 존재하는 연결 성분을 의미한다.

강 연결 성분에는 단절 정점이나 다리 간선이 없다. [그림 8-19]에서 그래프(a)의 강 연결 성분은 (b)와 같이 3개이다.

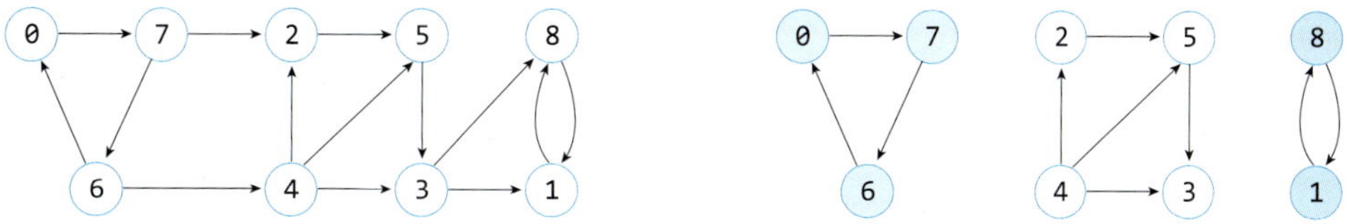

(a) 방향 그래프　　(b) 3개의 강 연결 성분

[그림 8-19] 그래프와 강 연결 성분

강 연결 성분은 소셜 네트워크에서 커뮤니티(Community)를 분석하는데 활용되며, 인터넷의 웹 페이지 분석에도 사용된다. 참고로 강 연결 성분 찾는 알고리즘의 수행 시간은 깊이 우선 탐색의 수행 시간과 같은 O(n+m)이다. 강 연결 성분을 찾는 알고리즘 및 파이썬 프로그램은 연습문제에서 다룬다.

8.4 최소 신장 트리

하나의 연결 성분으로 이루어진 무방향 가중치 그래프에서 간선의 가중치의 합이 최소인 신장 트리를 최소 신장 트리(Minimum Spanning Tree[2], MST)라고 한다. 최소 신장 트리를 찾는 대표적인 알고리즘은 Kruskal, Prim, Sollin 알고리즘이다. 이 알고리즘들은 모두 그리디(Greedy) 알고리즘이다. 그리디 알고리즘은 최적해(최솟값 또는 최댓값)를 찾는 문제를 해결하기 위한 알고리즘 방식 중 하나로서, 알고리즘의 선택이 항상 '욕심내어' 지역적인 최솟값(또는 최댓값)을 선택하며, 이러한 부분적인 선택을 축적하여 최적해를 찾는다.

[그림 8-20]에서 어떤 그래프가 (a)의 신장 트리일까?

[그림 8-20](b)는 2개의 트리로 이루어져 있으므로 트리가 아니고, (c)는 트리이나 정점 4가 없어서 신장 트리가 될 수 없으며, (e)는 모든 정점을 포함하나 1-6-5-3-1 사이클이 있으므로 트리가 아니다. (d)는 트리이면서 (a)의 모든 정점을 포함하므로 신장 트리이다.

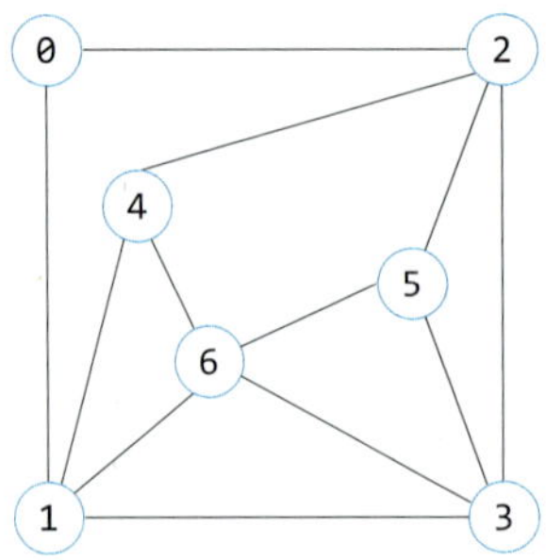

(a) 그래프

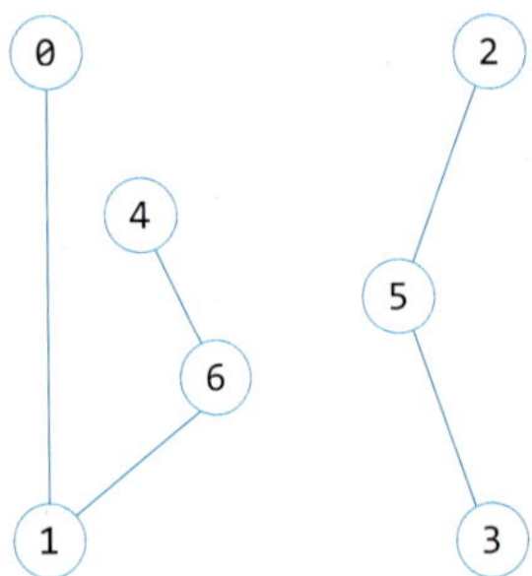

(b)

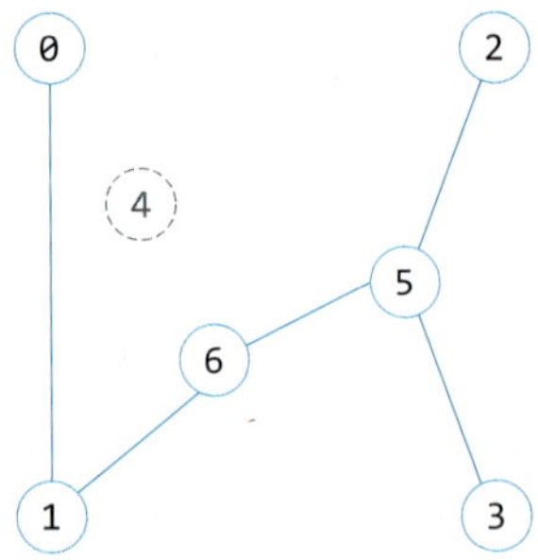

(c)

2) Minimum Cost Spanning Tree라고도 부른다.

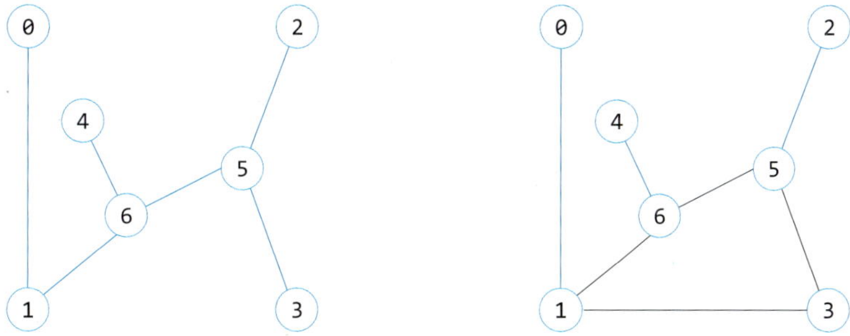

(d) (e)

[그림 8-20] 어느 그래프가 신장 트리일까?

8.4.1 Kruskal 알고리즘

> Kruskal 알고리즘은 간선들을 가중치가 감소하지 않는 순서로 정렬한 후, 가중치가 가장 작은 간선이 사이클을 만들지 않으면 트리 간선으로 선택하며, 이 과정을 반복하여 n-1개의 간선이 선택되었을 때 알고리즘을 종료한다.

여기서 n은 그래프 정점의 수이다. Kruskal 알고리즘은 남아있는 (정렬된) 간선 중에서 항상 '욕심내어' 가중치가 가장 작은 간선을 가져온다. 다음은 Kruskal의 MST 알고리즘이다. 알고리즘은 최소 신장 트리 T를 반환한다. 단, T는 초기에 empty이다.

```
가중치가 감소하지 않는 순서로 간선 리스트 L을 만든다.
while 트리의 간선 수 < (n-1) :
    L에서 가장 작은 가중치를 가진 간선 e를 가져오고, e를 L에서 제거한다.
    if 간선 e를 T에 추가하여 사이클을 만들지 않으면:
        간선 e를 T에 추가
```

다음은 [그림 8-21](a)의 그래프에서 Kruskal 알고리즘으로 최소 신장 트리를 찾는 과정을 단계별로 나타낸 것이다.

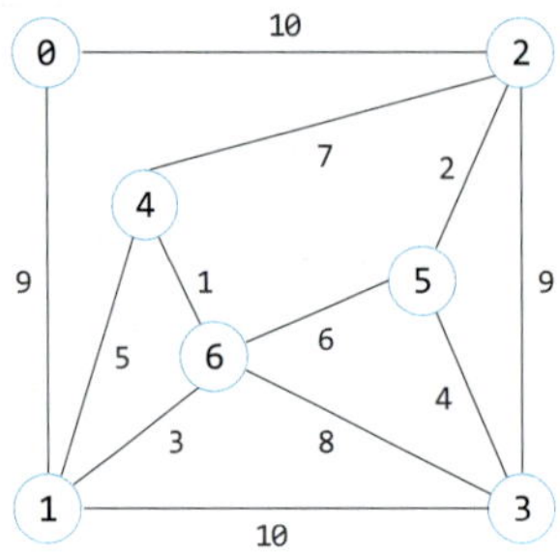
(a) 입력 그래프

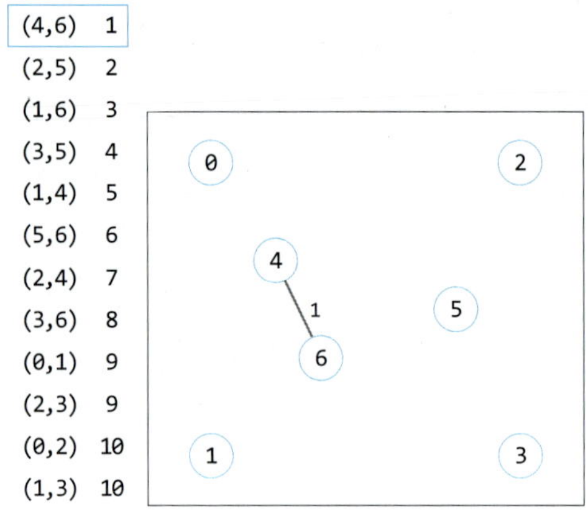

(b) (4, 6)을 T에 추가

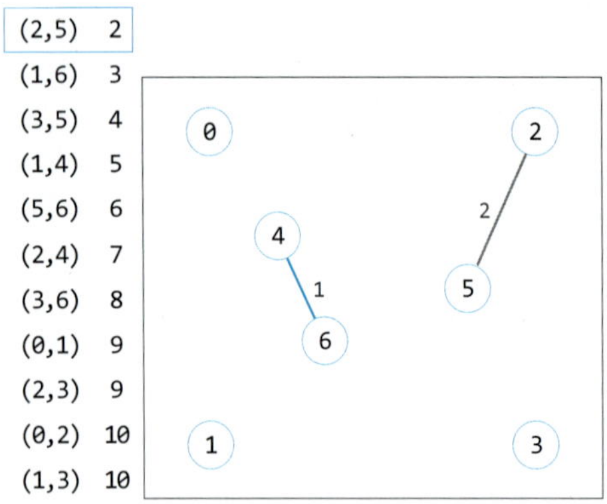

(c) (2, 5)를 T에 추가

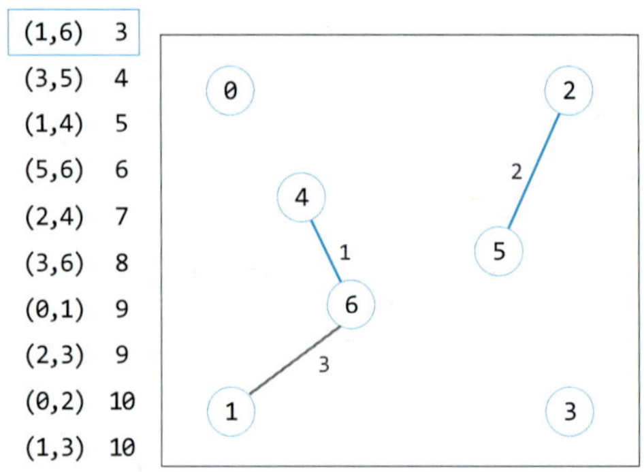

(d) (1, 6)을 T에 추가

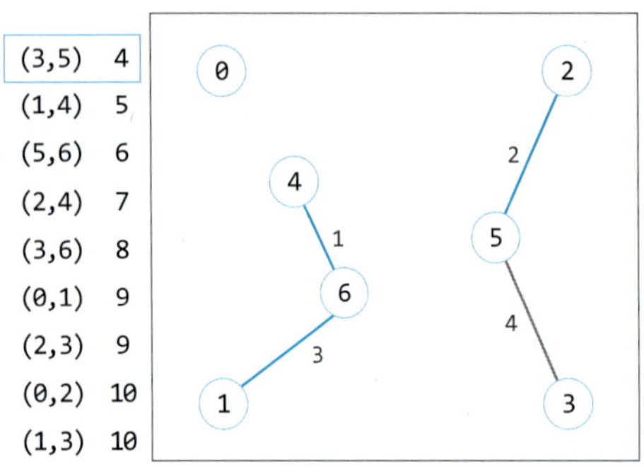

(e) (5, 3)을 T에 추가

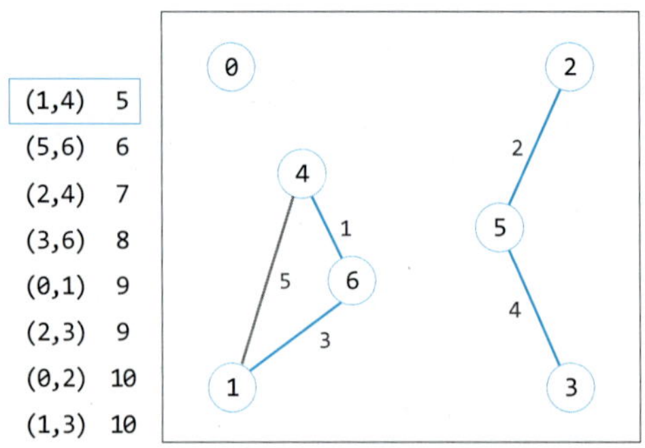

(f) (1, 4)는 사이클 형성, 버림

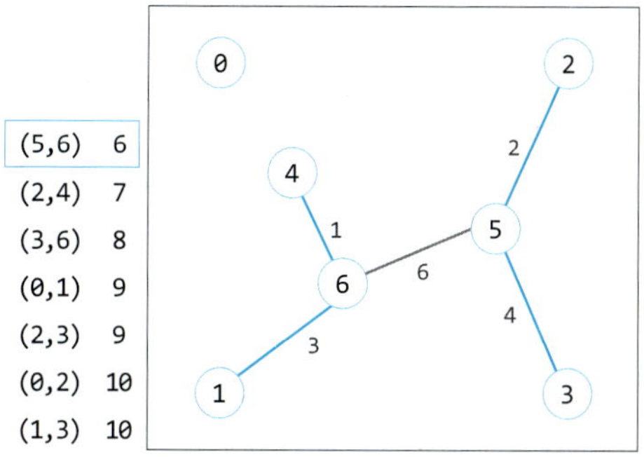

(g) (5, 6)을 T에 추가

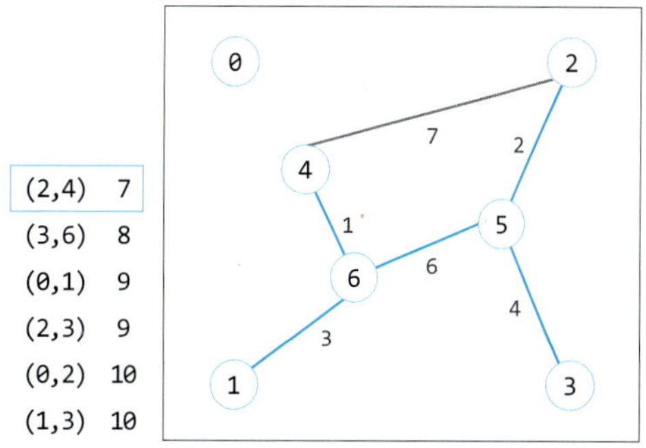

(h) (2, 4)는 사이클 형성, 버림

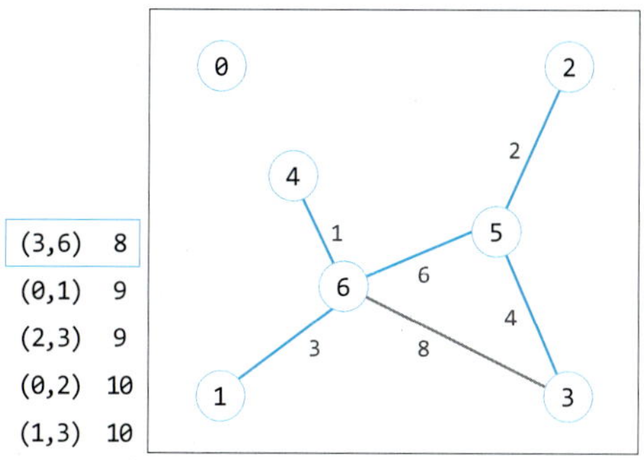

(i) (3, 6)은 사이클 형성, 버림

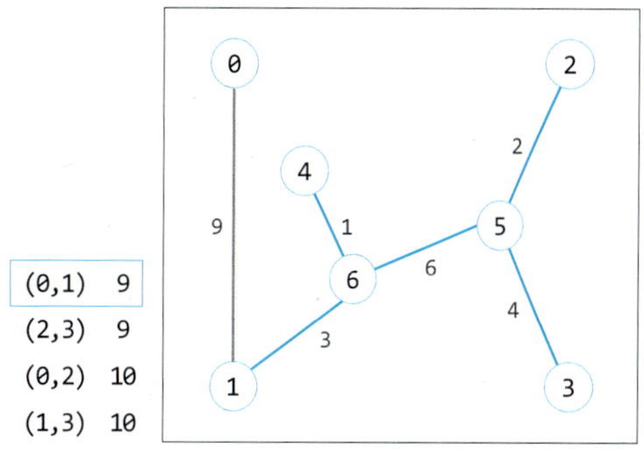

(j) (1, 0)을 T에 추가

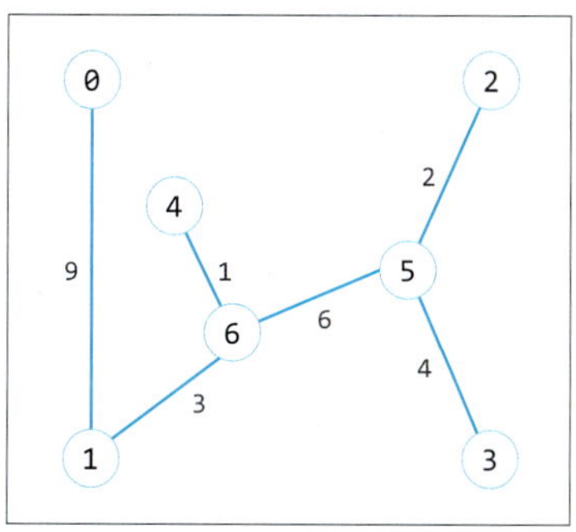

(k) 최소 신장 트리

[그림 8-21] Kruskal 알고리즘의 수행 과정

[그림 8-21](b)~(e)는 정렬된 간선 리스트 L에서 차례로 가장 작은 가중치를 가진 간선을 가져와 트리에 추가한다. 그러나 (f)에서는 간선 (1, 4)의 추가가 사이클을 만들기 때문에 트리에 추가하지 않는다. (g)에서는 간선 (5, 6)을 추가하고, (h)와 (i)에서는 간선을 추가하

지 않으며, 마지막으로 (j)에서 간선 (0, 1)을 추가한 후 알고리즘이 종료된다. 간선의 가중치의 합은 1 + 2 + 3 + 4 + 6 + 9 = 25이다.

다음은 Kruskal 알고리즘을 파이썬으로 구현한 kruskal.py이다.

프로그램 8-5 kruskal.py

```
weights = [(0, 1, 9), (0, 2, 10), (1, 3, 10), (1, 4, 5),
           (1, 6, 3), (2, 3, 9), (2, 4, 7), (2, 5, 2),
           (3, 5, 4), (3, 6, 8), (4, 6, 1), (5, 6, 6)]
weights.sort(key = lambda t: t[2])
mst = []
N = 7
p = []
for i in range(N):
    p.append(i)

def find(u):
    if u != p[u]:
        p[u] = find(p[u])
    return p[u]

def union(u, v):
    root1 = find(u)
    root2 = find(v)
    p[root2] = root1

tree_edges = 0
mst_cost = 0
while True:
    if tree_edges == N-1:
        break
    u, v, wt = weights.pop(0)
    if find(u) != find(v):
        union(u, v)
        mst.append((u, v))
```

- 입력 그래프 (간선의 두 정점, 가중치)
- 가중치로 간선 정렬
- 서로소 집합
- 각 정점 자신이 집합의 대표(루트)
- find 연산
- 경로압축
- union 연산
- 임의로 root2가 root1의 부모가 됨
- 다음 최소 가중치를 가진 간선 가져오기
- u와 v가 서로 다른 집합에 속해 있으면
- 트리에 (u, v) 추가

```
            mst_cost += wt
            tree_edges += 1

print('최소 신장 트리: ', end='')
print(mst)
print('최소 신장 트리 가중치:', mst_cost)
```

Kruskal 알고리즘에서 추가하려는 간선이 사이클을 만드는지의 여부는 집합과 관련된 연산인 union(합집합) 연산과 주어진 원소에 대해 어느 집합에 속해 있는지를 찾는 find 연산을 사용한다. 특히 어느 두 집합도 중복된 원소를 갖지 않는 경우, 이러한 집합들을 서로소 집합(Disjoint Set)이라고 한다.

서로소 집합들은 1차원 리스트로 표현 가능하며, 모든 집합의 원소를 0, 1, 2, …, n-1로 놓으면 이를 리스트의 인덱스로 활용할 수 있기 때문이다. [그림 8-22]는 2개의 서로소 집합을 일반적인 트리 형태로 표현하여 리스트에 저장된 상태를 나타낸다. 여기서 각 집합은 루트가 대표하고, 루트의 리스트 원소에는 루트 자신이 저장되며, 루트가 아닌 노드의 원소에는 부모 노드가 저장된다.

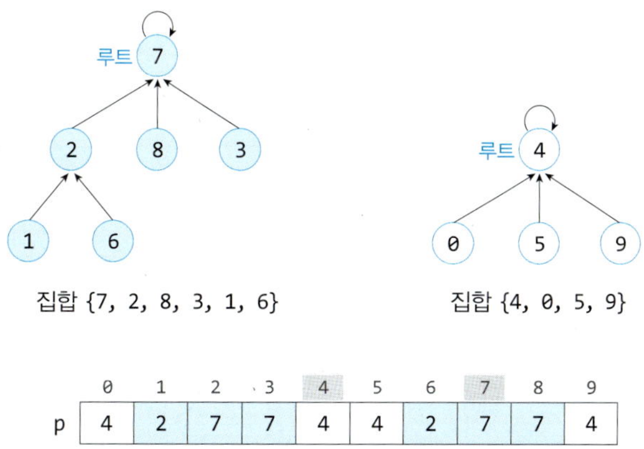

[그림 8-22] 리스트에 저장된 서로소 집합

서로소 집합에 대해 수행할 연산은 union과 find 연산 중에서 union 연산은 2개의 집합을 하나의 집합으로 만드는 연산이다. find 연산은 인자로 주어지는 x가 속한 집합의 대표 노드, 즉 루트를 찾는 연산이다. 예를 들어 find(6)은 p[6] = 2를 통해 6의 부모 노드인 2

를 찾고, p[2] = 7로 2의 부모 노드를 찾으며, 마지막으로 p[7] = 7이기 때문에 7을 반환한다. 즉, "6은 7이 대표 노드인 집합에 속해 있는" 것을 반환한다. find(3)도 7을 반환하므로, 6과 3은 같은 집합에 속해 있다는 것을 알 수 있다. 하지만 find(9) = 4이므로, 6과 9는 서로 다른 집합에 속해 있는 것을 알 수 있다.

find 연산을 효율적으로 수행하기 위해 경로 압축을 수행하는데 이는 나중에 수행되는 find 연산을 더 빠르게 수행하기 위해서이다.

> **[핵심 아이디어]**
>
> find 연산을 수행하면서 루트까지 올라가는 경로상의 각 노드의 부모 노드를 루트로 갱신한다. 이를 경로 압축(Path Compression)이라고 한다.

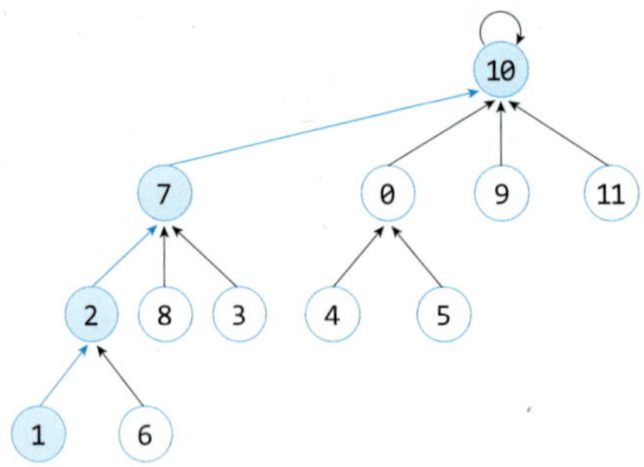

	0	1	2	3	4	5	6	7	8	9	10	11
p	10	2	7	7	0	0	2	10	7	10	10	10

(a) find(1) 수행 전

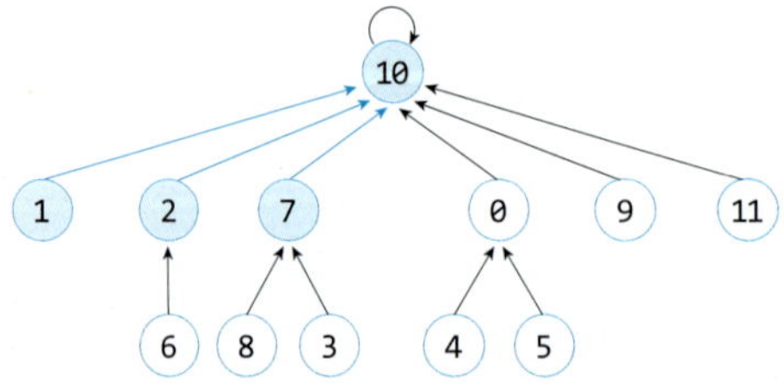

	0	1	2	3	4	5	6	7	8	9	10	11
p	10	10	10	7	0	0	2	10	7	10	10	10

(b) find(1) 수행 후

[그림 8-23] find 연산의 경로 압축

[그림 8-23](a)에서 find(1)을 수행하면 루트인 10까지 올라가는 경로상의 모든 노드 1, 2, 7의 부모 노드를 10으로 갱신하여 (b)와 같은 트리를 만든다. 이러한 경로 압축은 당장 find(1)의 수행 시간을 단축하지는 않으나, 추후의 find(1)과 find(2)의 수행 시간을 단축시킨다.

[프로그램 8-5]의 line 26에서는 남아있는 간선 중에서 가장 작은 가중치를 가진 간선 (u, v)를 가져와서 find(u)와 find(v)를 수행하여 u와 v가 다른 집합에 속하면 간선 (u, v)가 사이클을 만들지 않으므로 line 29에서 (u, v)를 트리에 추가하고, 같은 집합에 속하면 간선 (u, v)를 버리고 line 23의 while-루프가 수행된다.

[그림 8-24]는 [프로그램 8-5]를 [그림 8-21](a)의 그래프에 대해 수행한 결과이다. 수행 결과가 [그림 8-21](k)의 최소 신장 트리와 일치하는 것을 확인할 수 있다.

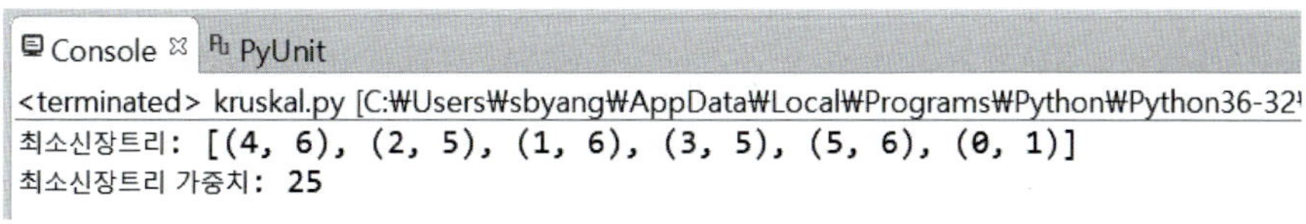

[그림 8-24] [프로그램 8-5]의 수행 결과

| 수행 시간 |

Kruskal 알고리즘의 수행 시간은 간선을 정렬(또는 우선순위 큐의 삽입과 삭제)하는데 소요되는 시간인 O(mlogm) = O(mlogn)과 트리에 간선을 추가하려할 때 find와 union을 수행하는 시간[3]인 O((m+n)log*n)의 합이다. 즉, O(mlogn) + O((m+n)log*m) = O(mlogn)이다.

8.4.2 Prim 알고리즘

> Prim 알고리즘은 임의의 시작 정점에서 가장 가까운 정점을 추가하여 간선이 하나의 트리를 만들고, 만들어진 트리에 인접한 가장 가까운 정점을 하나씩 추가하여 최소 신장 트리를 만든다.

3) union 연산은 단순히 하나의 루트가 다른 루트의 자식이 되는 것이므로 O(1) 시간 걸리며, 실제로 조금 복잡한 분석 방법을 통해서 union과 find 연산들의 수행 시간인 O((m+n)log*n)이 계산된다. 상세한 분석은 생략한다.

Prim의 알고리즘에서는 초기에 트리 T는 임의의 정점 s만을 가지며, T에 속하지 않은 각 정점과 T에 있는 정점(들)에 인접한 간선 중에서 가장 작은 가중치를 가진 간선의 끝점을 찾기 위해 1차원 리스트 D를 사용한다.

```
[1] 리스트 D를 ∞로 초기화한다. 단, 임의의 시작 정점 s의 D[s] = 0으로 초기화한다.
[2] while T의 정점 수 < n:
[3]         T에 속하지 않은 각 정점 i에 대해 D[i]가 최소인 정점 min_vertex를 찾아 T에 추가
[4]         for T에 속하지 않은 각 정점 w에 대해서:
[5]              if 간선 (min_vertex, w)의 가중치 < D[w]:
[6]                   D[w] = 간선 (min_vertex, w)의 가중치
```

[그림 8-25]는 Prim 알고리즘의 step [3]~[6]을 나타낸 것이다. (a)에서 트리에 가장 가까운 정점 min_vertex를 찾아(트리 밖에 있는 정점들의 D의 원소 중에서 최솟값을 찾아) (b)와 같이 트리에 추가한 후, 정점 min_vertex에 인접하면서 트리에 속하지 않은 각 정점 w에 대해 (min_vertex, w)의 가중치가 D[w]보다 작으면 D[w]를 그 간선의 가중치로 갱신한다.

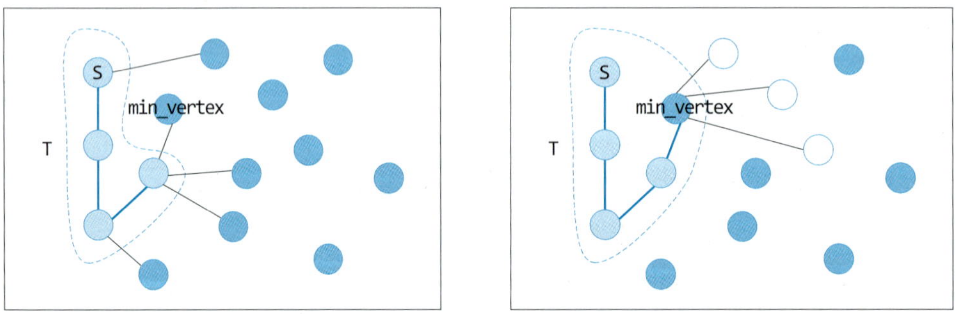

(a) T에 가장 가까운 정점 min_vertex 찾기 　 (b) min_vertex를 T에 추가하고 D 원소 갱신

[그림 8-25] Prim 알고리즘의 핵심 아이디어

예제 다음은 [그림 8-26](a)의 그래프에서 정점 0을 시작점으로 Prim의 알고리즘이 수행되는 과정을 단계적으로 나타낸 것이다. 각 정점 옆의 숫자는 정점에 대응되는 1차원 리스트 D의 원소값이고, ✓ 표시는 step [6]에서 D의 원소가 갱신된 것을 나타낸다.

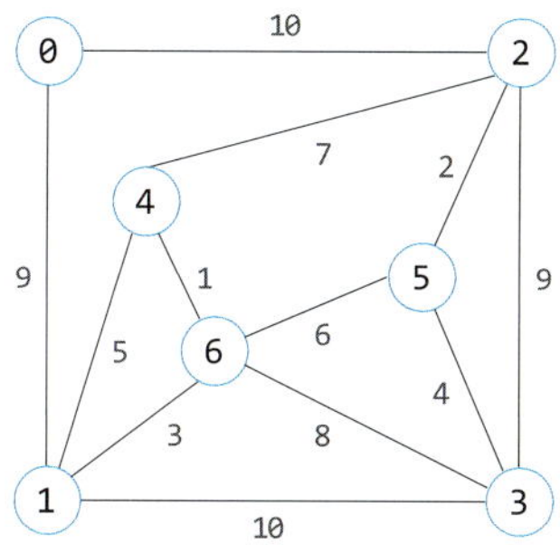

(a) 입력 그래프

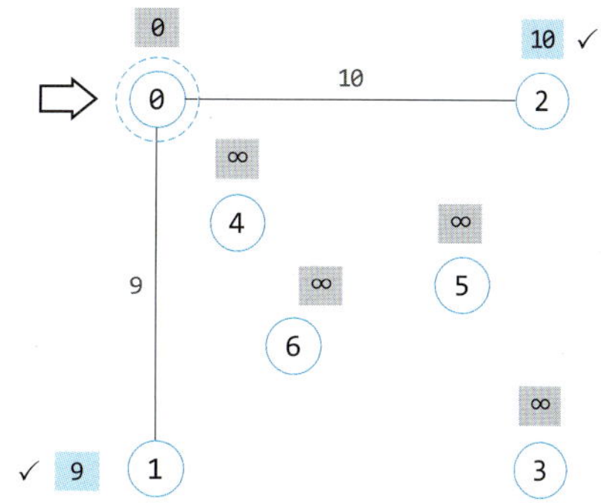

(b) T←0, D[1]과 D[2] 갱신

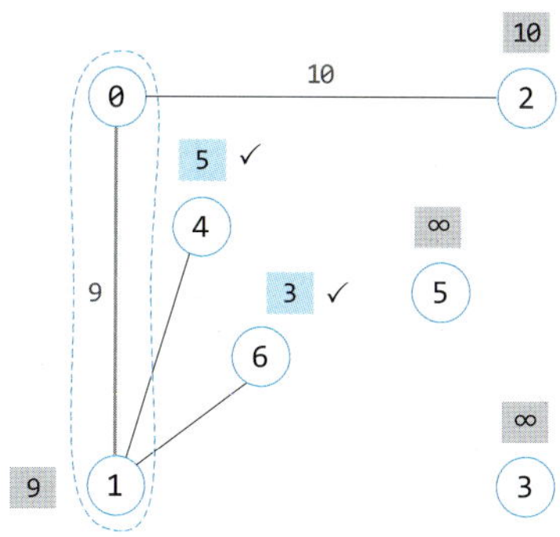

(c) T←1, D[4]와 D[6] 갱신

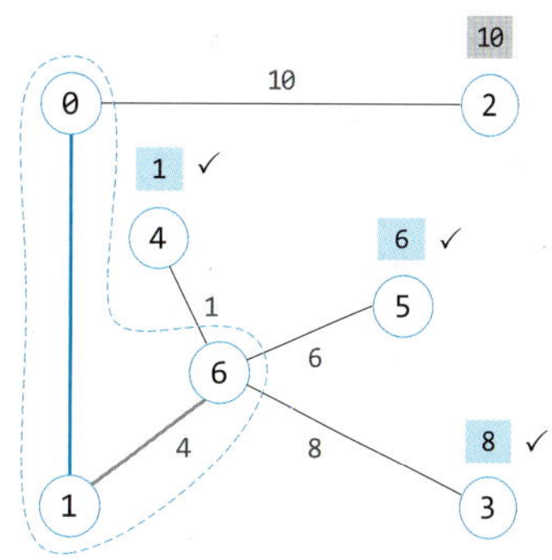

(d) T←6, D[3], D[4], D[5] 갱신

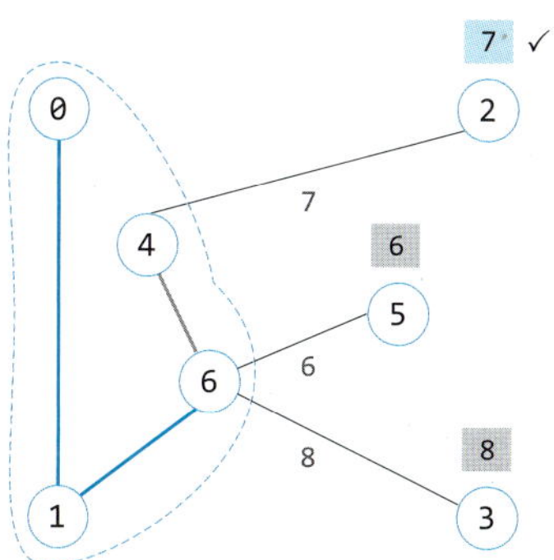

(e) T←4, D[7] 갱신

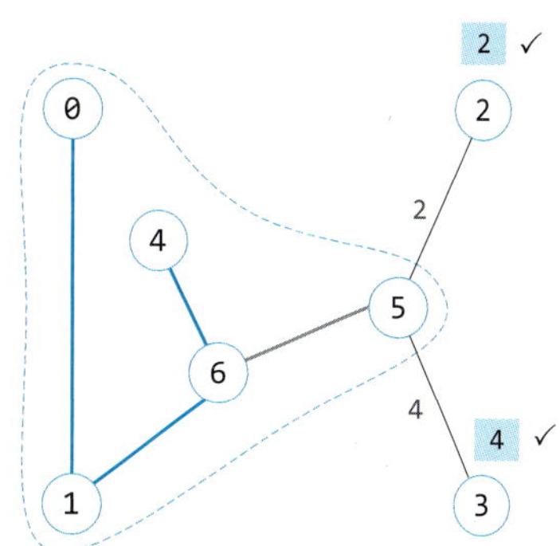

(f) T←5, D[2]와 D[3] 갱신

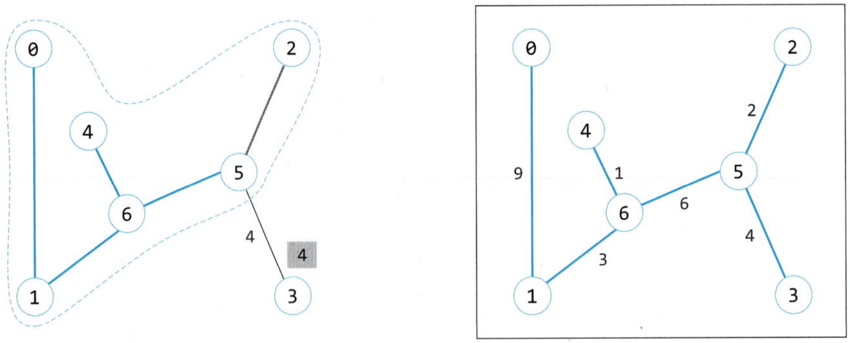

(g) T←2, 갱신 없음　　　　(h) T←3, 최소 신장 트리

[그림 8-26] Prim의 MST 알고리즘 수행 과정

[그림 8-26](b)에서 min_vertex가 정점 0이므로, 정점 0이 T에 추가되고 D[1] = 9, D[2] = 10으로 각각 갱신된다. (c)에서는 min_vertex가 정점 1이므로, 정점 1이 T에 추가되고 D[4] = 5, D[6] = 3으로 각각 갱신된다. 이처럼 min_vertex를 찾아 T에 추가하고 갱신하는 과정을 거쳐 T가 n개의 정점을 갖게 되면 (f)의 최소 신장 트리를 얻는다.

다음은 Prim 알고리즘을 위한 prim.py이다.

프로그램 8-6 prim.py

```
import sys
N = 7  # 그래프 정점 수
s = 0  # 시작점
g = [None] * N
g[0] = [(1, 9), (2, 10)]
g[1] = [(0, 9), (3, 10), (4, 5), (6, 3)]
g[2] = [(0, 10), (3, 9), (4, 7), (5, 2)]
g[3] = [(1, 10), (2, 9), (5, 4), (6, 8)]
g[4] = [(1, 5),  (2, 7), (6, 1)]
g[5] = [(2, 2),  (3, 4), (6, 6)]
g[6] = [(1, 3),  (3, 8), (4, 1), (5, 6)]

visited = [False] * N
D = [sys.maxsize] * N
```

- import sys: sys.maxsize(최댓값) 사용 위해
- g[0]~g[6]: 입력 그래프의 인접 리스트
- D = [sys.maxsize] * N: 각 원소를 최댓값으로

```
15  D[s] = 0
16  previous = [None] * N
17  previous[s] = s
18
19  for k in range(N):
20      m = -1
21      min_value = sys.maxsize
22      for j in range(N):
23          if not visited[j] and D[j] < min_value:
24              min_value = D[j]
25              m = j
26      visited[m] = True
27
28      for w, wt in list(g[m]):
29          if not visited[w]:
30              if wt < D[w]:
31                  D[w] = wt
32                  previous[w] = m
33
34  print('최소 신장 트리: ', end='')
35  mst_cost = 0
36  for i in range(1, N):
37      print('(%d, %d)'% (i, previous[i]), end='')
38      mst_cost += D[i]
39  print('\n최소 신장 트리 가중치: ', mst_cost)
```

초기화 (line 15~17)

트리 간선 추출을 위해 (line 16)

m = min_vertex (line 20)

방문 안 된 정점들의 D 원소 중에서 최솟값을 가진 정점 m 찾기 (line 20~25)

정점 m에 인접한 정점 w와 간선(m, w)의 가중치 wt에 대해 (line 28)

D[w] 갱신 (line 31)

D[w]가 정점 m 때문에 갱신되었음을 기록 (line 32)

[프로그램 8-6]에서는 line 16에서 리스트 previous를 선언하여 최소 신장 트리의 간선을 저장한다. 즉, previous[i] = j라면 간선 (i, j)가 트리의 간선이다. Line 13~17까지는 리스트 선언 및 초기화에 해당하며, line 19의 for-루프는 N개의 정점을 트리에 추가한 뒤 종료된다. Line 20~25에서는 트리에서 가장 가까운 정점 m, 즉 min_vertex를 찾고, line 28~31에서는 min_vertex에 인접하면서 트리에 속하지 않은 정점의 D 원소를 갱신한다. 특히 line 32에서는 m을 previous의 해당 원소에 저장한다.

[그림 8-27]은 [프로그램 8-6]이 [그림 8-26](a)의 그래프에 대해 수행된 결과이다.

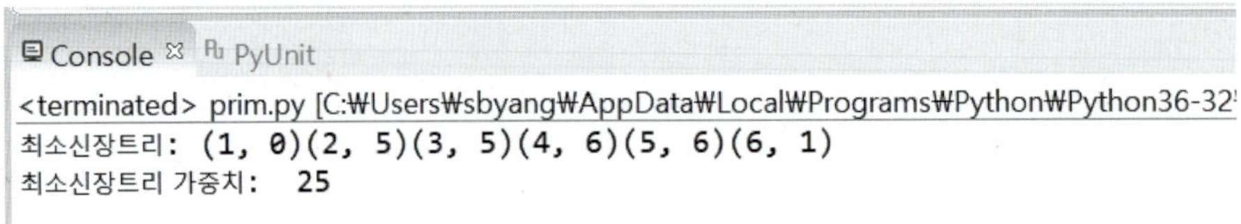

[그림 8-27] [프로그램 8-6]의 수행 결과

| 수행 시간 |

Prim 알고리즘은 n번의 반복을 통해 min_vertex를 찾고 min_vertex에 인접하면서 트리에 속하지 않은 각 정점에 해당하는 D의 원소값을 갱신한다. prim.py에서는 min_vertex를 1차원 리스트 D에서 탐색하는 과정에서 O(n) 시간이 소요되고, min_vertex에 인접한 정점들을 검사하여 D의 해당 원소를 갱신하므로 O(n) 시간이 소요된다. 따라서 총 수행 시간은 $n \times (O(n)+O(n)) = O(n^2)$이다.

그러나 min_vertex 찾기를 위해 이진 힙(Binary Heap)을 사용하면 각 간선에 대한 D의 원소를 갱신하며 힙 연산을 수행해야 하므로 총 O(mlogn) 시간이 필요하다. 여기서 m은 그래프 간선의 수이고, 이진 힙은 각 정점에 대응되는 D 원소를 저장하므로 힙의 최대 크기는 n이다. 또한 가중치가 갱신되어 감소하였을 때의 힙 연산은 O(logn) 시간이 소요된다.[4] 입력 그래프가 희소 그래프라면, 예를 들어 m = O(n)이라면, 수행 시간이 O(mlogn) = O(nlogn)이 되어 이진 힙을 사용하는 것이 매우 효율적이다.

마지막으로 min_vertex 찾기에 피보나치 힙(Fibonacci Heap) 자료구조를 사용하면 O(nlogn + m) 시간에 Prim 알고리즘을 수행할 수 있으나, 피보나치 힙은 복잡하고 구현도 쉽지 않은 이론적인 자료구조이며 이에 대한 상세한 설명은 생략한다.

8.4.3 Sollin 알고리즘

Sollin[5] 알고리즘은 각 정점을 독립적인 트리로 간주하고, 각 트리에 연결된 간선 중에서 가장 작은 가중치를 가진 간선을 선택한다. 이때 선택된 간선은 2개의 트리를 하나의 트리로 만든다. 같은 방법으로 1개의 트리가 남을 때까지 각 트리에서 최소 가중치 간선을 선택

4) 이진 힙에서 임의의 노드의 키값이 감소하면 힙 속성이 어긋날 수도 있으므로 키값이 감소한 노드의 부모의 키와 비교하여 힙 속성을 회복시켜야 하고 이는 루트까지 올라가면서 반복 수행될 수도 있다.

5) 1926년 Borůvka가 최초로 고안하였기 때문에 이 알고리즘을 Borůvka 알고리즘으로 부르기도 한다. 이후 1965년에 Sollin에 의해 이 알고리즘이 재발견되었다.

하여 연결한다. Sollin 알고리즘은 병렬 알고리즘(Parallel Algorithm)[6]으로 구현이 쉽다는 장점이 있다. Sollin 알고리즘을 파이썬으로 구현하는 것은 생략한다.

[1] 각 정점은 독립적인 트리이다.
[2] repeat
[3] 각 트리에 닿아 있는 간선 중에서 가장 작은 가중치를 가진 간선을 선택하여 트리를 합친다.
[4] until (1개의 트리만 남을 때까지)

예제 다음은 [그림 8-28](a)의 입력 그래프에서 Sollin 알고리즘으로 최소 신장 트리를 만드는 과정을 단계적으로 나타낸 것이다.

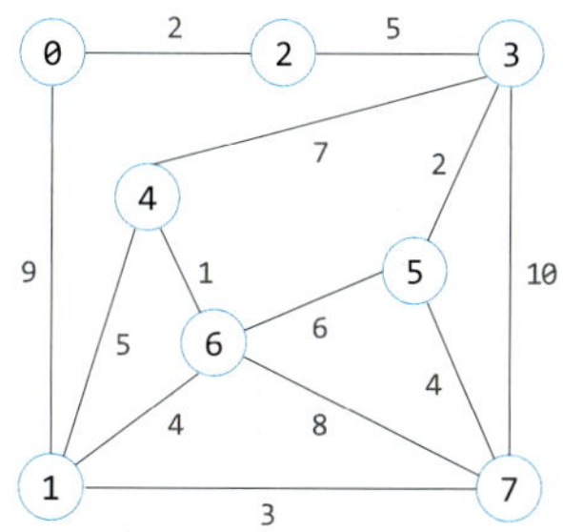

(a) 입력 그래프

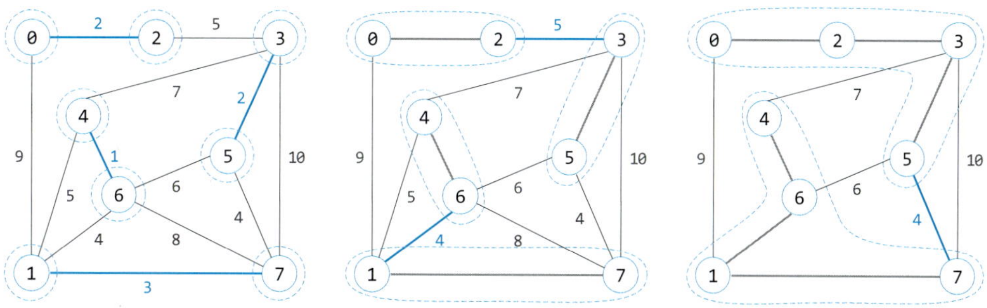

(b)~(d) 각 트리에서 가중치가 가장 작은 간선을 선택하여 트리를 합친다.

[그림 8-28]

6) 병렬 알고리즘이란 다수의 CPU를 가진 시스템 또는 GPGPU(General-Purpose computing on Graphics Processing Units) 환경에서 수행되는 알고리즘이다.

| 수행 시간 |

Sollin 알고리즘에서 repeat-루프가 예제와 같이 각 쌍의 트리가 서로 연결된 간선을 선택하는 경우 최대 logn번 수행된다. 루프 내에서는 각 트리가 자신에 닿아 있는 모든 간선을 검사하여 최소 가중치를 가진 간선을 선택하므로 O(m) 시간이 소요된다. 따라서 알고리즘의 수행 시간은 O(mlogn)이다.

가장 빨리 가는 방법

2000년대 초반 영국 런던에서 맨체스터까지 가장 빨리 가는 방법을 제안하는 사람에게 2,000파운드의 상금을 준다는 이색적인 contest가 열렸다. 많은 사람이 자동차로 가는 방법, 고속버스로 가는 방법, 특급 열차로 가는 방법, 비행기로 가는 방법 등 가능한 모든 방법을 제안하였다. 놀랍게도 위와 같이 제안한 사람들 누구에게도 상금을 주지 않았는데, 상금은 "사랑하는 사람과 함께 가는 것" 이라고 제안한 사람에게 주어졌다.

8.5 최단 경로 알고리즘

먼저 시작점에서 나머지 n-1개의 정점까지의 최단 경로를 찾는 Dijkstra의 최단 경로 알고리즘을 살펴보고, 모든 쌍의 정점에 대해 최단 경로들을 찾는 Floyd-Warshall 최단 경로 알고리즘을 알아본다.

8.5.1 Dijkstra 알고리즘

최단 경로(Shortest Path) 찾기는 주어진 가중치 그래프에서 출발점으로부터 도착점까지의 최단 경로를 찾는 문제이다. Dijkstra 알고리즘은 가장 대표적인 최단 경로 알고리즘이며, 출발점으로부터 각 정점까지의 최단 거리 및 경로를 찾는 알고리즘이다.

Dijkstra 알고리즘은 Prim의 MST 알고리즘과 매우 유사하나 두 가지의 다른 점이 있다.

- Dijkstra 알고리즘은 출발점이 주어지지만, Prim 알고리즘에서는 임의의 정점에서 시작해도 무방하다.
- Prim 알고리즘에서는 D[i]에 간선 (i, v)의 가중치가 저장되지만, Dijkstra 알고리즘에서는 D[i]에 출발점으로부터 정점 i까지의 거리(경로의 길이)가 저장된다.

다음은 Dijkstra의 최단 경로 알고리즘이다. 입력 그래프는 양수의 가중치를 가진 그래프로서 하나의 연결 성분으로 구성되어있고, s는 출발점이다.

```
[1] D를 ∞로 초기화한다. 단, D[s]=0으로 초기화한다.
[2] for k in range(N):
[3]     방문 안 된 각 정점 i에 대해 D[i]가 최소인 정점 min_vertex를 찾고, 방문한다.
[4]     for min_vertex에 인접한 각 정점 w에 대해서:
[5]         if w가 방문 안 된 정점이면:
[6]             if D[min_vertex] + 간선 (min_vertex, w)의 가중치 < D[w]:
[7]                 D[w] = D[min_vertex] + 간선 (min_vertex, w)의 가중치   # 간선 완화
[8]                 previous[w] = min_vertex
```

Step [7]의 간선 완화(Edge Relaxation)는 min_vertex가 step [3]에서 선택된 후에 s로부터 min_vertex를 거쳐 정점 w까지의 거리가 현재의 D[w]보다 더 짧으면 D[w]를 짧아진 거리로 갱신하는 것을 의미한다. [그림 8-29]는 D[w]가 min_vertex 덕분에 40에서 35로 완화된(짧아진) 것을 나타낸다.

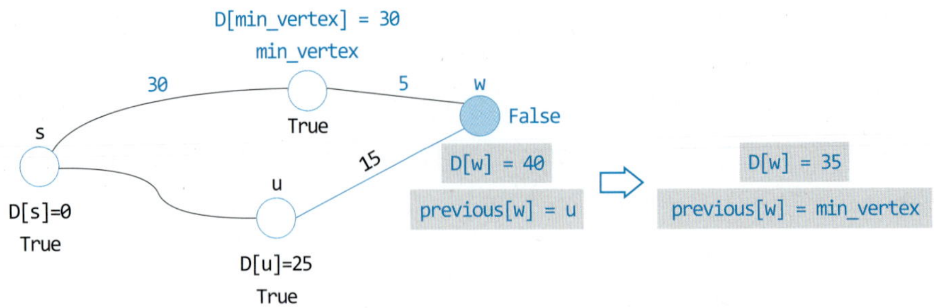

[그림 8-29] 정점 w의 간선 완화

[핵심 아이디어]

min_vertex를 찾아서 방문하고, min_vertex의 방문 안 된 인접한 정점들에 대한 간선 완화를 수행한다. 한번 방문한 정점의 D 원소값은 변하지 않는다.

예제 [그림 8-30]은 그림(a)의 그래프에서 출발점 0에서 각각 다른 정점까지의 최단 거리를 계산하는 과정을 단계적으로 나타낸 것이다. 각 정점 i 옆의 숫자는 출발점 0으로부터의 거리, 즉 D[i]이고, 대괄호 속의 숫자는 previous[i]이다. 그리고 √ 표시는 해당 정점의 D와 previous 원소가 갱신된 것을 나타낸다.

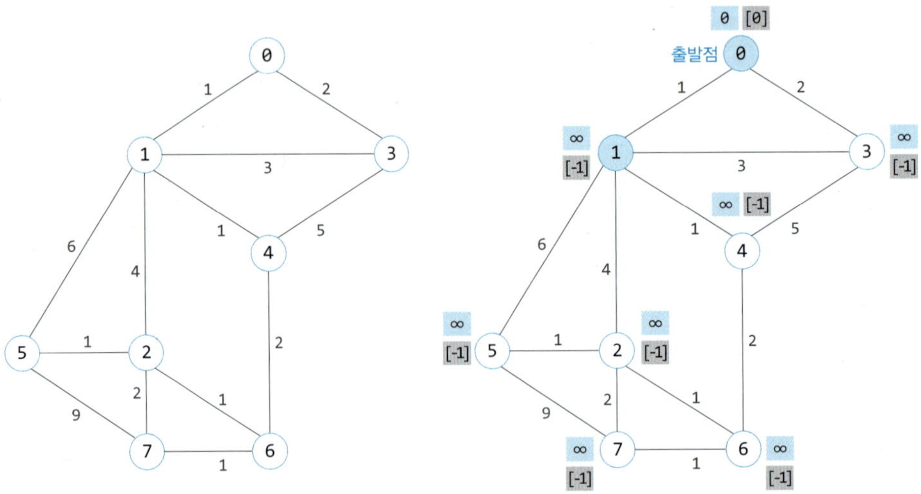

(a) 입력 그래프 (b) 초기화

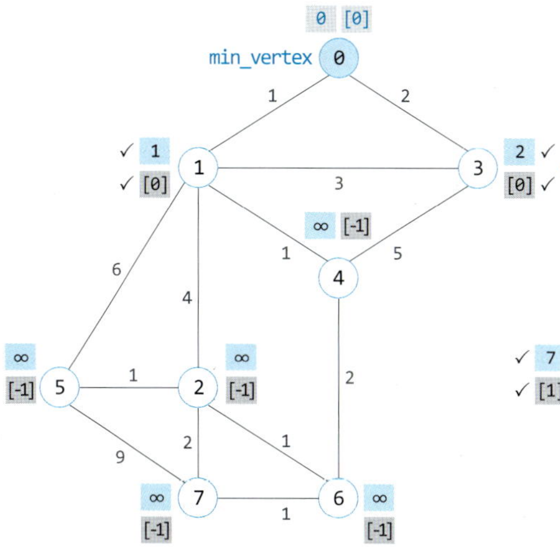

(c) 출발점 0 방문

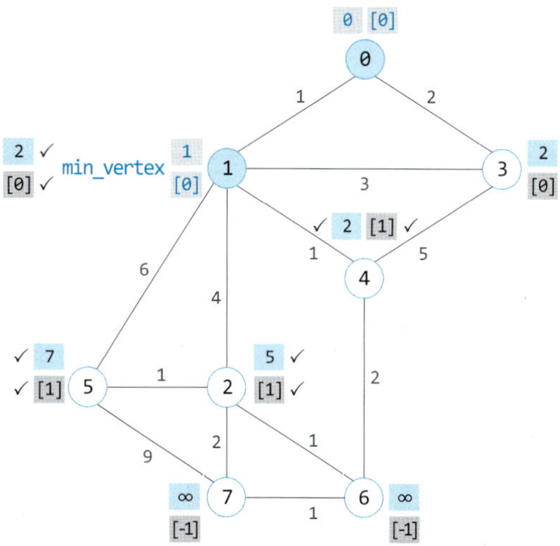

(d) 정점 1 방문

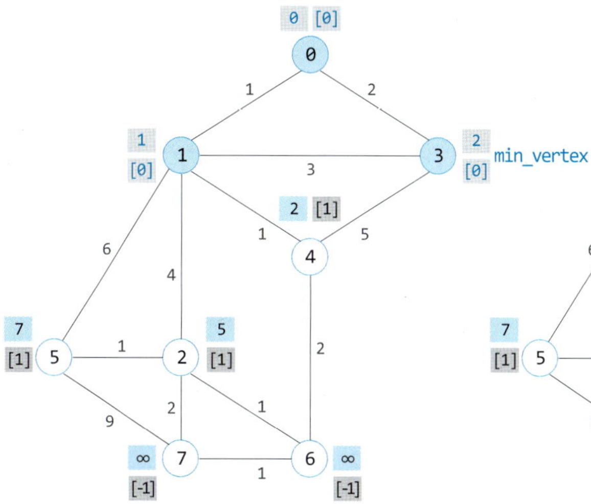

(e) 정점 3 방문

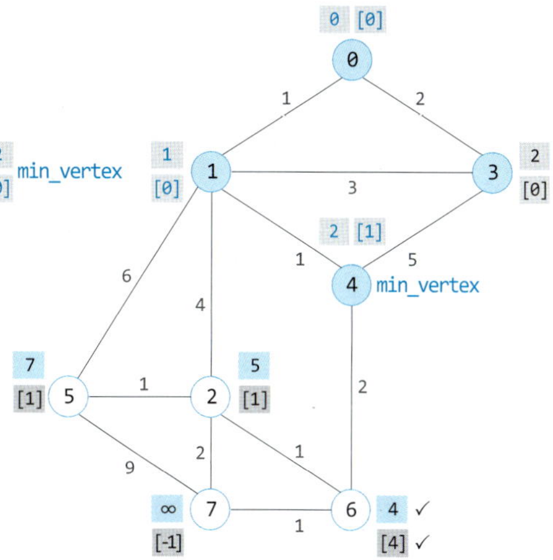

(f) 정점 4 방문

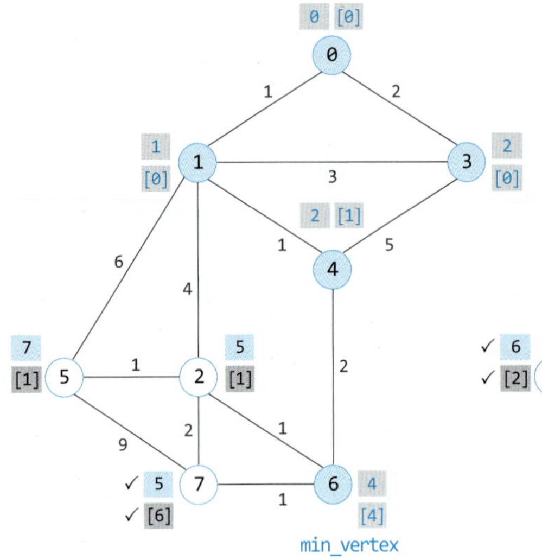

(g) 정점 6 방문

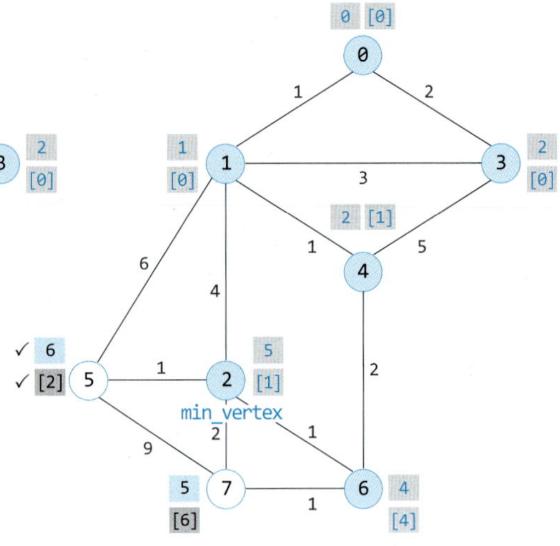

(h) 정점 2 방문

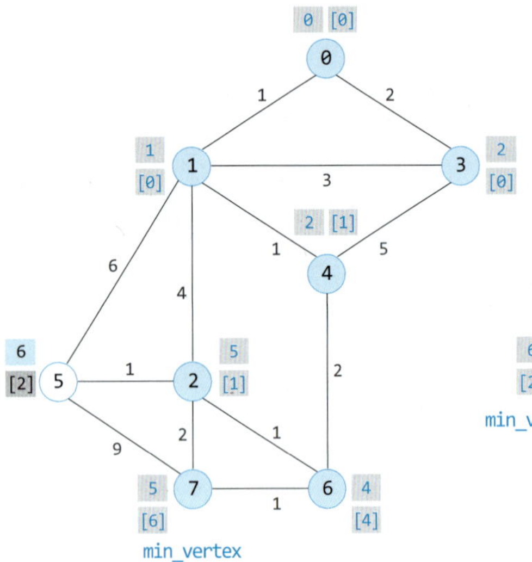

(i) 정점 7 방문

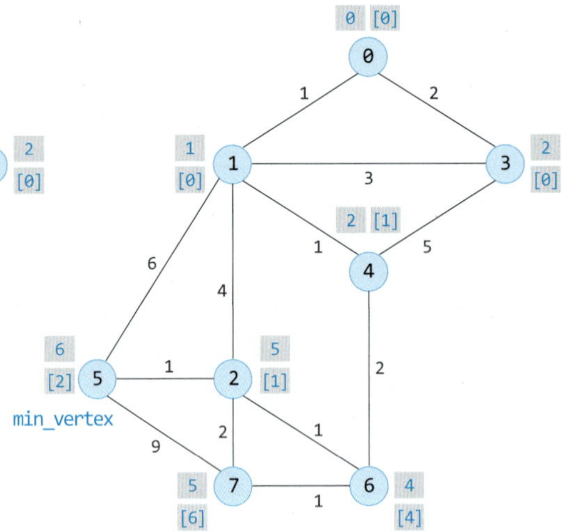

(j) 정점 5 방문

정점 0으로부터의 최단 거리	정점 0으로부터의 최단 경로
[0, 1] = 1	1←0
[0, 2] = 5	2←1←0
[0, 3] = 2	2←0
[0, 4] = 2	4←1←0
[0, 5] = 6	5←2←1←0
[0, 6] = 4	6←4←1←0
[0, 7] = 5	7←6←4←1←0

(k) 알고리즘 수행 결과

[그림 8-30] Dijkstra 알고리즘 수행 과정

[그림 8-30]에서 정점의 방문 순서인 0, 1, 3, 4, 6, 2, 7, 5는 min_vertex로 선택된 순서이다. 각 정점의 최단 경로는 previous를 '역추적하여' 출력한다.

다음은 Dijkstra 알고리즘을 파이썬으로 구현한 dijkstra.py이다.

프로그램 8-7 dijkstra.py

```
import sys
N = 8
s = 0
g = [None] * N
g[0] = [(1, 1), (3, 2)]
g[1] = [(0, 1), (2, 4), (3, 3), (4, 1), (5, 6)]
g[2] = [(1, 4), (5, 1), (6, 1), (7, 2)]
g[3] = [(0, 2), (1, 3), (4, 5)]
g[4] = [(1, 1), (3, 5), (6, 2)]
g[5] = [(1, 6), (2, 1), (7, 9)]
g[6] = [(2, 1), (4, 2), (7, 1)]
g[7] = [(2, 2), (5, 9), (6, 1)]

visited = [False] * N
D = [sys.maxsize] * N
D[s] = 0
previous = [None] * N
previous[s] = s

for k in range(N):
    m = -1
    min_value = sys.maxsize
    for j in range(N):
        if not visited[j] and D[j] < min_value:
            min_value = D[j]
            m = j
    visited[m] = True
    for w, wt in list(g[m]):
        if not visited[w]:
```

sys.maxsize(최댓값) 사용 위해

입력 그래프의 인접 리스트

각 원소를 최댓값으로

초기화

최단 경로 추출을 위해

m = min_vertex

방문 안 된 정점들의 D 원소 중에서 최솟값을 가진 정점 m 찾기

정점 m에 인접한 정점 w와 (m, w)의 가중치 wt에 대해

```
30             if D[m]+wt < D[w]:
31                 D[w] = D[m] + wt
32                 previous[w] = m
33
34 print('정점 ', s,'(으)로부터 최단 거리:')
35 for i in range(N):
36     if D[i] == sys.maxsize:
37         print(s,'와(과) ', i ,' 사이에 경로 없음.')
38     else:
39         print('[%d, %d]'% (s, i), '=', D[i])
40
41 print('\n정점  ', s,'(으)로부터의 최단 경로')
42 for i in range(N):
43     back = i
44     print(back, end='')
45     while back != s:
46         print(' <-', previous[back], end='')
47         back = previous[back]
48     print()
```

D[w] 갱신, 간선 완화

D[w]가 정점 m 때문에 갱신되었음을 기록

Line 20의 for-루프는 N개의 정점을 방문한 후 종료된다. Line 21~26에서는 아직 방문 안 된 정점 중에서 출발점에서 가장 가까운 정점 m(즉, min_vertex)을 찾고, line 31에서는 정점 m에 인접하면서 방문 안 된 정점에 대해 간선 완화를 수행한다. 특히 line 32에서는 D의 원소가 갱신될 때 정점 m을 previous[w]에 저장해둔 뒤, 나중에 최단 경로 추출에 사용한다.

[그림 8-31]은 [프로그램 8-7]을 [그림 8-30](a)의 그래프에 대해 수행시킨 결과이다.

```
Run:  프로그램8-7 dijkstra
C:\Users\user\venv\Scripts\python.exe
정점  0 (으)로부터 최단 거리:      정점  0 (으)로부터의 최단 경로
[0, 0] = 0                        0
[0, 1] = 1                        1 <- 0
[0, 2] = 5                        2 <- 1 <- 0
[0, 3] = 2                        3 <- 0
[0, 4] = 2                        4 <- 1 <- 0
[0, 5] = 6                        5 <- 2 <- 1 <- 0
[0, 6] = 4                        6 <- 4 <- 1 <- 0
[0, 7] = 5                        7 <- 6 <- 4 <- 1 <- 0

Process finished with exit code 0
```

[그림 8-31] [프로그램 8-7]의 수행 결과[7]

| 수행 시간 |

Dijkstra 알고리즘은 n번의 반복을 거쳐 min_vertex를 찾고 min_vertex에 인접하면서 방문 안 된 정점들에 대한 간선 완화를 시도한다. D에서 min_vertex를 탐색하는데 O(n) 시간이 소요되고, min_vertex에 인접한 정점들을 검사하여 D의 원소들을 갱신하므로 추가로 O(n) 시간이 소요된다. 따라서 총 수행 시간은 $n \times (O(n)+O(n)) = O(n^2)$이다.

Dijkstra 최단 경로 알고리즘은 Prim MST 알고리즘과 전체적으로 같으므로 수행 시간도 같다. 따라서 이진 힙과 피보나치 힙을 사용하는 경우의 수행 시간도 각각 같은 수행 시간을 갖는다.

| 음수 가중치 |

Dijkstra 최단 경로 알고리즘은 입력 그래프에 음수 가중치가 있으면 최단 경로 찾기에 실패하는 경우가 발생할 수도 있다. [그림 8-32]는 Dijkstra 알고리즘이 최적해를 찾지 못하는 반례를 나타낸 것이다.

[그림 8-32](a)에서 출발점을 방문하여 visited[0] = True가 된다. 이후 D[1] = 4, previous[1] = 0 그리고 D[2] = 5, previous[1] = 0으로 각각 갱신된다. (b)에서는 D[1]이 최솟값이므로 정점 1을 방문하고, D[2] = 1, previous[1] = 1로 갱신된다. (c)에서는 마지막으로 방문 안 된 정점 2를 방문하고 알고리즘이 종료된다. 그러나 (d)를 보면 출발점 0에서 정점 1까지 최단 경로는 [0-2-1]이고, 경로의 길이는 2이다. 이러한 문제점이 발생한 이

7) [프로그램 8-7]은 최단 경로들을 최단 거리 아래에 출력하나, 지면 활용을 위해 좌우로 나란히 보여준다.

유는 Dijkstra 알고리즘이 D의 원소값이 증가하는 순서로 min_vertex를 선택하고, 한번 방문 된 정점의 D 원소를 다시 갱신하지 않기 때문이다.

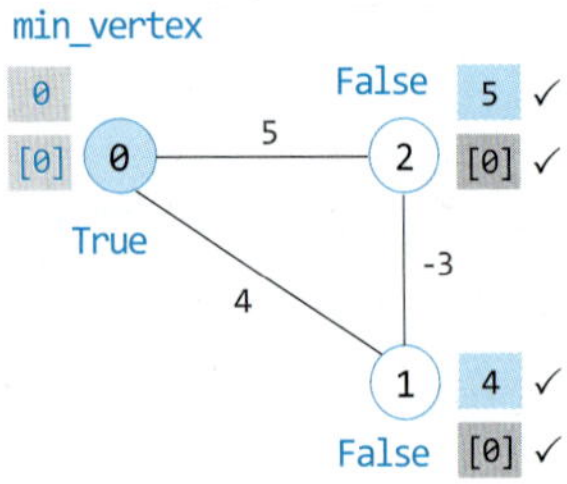

(a) 출발점 0 방문

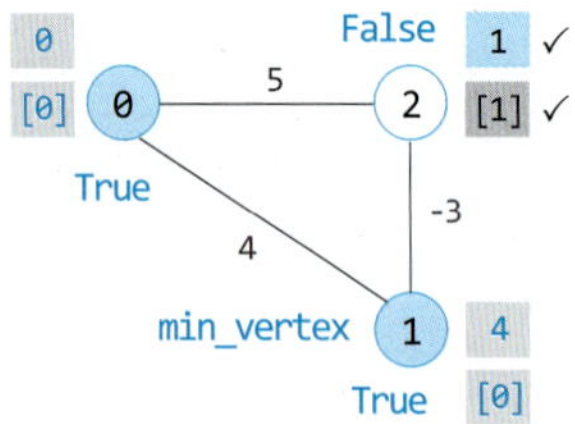

(b) 정점 1 방문

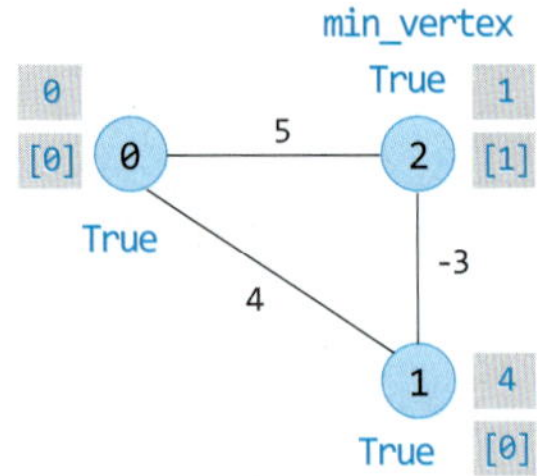

(c) 정점 2 방문

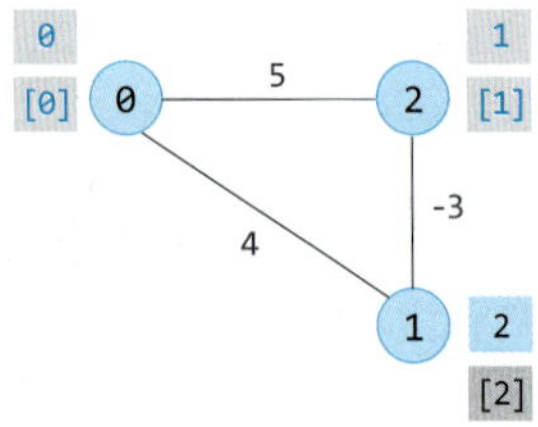

(d) 최적해

[그림 8-32] 음수 가중치의 문제점

8.5.2 Floyd-Warshall 알고리즘

Floyd-Warshall 알고리즘[8]은 모든 정점 쌍 사이의 최단 경로를 찾는 알고리즘이다. 이 알고리즘은 모든 쌍 최단 경로(All Pairs Shortest Paths) 알고리즘으로도 불린다. 흔히 지도에서 [그림 8-33]과 같은 도시 간 거리를 계산해 놓은 표를 볼 수 있는데, Floyd-Warshall 알고리즘을 사용하면 얻을 수 있는 결과이다.

모든 쌍 최단 경로 찾기는 출발점을 0에서 n-1까지 바꿔가며 Dijkstra 알고리즘을 각각 수행하는 것으로 모든 쌍에 대한 최단 경로를 찾을 수 있다. 이때 인접 행렬을 사용하면 수행 시간은 $O(n^3)$이다. Floyd-Warshall 알고리즘의 수행 시간도 $O(n^3)$이지만 Floyd-Warshall 알고리즘은 Dijkstra 알고리즘보다 훨씬 알고리즘이 간단하고, 음수 가중치를 가진 그래프에서도 최단 경로를 찾을 수 있다는 장점이 있다.

8) Bernard Roy가 1959년에 처음으로 고안하였다. 그러나 1962년에 Warshall은 그래프의 모든 쌍에 대한 경로 존재 여부(Transitive Closure)를 찾는 알고리즘을 제안하였고, Floyd는 이를 약간 수정하여 같은 해에 최단 경로 알고리즘을 발표하였다.

	서 울 Seoul	인 천 Incheon	수 원 Suwon	대 전 Daejon	전 주 Jeonju	광 주 Gwangju	대 구 Daegu	울 산 Ulsan	부 산 Busan
서 울		40	40	155	230	320	300	410	430
인 천			55	175	250	350	320	450	450
수 원				130	190	300	270	355	390
대 전					95	185	150	260	280
전 주						105	220	330	320
광 주							220	330	270
대 구								110	135
울 산									50
부 산									

[그림 8-33] 도시 간 거리

[핵심 아이디어]

입력 그래프의 정점들에 0, 1, 2, ⋯, n-1로 ID를 부여하고, 정점 ID를 증가시키며 간선 완화를 수행한다. 즉, 정점 0을 경유하는 경로에 존재하는 정점들에 대해 간선 완화를 수행한다. 갱신된 결과를 바탕으로 정점 1을 경유하는 경로에 존재하는 정점들에 대해 간선 완화를 수행하고, ⋯, 마지막으로 정점 n-1을 경유하는 경로에 존재하는 정점들에 대해 간선 완화를 수행한다.

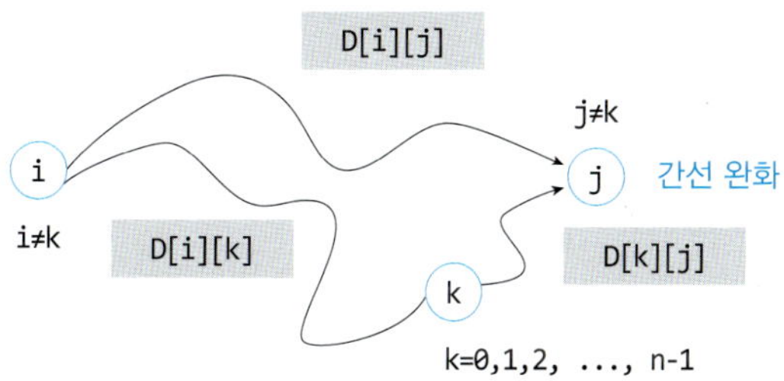

[그림 8-34] Floyd-Warshall 알고리즘의 핵심 아이디어

예제를 통해 Floyd-Warshall 알고리즘에 대해 이해해보자.

예제 [그림 8-35](a)의 그래프에서 모든 정점 쌍 i와 j에 대해 경유하는 정점을 0으로부터 차례로 간선 완화를 수행해보자. 입력은 (b)의 인접 행렬 D이다. 먼저 정점 0에 대해 간선 완화를 수행해보자.

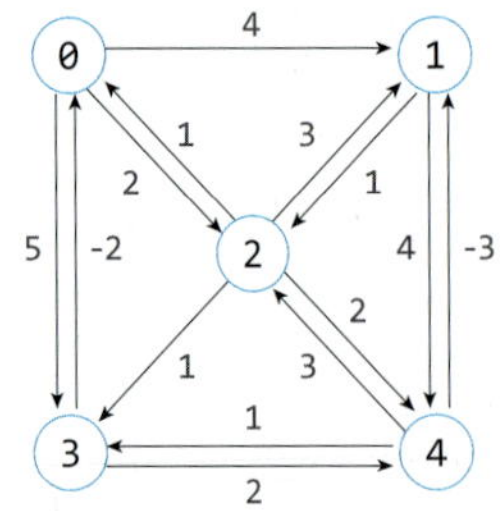

(a) 입력 그래프

D	0	1	2	3	4
0	0	4	2	5	∞
1	∞	0	1	∞	4
2	1	3	0	1	2
3	-2	∞	∞	0	2
4	∞	-3	3	1	0

(b) 인접 행렬

[그림 8-35]

정점 0을 지나면서 간선 완화되는 경우는 [그림 8-36]과 같이 2가지가 있다. 하나는 정점 3에서 정점 0을 거쳐 정점 1로 가는데, 그 경로의 길이가 원래 D[3][1] = ∞이었으나, (-2 + 4) = 2로 단축되므로, D[3][1] = 2로 갱신한다. 다른 하나는 정점 3에서 정점 0을 거쳐 정점 2로 가는데, D[3][2] = ∞이었으나 거리가 (-2 + 2) = 0으로 단축되어서, D[3][2] = 0으로 갱신한다.

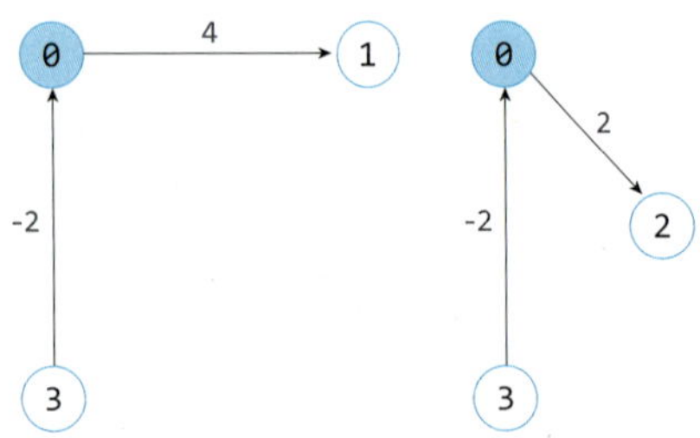

D	0	1	2	3	4
0	0	4	2	5	∞
1	∞	0	1	∞	4
2	1	3	0	1	2
3	-2	2	0	0	2
4	∞	-3	3	1	0

[그림 8-36] 정점 0에 대한 간선 완화

그다음 정점 1에 대한 간선 완화는 [그림 8-37]과 같이 2가지가 있다. 하나는 정점 0에서 정점 1을 거쳐 정점 4로 가는데, D[0][4] = ∞이었으나 거리가 (4 + 4) = 8로 단축되어 D[0][4] = 8로 갱신한다. 다른 하나는 정점 4에서 정점 1을 거쳐 정점 2로 가는데, D[4][2] = 3이었으나 거리가 (-3 + 1) = -2로 단축되어 D[4][2] = -2로 갱신한다.

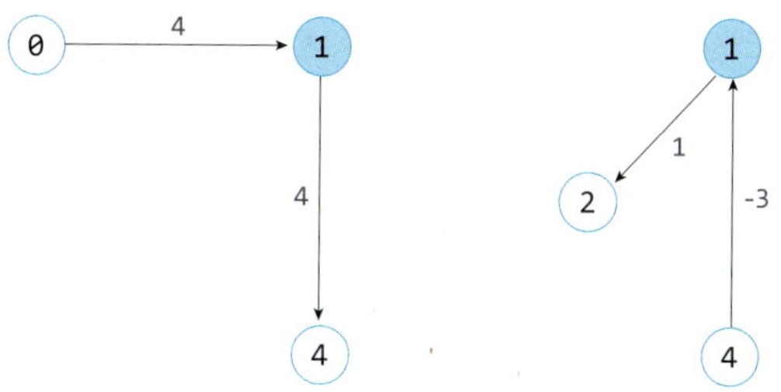

D	0	1	2	3	4
0	0	4	2	5	8
1	∞	0	1	∞	4
2	1	3	0	1	2
3	-2	2	0	0	2
4	∞	-3	-2	1	0

[그림 8-37] 정점 1에 대한 간선 완화

D	0	1	2	3	4
0	0	4	2	3	4
1	2	0	1	2	3
2	1	3	0	1	2
3	-2	2	0	0	2
4	-1	-3	-2	-1	0

(a) 정점 2를 경유

D	0	1	2	3	4
0	0	4	2	3	4
1	0	0	1	2	3
2	-1	3	0	1	2
3	-2	2	0	0	2
4	-3	-3	-2	-1	0

(b) 정점 3을 경유

D	0	1	2	3	4
0	0	1	2	3	4
1	0	0	1	2	3
2	-1	-1	0	1	2
3	-2	-1	0	0	2
4	-3	-3	-2	-1	0

(c) 정점 4를 경유

[그림 8-38] Floyd-Warshall 알고리즘의 수행 과정

[그림 8-38]은 정점 2, 3, 4를 경유할 때 차례로 각각 갱신된 D의 원소들을 나타낸 것이다. 그리고 (c)가 최종 해이다. 다음은 Floyd-Warshall 알고리즘이다.

```
[1] D = 입력 그래프의 인접 행렬
[2] for k in range(N):
[3]     for i in range(N):
[4]         for j in range(N):
[5]             if D[i][j] > D[i][k] + D[k][j]:
[6]                 D[i][j] = D[i][k] + D[k][j]
```

알고리즘의 step [1]에서 입력 그래프의 인접 행렬을 모든 쌍 최단 거리를 저장할 리스트 D에 복사한다. Step [2]의 for-루프는 경유하는 정점 ID를 0부터 N-1까지 변화시킨다. 모든 쌍 i와 j에 대하여 step [3]~[4]의 이중 for-루프가 i와 j를 각각 0부터 N-1까지 증가시키며, step [5]~[6]에서 간선 완화를 수행한다.

다음은 Floyd-Warshall 최단 경로 알고리즘을 파이썬으로 구현한 floyd_warshall.py 이다.

프로그램 8-8 floyd_warshall.py

```
import sys
N = 5
INF = sys.maxsize
D = [[0, 4, 2, 5, INF], [INF, 0, 1, INF, 4],
      [1, 3, 0, 1, 2],  [-2, INF, INF, 0, 2],
      [INF, -3, 3, 1, 0]]

for k in range(N):
    for i in range(N):
        for j in range(N):
            D[i][j] = min(D[i][j], D[i][k]+D[k][j])

for i in range(N):
    for j in range(N):
        print('%3d' % D[i][j], end='')
    print()
```

sys.maxsize(최댓값) 사용 위해

입력 그래프의 인접 행렬

간선 완화

최단 거리 출력

[그림 8-39]는 [프로그램 8-8]을 [그림 8-35](a)의 그래프에 대해 수행시킨 결과이다.

```
Console ☒ PyUnit
<terminated> floyd_warshall.py [C:₩Users₩sbyang₩AppData₩Local₩Programs₩Python₩Python36-32
  0  1  2  3  4
  0  0  1  2  3
 -1 -1  0  1  2
 -2 -1  0  0  2
 -3 -3 -2 -1  0
```

[그림 8-39] [프로그램 8-8]의 수행 결과

| 수행 시간 |

Floyd-Warshall 알고리즘의 수행 시간은 step [1]의 리스트 복사에 $O(n^2)$이 소요되고, 이후 for-루프가 3개가 중첩되므로 $O(n^3)$이 소요된다. 따라서 $O(n^2) + O(n^3) = O(n^3)$이 알고리즘의 수행 시간이다.

Floyd-Warshall의 최단 경로 알고리즘은 동적 계획(Dynamic Programming) 알고리즘이다. 동적 계획 알고리즘은 작은 부분 문제(Subproblem)들의 해를 먼저 계산하고 그 해를 바탕으로 그다음으로 큰 부분 문제들을 해결하면서 주어진 문제의 해를 계산한다. 참고로 음수 가중치를 가진 그래프에서 최단 경로를 찾는 Bellman-Ford 알고리즘도 동적 계획 알고리즘이다. Bellman-Ford 알고리즘은 모든 간선에 대한 간선 완화를 (n-1)회 수행하므로 수행 시간은 O(mn)이다. 여기서 m은 간선 수이다. 반면에 Dijkstra의 최단 경로 알고리즘은 그리디(Greedy) 알고리즘으로 입력 전체를 고려하지 않고 지역적인 입력에 대해 그리디하게 선택하며 이를 축적하여 해를 얻는다.

요약

- 그래프를 자료구조로서 저장하기 위해 인접 행렬과 인접 리스트가 주로 사용된다.
- 그래프는 깊이 우선 탐색(DFS)과 너비 우선 탐색(BFS)으로 그래프의 모든 정점을 방문하며, DFS는 스택을 사용하고, BFS는 큐 자료구조를 사용한다.
- 무방향 그래프에서 연결 성분 찾기는 DFS 또는 BFS를 기반하여 수행된다.
- 위상 정렬 알고리즘은 DFS를 수행하며 정점 v에 인접한 모든 정점의 방문이 끝나자마자 v를 리스트에 추가한다. 리스트의 역순이 위상 정렬이다.
- Kruskal 알고리즘은 간선들을 가중치로 정렬한 후에, 가장 가중치가 작은 간선이 트리에 사이클을 만들지 않으면 트리 간선으로 선택하고, 만들면 버리는 일을 반복하여 n–1개의 간선을 선택한다.
- Prim 알고리즘은 트리에 인접한 가장 가까운 정점을 하나씩 추가하여 최소 신장 트리를 만든다.
- Sollin 알고리즘은 각 트리에서 트리에 연결된 간선 중에서 가장 작은 가중치를 가진 간선을 선택한다. 이때 선택된 간선은 2개의 트리를 하나의 트리로 합친다. 이와 같은 방식으로 하나의 트리가 남을 때까지 각 트리에서 최소 가중치 간선을 선택하여 연결한다.
- Dijkstra 알고리즘은 출발점으로부터 방문 안 된 정점 중에서 가장 가까운 거리의 정점을 방문하고 방문한 정점을 기준으로 간선 완화를 수행하여 최단 경로를 계산한다.
- Floyd–Warshall 알고리즘은 모든 정점 쌍 사이의 최단 경로를 찾는 알고리즘이다. 입력 그래프의 정점을 0, 1, 2, …, n–1로 ID를 부여하고, 정점 ID를 증가시키며 간선 완화를 수행한다.

연습문제

8.1 다음 중 그래프 G=(V, E)에 관한 설명으로 가장 거리가 먼 것은?

① V는 정점의 집합이다.

② E는 간선의 집합이다.

③ V는 empty일 수도 있다.

④ E는 empty일 수도 있다.

⑤ 답 없음

8.2 다음 중 무방향 그래프의 정점의 차수(Degree)에 관한 설명으로 옳은 것은? 단, n은 정점의 수이다.

① 차수는 정점을 지나는 경로의 수이다.

② 차수는 인접한 정점의 수이다.

③ 최대 차수는 n이다.

④ 최소 차수는 1이다.

⑤ 답 없음

8.3 1개의 연결 성분으로 된 무방향 그래프에 사이클이 없을 때 다음 중 맞는 것은? 단, n은 정점 수이고, m은 간선 수이다.

① n = m　　② n = m–1　　③ m = n–1

④ m = n+1　　⑤ 답 없음

8.4 다음 그래프에서 정점 A의 진입 차수와 정점 D의 진출 차수는?

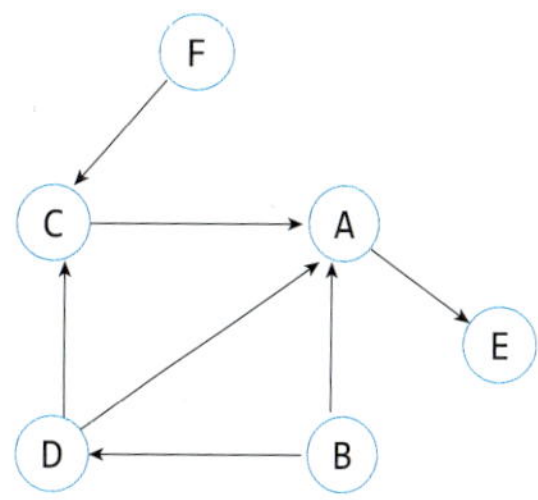

① 1, 1

② 2, 1

③ 3, 2

④ 4, 3

⑤ 답 없음

8.5 정점을 10개 가진 방향 그래프를 인접 행렬로 표현할 때 필요한 원소 수는?

① 10 ② 20 ③ 45
④ 75 ⑤ 100

8.6 n개의 정점과 m개의 간선을 가진 그래프를 인접 리스트로 표현할 때 필요한 단순 연결 리스트의 개수는?

① n ② m ③ m+n
④ mn ⑤ n^2

8.7 정점을 6개 가진 무방향 완전 그래프에 있는 간선 수는? 각 정점이 모든 다른 정점에 인접해있는 그래프를 완전 그래프(Complete Graph)라 한다. 즉, 모든 쌍의 점이 간선으로 연결되어 있다.

① 6 ② 12 ③ 15
④ 30 ⑤ 답 없음

8.8 n개의 정점을 가진 무방향 그래프에 있는 최대 간선 수는?

① n/2 ② n−1 ③ n
④ n(n−1)/2 ⑤ 답 없음

8.9 n개의 정점을 가진 무방향 그래프에 있는 모든 정점의 차수의 합에 대해 맞는 것을 모두 고르라.

① 반드시 짝수이다. ② 반드시 홀수이다.
③ 간선 수의 2배이다. ④ 최대 n(n−1)/2이다.
⑤ 답 없음

8.10 n개의 정점을 가진 무방향 그래프의 모든 정점을 탐색하는데 필요한 최악 경우 수행 시간은? 단, m은 간선의 수이다.

① O(logn) ② O(n) ③ O(m)
④ O(n+m) ⑤ 답 없음

8.11 다음 그래프에는 몇 개의 서로 다른 신장 트리가 있는가?

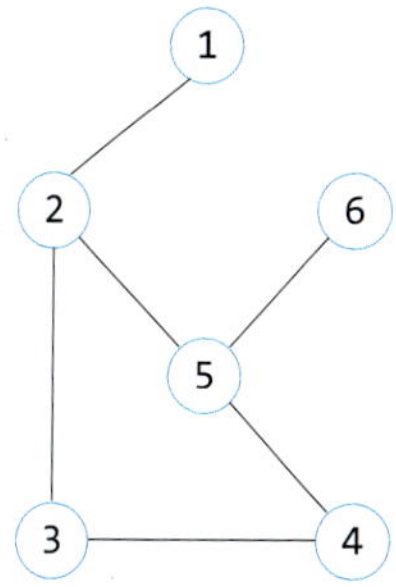

① 4

② 5

③ 6

④ 7

⑤ 답 없음

8.12 n개의 정점을 가진 무방향 그래프 G에 대해 다음의 설명 중 맞는 것만 모아 놓은 것은?

> (i) G의 각 쌍의 정점 사이에는 1개의 경로만 존재하면, G는 트리이다.
> (ii) G가 하나의 연결 성분으로 되어있고 n−1개의 간선을 가지면, G는 트리이다.
> (iii) G가 n−1개의 간선을 가지면서 사이클이 없으면, G는 트리이다.

① (i) ② (i), (ii) ③ (ii)

④ (i), (iii) ⑤ (i), (ii), (iii)

8.13 다음은 하나의 연결 성분으로 구성된 그래프 G=(V, E)의 신장 트리 T에 관한 설명이다. 옳지 않은 것은? 단, n=|V|이다.

① T는 항상 n−1개의 간선을 가진다.

② T는 n−1개의 정점을 가진다.

③ T에 새로운 간선을 추가하면 사이클이 반드시 만들어진다.

④ T에는 사이클이 없다.

⑤ 답 없음

8.14 그래프 G의 인접 행렬에 대해 다음 설명 중 옳은 것은? 단, 인접 행렬의 원소 a[i][j]는 정점 i와 j 사이의 거리이다.

$$a = \begin{bmatrix} 0 & 1 & 1 \\ 1 & 0 & 1 \\ 1 & 1 & 0 \end{bmatrix}$$

① G에 대한 최소 신장 트리는 없다.

② G에는 1개의 최소 신장 트리만 있다.

③ G에는 가중치가 2인 최소 신장 트리가 3개 있다.

④ G에는 가중치가 서로 다른 최소 신장 트리가 3개 있다.

⑤ 답 없음

8.15 5개의 정점 A, B, C, D, E를 가진 그래프의 간선들이 서로 다른 가중치를 가지고, (A, B)의 거리가 최소이고, (D, E)의 거리가 최대일 때 다음 중 틀린 것은? 단, 그래프는 1개의 연결 성분으로 되어있다.

① 최소 신장 트리는 반드시 간선 (A, B)를 포함한다.
② 어떠한 최소 신장 트리도 간선 (D, E)를 포함하지 않는다.
③ 간선 (D, E)를 포함하는 최소 신장 트리는 없다.
④ 1개의 최소 신장 트리만 있다.
⑤ 답 없음

8.16 다음 중 그래프의 탐색에 관한 설명으로 틀린 것은?

① 이진 트리의 탐색과 같이 루트에서 시작한다.
② 깊이 우선 탐색과 너비 우선 탐색이 있다.
③ 깊이 우선 탐색은 스택 자료구조를 활용한다.
④ 너비 우선 탐색은 큐 자료구조를 사용한다.
⑤ 답 없음

8.17 다음은 무방향 그래프에 대한 DFS와 BFS에 대한 설명이다. 가장 적절한 것은?

① DFS의 수행 시간이 BFS보다 빠르다.
② BFS의 수행 시간이 DFS보다 빠르다.
③ DFS와 BFS로 만들어지는 신장 트리는 같다.
④ DFS는 스택 자료구조를 이용한다.
⑤ BFS는 이진 힙 자료구조를 이용한다.

8.18 다음 중 n개의 정점을 가진 그래프에 대하여 BFS를 수행할 때 큐(Queue)에 최대 몇 개의 정점이 저장될 수 있는가?

① n/2 ② n−1 ③ n
④ n(n−1)/2 ⑤ 답 없음

8.19 다음 중 위상 정렬에 관한 설명으로 옳은 것은?

① 간선을 가중치 기준으로 정렬한다.

② 사이클이 없는 무방향 그래프에서도 위상 정렬을 할 수 있다.

③ 사이클이 있는 방향 그래프에서도 위상 정렬을 할 수 있다.

④ 간선 〈u, v〉가 있으면 위상 정렬의 결과에서는 반드시 u가 v보다 앞서야 한다.

⑤ 답 없음

8.20 다음의 그래프에 대해 Part 8.3.2에서 설명한 위상 정렬 알고리즘에 따라 계산된 위상 정렬은?

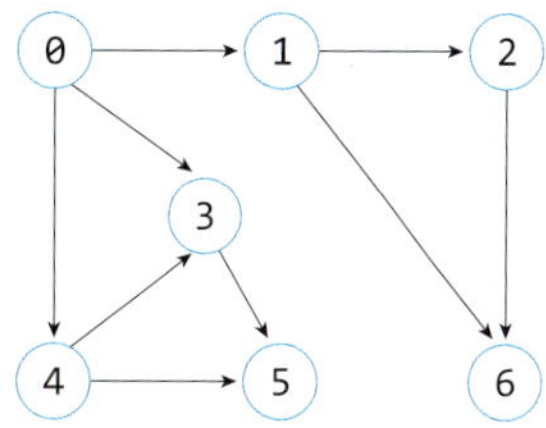

① 0, 4, 3, 5, 1, 6, 2　　② 0, 1, 3, 5, 2, 4, 6

③ 6, 2, 1, 5, 3, 4, 0　　④ 0, 1, 2, 6, 4, 3, 5

⑤ 답 없음

8.21 다음 중 이중 연결 성분에 관한 설명으로 가장 거리가 먼 것은?

① 단절 정점이 없다.

② 다리 간선이 없다.

③ 어느 두 점 사이에 적어도 2개의 경로가 있다.

④ 연결 성분 2개 이상이 중첩되어 있다.

⑤ 답 없음

8.22 (a) 하나의 연결 성분으로 된 무방향 그래프에서 DFS를 사용하여 이중 연결 성분을 찾는 알고리즘을 조사하라.

(b) 다음의 그래프와 인접 리스트에 대해 (a)에서 조사한 이중 연결 성분 알고리즘이 수행되면서 가장 먼저 찾는 이중 연결 성분은? 단, 정점 0이 시작점이다.

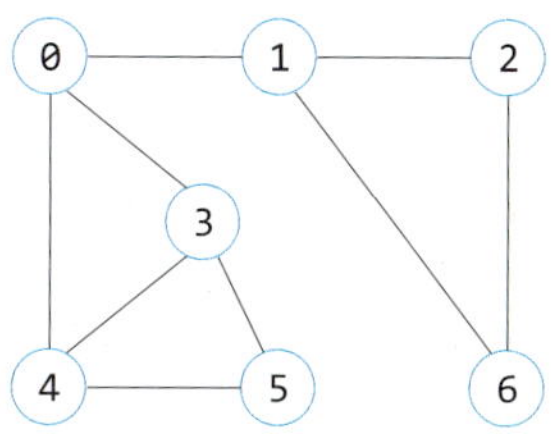

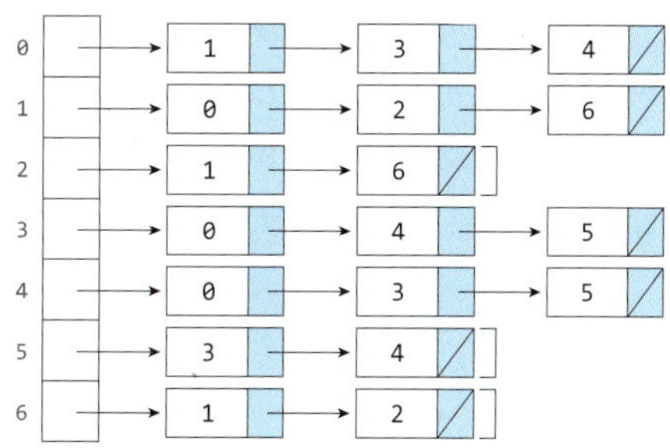

① (0, 3), (0, 4), (3, 4), (3, 5)　　② (0, 1)

③ (1, 2), (2, 6), (1, 6)　　④ (3, 4) (3, 5), (4, 5)

⑤ 답 없음

8.23 다음 중 강 연결 성분에 관한 설명으로 옳은 것은?

① 방향 그래프의 간선의 방향을 없앤 그래프의 이중 연결 성분과 같다.

② 두 정점 u, v에 대해 u에서 v로 가는 경로가 있고 v에서 u로 오는 경로가 있어야 한다.

③ 다리 간선이 있을 수도 있다.

④ 단절 정점이 있을 수도 있다.

⑤ 답 없음

8.24 (a) 하나의 연결 성분으로 된 방향 그래프에서 DFS를 사용하여 강 연결 성분을 찾는 Kosaraju 알고리즘에 대해 조사하라.

(b) 다음의 그래프와 인접 리스트에 대해 Kosaraju 알고리즘에 따라 찾은 강 연결 성분은? 단, 각 연결 성분은 정점들의 집합으로 표시한다.

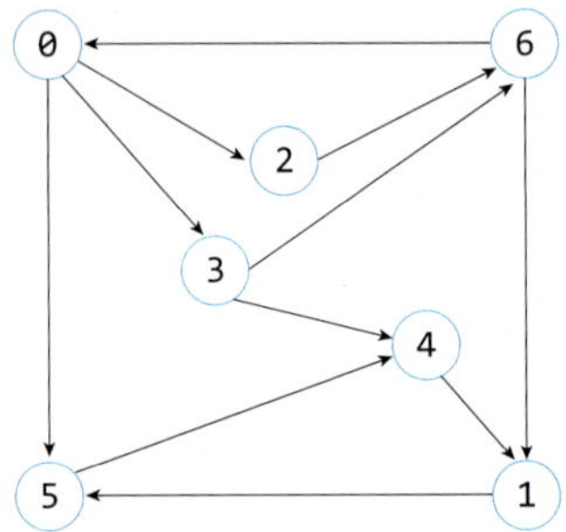

① {0, 5, 4, 1}, {2, 6}, {3}

② {0, 2, 3, 6}, {1, 5, 4}

③ {0, 2, 3, 5}, {6, 4, 1}

④ {0, 2, 6}, {0, 3, 6}, {1, 4, 5}

⑤ 답 없음

8.25 다음 중 최소 신장 트리에 관한 설명으로 가장 거리가 먼 것은? 단, 그래프는 1개의 연결 성분으로 되어 있다.

① 그래프의 모든 정점을 포함한다.

② 최소 신장 트리는 여러 개 있을 수 있다.

③ 최소 신장 트리는 간선 수는 정점 수와 같다.

④ 간선의 가중치가 모두 다른 그래프에는 1개의 최소 신장 트리만 있다.

⑤ 답 없음

8.26 다음의 그래프에서 Kruskal 알고리즘에 의해 선택된 처음 3개의 트리 간선의 가중치의 합은?

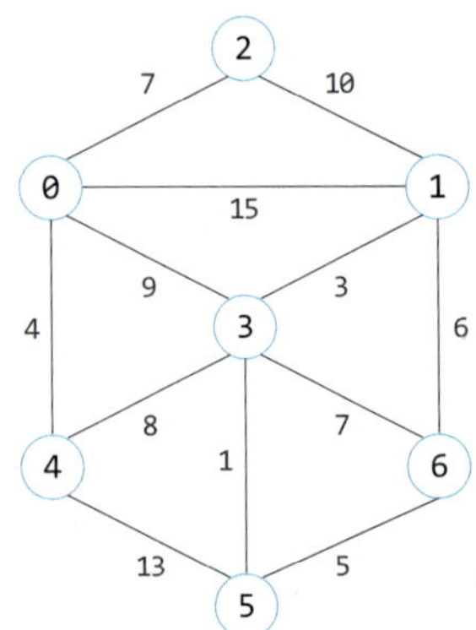

① 8

② 9

③ 10

④ 12

⑤ 답 없음

8.27 문제 8.26의 그래프에서 Prim 알고리즘에 의해 선택된 처음 3개의 트리 간선의 가중치의 합은? 단, 시작점은 0이다.

① 8 ② 9 ③ 10
④ 13 ⑤ 답 없음

8.28 문제 8.26의 그래프에서 Sollin 알고리즘으로 최소 신장 트리를 찾으려고 한다. 알고리즘의 repeat-루프가 1회 수행된 후, 알고리즘에 의해 선택된 트리 간선의 가중치의 합은?

① 13 ② 15 ③ 16
④ 19 ⑤ 답 없음

8.29 Kruskal 알고리즘과 Prim 알고리즘을 비교한 설명으로 가장 적절한 것은?

① Prim 알고리즘은 union-find 연산을 이용하여 구현하고, Kruskal 알고리즘은 이진 힙을 이용하여 구현한다.
② Prim 알고리즘은 그리디 알고리즘이고, Kruskal 알고리즘은 동적 계획 알고리즘이다.
③ Prim 알고리즘은 수행하는 동안 하나의 트리를 유지하나, Kruskal 알고리즘은 여러 개의 트리를 합치며 마지막에 1개의 트리를 만든다.
④ Prim의 평균 경우 수행 시간은 $O(n^3)$이고, Kruskal 알고리즘의 최악 경우 수행 시간은 $O(n^2 \log n)$이다. 단, n은 정점의 수이다.
⑤ 답 없음

8.30 다음 중 Kruskal 알고리즘의 수행 시간은? 단, n은 정점의 수이고 m은 간선 수이다.

① $O(n+m)$ ② $O(n\log m)$ ③ $O(m\log n)$
④ $O(n^2)$ ⑤ 답 없음

8.31 다음 중 서로소 집합 자료구조를 활용하기에 적합한 응용을 모두 고르라.

① 그래프의 깊이 우선 탐색
② 최단 경로 찾기
③ Kruskal 알고리즘의 최소 신장 트리 찾기
④ 네트워크의 연결 검사
⑤ 조각 그림 맞추기

8.32 다음 중 서로소 집합에 대한 설명으로 틀린 것은?

① 서로소 집합들에는 공통된 원소가 없다.
② 서로소 집합들은 합집합을 수행할 수 있다.
③ 서로소 집합은 원소 간에 특정한 순서가 없다.
④ 서로소 집합들 사이에는 집합 크기를 비교할 수 없다.
⑤ 답 없음

8.33 다음 중 서로소 집합에 대한 연산이 아닌 것은?

① union ② find ③ rank
④ size ⑤ 답 없음

8.34 다음 중 경로 압축과 직접 관련된 연산은?

① union ② find ③ search
④ intersection ⑤ 답 없음

8.35 다음 중 경로 압축에 관한 설명으로 틀린 것은?

① 경로 압축은 미래의 find 연산의 수행 시간을 줄인다.
② 경로 압축을 수행하는 중에도 find 연산의 수행 시간을 줄인다.
③ find 연산 중 경로상의 모든 노드가 직접 루트를 가리키게 하는 것이다.
④ union 연산을 수행할 때 find 연산을 수행하므로 총체적으로 수행 시간을 줄인다.
⑤ 답 없음

8.36 Prim 알고리즘은 구현에 사용되는 자료구조에 따라 수행 시간이 다르다. 다음 중 Prim 알고리즘의 수행 시간이 아닌 것은? 단, n은 정점의 수이고 m은 간선 수이다.

① O(n+m) ② O(mlogn) ③ O(m+nlogn)
④ $O(n^2)$ ⑤ 답 없음

8.37 다음 중 Prim 알고리즘은 구현하는데 사용되는 자료구조가 아닌 것은?

① 이진 힙 ② 1차원 배열 ③ 피보나치 힙
④ 단순 연결 리스트 ⑤ 답 없음

8.38 다음 중 Sollin의 최소 신장 트리 알고리즘의 수행 시간은? 단, n은 정점의 수이고 m은 간선 수이다.

① O(n+m) ② O(nlogm) ③ O(mlogn)
④ $O(n^2)$ ⑤ 답 없음

8.39 양의 가중치를 가진 무방향 그래프에서 출발점 s에서 정점 u까지의 최단 거리가 10이고, s에서 정점 v까지의 최단 거리가 15일 때, 간선 (u, v)에 대해 옳은 것은?

① (u, v)의 가중치 〈 5
② (u, v)의 가중치가 5이면 (u, v)는 s에서 정점 v까지의 최단 경로에 반드시 포함된다.
③ (u, v)의 가중치 ≥ 5
④ 답 없음

8.40 다음 그래프에서 Dijkstra 알고리즘을 이용하여 정점 0에서 각 정점까지의 최단 거리를 계산 결과에 대해 맞는 것은?

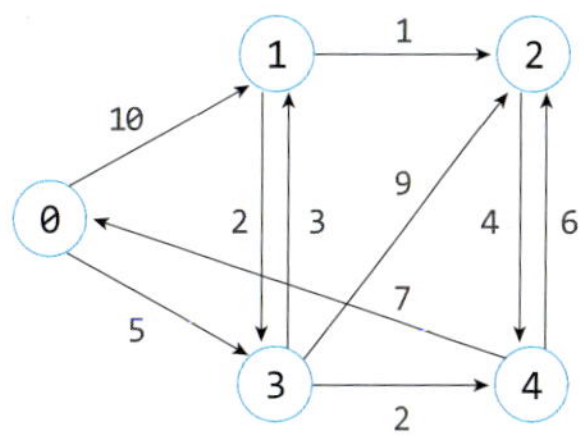

① 정점 0에서 1까지의 최단 거리는 10이다.
② 정점 0에서 2까지의 최단 거리는 9이다.
③ 정점 0에서 3까지의 최단 거리는 12이다.
④ 정점 0에서 4까지의 최단 거리는 11이다.
⑤ 답 없음

8.41 다음 그래프에서 S에서 각각 다른 점까지 최단 거리를 다익스트라 알고리즘으로 찾을 때 최단 거리가 확정되는 점들의 순서를 옳게 나열한 것은?

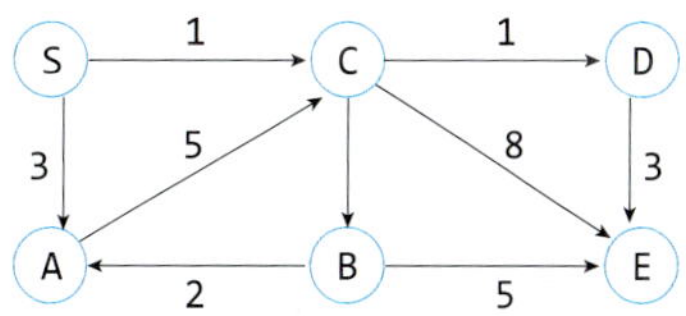

① S–A–B–C–D–E
② S–A–C–B–D–E
③ S–C–B–A–E–D
④ S–C–D–A–E–B
⑤ 답 없음

8.42 다음의 그래프에서 S에서 모든 다른 점들까지 다익스트라 알고리즘으로 최단 거리를 찾았을 때 S에서 B까지의 거리는?

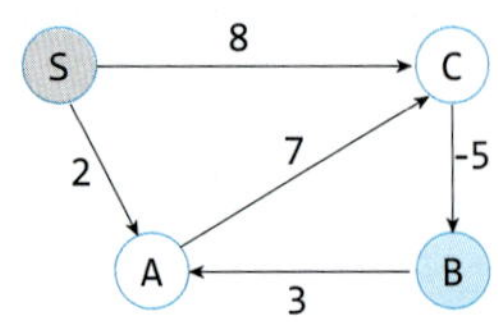

① 3 ② 4

③ 5 ④ 6

⑤ 답 없음

8.43 다음은 주어진 그래프에서 Bellman-Ford 알고리즘을 이용하여 정점 s에서 각 정점까지의 최단 경로와 그 거리를 단계적으로 계산하는 과정을 나타낸 것이다. 단, 정점의 빈칸은 정점 s로부터 주어진 k의 값에 따라 계산된 정점까지의 최단 거리이다. 빈칸을 번호순으로 알맞게 채운 것은?

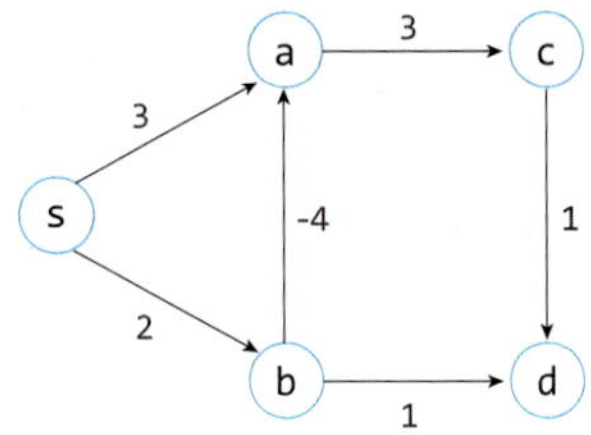

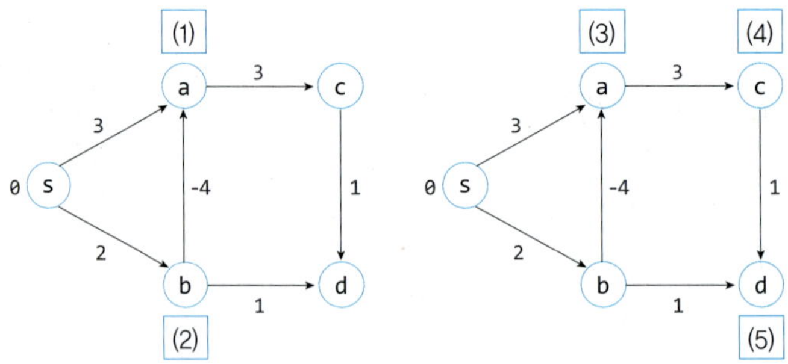

k=1 k=2

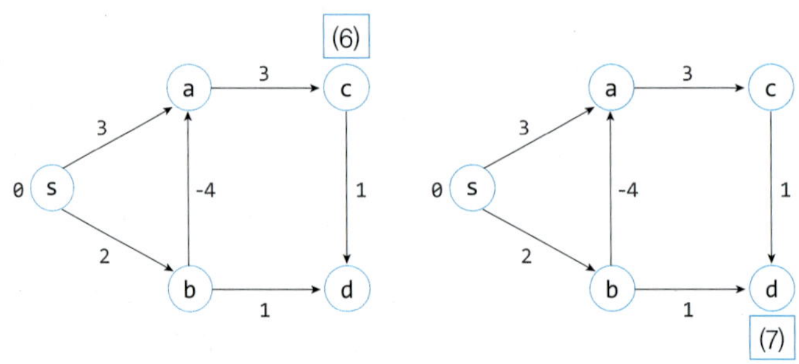

k=3 k=4

① 3, 2, 2, 4, 3, 2, 2 ② 3, 2, 1, 2, 4, 6, 3

③ 3, 2, 2, 5, 3, 2, 1 ④ 3, 2, 2, 6, 3, 1, 2

⑤ 답 없음

8.44 다음 그래프에서 Floyd-Warshall 알고리즘을 이용하여 모든 쌍의 최단 거리를 계산한 결과에 대해 맞는 것은?

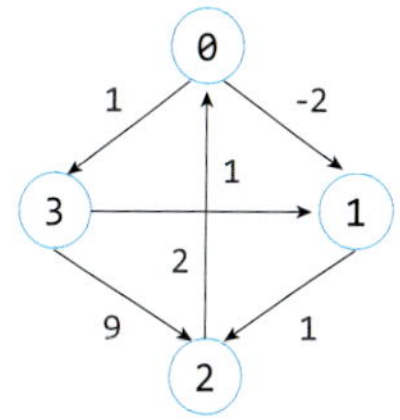

① 정점 0에서 정점 2까지의 최단 거리는 3이다.
② 정점 1에서 정점 3까지의 최단 거리는 4이다.
③ 정점 2에서 정점 1까지의 최단 거리는 −2이다.
④ 정점 3에서 정점 2까지의 최단 거리는 3이다.
⑤ 답 없음

8.45 Floyd-Warshall 알고리즘과 Bellman-Ford 알고리즘은 어떤 종류의 알고리즘에 속하는가?

① 그리디 알고리즘　② 분할 정복 알고리즘
③ 동적 계획 알고리즘　④ 랜덤 알고리즘
⑤ 답 없음

8.46 다음의 그래프 알고리즘들과 최악 경우 수행 시간을 옳게 짝지은 것은? 단, n은 정점의 수이고, m은 간선의 수이다.

A. Bellman-Ford 알고리즘	1. O(mlogn)
B. Kruskal 알고리즘	2. $O(n^3)$
C. Floyd Warshall 알고리즘	3. O(mn)
D. 위상 정렬	4. O(m+n)

① A-3, B-1 C-2, D-4　② A-1, B-2, C-3, D-4
③ A-2, B-3, C-4, D-1　④ A-4, B-2, C-1, D-3
⑤ 답 없음

8.47 어느 항공사에서 항공기 운항 대상인 도시들을 항공사의 운항 스케줄에 따라 방향 그래프로 표현하였다. 어느 한 도시에서 출발하여 최종 도착 도시까지 최적의 운항 연계 스케줄을 찾는데 적절한 알고리즘은?

① DFS 또는 BFS　② 위상 정렬 알고리즘
③ 강 연결 성분 알고리즘　④ 최소 신장 트리 알고리즘
⑤ 최단 경로 알고리즘

8.48 이중 연결 성분을 찾기 위한 파이썬 프로그램을 작성하라. 단, 입력은 인접 리스트를 사용하라.

8.49 그래프를 저장하기 위해 일반적으로 인접 행렬 또는 인접 리스트를 사용한다. 그러나 무방향 그래프를 인접 리스트로 표현하면 간선 (i, j)에 대해 정점 i와 정점 j의 리스트에 각각 간선 정보를 저장해야 한다. 마찬가지로 인접 행렬도 2차원 배열 a의 두 개의 원소 a[i][j]와 a[j][i]에 간선 정보를 중복 저장한다. 이러한 중복 저장은 그래프에서 방문한 간선을 제거하는 경우 두 곳을 제거 또는 표시해야 하는 문제점을 갖는다. 그래프의 각 간선의 정보를 한 번만 저장하는 자료구조에 대해 조사하라.

8.50 강 연결 성분을 찾는 Kosaraju 알고리즘을 위한 파이썬 프로그램을 작성하라. 단, 입력은 인접 리스트를 사용하라.

8.51 서로소 집합에 대한 union-find 연산을 수행하기 위해, 다음의 세 개의 집합을 파이썬 리스트(배열)에 저장하라.

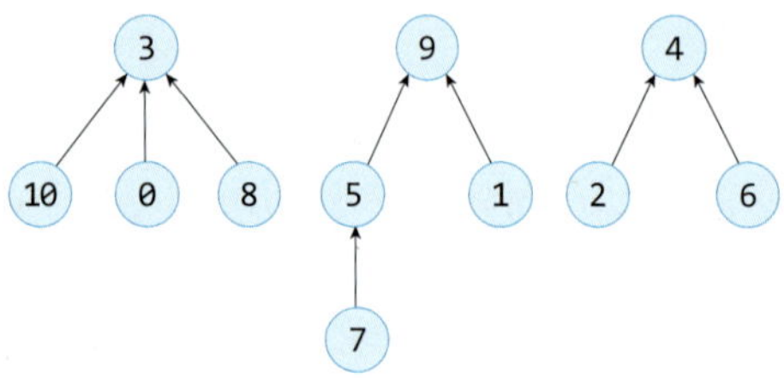

0	1	2	3	4	5	6	7	8	9	10

8.52 문제 8.51에서 union(10, 7)이 수행된 결과를 보이라.

0	1	2	3	4	5	6	7	8	9	10

8.53 다음의 서로소 집합을 표현한 트리에서 find(K)를 수행한 후의 경로 압축 결과를 그려라.

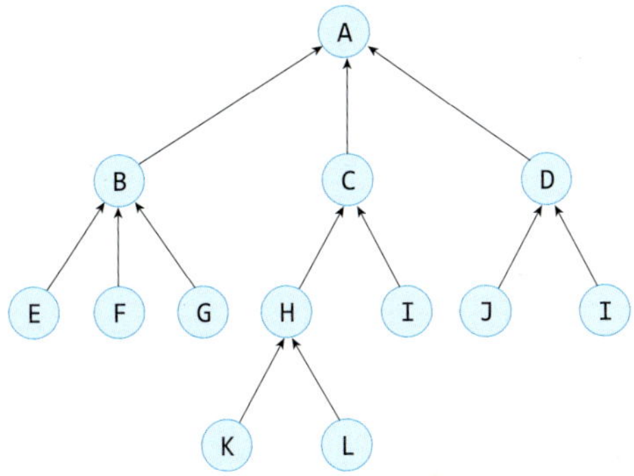

8.54 초기에 {0}, {1}, {2}, {3}, {4}, {5}, {6}, {7}, {8}, {9}, {10}, {11}, {12}와 같이 13개의 서로소 집합이 있다. 다음에 주어진 union과 find 연산들이 차례로 수행된 후에 find 연산 결과를 보여라. 단, find 연산은 집합의 대표 숫자를 출력한다. 또한 union은 트리 높이를 기반하여 수행하며, 두 루트가 같은 높이일 때는 작은 숫자를 가진 루트가 승자가 된다.

> union(0, 9), union(6, 12), union(9, 12), union(1, 11), union(5, 10), union(1, 10), find(10), union(12, 10), find(11), union(6, 10), union(2, 8), union(3, 4), union(3, 8), find(8), union(4, 10), find(4)

8.55 초기에 {0}, {1}, {2}, {3}, {4}, {5}, {6}, {7}, {8}, {9}, {10}, {11}, {12}와 같이 13개의 서로소 집합이 있다. 다음의 파이썬 for-루프에서 union 연산이 수행된 후에 남아 있는 집합 수와 가장 높은 트리의 높이는? 단, union은 트리 높이를 기반하여 수행하며, 두 루트가 같은 높이일 때는 작은 숫자를 가진 루트가 승자가 된다.

```python
for i in range(12):
    union(i, i + 1)
```

8.56 다음은 서로소 집합에 대해 일련의 union 연산이 수행된 결과 중 1개의 집합을 트리로 보여준다. 이 집합에 대해 find(8)을 수행한 후의 경로가 압축된 결과 트리를 그려라.

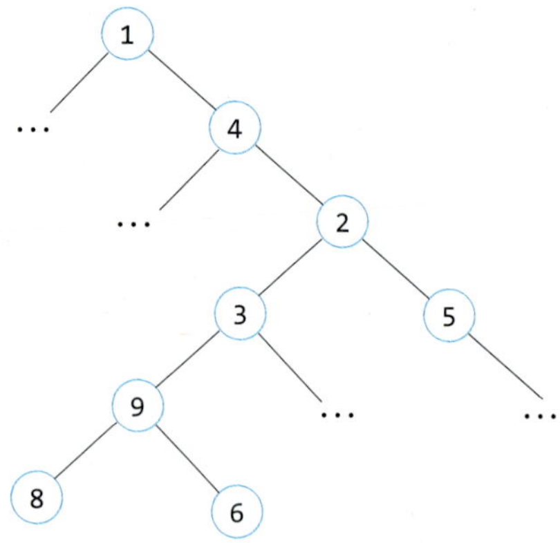

8.56 주어진 가중치 그래프에서 최소 신장 트리 알고리즘을 이용하여 최대 신장 트리(Maximum Spanning Tree)를 찾을 수 있는지 설명하라. 만약 찾을 수 없다면 그 이유를 설명하라.

8.57 음수 가중치를 가진 그래프에서 최소 신장 트리 알고리즘들이 최소 신장 트리를 항상 찾을 수 있는지 설명하라. 만약 찾을 수 없다면 그 이유를 설명하라.

8.58 다음 음수 가중치가 있는 그래프에서 최소 음수 가중치 w를 찾아서 각 간선에 |w|를 더한 후 Dijkstra 알고리즘을 이용하여 최단 경로를 찾고자 한다. 이러한 방식에 문제가 있는지 없는지 설명하라. 예를 들어 다음 그래프에서 최소 음수 가중치는 −10이다. 따라서 각 간선의 가중치를 10 증가시키면 그래프에서 음수 가중치를 가진 간선이 없어진다.

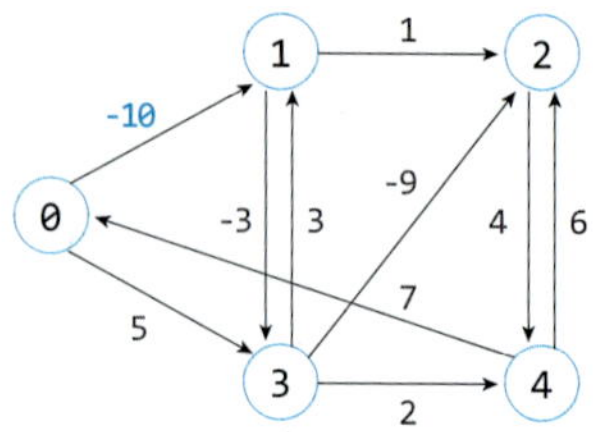

8.59 Dijkstra 최단 경로 알고리즘으로 만들어지는 트리, 즉 시작점부터 각 정점까지의 최단 경로로 만들어지는 부분 그래프가 입력 그래프의 최소 신장 트리인지 확인해보라. 단, 입력 그래프는 한 개의 연결 성분으로 되어있고 음수 가중치를 가진 간선은 없다.

8.60 다음의 문장이 맞으면 True, 틀리면 False로 답하고, 그 이유를 설명하라.

Dijkstra 알고리즘이 찾은 최단 경로는 간선 수가 최소이다.

8.61 Dijkstra 알고리즘을 이용하여 간선 수가 최소인 최단 경로를 찾는 방법을 설명하라. 단, 모든 간선의 가중치는 양의 정수이다.

8.62 다음의 문장이 맞으면 True, 틀리면 False로 답하고, 그 이유를 설명하라.

> 모든 간선의 가중치가 양수인 그래프 G=(V, E)가 있다. G의 각 간선의 가중치에 1을 더한 그래프를 G'라고 하자. G에서의 두 점 u, v 간의 최단 경로는 G'에서도 u, v 간의 최단 경로와 같다.

8.63 다음의 문장이 맞으면 True, 틀리면 False로 답하고, 그 이유를 설명하라.

> 모든 간선의 가중치가 1보다 큰 그래프 G=(V, E)가 있다. G의 각 간선의 가중치를 제곱한 그래프를 G'라고 하자. G에서의 두 점 s, t 간의 최단 경로는 G'에서도 s, t 간의 최단 경로와 같다.

8.64 주어진 그래프의 최소 신장 트리와 어느 한 점에서 모든 다른 점들까지 다익스트라 알고리즘으로 찾은 최단 경로들로 만들어진 트리가 항상 같은지 아닌지 답하라.

8.65 다음의 문장이 맞으면 True, 틀리면 False로 답하고, 그 이유를 설명하라.

> 모든 간선의 가중치가 다른 그래프 G에는 G의 어느 점 s에서 각각의 다른 점까지의 최단 경로는 유일하다.

8.66 Floyd-Warshall 알고리즘을 위한 파이썬 프로그램을 작성하라. 단, 입력은 인접 행렬을 사용하라.

8.67 사이클이 없는 가중치 방향성 그래프(DAG)에서 최단 경로를 찾는 방법을 제안하고 제안한 방법의 수행 시간을 분석하라.

APPENDIX
부록

contents

부록

I 파이썬 메모리

파이썬 프로그램의 실행을 위해 사용되는 메인 메모리는 두 부분으로 나뉜다. 프로그램의 실행에 따라 생성되는 객체, 리스트, 튜플(Tuple), 딕셔너리(Dictionary)가 저장되는 heap[1] 메모리, 그리고 함수나 메소드의 호출에 따른 매개변수, 지역변수 등이 저장되는 stack 메모리로 구분된다. [그림 I-1]은 stack 메모리와 heap 메모리를 보여준다.

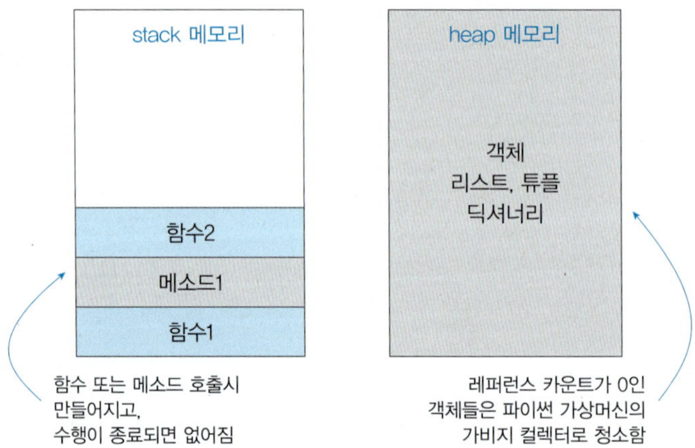

[그림 I-1] 프로그램 수행에 사용되는 메모리

Heap 메모리의 객체는 가비지 컬렉션에 의해 제거되지 않는 한 프로그램이 끝날 때까지 heap 메모리에 남아 있다. 객체마다 레퍼런스 카운트(Reference Count), 즉 해당 객체를

1) Part 4의 이진 힙과는 무관하다.

참조하고 있는 레퍼런스 수를 가지고, 그 레퍼런스 수가 0이 되면 가비지 컬렉터가 해당 객체가 차지하고 있는 메모리를 앞으로 생성될 객체를 위해 비운다. 그러나 삭제되어야 할 객체들이 서로를 참조하며 사이클을 형성하는 경우도 발생하므로 파이썬에서는 세대 기반 GC(Generation-based Garbage Collection) 기법을 함께 사용한다.

세대 기반 GC는 프로그램 수행 중에 생성되는 객체들의 수명을 조사해봤을 때 대부분의 객체의 수명이 매우 짧은 것에 기반하여 만들어진 기법이다. 즉, 객체가 생성된 지 얼마 안 되어 프로그램에서 아무도 이 객체를 참조하지 않아 '죽은' 객체가 되는 것이다. 반면에 오래 살아있는 객체의 수는 그리 많지 않은 편이다. 세대 기반 GC는 이러한 특성을 이용하여 객체들의 수명에 따라 young 세대와 old 세대로 나누어 heap 영역에 저장한다. 더 상세한 설명은 생략한다.

Stack 메모리는 호출된 함수/메소드의 매개변수(Parameter)와 호출한 함수/메소드 내에서 선언된 지역변수(Local Variable)들이 저장된 스택 프레임(Stack Frame)이 저장되는 곳이다. 함수의 수행이 끝나면 해당 스택 프레임도 제거된다. 메인 모듈(__main__)의 스택 프레임이 가장 밑에 저장되고 그 위로 호출된 함수의 스택 프레임이 순차적으로 쌓이게 된다.

II 이중 피벗 퀵 정렬

이중 피벗 퀵 정렬(Dual Pivot Quick Sort)은 2개의 피벗을 사용하는 퀵 정렬이다. [그림 II-1](a)에서 피벗 p1이 피벗 p2보다 작고, 그사이의 원소들을 적절히 비교하여 (b)와 같이 세 부분으로 나누고, 각각의 부분을 순환 호출하여 정렬하는 알고리즘이다.

(a) 분할 전 (b) 3부분으로 분할

[그림 II-1]

프로그램 II-1 dpqsort.py

```
01 def dpqsort(a, low, high):
02     if high > low:
03         p1 = a[low]
04         p2 = a[high]
05         if p1 > p2:
06             a[low], a[high] = a[high], a[low]
07             p1 = a[low]
08             p2 = a[igh]
09         i = low+1
10         it = low+1
11         gt = high-1
12         while i <= gt:
13             if a[i] < p1:
14                 a[i], a[lt] = a[lt], a[i]
15                 i += 1
16                 lt += 1
17             elif p2 < a[i]:
18                 a[i], a[gt] = a[gt], a[i]
19                 gt -= 1
20             else:
21                 i += 1
22         lt -= 1
23         a[low], a[lt] = a[lt], a[low]
24         gt += 1
25         a[low], a[lt] = a[lt], a[low]
26         a[high], a[gt] = a[gt], a[high]
27         dpqsort(a, low, lt-1)
28         dpqsort(a, lt+1, gt-1)
29         dpqsort(a, gt+1, high)
```

(Lines 05–08) p1 < p2가 되도록
(Line 13) case 1
(Line 17) case 2
(Line 20) case 3
(Lines 27–29) 3부분 순환 호출

- Line 09: i는 현재 원소를 가리키는 인덱스이다. a[low]에는 작은 피벗이 있고, a[high]에는 큰 피벗이 있다. 따라서 i를 low+1로 초기화한다.
- Line 10: lt = low+1로 초기화하는데, line 12의 while-루프를 수행하면서 a[low+1]~a[lt-1] 사이에 p1보다 작은 숫자들을 모아 놓으려 한다.

- Line 11: gt = high−1로 초기화하여, a[gt+1]~a[high−1] 사이에 p2보다 큰 숫자들을 모은다.
- Line 12: while−루프 내에서는 3가지 case에 따라 원소 교환과 i, lt, gt 값이 변경된다. 이를 다음 예제를 통해 이해하여 보자.

예제 다음은 입력 리스트 a에 대해 line 12의 while−루프가 수행되는 과정을 단계적으로 나타낸 것이다.

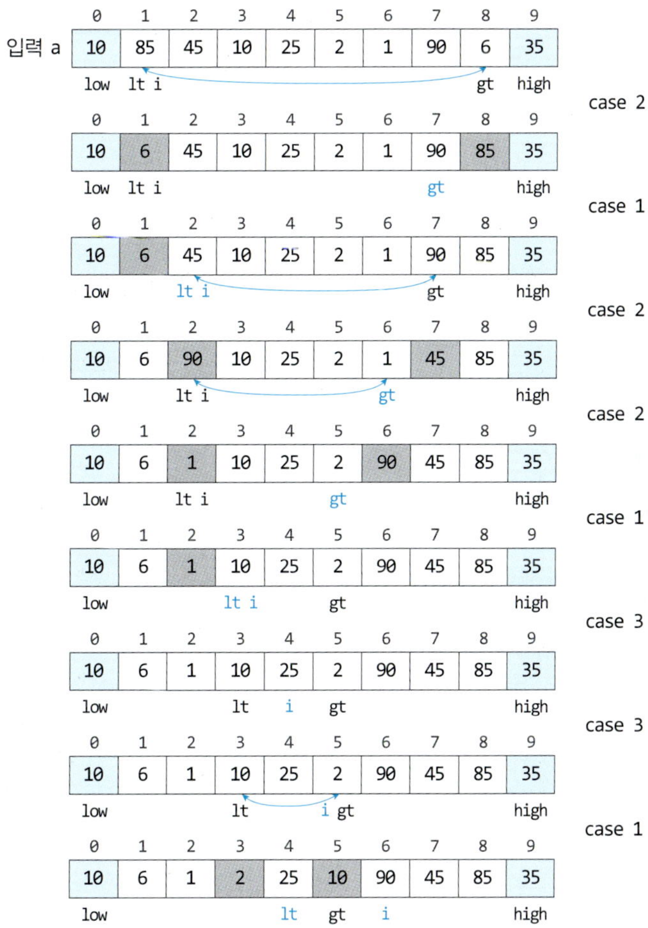

마지막엔 gt = 5이고 i = 6이므로 while−루프가 종료된다. 그다음엔 [프로그램 II−1]의 line 22~25가 수행되어 다음과 같이 세 부분으로 분할된다.

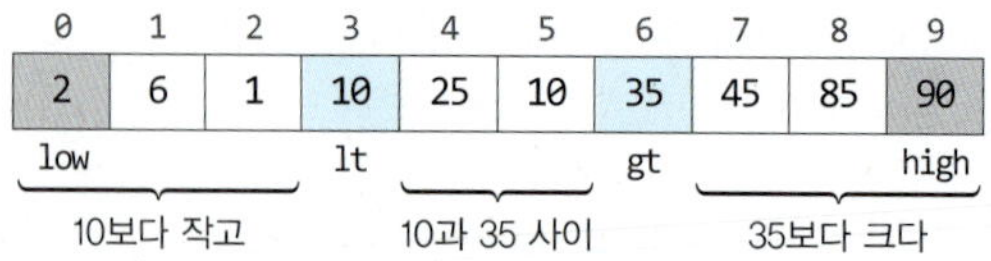

그리고 line 26~28에서 세 부분 각각을 순환 호출한다.

성능 이중 피벗 퀵 정렬은 실제 수행 성능이 퀵 정렬보다 우수하여 자바 SE 최신 버전의 원시 타입(Primitive Type) 시스템 정렬로 사용된다. 이론적으로는 이중 피벗 퀵 정렬의 평균 비교 횟수가 ~1.9nlnn이고 퀵 정렬이 ~2.0nlnn으로 큰 차이는 아니지만, 실제로 이중 피벗 퀵 정렬이 캐시 메모리(Cache Memory)의 접근이 훨씬 효율적이기 때문에 퀵 정렬보다 좋은 성능을 보인다.

III Tim Sort

Tim Sort는 2002년에 파이썬 언어의 라이브러리에 구현되었고, 또한 자바 SE 최신 버전에서 객체를 정렬하기 위한 시스템 정렬로 구현되어 있으며, 안드로이드 운영체제에서도 사용되는 정렬 알고리즘이다.[2)]

[핵심 아이디어]

입력에 대해 삽입 정렬을 수행하여 일정 크기의 런(Run)을 만들어 일정 조건에 따라 합병하는 정렬 알고리즘이다.

Tim Sort는 입력 리스트의 원소들을 차례로 읽어가며 런을 찾아서 그 길이가 일정한 크기(min_run)보다 작으면 삽입 정렬을 이용해 min_run 크기로 만든다. 만들어진 런의 정보(런의 시작 원소 인덱스와 런의 길이)를 스택(Run Stack)에 push한다. 스택의 런들에 대해 일정 조건에 어긋나면 적절한 합병을 수행하여 조건을 충족하도록 만든다. 이러한 과정을 반복하며 입력 리스트를 다 처리한 후에 스택이 empty가 아니면 스택 위에서 아래로

2) 1993년에 McIlroy가 게재한 논문("Optimistic Sorting and Information Theoretic Complexity", Proceedings of the Fourth Annual ACM-SIAM Symposium on Discrete Algorithms, pp. 467-474, 1993)의 알고리즘을 소프트웨어 엔지니어인 Tim Peters가 파이썬 라이브러리에 처음으로 구현하였다.

둘씩 합병하여 그 결과를 push하며 하나의 런이 될 때까지 과정을 반복하여 정렬을 마친다. 단, 각 합병은 일정 조건에 따라서 galloping 합병을 수행한다.

- min_run은 입력 크기 n에 따라 정해지며 n이 2^k이면 16, 32, 64 등으로 정한다. 단, n 〈 64이면 삽입 정렬만 수행한다.
- 만들어진 런을 스택에 push한 후에 가장 위에 있는 3개의 런의 크기를 차례로 Z, Y, X라고 하면, 다음의 두 가지 조건이 충족되도록 런들을 [프로그램 III-1]과 같이 합병한다.

  (1) X 〉 Y + Z
  (2) Y 〉 Z

만일 조건 (1)이 어긋나면 Y는 X와 Z 중에서 작은 것과 합병한다. 예를 들어 [그림 III-1] (a)에서 Z가 작으므로 YZ가 합병되고, (b)에서는 X가 작으므로 XY가 합병된다. 합병 이후 [프로그램 III-1]의 line 01의 while-루프가 수행되어 조건 (1)을 만족하면 조건 (2)를 체크한다. [그림 III-1](a)의 합병된 후, X 바로 아래의 런 크기가 110보다 크므로 조건 (2)가 어긋난다. 이때에는 Y와 Z를 합병한다. 즉, 스택의 가장 위에 있는 2개의 런을 합병한다.

(a) Z<X이므로 Y와 Z 합병 (b) X<Z이므로 Y와 X 합병

[그림 III-1] 조건 (1)에 따른 합병

프로그램 III-1 스택의 런 합병 프로그램

```
while stack_size > 1:
    top = stack_size-1
    if top>2 and run[top-2]<=run[top-1]+run[top]: # 조건 (1)이 어긋나면
        if run[top-2]<run[top]:
            merge(top-2, top-1)
        else:
            merge(top-1, top)
    elif run[top-1]<=run[top]: # 조건 (2)가 어긋나면
        merge(top-1, top)
    else: # 두 조건 모두 만족
        break
```

조건 (2)는 스택의 런 크기들을 스택 위에서 아래로 감소 순이 되도록 만들려는 것이고, 조건 (1)은 스택 아래서 위로 런의 크기 관계가 피보나치 숫자 관계와 유사하게 커지도록 만들려는 것이다. 따라서 마지막 런을 스택에 push한 후에 스택에 있는 런의 수는 $\log_{\varphi} n$을 넘지 않는다. 여기서 φ는 황금률로서 1.61803398875이다. [그림 III-2]는 입력 리스트에 대해 마지막으로 만들어진 런의 크기가 7이고, 이를 push한 후 마지막으로 연속적으로 합병하여 정렬을 종료하는 가장 이상적인 과정을 나타낸 것이다.

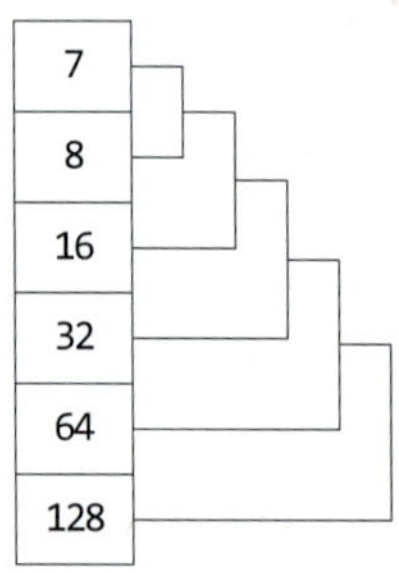

[그림 III-2] 최종 합병 수행

[그림 III-3]은 min_run = 5일 때 Tim Sort의 수행 과정의 일부분을 도식화한 것이다. 이 예제에서 세 번째로 찾은 런의 크기가 3이고, min_run = 5이기 때문에 2개의 원소를 삽입 정렬을 이용하여 세 번째 런에 추가하여 크기가 5인 런을 만든다. 그리고 새로 만든 런의 정보를 런 스택에 push한다. 이때 조건 (1)이 어긋나고, Z가 X보다 작으므로 Y와 Z

를 합병한다. 그리고 Z가 Y보다 크게 되어 조건 (2)를 어긋나므로 둘을 합병한 후 다시 런을 찾기 시작한다.

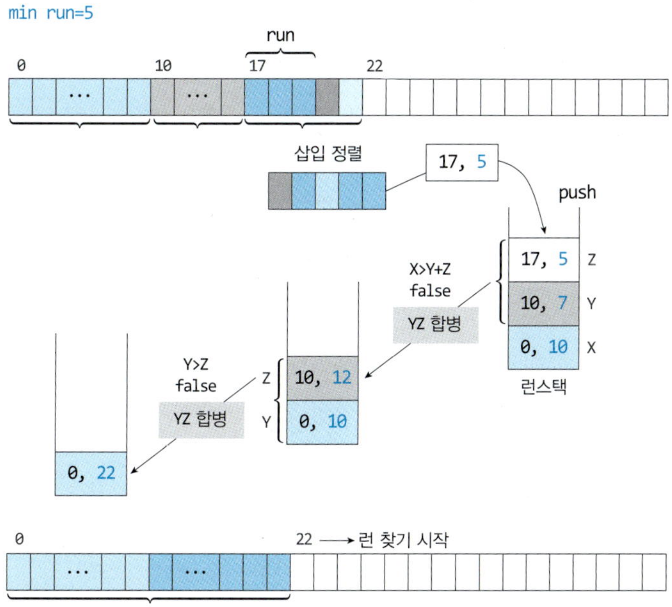

[그림 III-3] Tim Sort의 수행 과정

다음은 Tim Sort에서 2개의 런 X와 Y의 합병을 수행하는 과정에 대해 살펴보자. 먼저 X와 Y의 가장 앞에 있는 원소를 비교하여 작은 원소(승자)를 출력 버퍼에 쓴다. 단, 승자는 자신이 속해있던 런에서 삭제된다. 비교를 통해 계속해서 '정상적인 합병'을 수행하다가 하나의 런에서 일정 수(min_gallop)의 승자가 연속적으로 나오면, 이때부터는 Galloping 합병을 수행한다.

| Galloping 합병 |

X와 Y를 합병하는 중에 X에서 승자가 연속하여 min_gallop 수만큼 나온 직후, x_1이 y_1과 비교될 차례라고 가정하자. Galloping 합병은 X의 가장 작은 원소 x_1을 Y에서 해싱 충돌 해결 방법인 이차 조사(Quadratic Probing)와 유사한 방식으로 점프하며 y_1, y_3, y_7, y_{15}, y_{31}, …, y_{2^k-1},… 과 비교하여 y_j를 찾는다. 여기서 $y_{2^k-1} < x_1 < y_{2^{k+1}-1}$일 때 y_j는 x_1과 같거나 작으면서 y_{2^k-1}과 $y_{2^{k+1}-1}$사이의 원소 중에서 가장 큰 원소이다.

예를 들어 $y_{15} < x_1 < y_{31}$인 경우, y_{16}과 y_{30} 사이에서 이진 탐색으로 y_j를 찾아서, y_1부터

y_j를 한꺼번에 승자로서 출력 버퍼에 쓴다. 여기서 y_j는 x_1과 같거나 작으면서 y_{16}과 y_{31}사이의 원소 중에서 가장 큰 원소이다. [그림 III-4]에서 y_j는 y_{20}이다. 즉, $y_{20} \le x_1 < y_{21}$이다. 따라서 y_1부터 y_{20}을 한꺼번에 출력 버퍼에 쓰고 나서 x_1을 승자로 출력 버퍼에 쓴다.

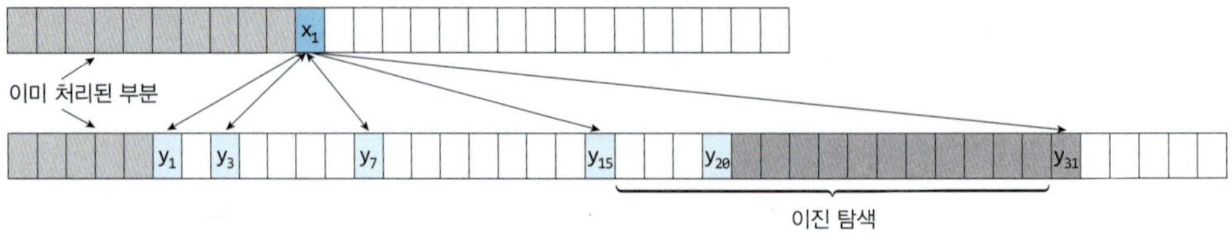

[그림 III-4] Galloping 합병

그다음엔 y_{21}을 x_1 다음 원소부터 같은 방식으로 합병한다. 단, X 또는 Y의 남은 부분의 크기가 min_gallop 크기보다 작으면, 정상적인 합병을 수행한다.

| min_run 크기 정하기 |

일반적으로 min_run이 256이면 너무 크고, 8이면 너무 작다. 실험 검증 결과에 따르면 Tim Sort는 min_run이 32에서 65 사이의 값을 가질 때 좋은 성능을 보인다. Tim Sort에서는 다음의 함수 호출을 통해 min_run을 계산한다.

프로그램 III-2 min_run 계산하기

```python
def min_run_len(N):
    r = 0
    while N >= 64 :
        r = r | (N & 1)
        N >>= 1
    return N + r
```

[프로그램 III-2]는 입력 크기인 N의 이진수에서 최상위 6 비트를 추출한 수에 r을 더한다. 이때 N의 이진수의 최상위 6 비트를 제외한 나머지 비트에서 적어도 하나의 '1' 비트가 있으면 r = 1이 된다. 예를 들어 N = 5,000이면, 이진수는 1001110001000이다. 여기서

상위 6 비트는 100111이고 나머지 부분인 0001000에 '1' 비트가 있으므로, 100111 + 1 = 101000이다. 즉, min_run은 40이다.

| 수행 시간 |

Tim Sort의 수행 시간은 최선 경우에 O(n)이고, 평균과 최악 경우는 O(nlogn)이다. Tim Sort는 퀵 정렬에 필적하는 성능을 보이면서 거의 정렬된 입력에 대해서는 퀵 정렬보다 우수한 성능을 보인다. 또한 Tim Sort의 장점은 퀵 정렬과는 달리 안정한 정렬을 수행한다.

IV 정렬의 하한

주어진 문제의 하한(Lower Bound)이란 문제를 해결하기 위해 수행되어야 할 최소한의 기본 연산의 횟수를 의미한다. 간단한 예로, n개의 정수를 가진 1차원 리스트에서 최솟값을 찾는 문제의 하한은 n–1이다. 만약 n–1보다 작은 비교 횟수로 최솟값을 찾았다면, 적어도 하나의 원소가 비교되지 않은 것이므로 찾은 숫자가 최솟값이 아닐 수도 있다.

정렬 문제의 하한을 위해 비교는 반드시 원소 대 원소의 크기를 비교[3]하는 것으로 가정한다. 이때의 정렬 문제를 비교 정렬(Comparison Sort)이라 한다. [그림 IV–1]과 같이 3개의 서로 크기가 다른 숫자, a, b, c가 있을 때, a, b, c의 값에 따라서 총 여섯 개의 정렬 결과가 만들어질 수 있다. 이러한 트리를 결정 트리(Decision Tree)라고 하는데, 내부노드에서는 2개의 숫자를 비교하며, 비교 결과에 따라 참이면 왼쪽으로, 거짓이면 오른쪽으로 내려가며 이파리에 이르렀을 때 주어진 입력에 따른 정렬 결과[4]를 얻는다.

3) 원소 대 원소의 비교는 원소들을 '통째로' 비교하는 것을 의미한다. Part 7의 기수 정렬은 원소의 비교를 부분적으로 하는 정렬이다.

4) 결정 트리는 정렬 알고리즘이 아니다. 가능한 모든 정렬 결과에 대해 최소의 비교 횟수를 보여줄 따름이다.

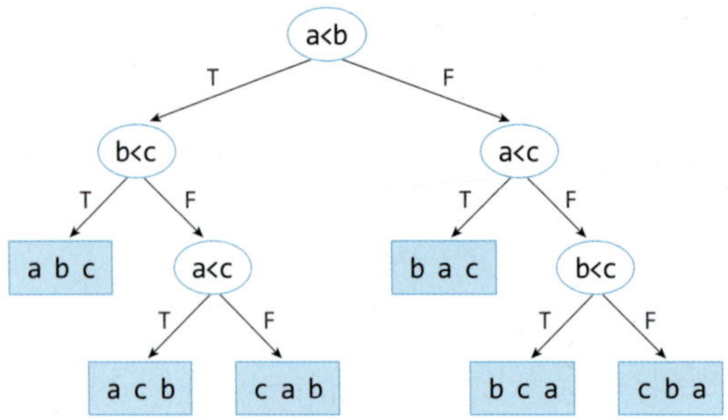

[그림 IV-1] 결정 트리

[그림 IV-1]의 결정 트리를 살펴보면 다음과 같은 사실을 확인할 수 있다.

- 결정 트리는 이진 트리이다.
- 총 이파리 수는 3! = 6개이다.
- 결정 트리에는 불필요한 비교를 하는 내부 노드가 없다.

위의 사실로부터 비교 정렬의 하한은 결정 트리의 높이와 같음을 유추할 수 있다. [그림 IV-1]에서 루트부터 이파리까지 가려면 적어도 3번의 비교를 해야 어느 경우에라도 올바른 정렬 결과를 얻는다. 이때 비교 횟수인 3은 이파리를 제외한 결정 트리의 높이인 3과 같다.

n개의 서로 다른 원소에 대한 결정 트리의 높이는 적어도 log(n!)인데, 이는 높이가 h인 이진 트리에는 최대 2^h개의 이파리가 있고, 결정 트리에는 n!개의 이파리가 있으므로, 즉

$$2^h \geq n!$$
$$h \geq \log(n!) \sim n\log n$$

이기 때문이다. 그런데 $n! \geq (n/2)^{n/2}$이므로 $\log(n!) \geq \log(n/2)^{n/2} = (n/2)\log(n/2) = \Omega(n\log n)$이다. 따라서 비교 정렬의 하한은 $\Omega(n\log n)$이다.

주어진 문제의 하한과 같은 수행 시간을 가진 알고리즘을 최적(Optimal) 알고리즘이라고 한다. Part 7.1~7.6까지 살펴본 정렬 알고리즘들은 모두 비교 정렬이고, 이들 중에서 최적 정렬 알고리즘은 힙 정렬과 합병 정렬이다.

Ⓥ Cut Property

Part 8.4에서 살펴본 최소 신장 트리 알고리즘들은 모두 그리디 알고리즘들이다. 트리 간선을 선택하는 방식은 다르지만 공통점은 항상 '욕심내어' 최솟값을 가진 간선 또는 최솟값을 가진 간선의 끝점을 추가하여 최적해를 찾는다. "그러면 알고리즘을 수행하는 동안에 전후좌우를 살펴보지도 않고 눈앞에 보이는 것 중에서 최솟값 가진 것들을 반복적으로 선택하는데도 어떻게 최적해를 찾을 수 있을까?"하는 의문이 생긴다. 이에 대한 답을 다음의 정리를 통해 알아보자.

[정리]

F가 어느 최소 신장 트리 T의 간선들의 부분집합이라고 가정하자. 그리고 그래프에서 정점의 부분 집합 S ⊂ V에 대해 F의 어느 간선도 S와 V-S 사이를 연결하지 않도록 S를 선택한다. 한쪽 끝 정점이 S에 속하고 다른 한쪽 끝 정점이 V-S에 속하는 간선 중에서 간선 e가 가장 작은 가중치를 가진 간선이라고 가정하자. 그러면 F∪{e}는 어떤 최소신장트리의 일부분이다.

[그림 V-1]을 통해 Cut Property 정리의 의미를 살펴보자. (a)의 그래프에 대한 최소 신장 트리 T가 (b)에 주어져 있다. 여기서 T의 6개 간선 중 F = {(1, 6), (2, 5), (4, 6)}이라고 하자. 그리고 그래프의 정점을 2개의 집합, S와 V-S로 나누되 (c)와 같이 F의 어떤 간선도 S와 V-S를 연결하지 않도록 S를 선택한다. 참고로 V-S란 그래프의 모든 정점 중에서 S의 정점들을 뺀 나머지 정점들로 이루어진 부분 그래프를 의미한다. (c)를 보면 5개의 간선이 S와 V-S를 연결하고 있는데 이 5개의 간선을 제거하면 그래프는 2개의 연결 성분으로 분리된다.

한쪽 끝 정점은 S에 속하고 다른 한쪽 끝 정점은 V-S에 속하는 간선 중에서 간선 e가 가장 작은 가중치를 가진 간선이므로 (c)에서 e는 가중치가 6인 간선 (6, 5) 또는 (4, 2)이다. 그러면 Cut Property에 따라 F∪{e}는 어느 최소 신장 트리의 일부분이 되므로 '전후좌우를 살필 필요 없이' e를 트리에 추가해도 최적해(최소 신장 트리)를 얻을 수 있다는 의미이다. (c)에서 F∪{e} = {(1, 6), (2, 5), (4, 6)} ∪ {(6, 5)}는 최소 신장 트리 T의 일부분이고, F∪{e} = {(1, 6), (2, 5), (4, 6)} ∪ {(4, 2)}도 또 다른 최소 신장 트리의 일부분이라는 뜻이다.

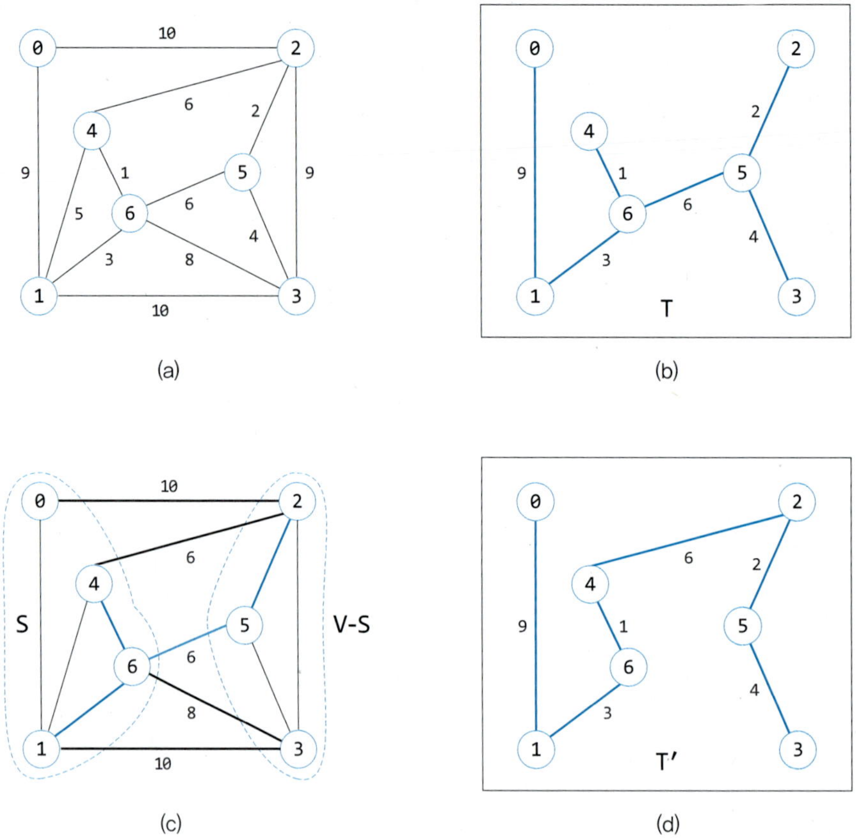

[그림 V-1]

| 증명 |

F∪{e}가 이미 최소 신장 트리 T에 일부분이라면 더 이상 증명이 필요 없다. 따라서 F∪{e}가 최소 신장 트리 T의 일부가 아니라고 가정하면 간선 e가 최소 신장 트리 T의 일부가 아니므로 T∪{e}는, 즉 간선 e를 T에 추가해보면, [그림 V-2]와 같이 사이클이 만들어진다.

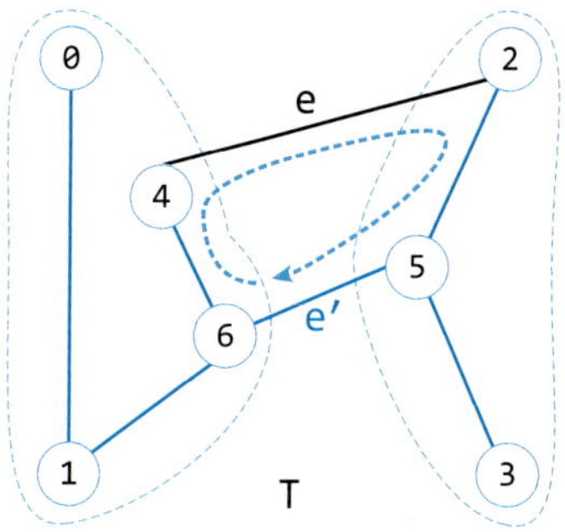

[그림 V-2]

e를 제외한 이 사이클의 간선 중에는 반드시 S와 V–S를 연결하는 트리 간선 e'가 존재한다. [그림 V-1](c)에서 간선 (4, 2)가 e이고, 간선 (6, 5)가 바로 e'이다. 이제 사이클이 만들어진 T ∪ {e}에서 트리 간선 e'를 제거하면, 또 다른 신장 트리 T'가 만들어진다. 즉, T' = T ∪ {e} – {e'}이다. 그런데 e의 가중치가 S와 V–S를 연결하는 간선 중에서 가장 작다고 했으므로, (T'의 가중치) ≤ (T의 가중치)이다. 그러나 가정에서 T가 최소 신장 트리라고 했으므로 (T'의 가중치) = (T의 가중치)이다. 그러므로 F∪{e}는 최소 신장 트리의 일부이다.

Kruskal과 Sollin 알고리즘에선 "욕심내어" 최소 가중치 간선을 연결하는 과정에서 Cut Property의 집합 S와 V–S가 자연스럽게 형성되므로, 이 알고리즘들이 만든 신장 트리가 최소 신장 트리이다. Prim 알고리즘의 경우, 시작 정점으로부터 정점을 하나씩 추가하는 방식이므로 항상 1개의 트리만을 유지하며 신장 트리를 만든다. 따라서 Cut Property의 집합 S는 Prim 알고리즘이 만들어가고 있는 트리로 간주하고, 나머지 트리 밖의 정점의 집합을 V–S로 생각하면, Prim 알고리즘이 "욕심내어" 최소 가중치 간선의 끝 정점을 추가하는 것이 바로 F∪{e}와 부합되므로 Prim 알고리즘도 항상 최소 신장 트리를 생성한다.

참고문헌

- Morris, J., "Traversing Binary Trees Simply and Cheaply", Information Processing Letters, 9(5), pp. 197–200, 1979.
- Tarjan, R., "Efficiency of a Good But Not Linear Set Union Algorithm", Journal of the ACM, 22(2), pp. 215 – 225, 1975.
- Hopcroft and Ullman, "Set Merging Algorithms", SIAM Journal on Computing, 2 (4), pp. 294 – 303, 1973.
- Bayer, R., "Symmetric Binary B–Trees: Data Structure and Maintenance Algorithms", Acta Informatica, 1(4), pp. 290 – 306, 1972.
- Guibas and Sedgewick, "A Dichromatic Framework for Balanced Trees", Proceedings of the 19th Annual Symposium on Foundations of Computer Science, pp. 8 – 21, 1978.
- Sedgewick, "Left–leaning Red–Black Trees", 2008.
- Cormen, Leiserson, Rivest, and Stein, "Red – Black Trees", Introduction to Algorithms, 3rd ed., MIT Press, pp. 308 – 323, 2009.
- Bayer and McCreight, "Organization and Maintenance of Large Ordered Indexes", Acta Informatica, 1(3), pp. 173–189, 1972.
- Williams, F., "Handling Identifiers as Internal Symbols in Language Processors", Comm. ACM 2, pp. 21–24, 1959.
- Azar, Broder, Karlin and Upfal, "Balanced Allocations", Proceedings of the 26th ACM Symposium on Theory of Computing, pp. 593 – 602, 1994.
- Pagha and Rodler, "Cuckoo Hashing", Lecture Notes in Computer Science 2161, pp. 121 – 133, 2001.
- Litwin, W., "Linear Hashing: A New Tool for File and Table Addressing", Proc. 6th Conference on Very Large Databases, pp. 212 – 223, 1980.
- Knuth, D., The Art of Computer Programming, Sorting and Searching, Vol. 3, 2nd ed., 1998.
- Knuth, D., "Notes on Open Addressing", Unpublished memorandum, 1963.
- Guibas and Szemeredi, "The Analysis of Double Hashing", J. of Computer and System Sciences, 16(2), pp. 226–274, 1978.

- Sedgewick and Wayne, Algorithms, 4th ed., Addison–Wesley, 2011.
- Shell, D., "A High–Speed Sorting Procedure", Communications of the ACM 2(7), pp. 30 – 32, 1959.
- Knuth, D., "Shell's Method", The Art of Computer Programming, Volume 3: Sorting and Searching, 2nd ed., 1998.
- Ciura, M., "Best Increments for the Average Case of Shellsort", Proceedings of the 13th International Symposium on Fundamentals of Computation Theory, pp. 106–117, 2001.
- Kronrod, M., "Optimal Ordering Algorithm without Operational Field", Soviet Mathematics, 10, pp. 744–746, 1969.
- https://www.cs.usfca.edu/~galles/visualization/RadixSort.html
- Yaroslavskiy, V., 2009, http://mail.openjdk.java.net/pipermail/core–libs–dev/2009–September/002630.html
- Top–10 Algorithms, http://web.ist.utl.pt/ist11038/acad/or/aux/Top10Algorithms.pdf
- https://code.google.com/archive/p/back40computing/wikis/RadixSorting.wiki
- Hopcroft and Tarjan, "Algorithm 447: Efficient Algorithms for Graph Manipulation", Communications of the ACM, 16(6), pp. 372 – 378, 1973.
- Sharir, M., "A Strong Connectivity Algorithm and its Applications to Data Flow Analysis", Computers and Mathematics with Applications, 7(1), pp. 67 – 72, 1981. (Kosaraju, who described it in 1978, but did not publish his results)
- Tarjan, R., "Depth–first Search and Linear Graph Algorithms", SIAM Journal on Computing, 1(2), pp. 146 – 160, 1972.
- Sollin, M., "Le tracé de Canalisation", Programming, Games, and Transportation Networks, 1965.
- Bellman, R., "On a Routing Problem", Quarterly of Applied Mathematics, 16, pp. 87 – 90, 1958.
- Ford, L., Network Flow Theory. Paper P–923. Santa Monica, California: RAND Corporation, 1956.
- Floyd, R., "Algorithm 97: Shortest Path", Communications of the ACM, 5(6), p. 345, 1962.
- Warshall, S., "A Theorem on Boolean Matrices", Journal of the ACM, 9(1), pp. 11 – 12, 1962.

찾아보기

16